WANG DU

Éditions Cercle d'Art

les Abattoirs, Toulouse
La Criée, Rennes
Le lieu unique, Nantes
Palais de Tokyo, site de création contemporaine, Paris
Le Rectangle, Lyon
Vancouver Art Gallery, Vancouver

Sommaire
(Contents)

Préface (preface) 8

Relique, 1994 10
La Famille, 1997 18
Les Travaux du corps, 1997 24
Paysage international, 1997-1998 28
Le Temps du monde, les trois niches de Bouddha, 1998 34
La Peau du Casino, 1998 36
Marché aux puces, mise en vente d'informations d'occasion, 1998-1999 38
Stratégie en chambre, 1999 46

« L'image à la parade » 54
(The Image on Parade)
— Jennifer Allen

Il y a des jambes qui en disent long, 1999 60
Réalité jetable, 1999-2000 64
Mon Kiosque - 15 juillet 2000, 2000 72
Promener mon chien, 2000 78
Défilé, 2000 80
No Comment, 2001 88
Luxe populaire, 2001 94
Mon Lit, 2002 100

« INFOGANDA - Notre environnement mental selon Wang Du » 102
(Our Mental Environment According to Wang Du)
— Pascal Beausse

Le Monstre, 2002 108
Vous avez du feu..., 2002 112
La Folie, 2002 114
Le Tapis du piéton, 2002 118
We're Smoking Them Out!, 2002 122
Tapis volant, 2002-2003 128
Image céramique, 2002-2003 134
Mamma Mia !, 2003 136
The Business, 2003 144
Self Souvenir, 2003 146

« Wang Du - Vie d'un agitateur éclairé » 152
(The Life of an Enlightened Agitator)
— Aurélie Voltz

Le Monde est partout, 2004 158
World Markets, 2004 162
Je suis la réalité, 2004 170
Le Tunnel d'espace-temps, 2004 178
Enter!, 2004 186

Expositions (exhibitions) 194
Bibliographie (bibliography) 195
Liste des œuvres (list of works) 196
Remerciements (acknowledgements) 198
Crédits (credits) 200

Tous les textes descriptifs des œuvres sont écrits par Wang Du, préalablement à la réalisation des projets.
(All the texts describing the works are written by Wang Du, generally prior to the realization of the projects.)

LVMH/Moët Hennessy.Louis Vuitton est heureux d'avoir apporté, tout au long de l'année 2004, un très large soutien à ce dialogue d'égal à égal, entre deux cultures majeures du monde actuel, que représente la célébration des années croisées France-Chine. Un dialogue en deux étapes, dont la première – l'année de la Chine en France – nous a permis d'être mécène de deux expositions majeures, *Kangxi, Empereur de Chine* et *Montagnes célestes, Trésors des musées de Chine*, grâce auxquelles nous avons pu faire découvrir et mieux connaître, à un large public français et européen, le meilleur de la culture de ce grand pays. Une année exceptionnelle qui doit se prolonger, durant toute l'année 2005, par sa sœur jumelle – l'année de la France en Chine – où nous allons montrer, pour la première fois, au public chinois, un choix impressionnant d'une cinquantaine des plus beaux tableaux de l'Impressionnisme. Avec pour ambition, comme nous le faisons dans chacune de nos actions, de favoriser, dans les meilleures conditions d'accueil, l'accès du public le plus large à l'excellence et au plus remarquable de l'art et de la création. Pendant six mois, à Pékin, Shanghai et Hong Kong, la Chine va tout simplement vivre à l'heure de l'Impressionnisme, une des périodes cruciales de l'histoire de l'art et de la peinture occidentale.
Mais pour l'heure et pour clore à Paris cette première année, il nous a semblé passionnant de soutenir cette intervention au Palais de Tokyo d'un artiste contemporain, Wang Du, d'origine chinoise et qui vit à Paris. En effet, Wang Du est né en Chine. Il s'est formé en Chine, a débuté sa carrière en Chine. Puis il est venu s'installer en France, en 1990. Même si, comme bon nombre de ses collègues, Wang Du appartient à cette génération qui n'hésite pas à se déplacer et à parcourir le monde. Soucieux de se confronter à d'autres cultures qui deviennent alors le terreau de sa propre recherche. Wang Du est l'exemple même du métissage actuel, ce que nous appellerons « la mondialisation positive ». Une forme d'éclaireur, d'un type nouveau, qui par sa curiosité, son esprit d'initiative et sa soif de comprendre parvient à jeter des ponts entre des manières de concevoir le monde, parfois très anciennes, qui, comme la nôtre, se voient obligées de répondre aux problématiques communes de la mondialisation des échanges et de l'information. Des problématiques fondamentales qui transforment chaque jour nos propres manières de vivre, et qu'il n'est pas question de subir mais au contraire de ressentir au plus près, pour en faire un atout et non un obstacle. Or l'œuvre de Wang Du est au cœur de ces questions. Sa critique incisive des médias nous rappelle que ce n'est plus l'encre des rotatives qui imprime nos cerveaux mais les images des tubes cathodiques. Tel un magicien, à la croisée de tous ces chemins où s'entremêlent à la fois le tourbillon de l'histoire, la destinée d'un individu, le commerce et les changements qu'il implique, par son talent, Wang Du nous livre un instantané grinçant et redoutable du monde actuel. Voilà pourquoi il nous a semblé passionnant de soutenir le Palais de Tokyo, site de création contemporaine, pour cette intervention de Wang Du. Une manière comme une autre, selon nous, de contribuer à un élargissement toujours plus grand des liens anciens et profonds qui unissent nos deux pays. Des liens qui nous paraissent chaque jour plus fructueux et plus vivaces. Ce qui nous rend d'autant plus optimistes pour l'avenir à bâtir en commun. Un avenir auquel notre Groupe et nos Maisons seront toujours très heureux d'apporter leur part active aux côtés de nos amis chinois.

Bernard Arnault
Président de LVMH/Moët Hennessy. Louis Vuitton

LVMH/Moët Hennessy. Louis Vuitton est partenaire de la *Wang Du Parade #4.*

LVMH/Moët Hennessy.Louis Vuitton is pleased to have provided major funding throughout 2004 to the Franco-Chinese Years of Exchange, a dialog of equals between two major cultures of today's world. It has been a dialog in two parts, the first of which—the year celebrating China in France—allowed our group to become a sponsor of two significant shows, *Kangxi, Empereur de Chine* (Kangxi, Emperor of China) and *Montagnes célestes, Trésors des musées de Chine* (Celestial Mountains, Treasures from China's Museums). Thanks to these two exhibitions, we have helped a broad range of French and European visitors to discover and better appreciate the best of this great country's culture. It has been an exceptional year then and the good it has done will be continued in 2005, during France's festival year in China, when we shall exhibit an extraordinary selection of some fifty of the most beautiful Impressionist paintings, all to be shown for the very first time in China. As in each of our sponsorships, our aim in this case is to promote access by the broadest possible public to what is the finest and the most remarkable in art, and under the best conditions for experiencing a venue. Thus, for six months in Beijing, Shanghai and Hong Kong, China is simply going to find itself living in the age of Impressionism, one of the crucial periods in the history of art and Western painting.
For now, however, and to bring to a close in Paris this first festival year, it seemed like an exciting opportunity for us to sponsor this show at the Palais de Tokyo by Wang Du, a contemporary Chinese-born artist living in Paris. Wang Du's place of birth is indeed China. There, too, he studied and began his career as an artist. However, he eventually settled in France in 1990, even if, like a good number of his colleagues, Wang Du belongs to a generation that readily pulls up stakes and travels about the world. Eager to confront other cultures, which then become the rich soil of his own research in art, Wang Du is the very example of today's cross-fertilization, what we might call "positive globalization." He is new kind of trailblazer who, through his curiosity, his spirit of initiative and his thirst to understand, manages to build bridges between often very ancient ways of conceiving the world, which, like our own, are being forced to respond to the common problems attending the globalization of exchanges and information. These are fundamental problems that are transforming our own ways of living every day; they are not something to put up with but rather to experience as intimately as possible in order to make them an advantage, not an obstacle. Wang Du's art lies at the very heart of these questions. His incisive critique of the media reminds us that it is no longer the ink of the rotary press that imprints itself on our minds, but the electrons streaming from a cathode-ray tube. Like a magician at the point where all these paths come together, where the whirlwind of history, an individual's fate, commerce and the changes it brings with it are all thrown together, Wang Du offers us, thanks to his talent, a fearsome, darkly humorous snapshot of the world today. This is why lending our support to the Palais de Tokyo, site for contemporary art, for this work by Wang Du seemed like an exciting opportunity indeed. It was one way, as we see it, to contribute to an ever-growing expansion of the ancient and deep ties that unite our two countries—ties that appear livelier and more beneficial with every passing day, making us that much more optimistic with regard to the future we are to build together. It is a future in which our group and its respective companies will always be pleased to play an active part alongside our Chinese friends.

Bernard Arnault
President of LVMH/Moët Hennessy.Louis Vuitton

LVMH/Moët Hennessy. Louis Vuitton is the sponsor of the *Wang Du Parade #4.*

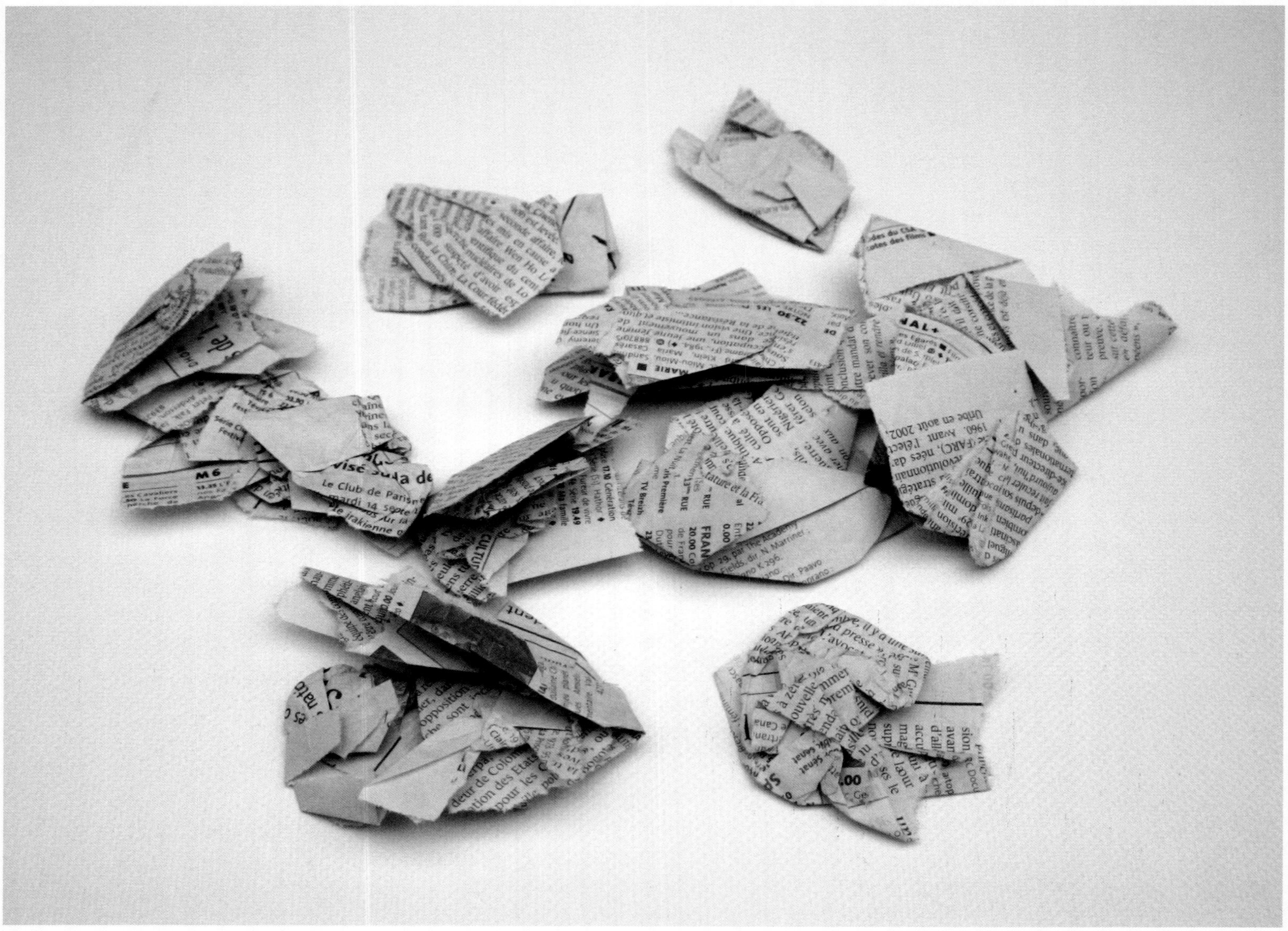

Étude préparatoire pour l'œuvre (preparatory study for the artwork) ***China Daily***, 2004, composée de vingt éléments indépendants et produite par (composed of 20 independent pieces and produced by) les éditions Cercle d'Art, Paris. Courtesy galerie Laurent Godin, Paris.

Préface

En arrivant à Paris, au début des années quatre-vingt-dix, Wang Du, né en 1956 à Wuhan, République populaire de Chine, ne parlait pas un mot de français… « Paysage international », premier choc, l'omniprésence des images : affiches publicitaires dans l'espace public, kiosques débordant de journaux, magazines gorgés de surfaces multicolores, flux télévisuel ininterrompu, boulimie de consommation cinématographique, saturation sonore… Bref, un larsen permanent entre réalité et représentation.

Alors, plutôt que d'ajouter d'autres images à ce déjà trop-plein, Wang Du puise dans la matière offerte, il fait subir à ces surfaces trop lisses, trop parfaites, trop éphémères un traitement radical et inversé : par un procédé laborieux et précis, avec une technique irréprochable de sculpteur, il les ramène à l'état de matière, leur donne un poids, un volume, en révèle les faces cachées, en exacerbe les effets de cadrage. Le peuple fantomatique de l'univers des médias prend corps, difforme, surdimensionné, inquiétant et dérisoire…

Wang Du est sans doute l'un des artistes dont l'œuvre capte avec le plus de discernement et d'originalité cette problématique récurrente entre représentation et réalité. En agissant et en s'engageant avec une intensité rare, il offre une confrontation physique avec l'au-delà des écrans, il invite à traverser le miroir pour une promenade à la fois ludique et angoissante en compagnie des chiens et des monstres…

Une promenade comme celle proposée en 2004 par la *Wang Du Parade*, en quatre étapes dans quatre institutions d'art contemporain[1]. En mimant les stratégies d'une campagne conquérante, cette exposition à visages multiples fait écho aux prises de positions conceptuelles, formelles et politiques de l'artiste : mise en scène spectaculaire, utilisation du langage des médias par des dynamiques de circulation et de diffusion de l'information, renversement des valeurs de la société du spectacle. C'est à l'occasion de la *Wang Du Parade*, et des expositions *Wang Du* à Nantes et à Vancouver en 2005[2], que paraît cet ouvrage, première monographie consacrée à Wang Du qui porte un regard sur l'ensemble de ses œuvres depuis le début des années 1990.

Les organisateurs de la *Wang Du Parade* :
Larys Frogier pour La Criée, Laurent Godin pour Le Rectangle, Pascal Pique pour les Abattoirs, Jérôme Sans et Marc Sanchez pour le Palais de Tokyo

1. La Criée, centre d'art contemporain de Rennes (16/01–28/02 2004) ; Le Rectangle, centre d'art de la ville de Lyon (25/03-9/05 2004) ; les Abattoirs, Toulouse (25/06-5/09 2004) ; Palais de Tokyo, site de création contemporaine, Paris (17/09 2004-2/01 2005).

2. Le lieu unique, scène nationale de Nantes (1/07-5/09 2005) ; Vancouver Art Gallery, Vancouver (28/05-11/09 2005).

When he arrived in Paris in the early 1990s, Wang Du, born in 1956 in Wuhan, the People's Republic of China, didn't speak of word of French… He was immediately confronted with the "international landscape," the initial shock, and the presence of images everywhere: the public space boasting poster advertisements, newsstands overflowing with newspapers, magazines displaying bright multicolor surfaces, the endless flood of television, the all-consuming hunger for movies, and the saturation of sound… In a word, a permanent interference between reality and representation.

So, rather than add other images to this overabundance, Wang Du has drawn on this available material to produce a radical, inverted treatment of these all too smooth, perfect and fleeting surfaces. Using a process that is precise and quite painstaking, with a sculptor's technique that is beyond reproach, the artist brings these images back to the state of matter or raw material, lends them weight and volume, brings to light their hidden sides, and exaggerates the effects of how an image has been framed. The ghostly people haunting the universe of the media take shape, deformed, outsized, unsettling and ridiculous…

Wang Du is no doubt one of the artists whose work captures with the utmost insight and originality the recurrent problem of representation and reality. By acting and committing himself with rare intensity, he offers us a physical confrontation with the world beyond screens, and invites viewers to cross through the looking glass for a stroll that is both playful and harrowing, in the company of dogs and monsters…

It is a stroll like the one proposed in 2004 with the *Wang Du Parade*, in four stages at four different contemporary-art venues.[1] Imitating the strategies of a winning military campaign on the march, this show with its sundry aspects echoes the conceptual, formal and political positions of the artist: spectacular presentation, use of the media's own language through the dynamics of circulation and the dissemination of information, and reversal of the values promoted by the society of the spectacle. To mark the passage of the *Wang Du Parade*, and the *Wang Du* exhibitions scheduled to open in Nantes and Vancouver in 2005,[2] we are pleased to bring out this monograph, the first ever devoted to the artist, which takes in the whole of his output since the early 1990s.

The organizers of the *Wang Du Parade*:
Larys Frogier at La Criée, Laurent Godin at Le Rectangle, Pascal Pique at les Abattoirs, Jérôme Sans and Marc Sanchez at Palais de Tokyo

1. La Criée, Centre d'art contemporain de Rennes (16/01–28/02, 2004); Le Rectangle, Centre d'art de la ville de Lyon (25/03-09/05, 2004); Les Abattoirs, Toulouse (25/06-05/09, 2004); Palais de Tokyo, a site for contemporary art, Paris (17/09, 2004-02/01, 2005).

2. Le lieu unique, Scène nationale de Nantes (01/07-05/09, 2005); Vancouver Art Gallery, Vancouver (28/05-11/09 2005).

RELIQUE

1994
Installation de dix-huit sculptures (installation of 18 sculptures)
Plâtre et gouache (plaster and gouache)
Dimensions variables (variable dimensions)

« EN PRÉLEVANT DANS LES JOURNAUX DES IMAGES BANALES DE PERSONNAGES STRICTEMENT INCONNUS, ET POURTANT PROPULSÉS FUGITIVEMENT À LA UNE, JE NE FAIS QUE RENDRE PLUS FLAGRANTE LA MANIPULATION DES MÉDIAS QUI OPÈRENT LEURS PROPRES DÉCOUPAGES AU SEIN DE L'ACTUALITÉ. DES CÉLÉBRITÉS PRÉFABRIQUÉES, QUI NE DURENT QUE LE TEMPS QU'ELLES SONT COUCHÉES SUR LE PAPIER. DÉTACHÉES DE LEUR CONTEXTE POUR ÊTRE REPRODUITES EN SCULPTURES AUTONOMES, ET FIGÉES TELLES DES MOMIES VIDÉES DÉFINITIVEMENT DE LEUR HISTOIRE, CES FIGURES VIENNENT GROSSIR LES RANGS D'UNE GALERIE DE PORTRAITS ANONYMES.

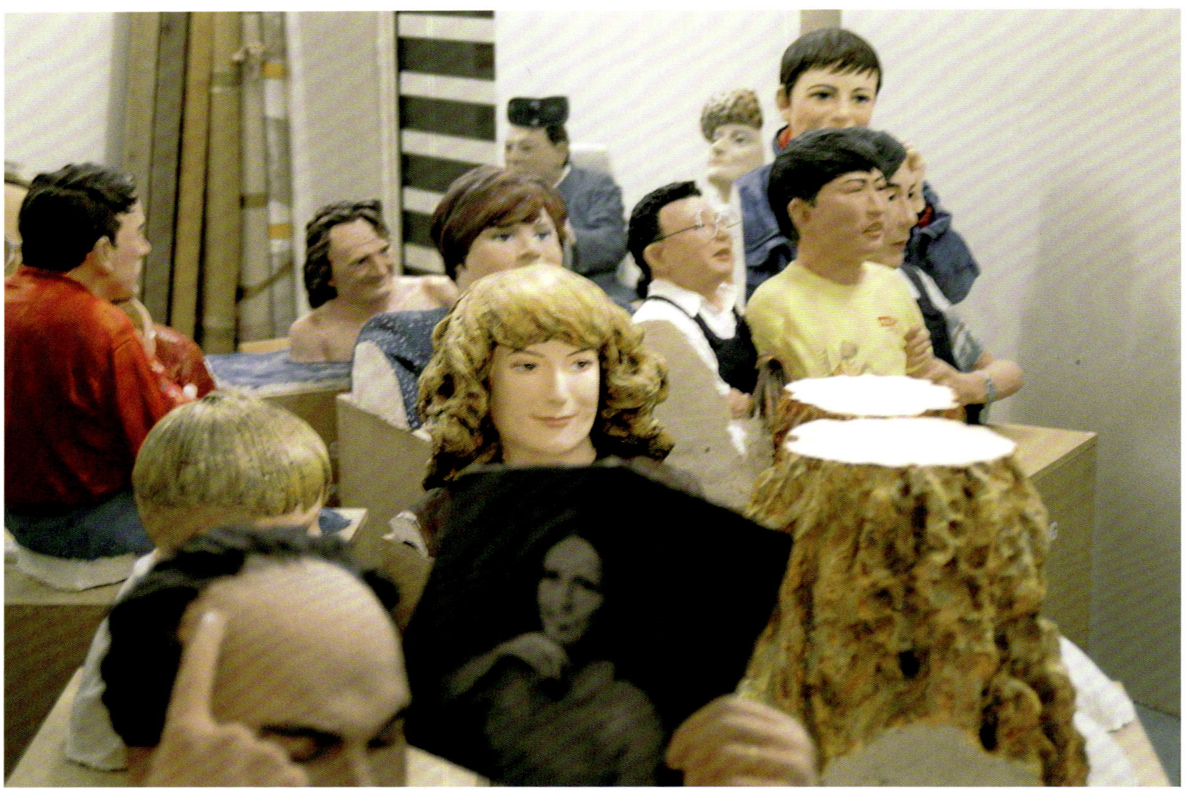

AUX MURS, LES DOCUMENTS ORIGINAUX NE RÉVÈLENT RIEN MOINS QUE DES FAITS DIVERS, AU MIEUX DRÔLES, AU PIRE PATHÉTIQUES, LE PLUS SOUVENT DÉNUÉS D'INTÉRÊT : FÊTE DE CHARITÉ, HISTOIRE FAMILIALE OU ENCORE PUBLICITÉ. AUTANT DE PETITS RIENS QUI ENVAHISSENT DE MANIÈRE DÉMESURÉE LES PAGES DES MÉDIAS ET NOTRE QUOTIDIEN. »

Vue d'atelier (studio view).

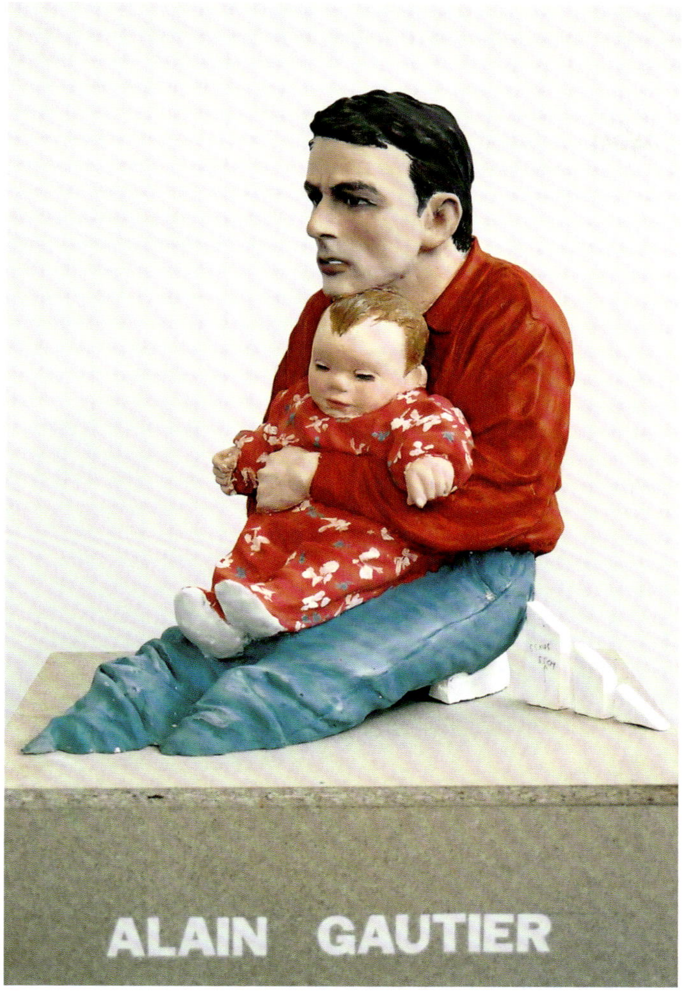

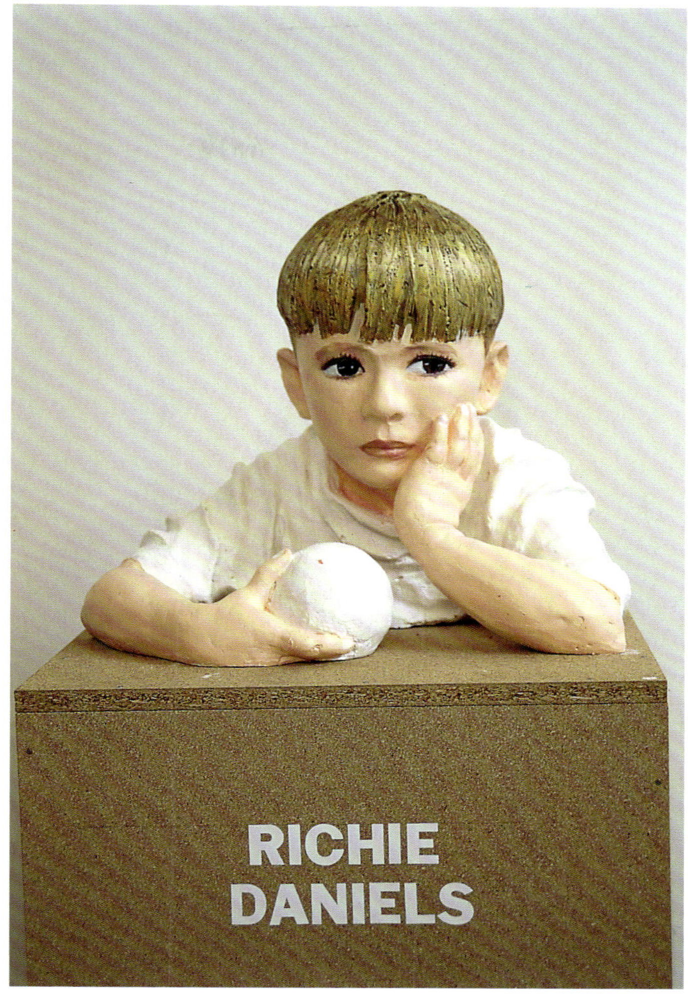

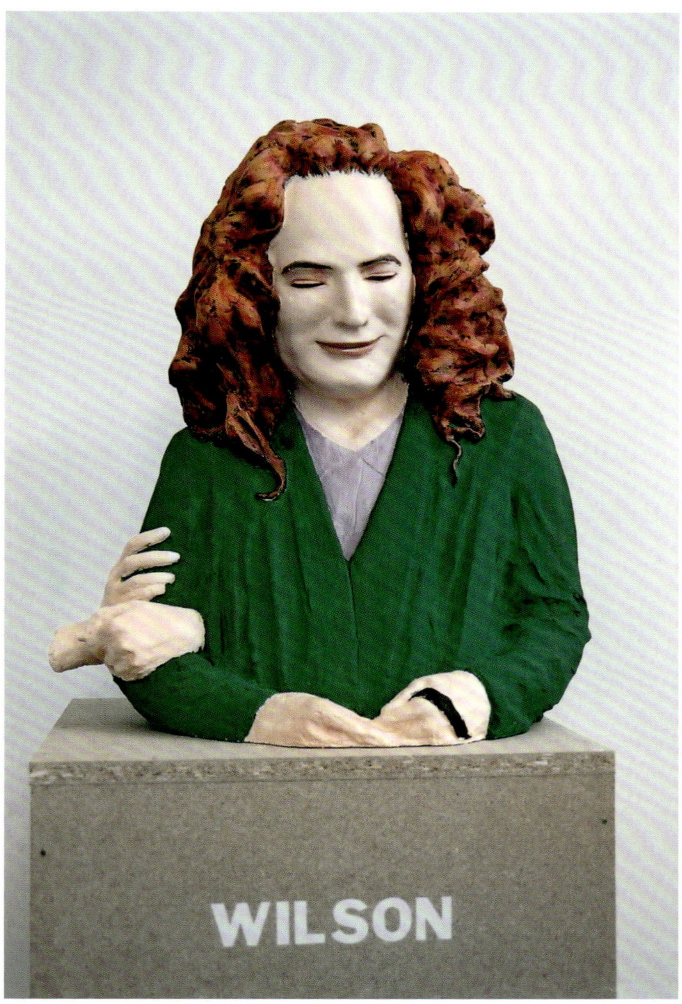

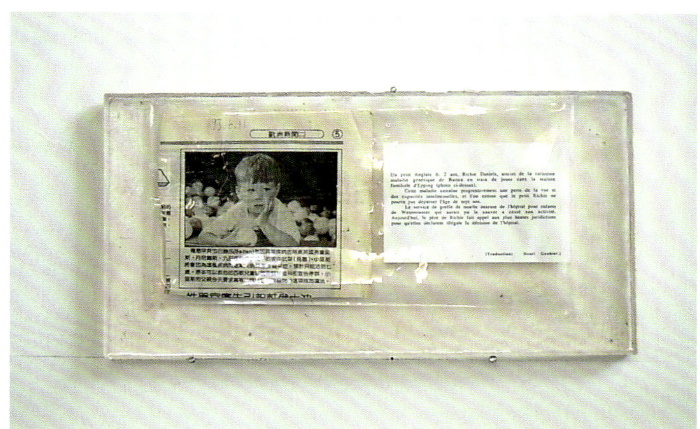

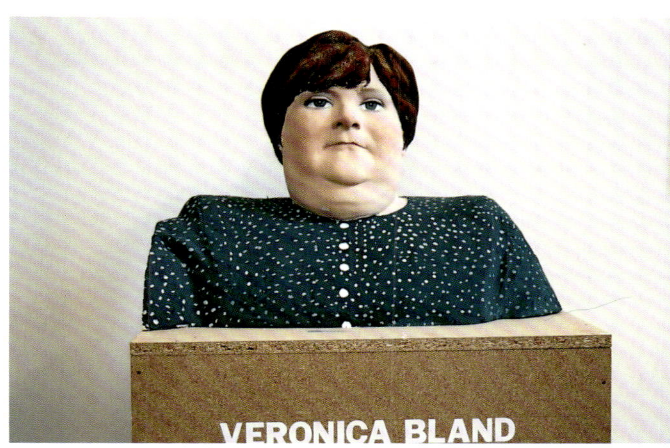

Détails de l'installation (details of the installation) : *Alain Gautier*, *Richie Daniels*, *Wilson*, *Veronica Bland* & document préparatoire pour (preparatory document for) *Richie Daniels*. **Pages suivantes (next pages) :** Détails de l'installation (details of the installation) : *David Ashby et Sylvana* & *Sonia*.

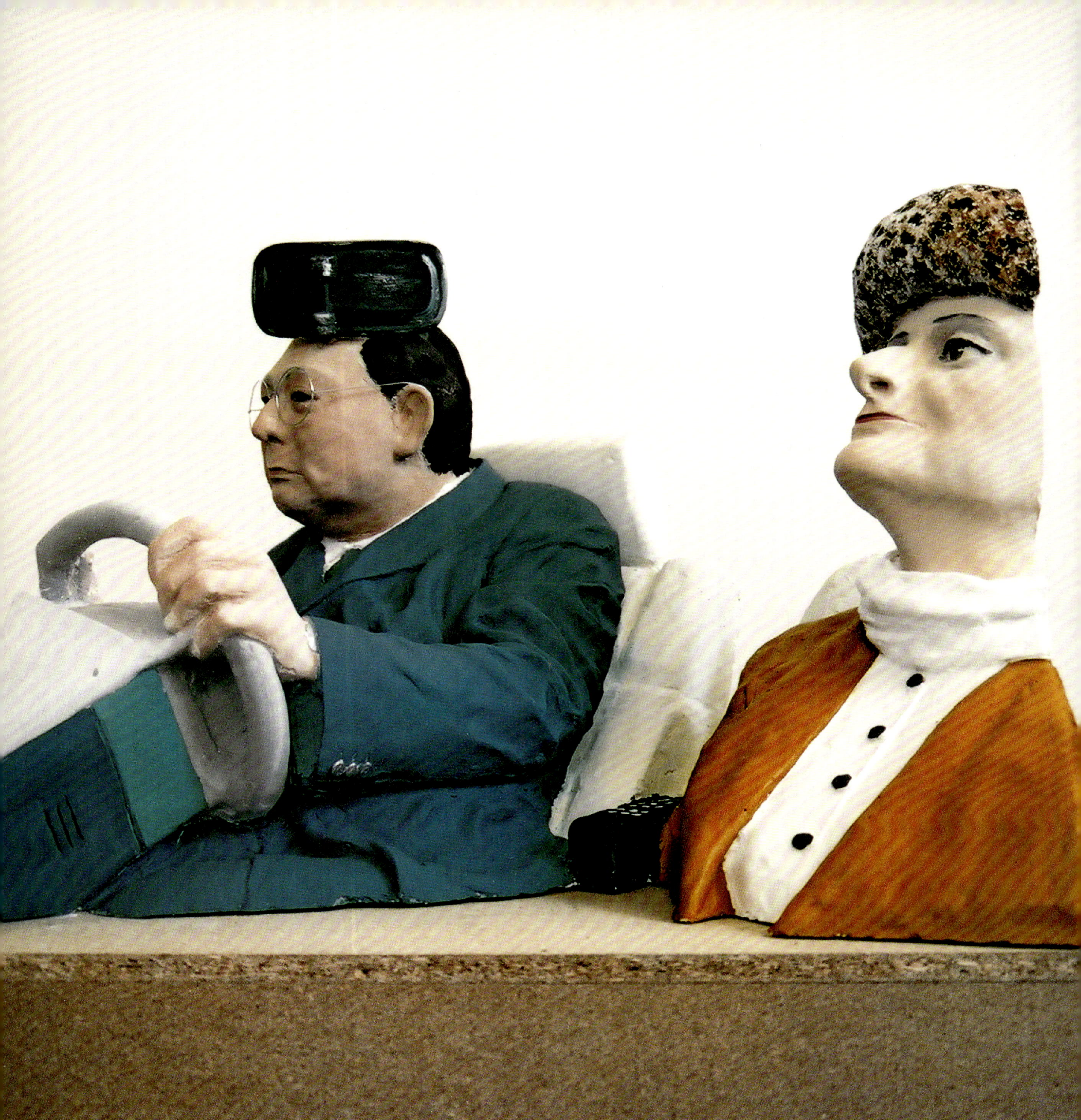

DAVID ASHBY
ET
SYLVANA

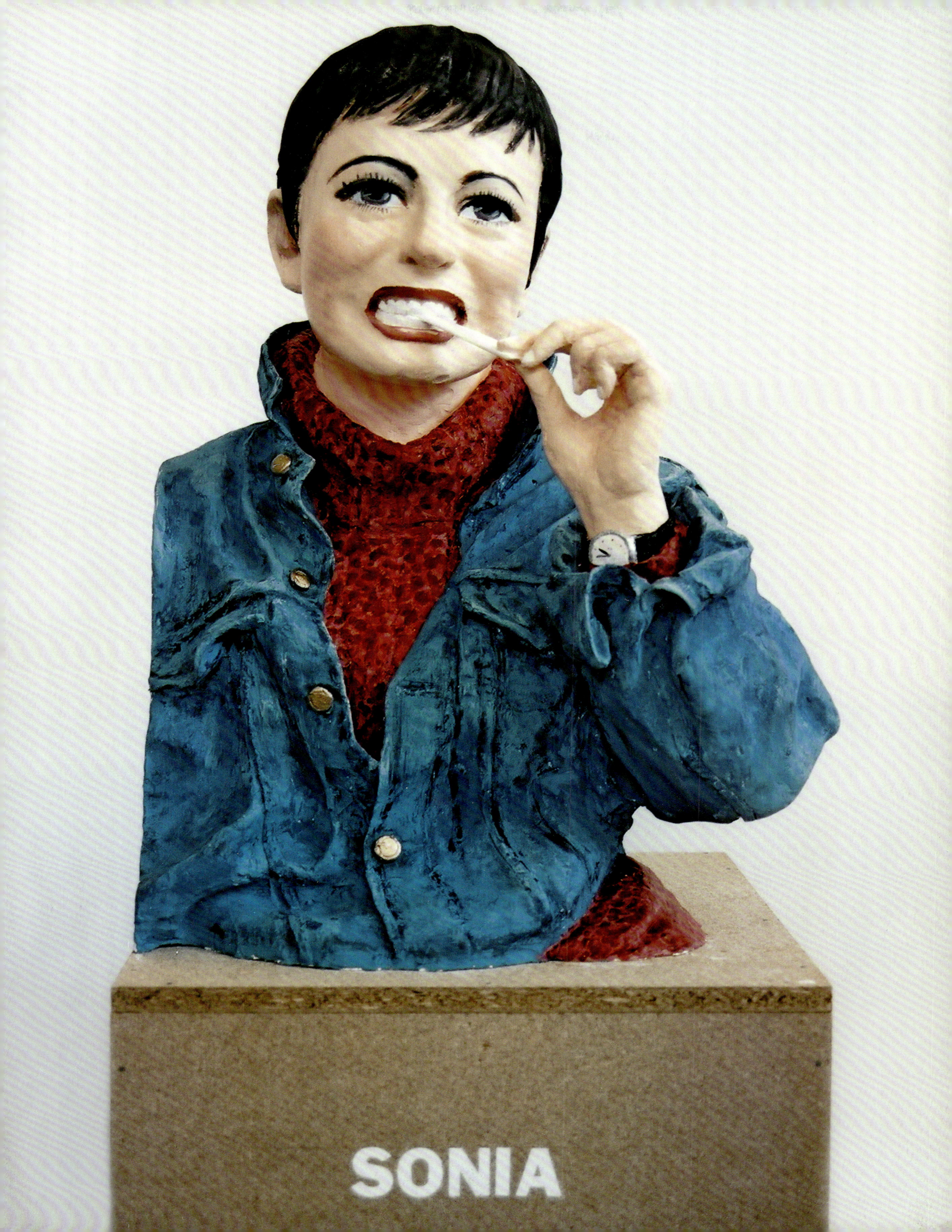
SONIA

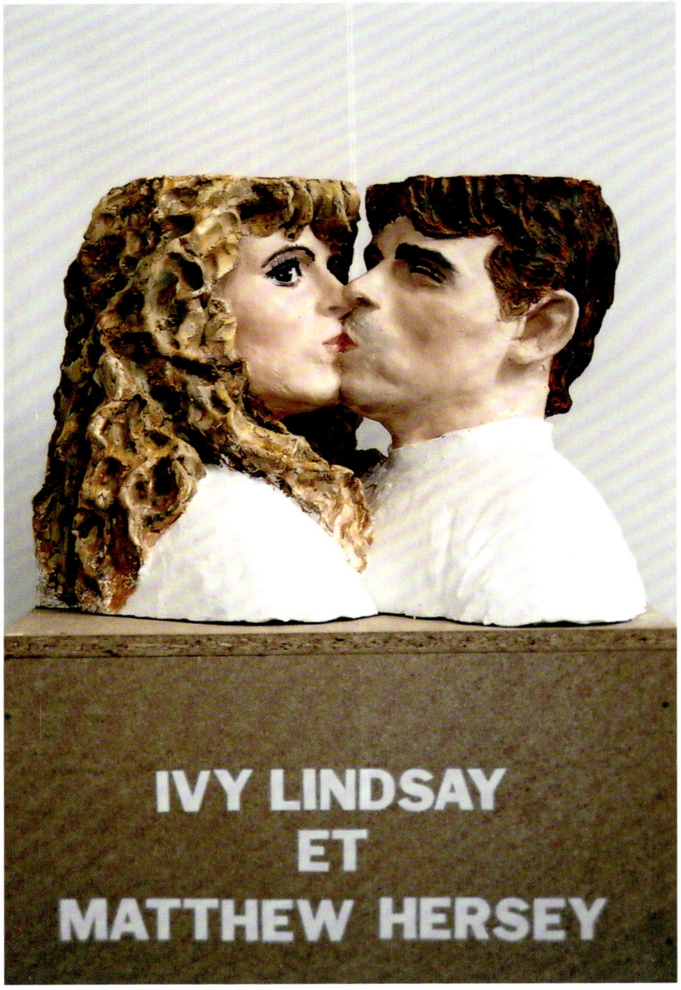

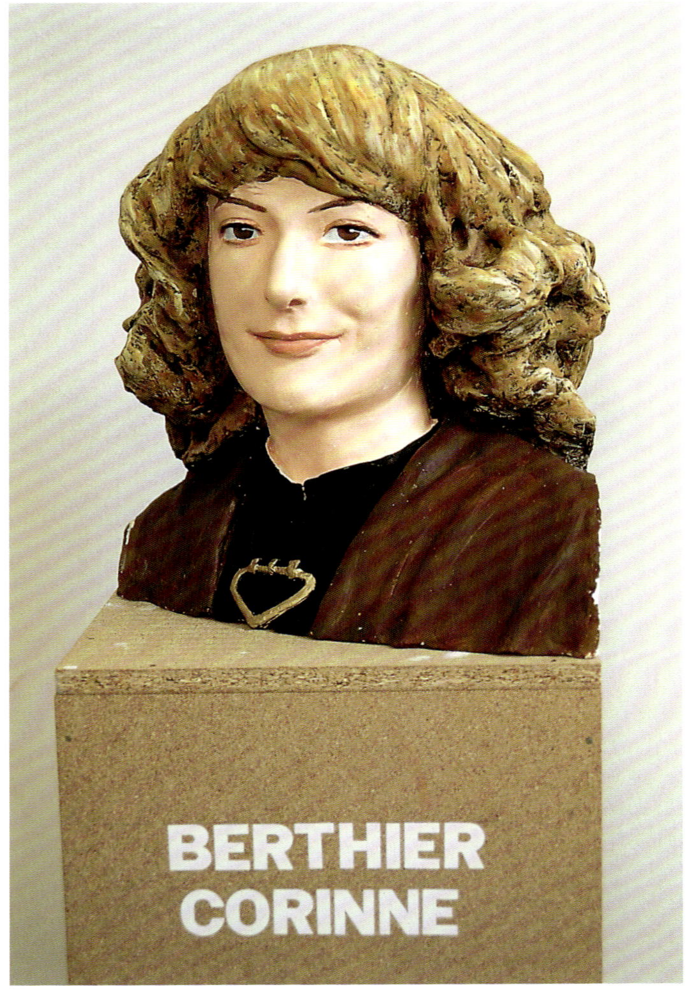

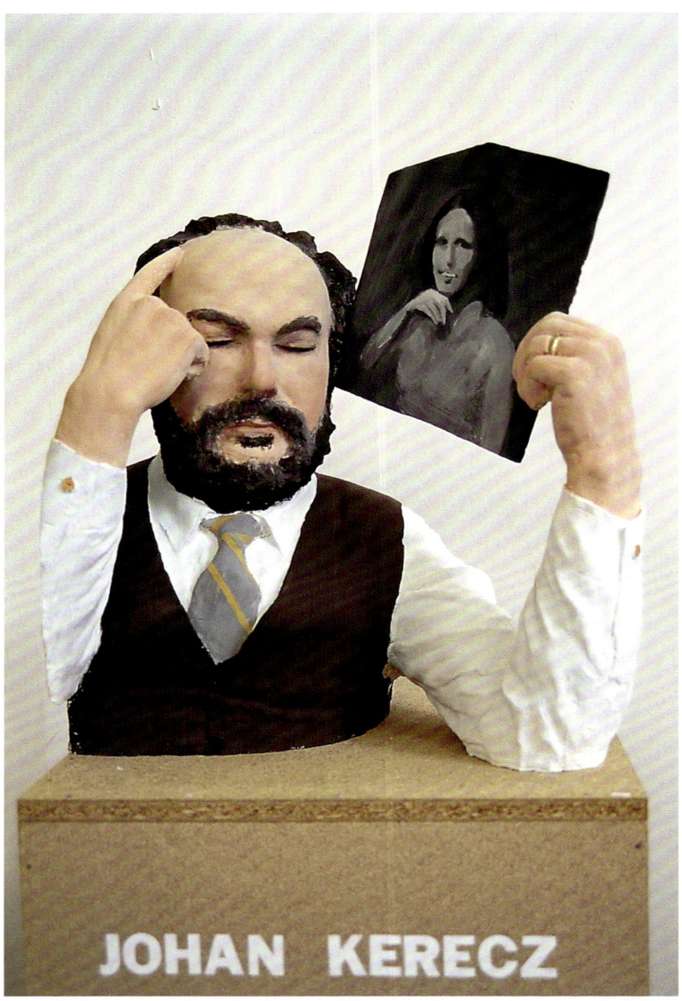

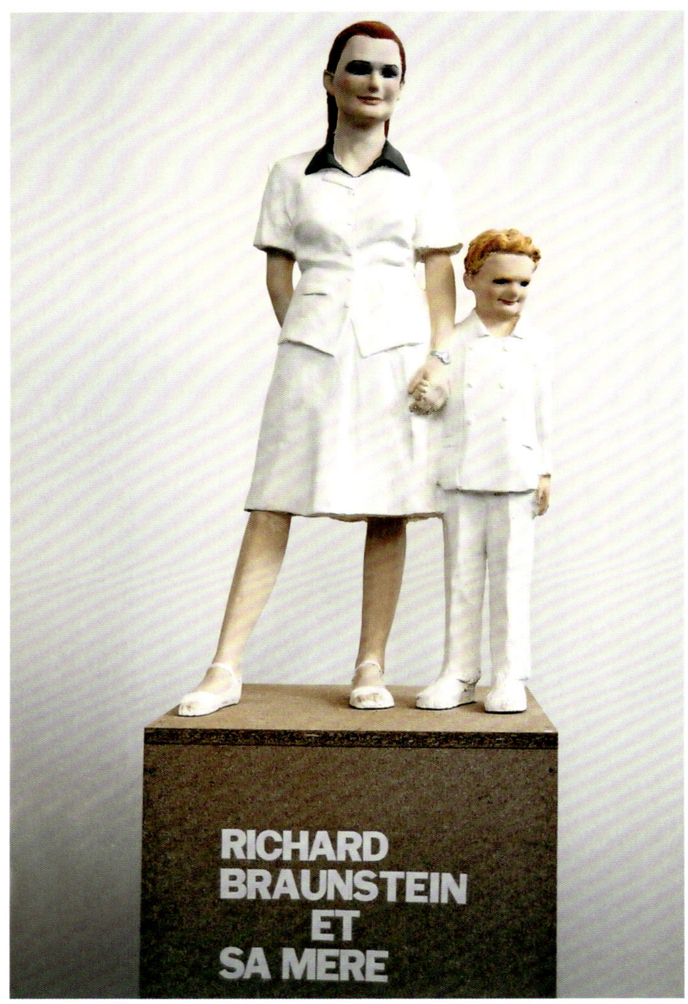

Détails de l'installation (details of the installation) : *Ivy Lindsay et Matthew Hersey, Berthier Corinne, Johan Kerecz & Richard Braunstein et sa mère.*

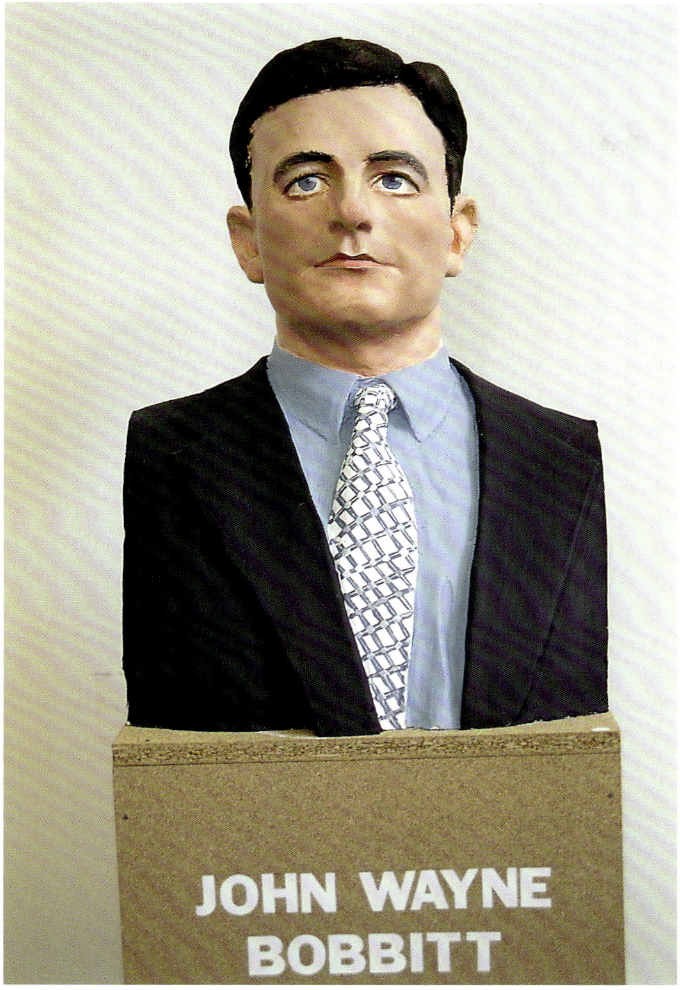

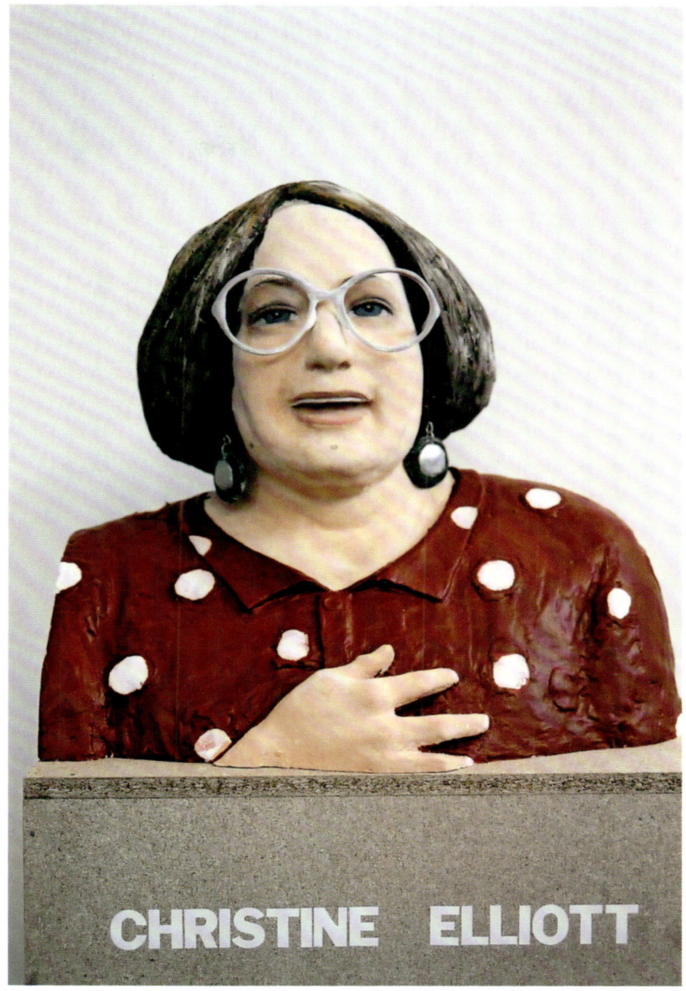

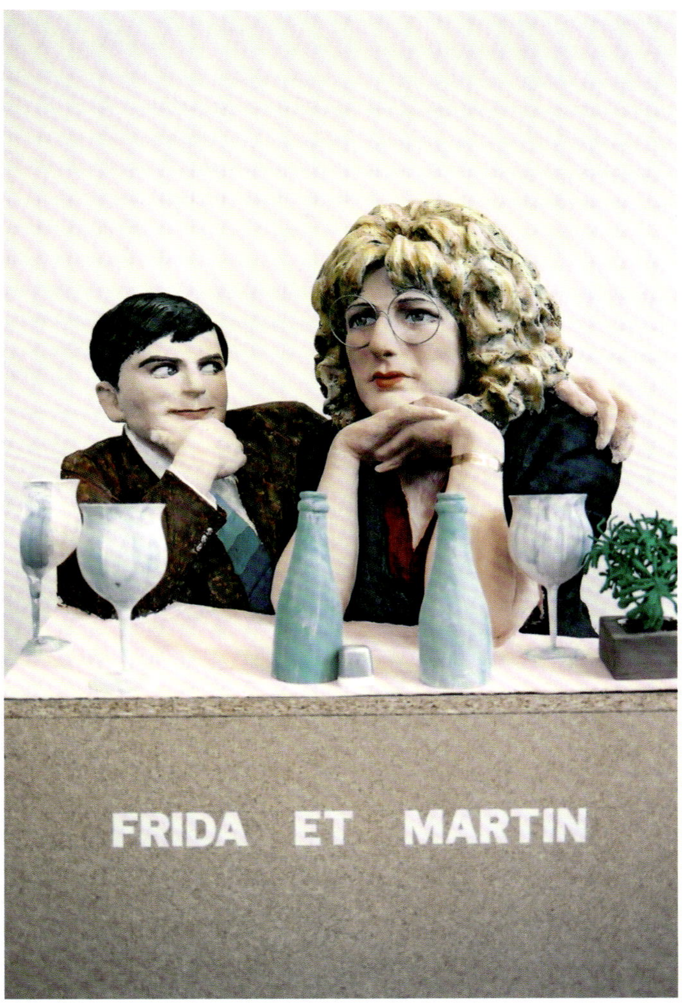

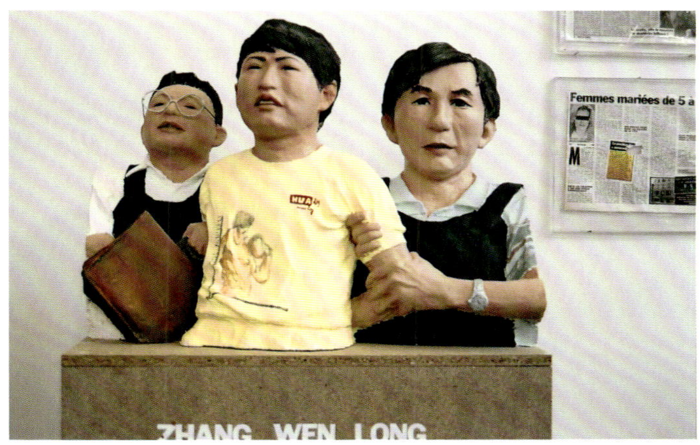

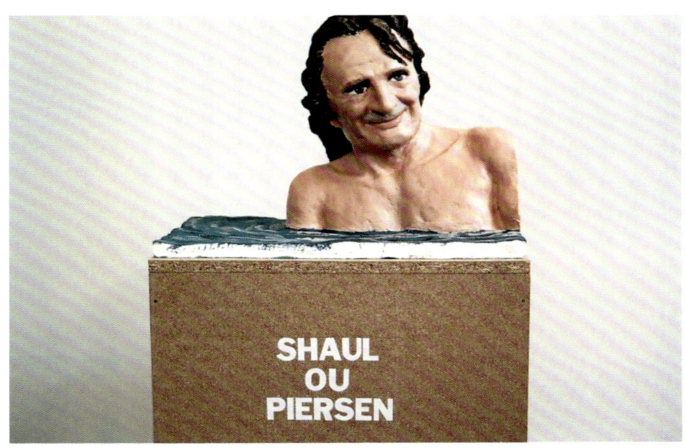

Détails de l'installation (details of the installation) : *John Wayne Bobbit, Christine Elliot, Frida et Martin, Zhang Wen Long & Shaul ou Piersen.*

"By culling from newspapers banal images of people who are strictly
unknown yet who found themselves suddenly and fleetingly on the front page,
I am only making the manipulation perpetrated by the media that much more flagrant,
for the media themselves carve up events at the heart of daily news as they see fit.
Here we get prefabricated celebrities who remain famous
for as long as they are couched on paper.
Cut off from their context and reproduced as autonomous sculptures,
frozen like mummies that have been emptied once and for all of their history,
these figures swell the ranks of a gallery of anonymous portraits.
On the walls, original documents reveal nothing less than trivial events that are
at best amusing, at worst heartbreaking, and most often devoid of any and all interest,
e.g., the charity gala, family story or advertisement. So many little things
that inordinately invade the pages of the print media and our day-to-day existence."

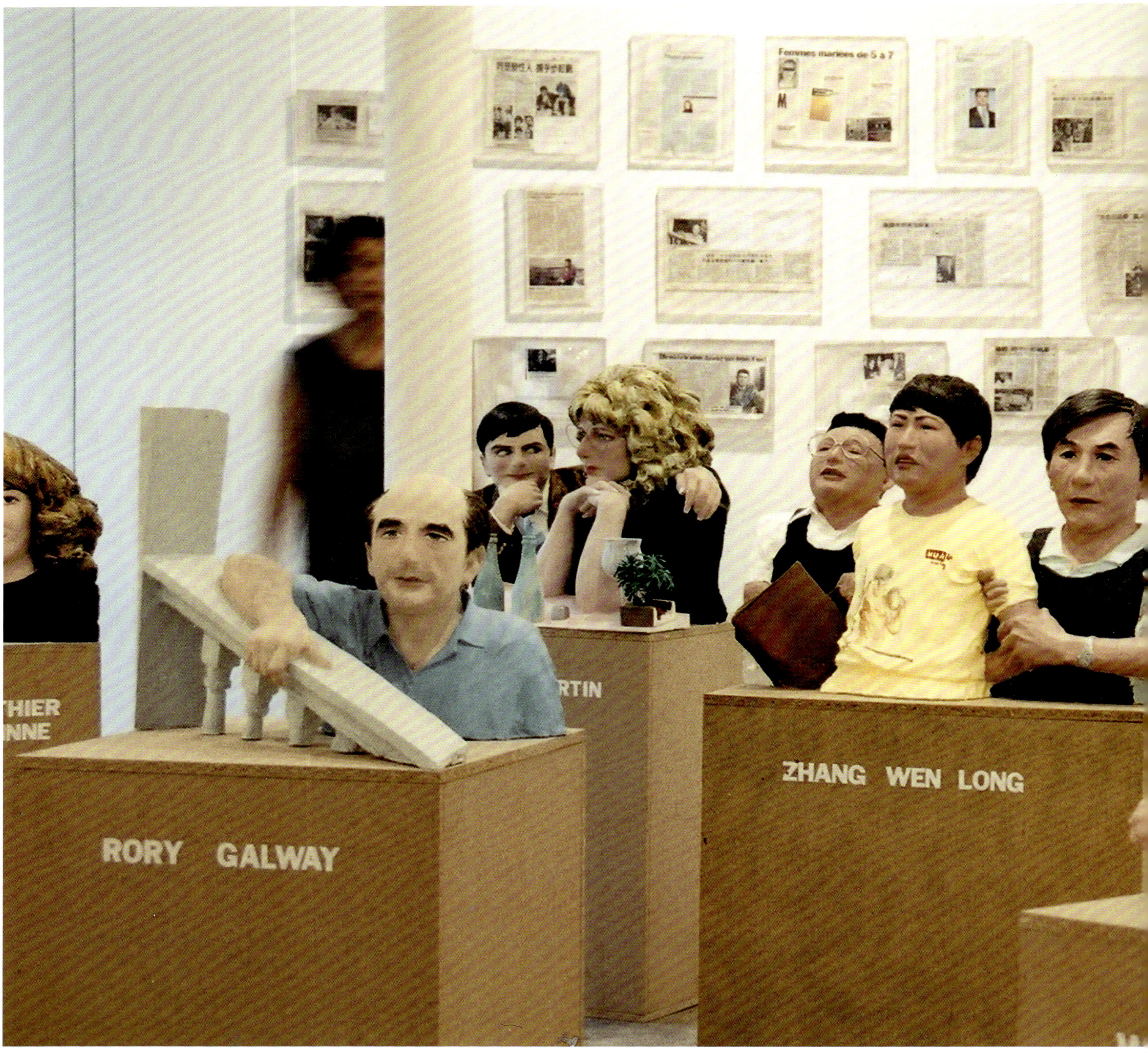

Vue d'exposition (view of the exhibition), galerie Anne de Villepoix, Paris (1994).

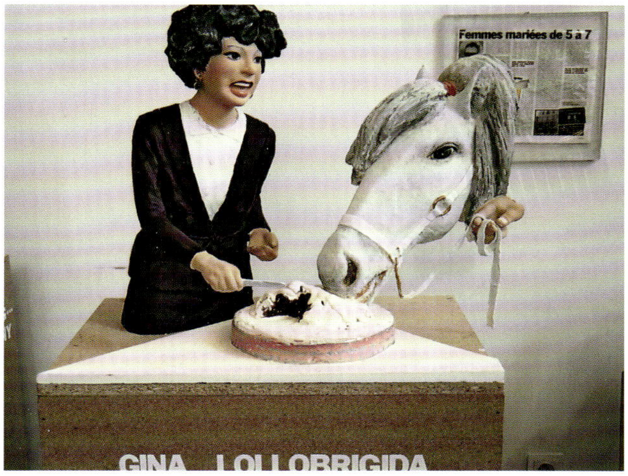

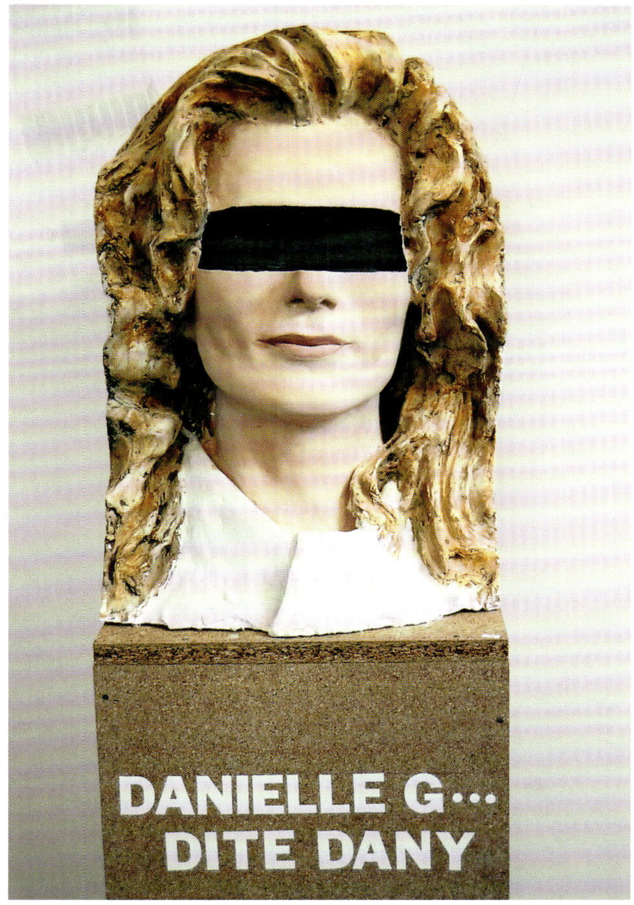

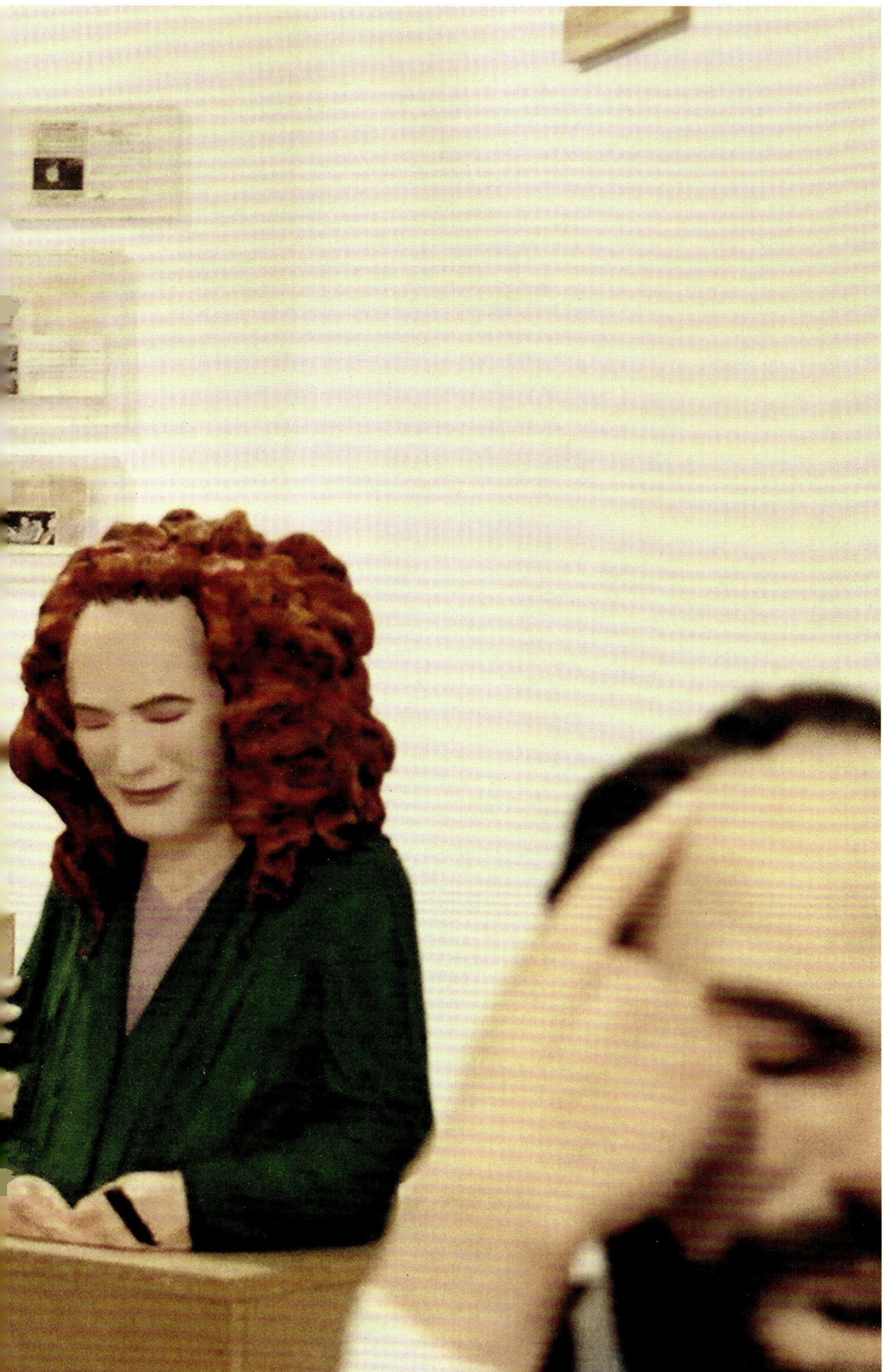

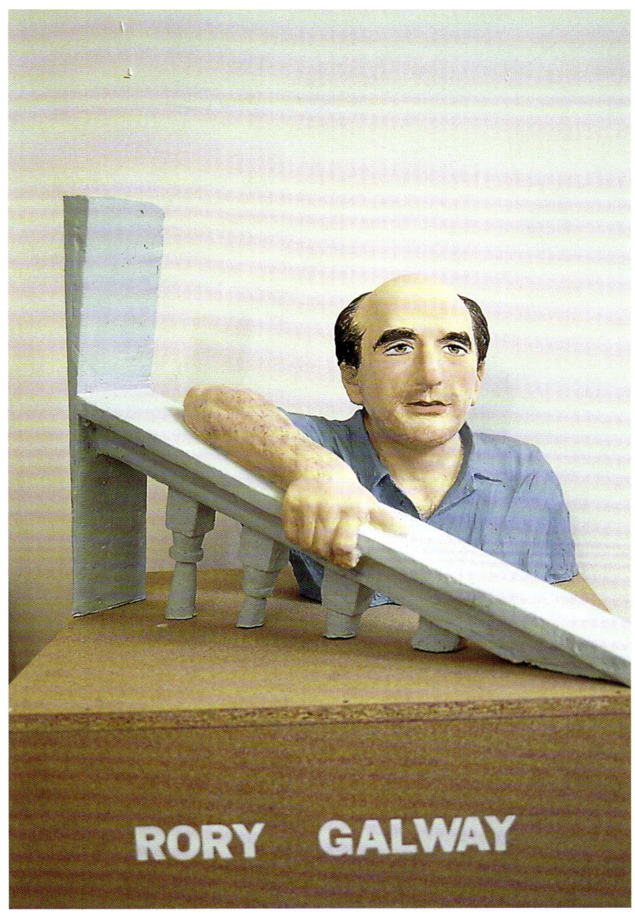

Détails de l'installation (details of the installaticn) : *Gina Lollobrigida, Danielle G… dite Dany* & *Rory Galway*.

LA FAMILLE

1997
Installation de cinq sculptures de taille humaine (installation of 5 life-size sculptures)
Plâtre polyester et gouache (polyester plaster and gouache)
Dimensions variables (variable dimensions)

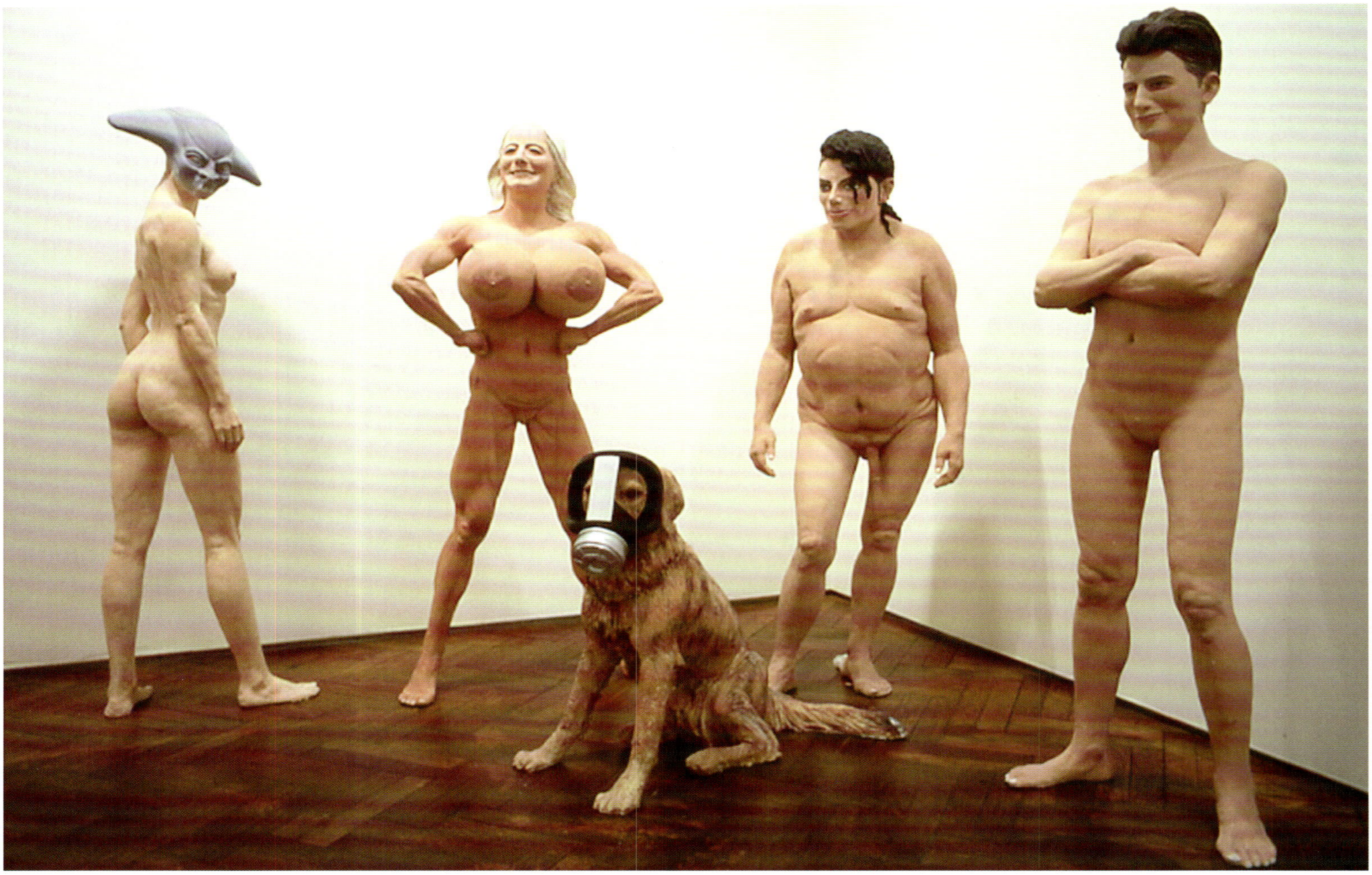

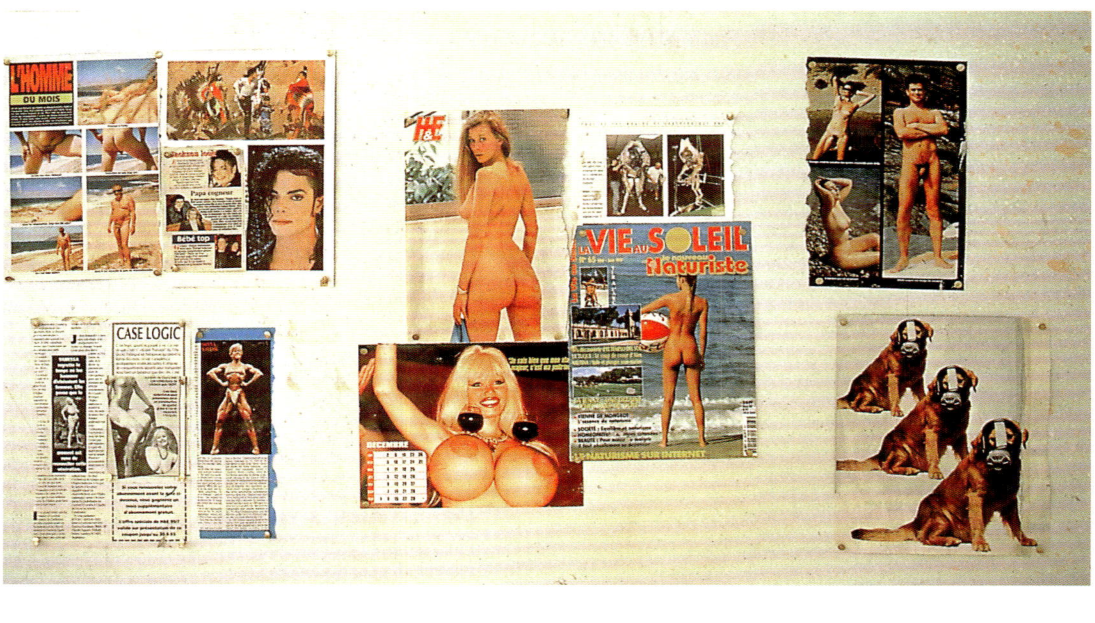

Haut (top) : Vue de l'exposition (view of the exhibition) *Gare de l'Est*, Casino Luxembourg / Forum d'art contemporain, Luxembourg (1998-1999).
Bas (bottom) : Documents préparatoires pour (preparatory documents for) *La Famille*.

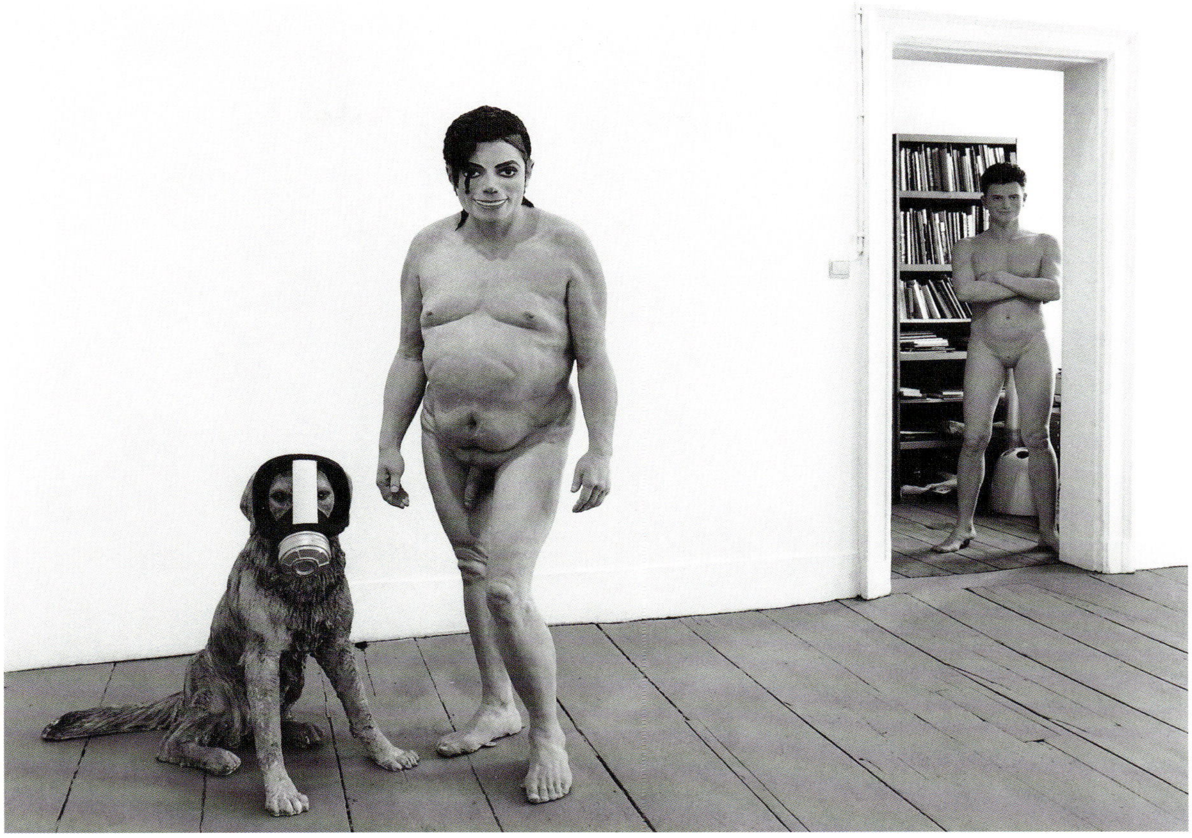

« Transformer le corps est devenu une façon de s'adapter à la société moderne dans laquelle les moyens technico-scientifiques et les informations prennent la place des pensées et de la vie, et ceci afin de se donner une nouvelle personnalité. À partir de ce point de vue de la vie, *La Famille* a rassemblé des images des médias (journaux, magazines, etc.) concernant la transformation du corps dans la vie quotidienne pour en faire des modèles plastiques. Chaque membre de *La Famille* a en soi une existence réelle et une existence potentielle. Ainsi, *La Famille* pourrait être considérée comme une enquête d'opinion publique au futur.

Le Père admire Michael Jackson, espère pouvoir refaire son visage comme lui, afin de devenir celui qu'incarne le visage de conte de fées du chanteur, et changer ainsi sa vie médiocre.
La Mère insatisfaite de sa chair et de ses seins retombés, s'entraîne à la gymnastique pour retrouver sa chair jeune et gonfle ses seins grâce à la chirurgie plastique, comme Lolo Ferrari. Elle reprend confiance dans la vie.
Le Fils déteste à l'extrême les différences sexuelles.
Il pense que les organes sexuels ainsi que leur besoin de fonctionnement sont responsables de plus de la moitié des crimes de l'humanité.
Pour devenir un Homme avec un H, et sans être conduit par les instincts sexuels, il a fait enlever son organe génital.
La Fille pense que les différences entre les pensées des êtres humains proviennent des différences de leur cerveau, de telle sorte que les changements des destins humains sont toujours enfermés dans le cercle vicieux des doctrines. Pour avoir une autre vision de l'humanité, elle voudrait se donner une tête comme celle des personnages fictifs du cinéma, d'un extra-terrestre, par exemple.
Le Chien, favori depuis toujours, a fini par se considérer comme un égal des hommes. Ainsi a-t-il pris ce masque qu'il pense être utilisé par des gens de la bonne société pour des cérémonies rituelles. »

"Transforming the body, in the desire to recreate the self, has become a means of adapting to modern society in which techno-scientific resources and information replace thought. Taking shape around this perspective on life, *La Famille* (The Family) brings together media images (newspapers, magazines, etc.) focusing on the body's transformation in everyday life, reproducing them as three-dimensional models. Each family member has both a real and a potential existence. Thus, *La Famille* might be seen as a future test of public opinion.

Le Père (The Father) admires Michael Jackson; he hopes to have his face redone in the same way in order to become the figure portrayed by the signer's fairytale face, thus changing the mediocrity of his life.
La Mère (The Mother), unsatisfied with her body and sagging breasts, works out at the gym in order to rejuvenate her body and has her breasts enlarged, like Lolo Ferrari, through plastic surgery. She regains confidence in her life.
Le Fils (The Son) has an extreme aversion to sexual difference. He thinks that sexual organs, and their drives, are responsible for over half the crimes against humanity. In order to become a man with a capital M and avoid being driven by sexual instincts, he has had his genitals removed.
La Fille (The Daughter) thinks differences in human thought are due to cerebral differences, such that changes in human destinies are always trapped in the vicious circle of beliefs. To gain a different view of humanity, she would like to exchange her head for one of the fictional characters in cinema, an alien from outer space, for example.
Le Chien (The Dog), as the all-time family favorite, has ended up believing he is man's equal. For this reason, he wears the mask he thinks people from polite society use for ritual ceremonies."

Le Chien, Le Père & Le Fils. Vue d'exposition (exhibition view), galerie Albert Baronian, Bruxelles (1999).
Pages suivantes (next pages) : Dessin préparatoire (preparatory drawing).

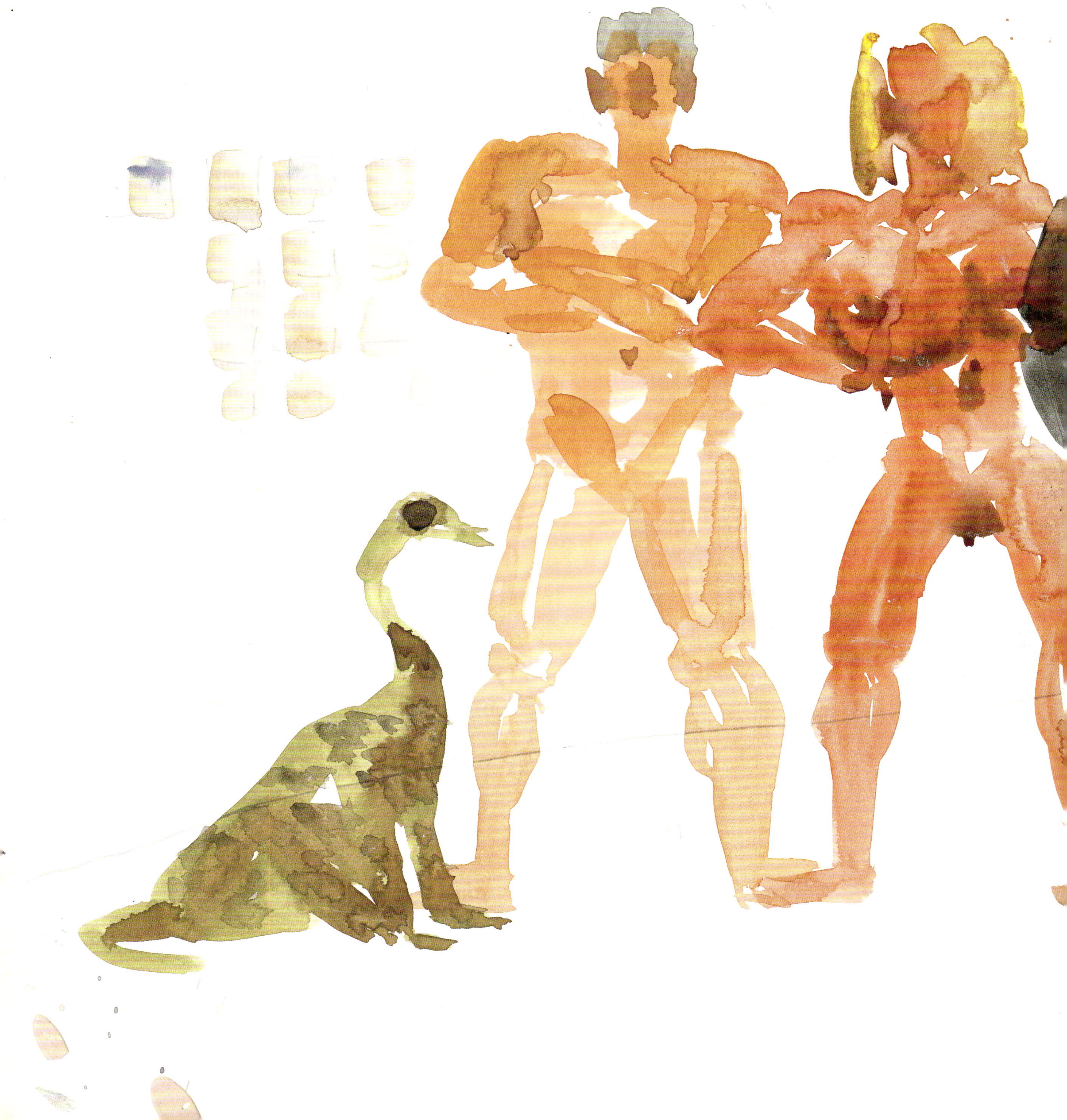

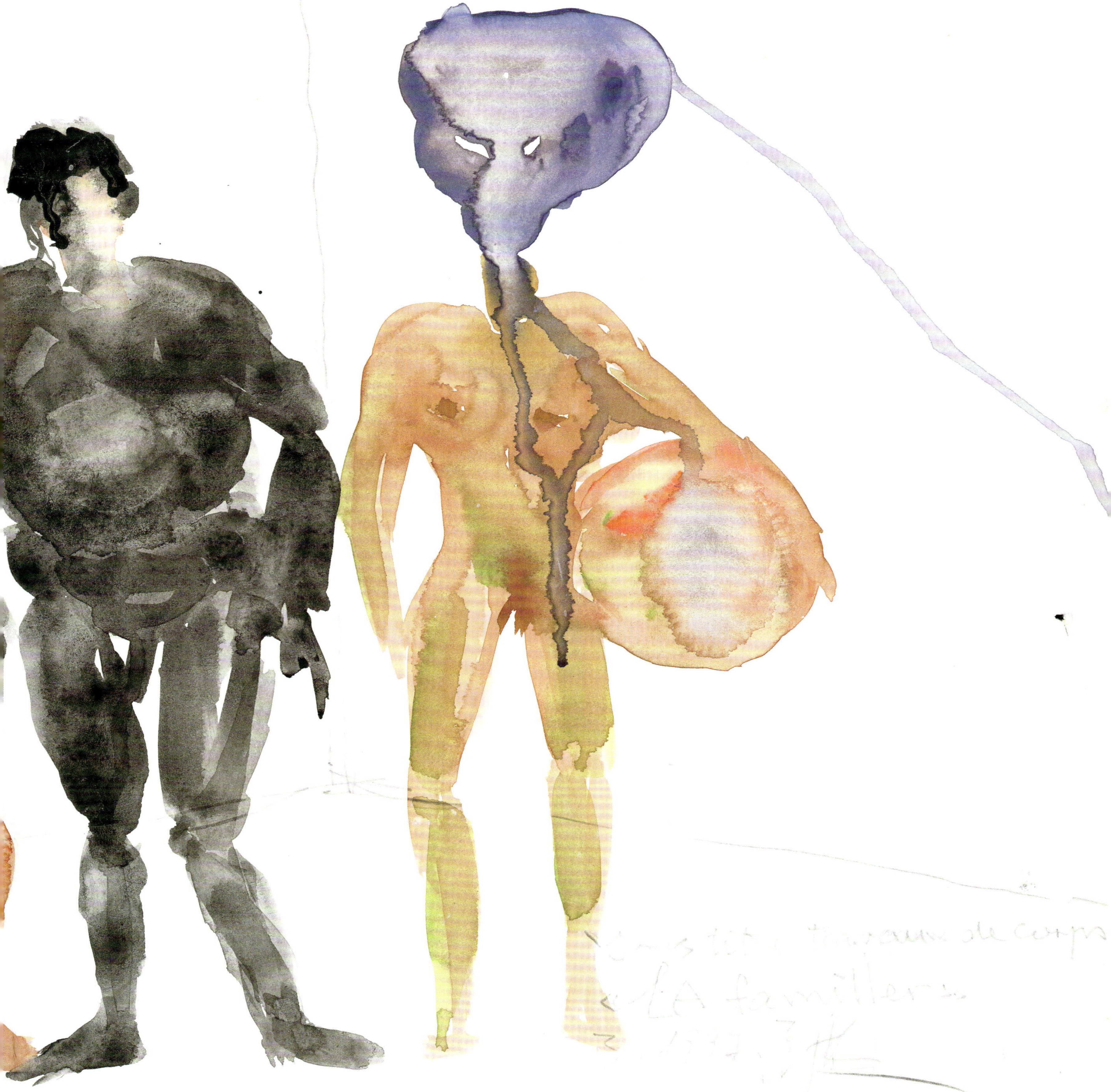
Sans tête, travaux de corps
« LA famille »

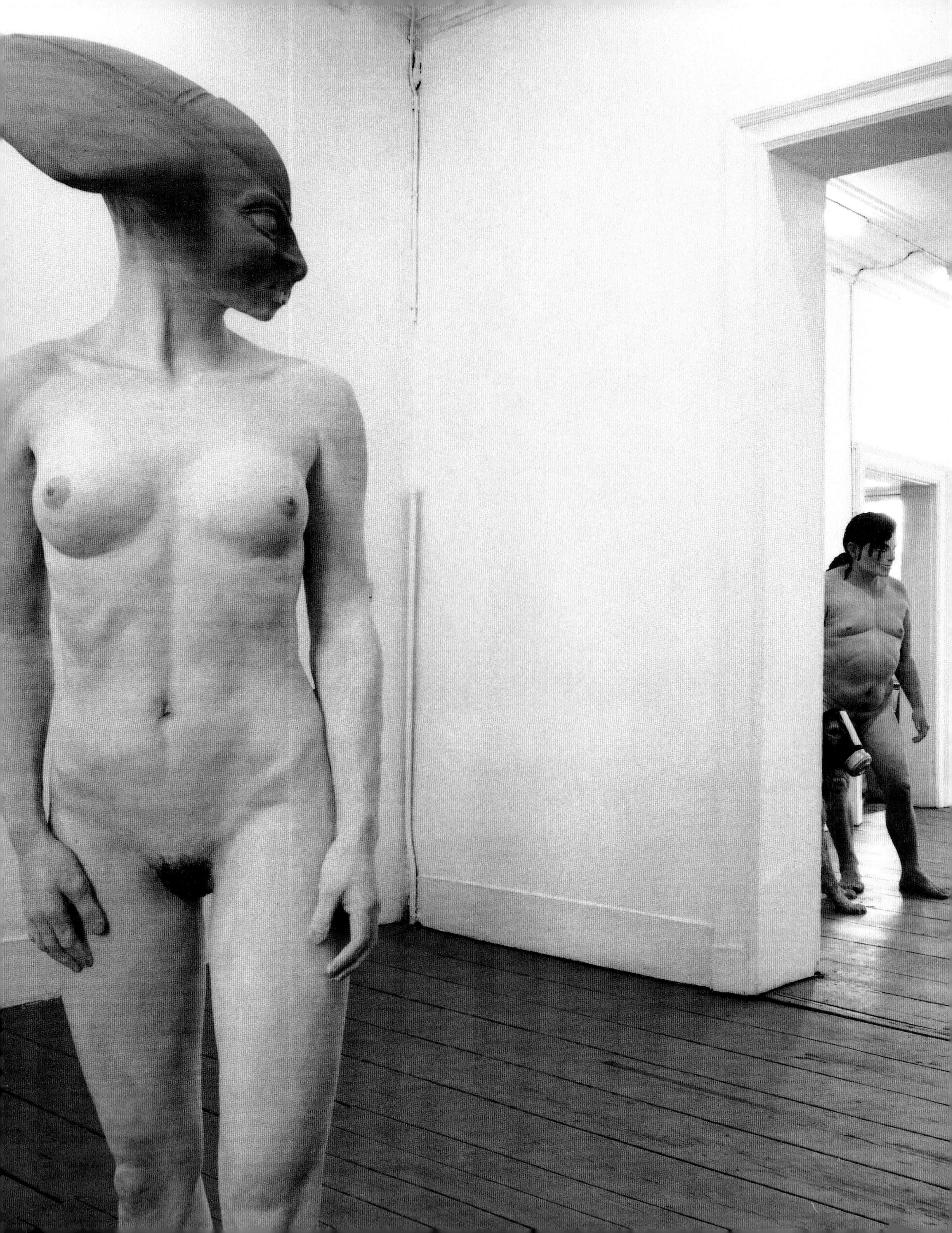

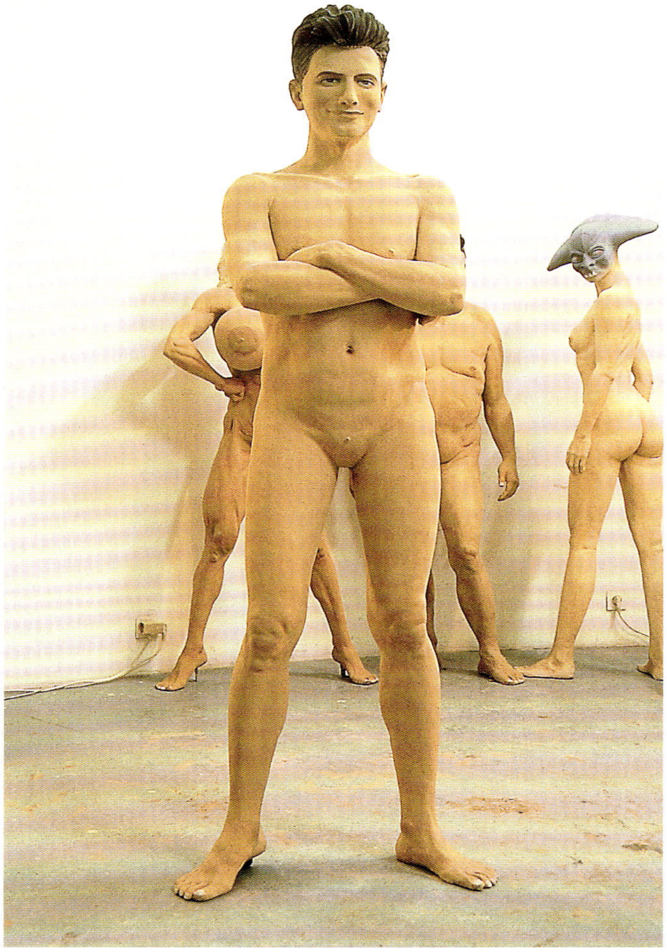

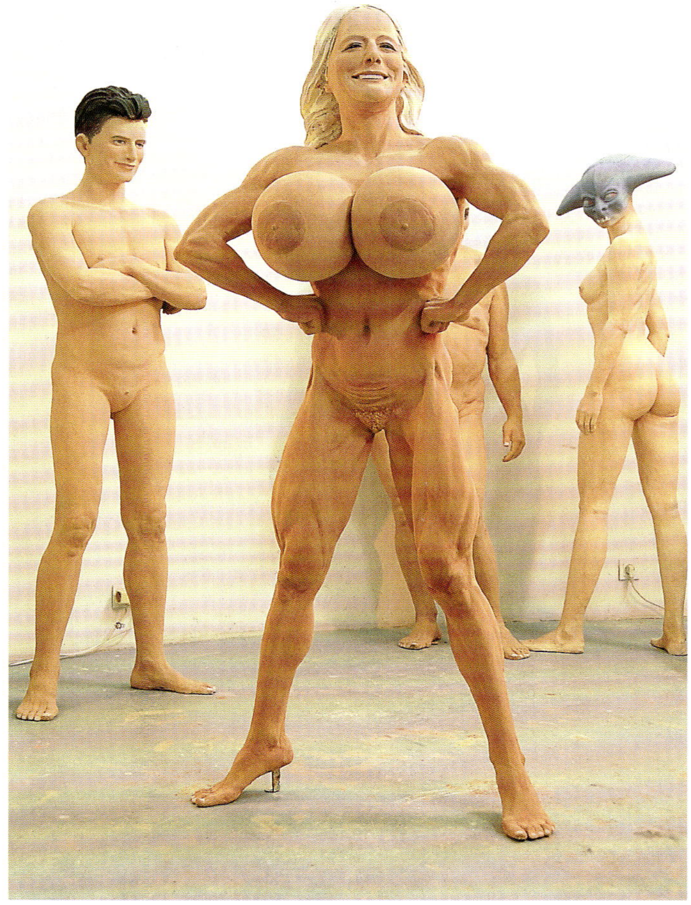

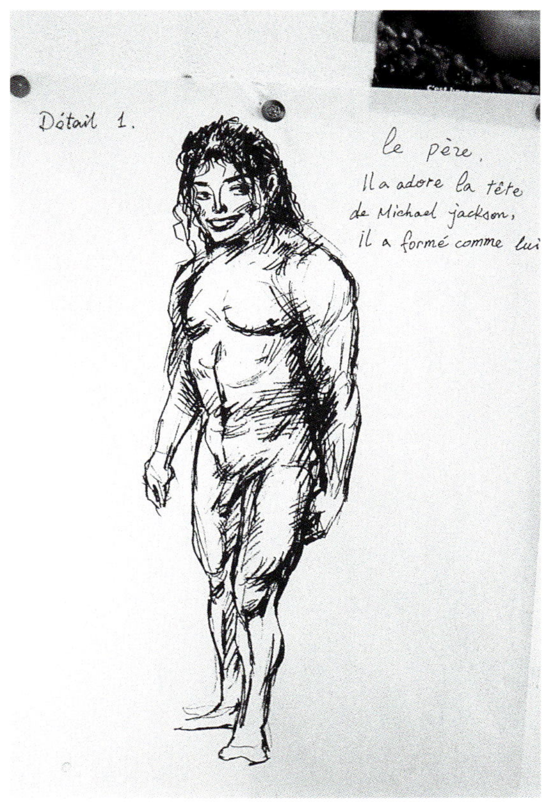

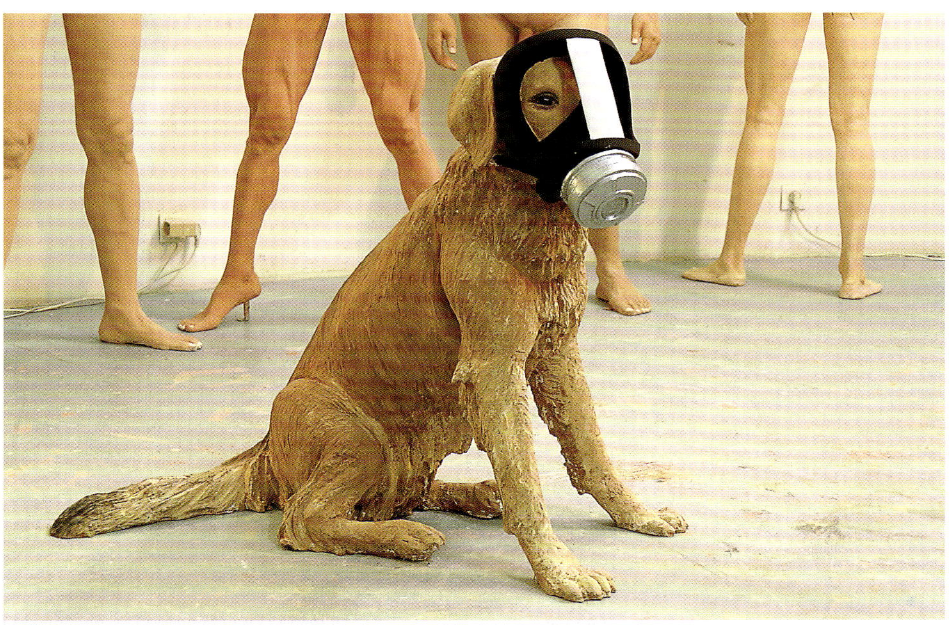

De gauche à droite et de haut en bas (from left to right and from top to bottom): *Le Fils, La Mère & Le Chien*. Vues d'atelier (studio views).
Dessin préparatoire pour (preparatory drawing for) *Le Père*.
Ci-contre (opposite page): *La Fille, Le Chien & Le Père*. Vue d'exposition (exhibition view), galerie Albert Baronian, Bruxelles (1999).

LES TRAVAUX DU CORPS

1997
Installation de deux sculptures (installation of 2 sculptures)
Plâtre polyester et gouache (polyester plaster and gouache)
Dimensions variables (variable dimensions)

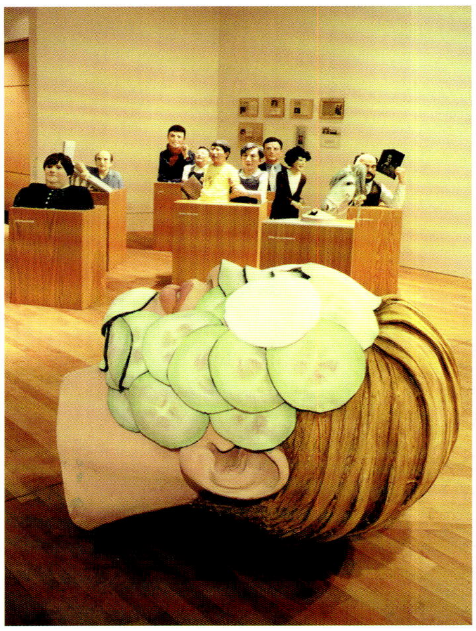

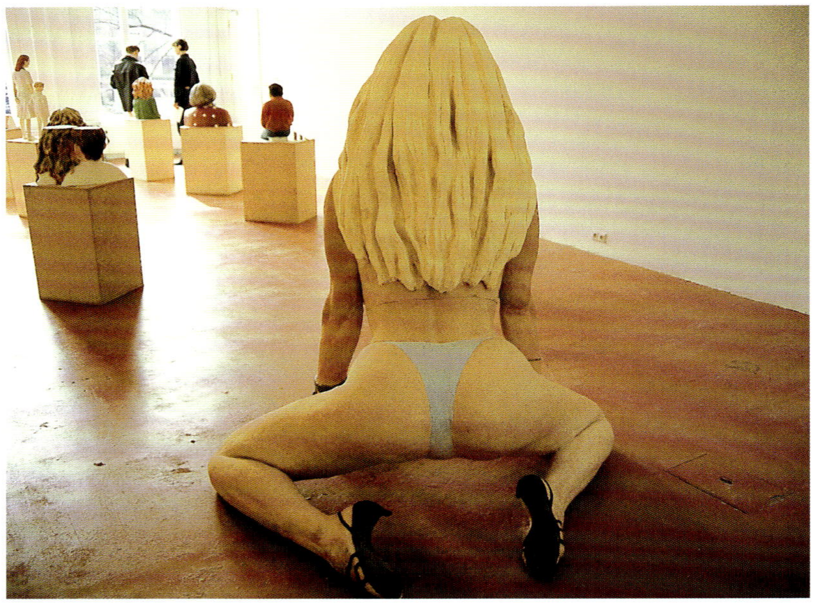

« Avec l'utilisation de suppléments vitaminés, l'effort intense porté sur le développement, la chirurgie plastique et le potentiel des futures avancées en matière de génétique, il sera possible à l'avenir d'améliorer considérablement, voire de recomposer le corps. Cela permet aux individus de se projeter vers le moment où il sera possible de changer non seulement l'image du corps, mais aussi la personnalité. Et donc le pouvoir de l'esprit personnel et la volonté. Nous nous recréerons selon les obligations que nous imposent nos rôles dans la vie, et suivant l'imagination des mass media. Ces idées aujourd'hui populaires génèrent une nouvelle morale et des problèmes sociaux. Une époque "d'évolution artificielle" a commencé.

Les Travaux du corps est une série de gros plans de l'homme pris dans des états "d'évolution artificielle". Mais ils ne sont ni le début ni le résultat de ce processus. Dans le projet, leurs identités sont les victimes de ce processus et les biens de consommation d'expérimentations scientifiques. Ils sont explorateurs dans l'aventure de créer de nouvelles personnalités et de futures images de l'être humain.
Dans le même temps, le problème réel émerge de la distance entre leur mauvaise qualité en tant que faux produits et leur réalité en tant que reproductions de la réelle image des médias. *L'Homme-armure* et *L'Homme-sein* proviennent de publicités de magazine. Ils peuvent être vus comme une référence pour le style et l'image du nouvel homme. »

"With the use of vitamin supplements, intense workouts, plastic surgery and the potential of future advances in genetic engineering, one might be able to dramatically improve and even re-compose the body in the future. This allows people to look forward to a moment when it may be possible to alter not only the image of the body, but one's personality as well. Hence the power of the personal spirit and will. We will recreate ourselves according to the dictates of our roles in life and the mass-media imagination. These now popular ideas generate new moral and social problems. An epoch of 'artificial evolution' has begun.

Les Travaux du corps is a series of close-ups of people in states of 'artificial evolution.' But they are neither the beginning, nor the result of this process. In the project, their identities are viewed as victims of the process and as the consumer goods of scientific experiments. They are explorers in an adventure, that of creating new personalities and future images of human beings. At the same time, the real problem emerges from the distance between their poor quality as fake products and their reality as reproductions of the real image of the media. *L'Homme-armure* and *L'Homme-sein* come from magazine advertising. They can be seen as a reference to the design of the image of the new man."

De gauche à droite (from left to right) : *L'Homme-armure*. Vue de l'expostion (view of the exhibition) *Uncertain Pleasure, Chinese artists in the 90's*, Art Beatus Gallery, Vancouver (1997). Courtesy Annie Wong Art Foundation. - *L'Homme-sein*. Vue d'exposition, Gate Foundation, Amsterdam (1997).
Ci-contre (opposite page) : *L'Homme-sein*. Vue d'exposition (exhibition view), galerie Baronian-Francey, Bruxelles (1999). Courtesy galerie Baronian-Francey.

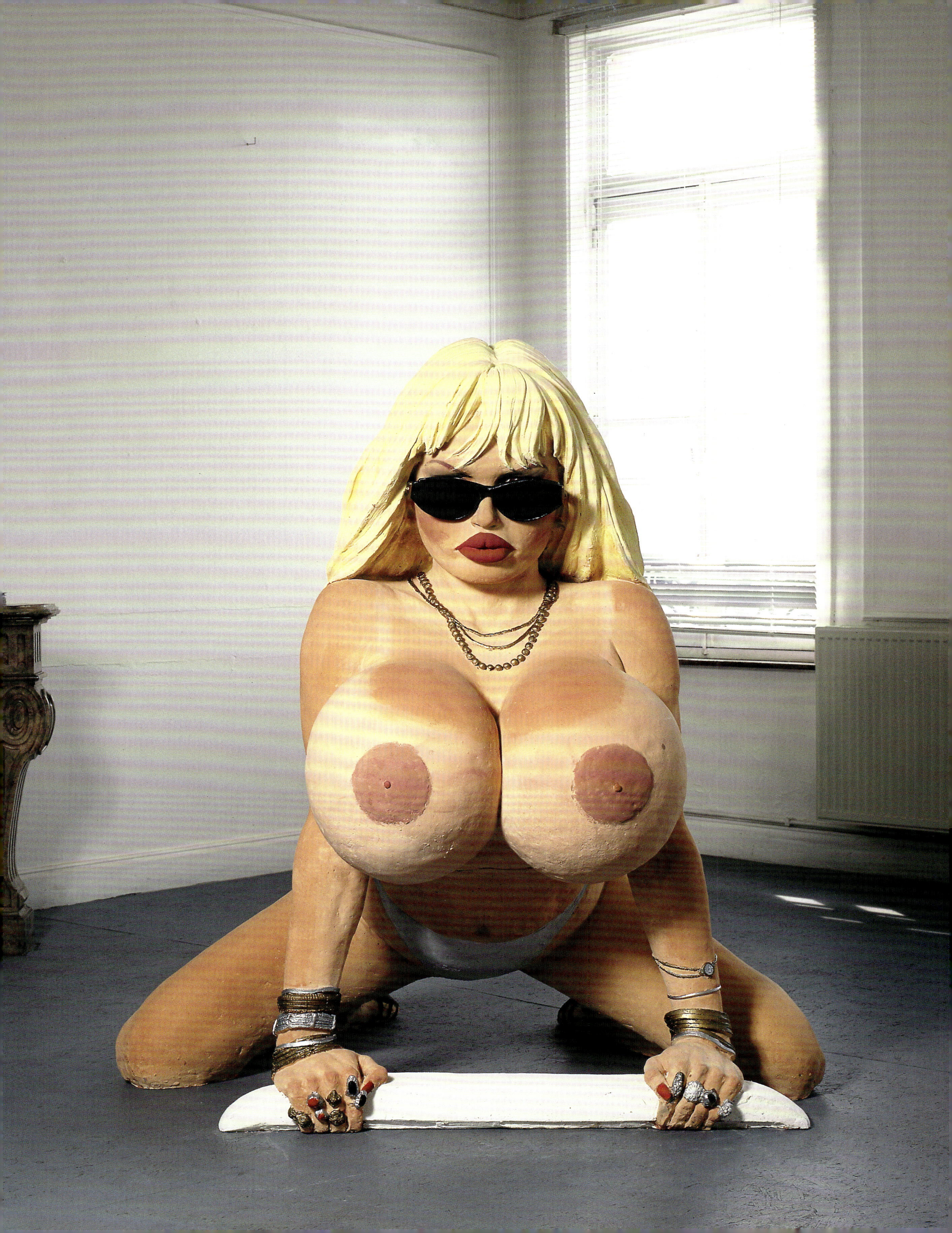

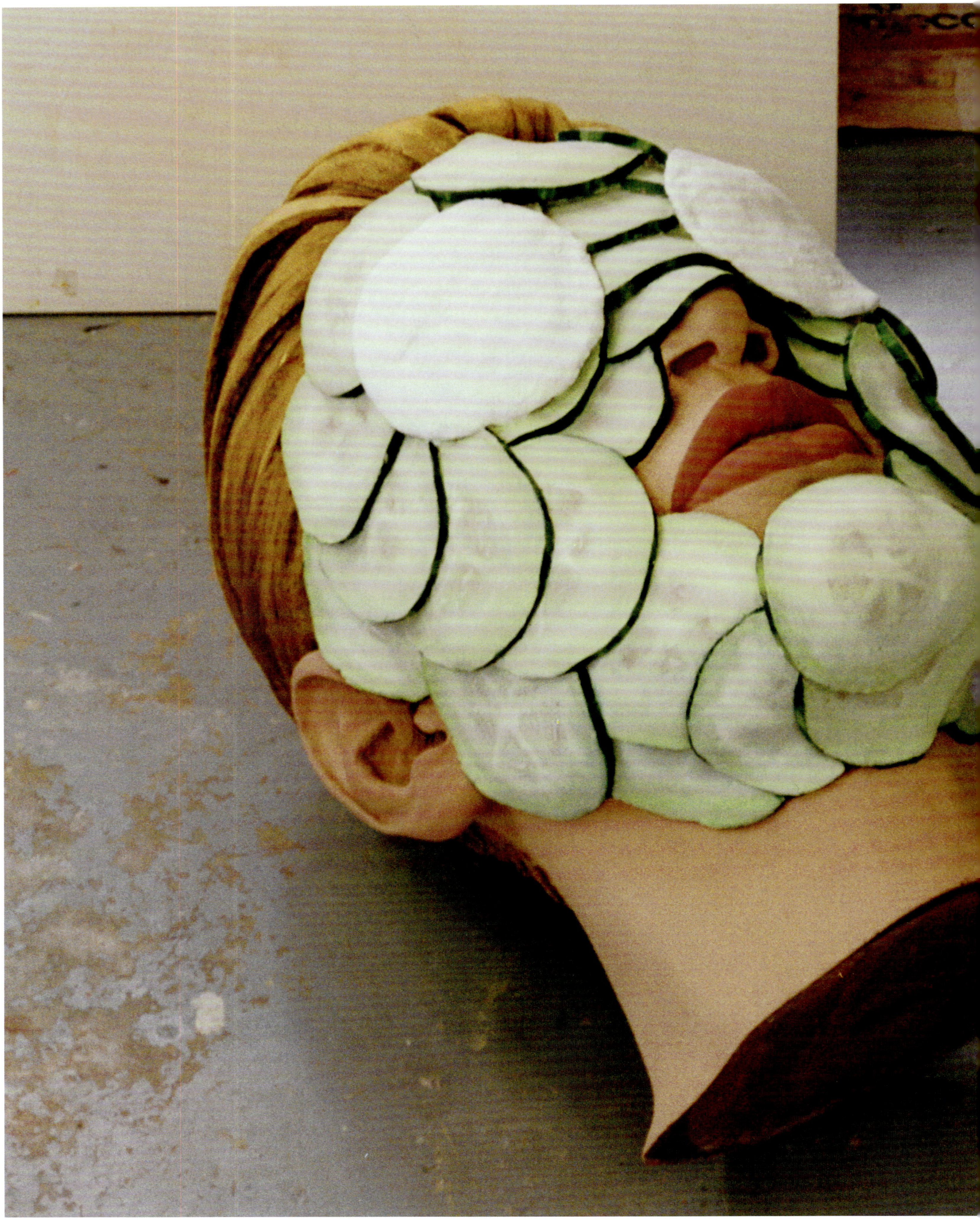

L'Homme-armure. Vue d'atelier (studio view).

PAYSAGE INTERNATIONAL

1997-1998
Installation de dix sculptures et de tours sonores (installation of 10 sculptures and sound towers)
Plâtre polyester, gouache, bois, briques et son (polyester plaster, gouache, wood, bricks and sound)
Dimensions variables (variable dimensions)

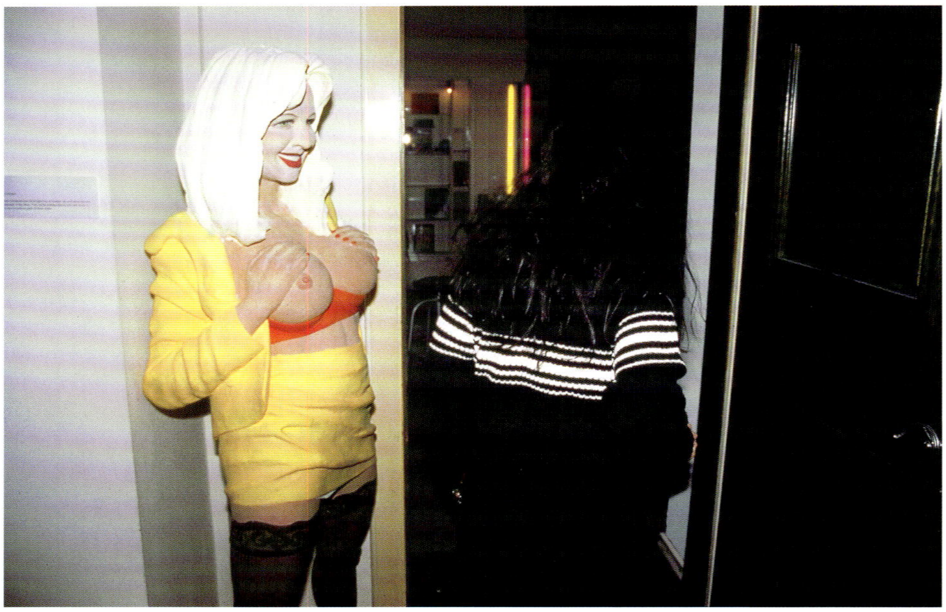

« En Asie, particulièrement en Chine, les villes sont devenues de véritables scènes de la vie contemporaine, avec tous les contrastes que celle-ci implique : mélange de concepts urbains arriérés et d'architectures modernes, niveau de vie très bas et soif de consommation effrénée, analphabétisme et culture mercantile, chômage et nouveaux riches, dictature du système politique et situation chaotique liée à l'ouverture économique… Or rien n'est plus révélateur de ces contrastes que le bruit… le bruit qui absorbe tout. Bruit des embouteillages dans les rues, hurlements des chauffeurs angoissés, klaxons incessants des véhicules, vociférations des policiers, vacarmes dans les restaurants, tumulte de la foule dans les ports et les aéroports, détonations provenant des chantiers, cris de marchandage sur les marchés, chants quasi hystériques dans les boîtes à karaoké, braillements violents dans les Bourses, ou encore bruits de relaxation émanant des salons de massage et de coiffure… Ces bruits rappellent tout autant les cris réjouissants de l'accouchement que ceux désespérés du dernier soupir.

Les bruits prennent ainsi un sens symbolique dans les villes chinoises, ils racontent la vie urbaine et témoignent incontestablement de l'époque actuelle. Mais que devient ce genre de paysage régional lorsqu'il est placé dans un environnement mondial ? Une fois détaché de sa situation géographique et de son contexte culturel pour coexister avec ceux d'autres régions, quels en sont les effets et conséquences ? Ce sont les questions soulevées par mon projet. Celui-ci consiste à utiliser les bruits d'une ville comme paysage mobile susceptible d'être combiné avec les bruits d'autres villes et de produire ainsi, tout en esquivant les obstacles de l'espace et du temps, un nouveau paysage fait de contrastes et de mélanges hétérogènes. Dans ce dernier, les effets dynamiques provoqués par les oppositions brutales et désordonnées offrent alors une explication possible du nouvel ordre mondial contemporain. »

"In Asia, particularly in China, cities have become true scenes of contemporary life, with all the contrasts that contemporary life implies, that mixture of outdated urban concepts and modern architectural designs, a very low standard of living and a thirst for rampant consumerism, illiteracy and mercantile culture, unemployment and *nouveaux riches*, dictatorship of the political system and the chaotic situation linked with opening up the economy. Nothing, however, reveals more about these contrasts than sound… the sound that absorbs everything.
Sounds of traffic jams in the street, yells of anxious drivers, endless honking of horns, angry cries of policemen, the racket made in restaurants, the hubbub of crowds in ports and air terminals, explosions coming from construction sites, cries of bargaining going on in markets, the almost hysterical chanting in karaoke bars, the violent bawling in stock markets, or the sounds of relaxation coming from massage parlors and hair salons… These noises recall both the heartening cries of birth and the desperate groan of one's last breath.

Sounds take on a symbolic meaning in Chinese cities; they tell us about life in town and unquestionably evince the current age. But what becomes of this regional landscape when placed in a world environment? What are the effects and consequences once it is removed from its geographic situation and cultural context to coexist with the landscapes of other regions? These are the questions that my project raises. The piece entails using the sounds of a city as a mobile landscape that can be combined with the sounds of other cities to produce —while eluding the obstacles thrown up by space and time— a new landscape of contrasts and disparate combinations. In this new landscape, the dynamic effects created by brutal disorganized oppositions offer a possible explanation of the contemporary new world order."

Détail de l'installation (detail of the installation): *Helen Duval*. Exposition (exhibition) *Cities on the Move #1*, Secession, Vienne (1997).

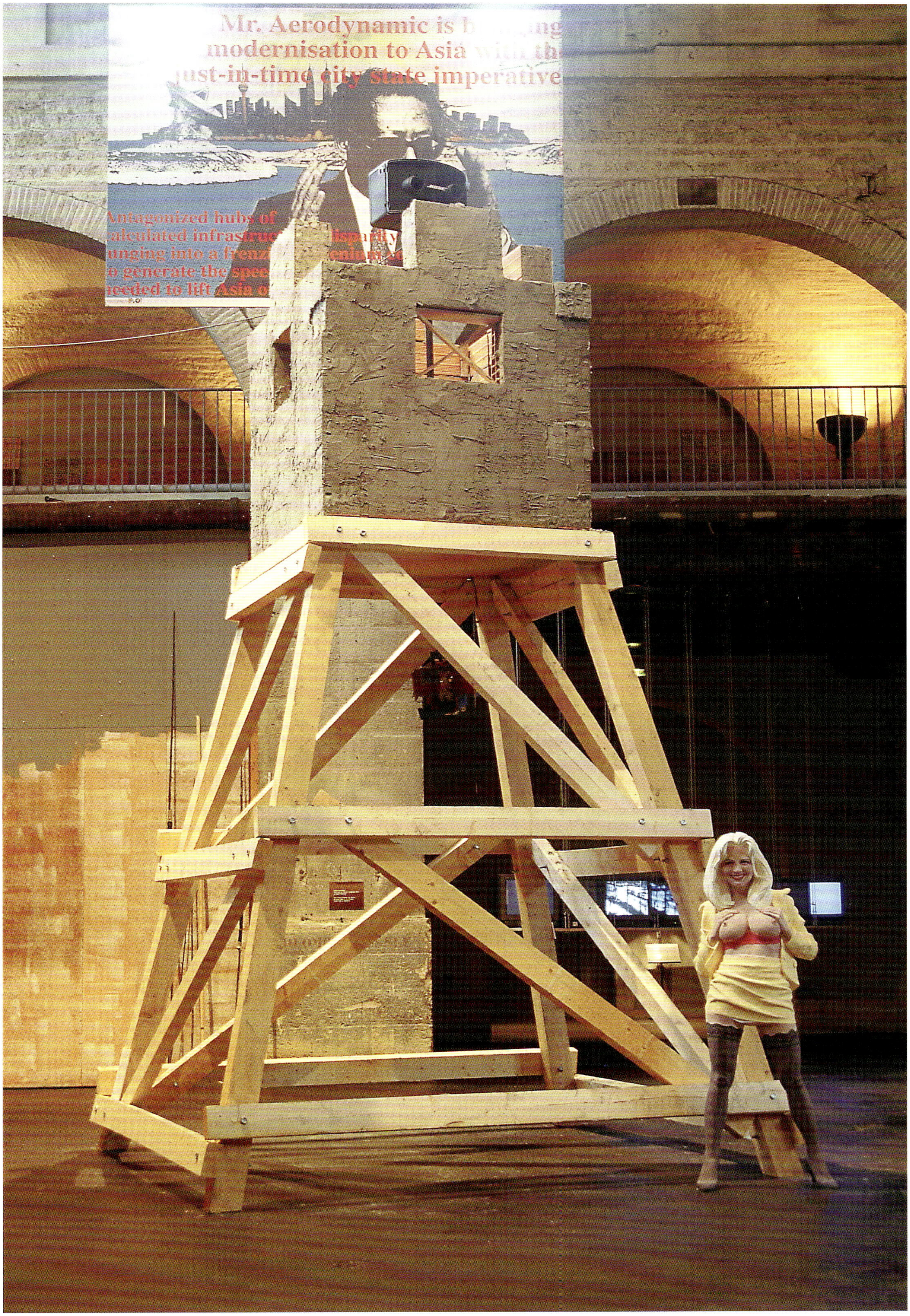

Vue de l'installation (view of the installation): *Helen Duval* & *Tour sonore*. Exposition (exhibition) *Cities on the Move #2*, capc Musée, Bordeaux (1998).

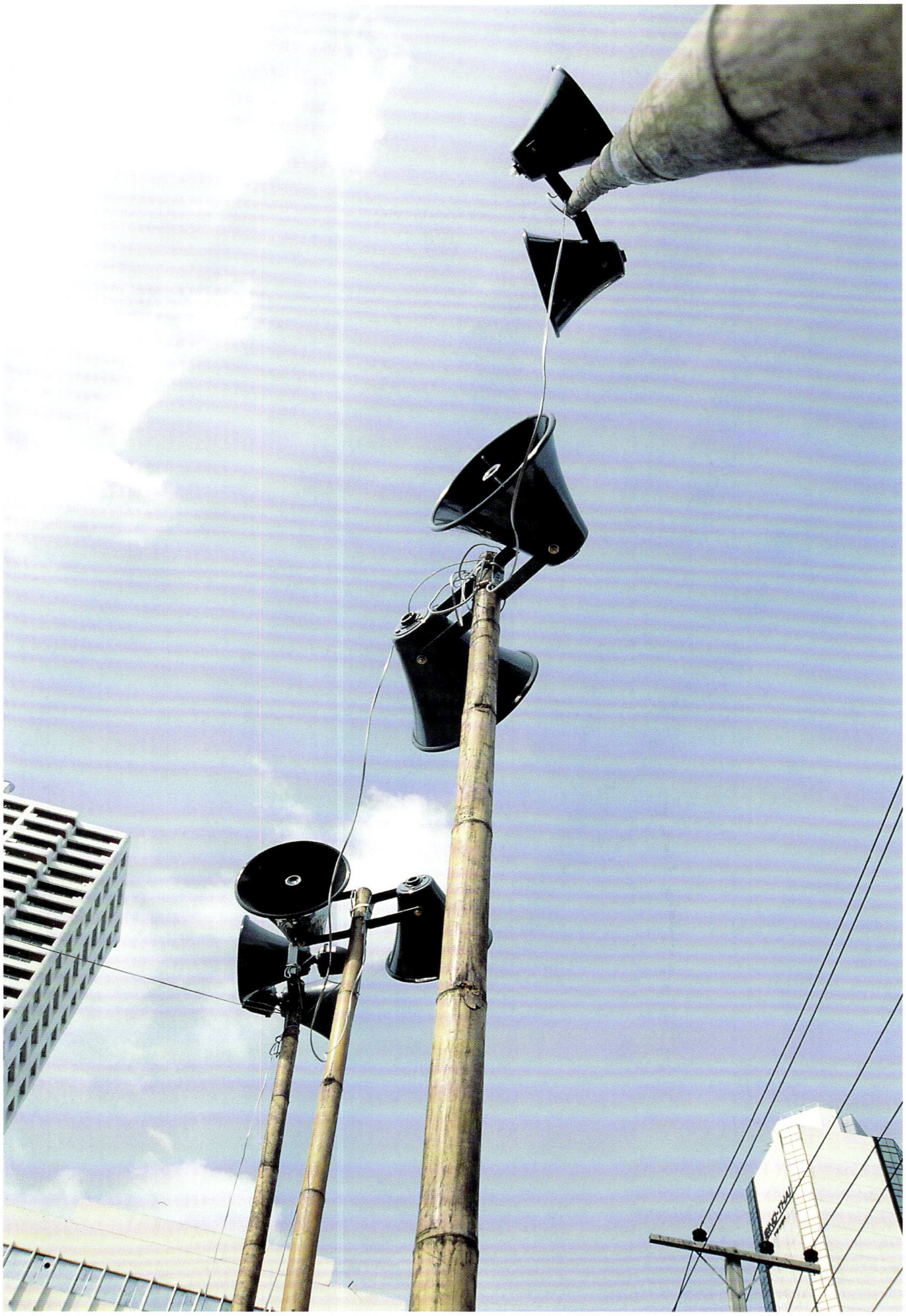

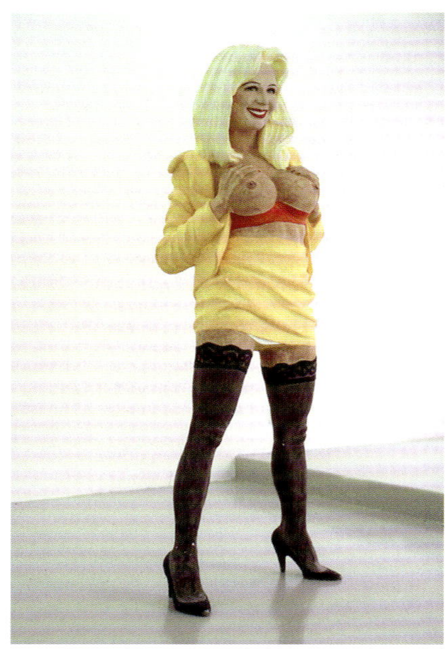

Détail de l'installation (detail of the installation) : *Tour sonore*. Exposition (exhibition) *Cities on the Move #6*, Bangkok (1999).
Helen Duval, galerie Art & Public, Genève (1998).

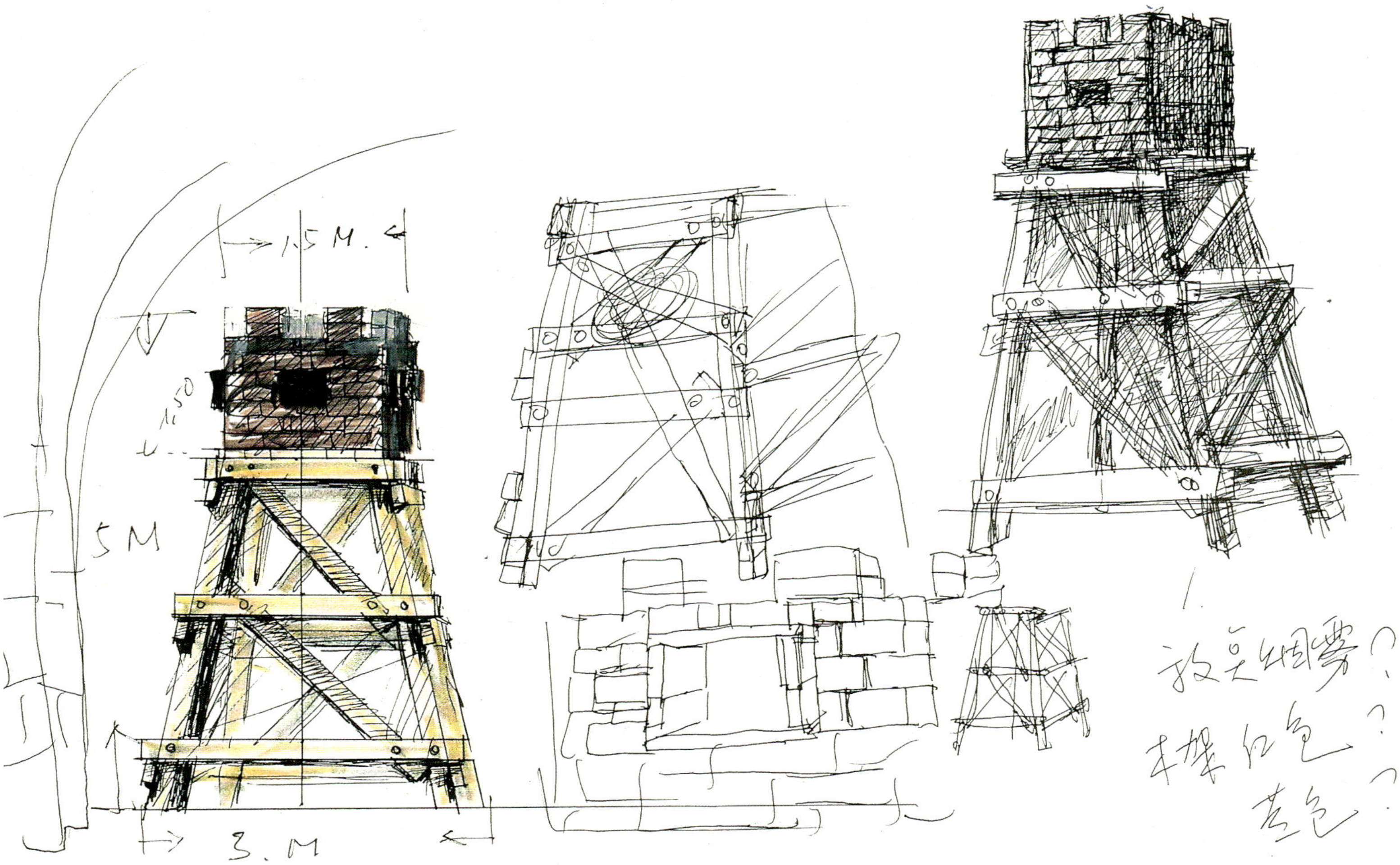

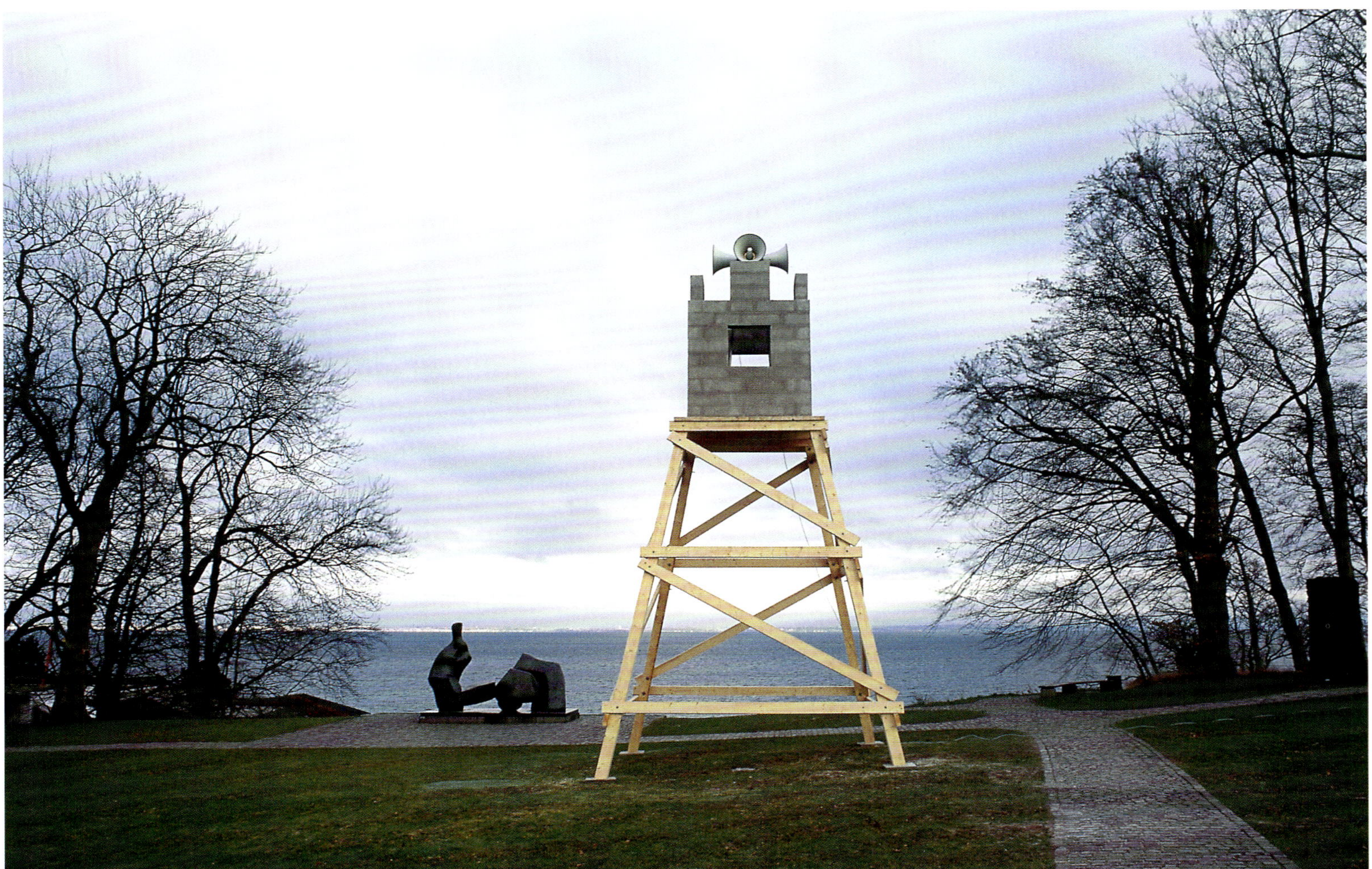

Dessin préparatoire pour (preparatory drawing for) *Tour sonore.*
Détail de l'installation (detail of the installation): *Tour sonore.* Exposition (exhibition) *Cities on the Move #4*, Louisiana Museum of Modern Art, Humlebaek (1999).

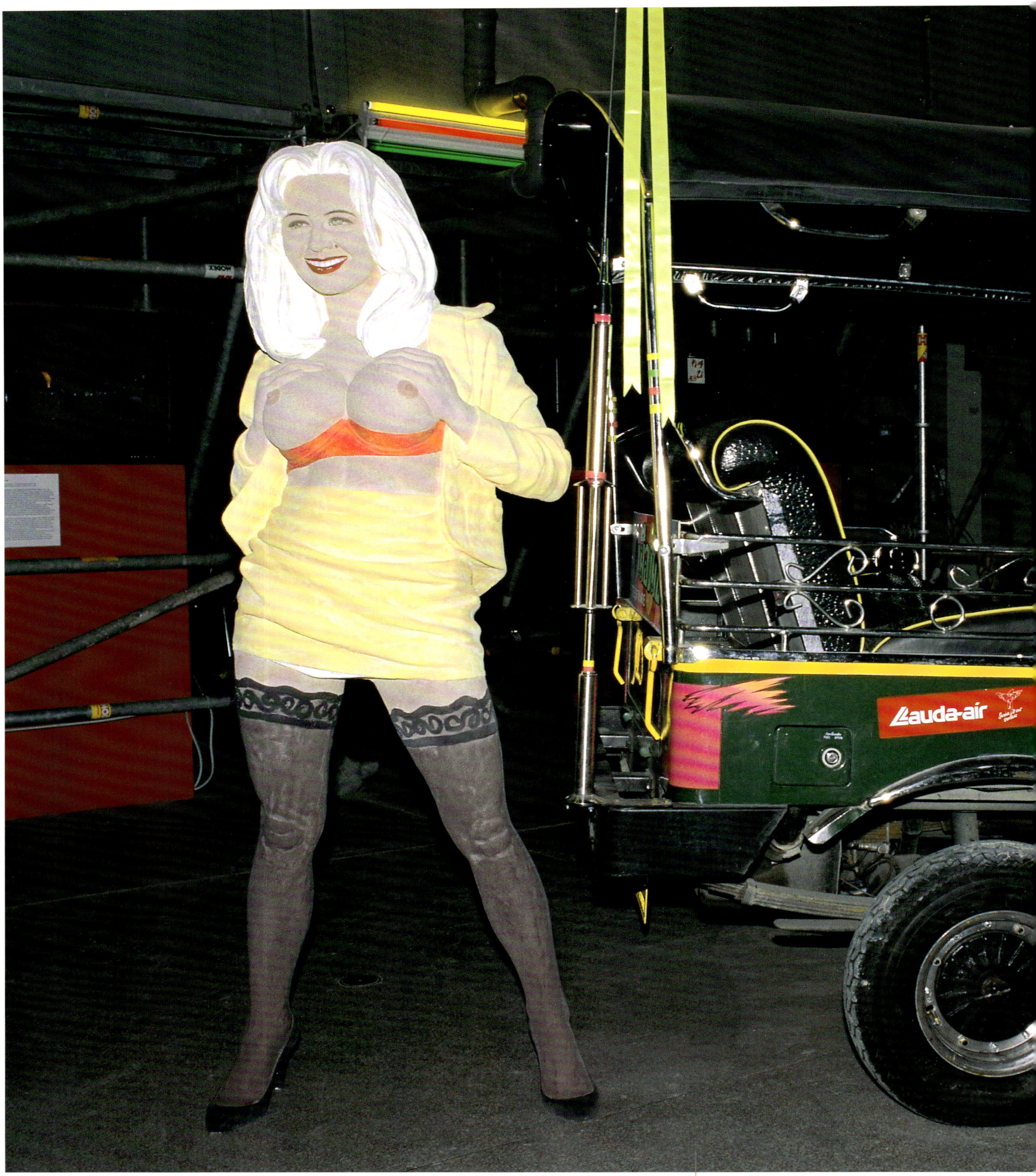

Détail de l'installation (detail of the installation) : *Helen Duval*. Exposition (exhibition) *Cities on the Move #1*, Secession, Vienne (1997).

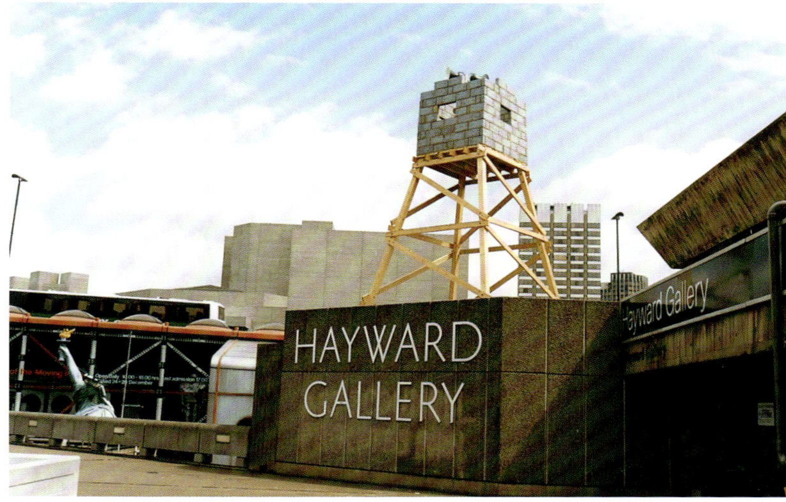

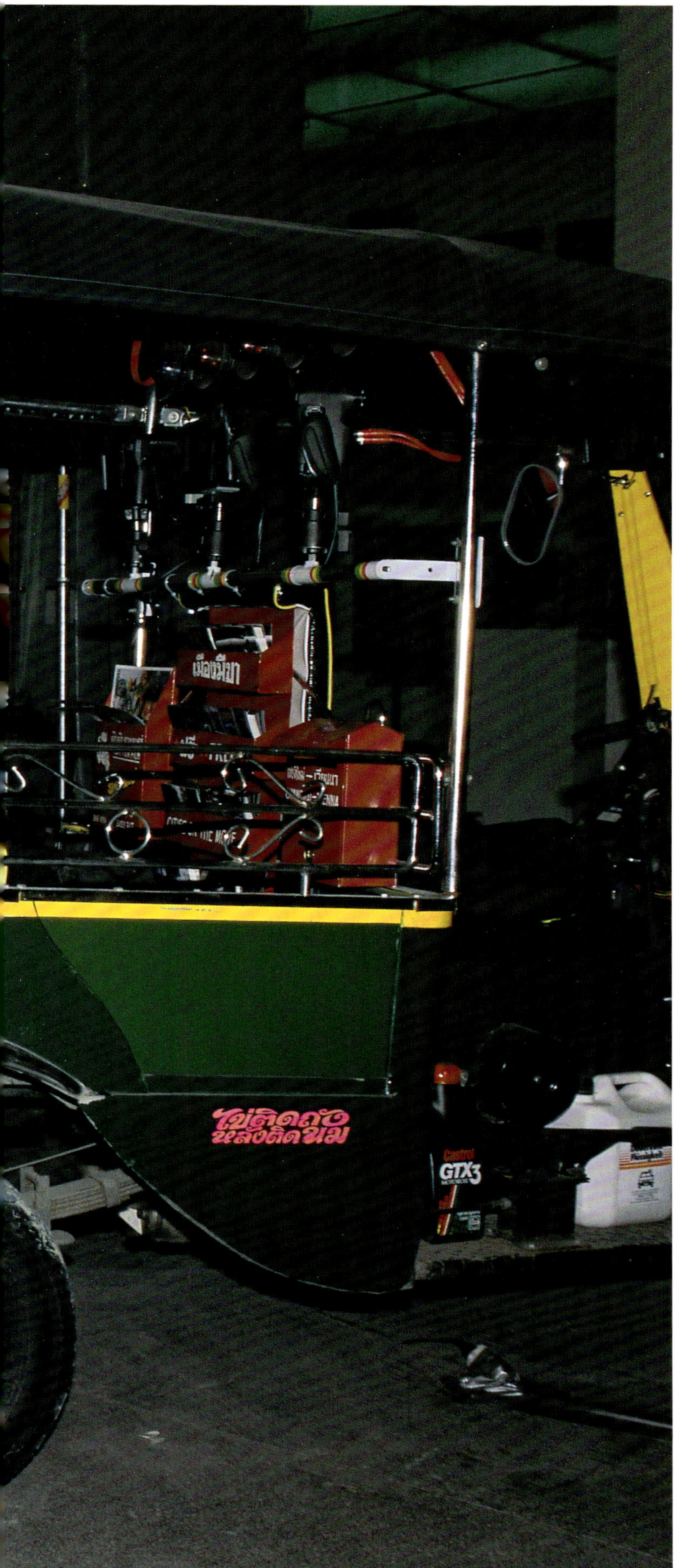

Détail de l'installation (detail of the installation) : *Tour sonore*. Exposition (exhibition) *Cities on the Move #4*, Hayward Gallery, Londres (1999).

LE TEMPS DU MONDE

(LE TEMPS DU MONDE, LES TROIS NICHES DE BOUDDHA)
1998
Installation de deux sculptures (installation of 2 sculptures)
Plâtre et gouache (plaster and gouache)
Dimensions variables (variable dimensions)

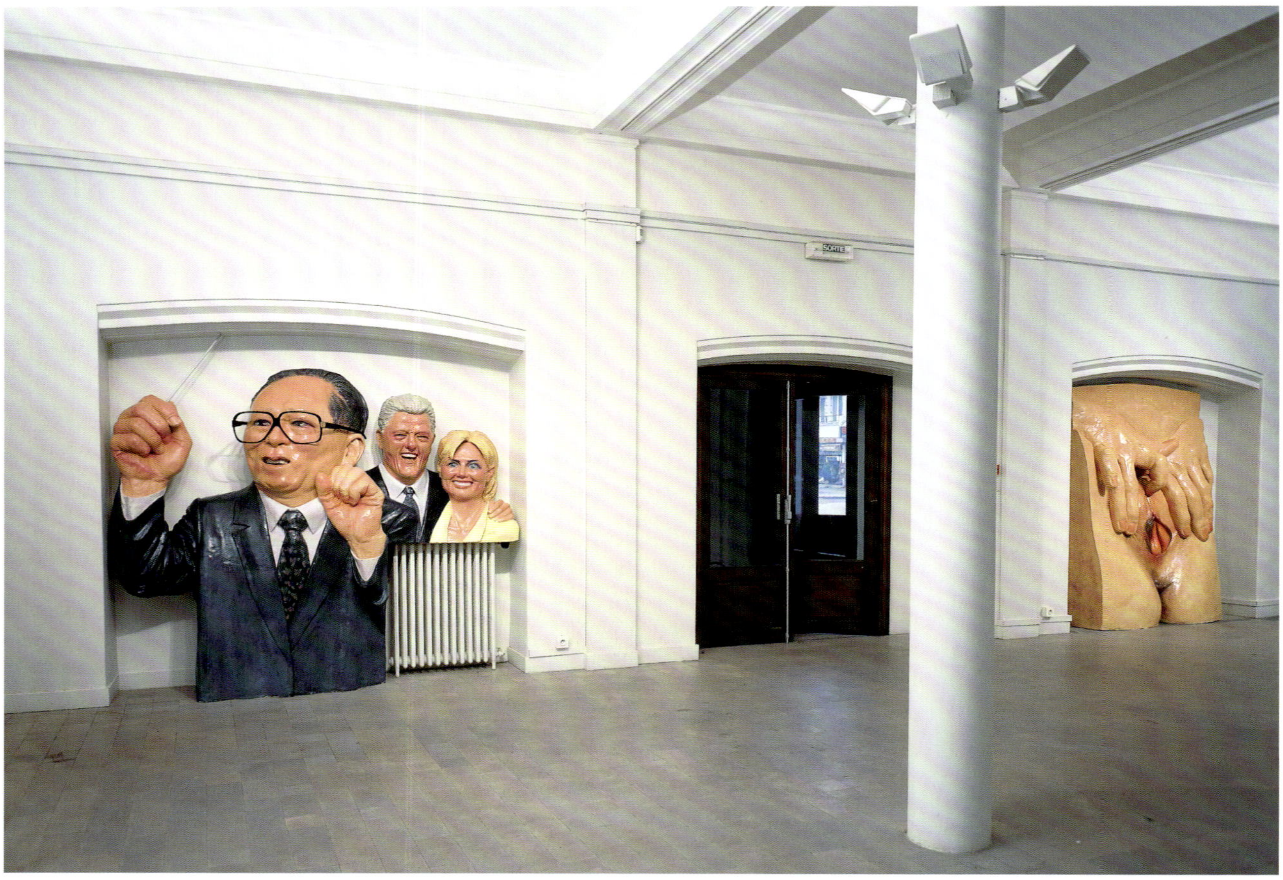

« J'ai entrepris ce projet après la réception de mon tout premier e-mail : un panel de photos de sexes féminins envoyées par un ami. Sous prétexte d'établir un petit sondage, il m'invitait ironiquement à voter pour l'un d'entre eux – chacun recouvrant une identité, avec le nom et l'âge de la personne à laquelle il appartenait. Pour jouer des décalages, je décide de confronter la photo à une image de presse, celle du président chinois Jiang Zemin, qui pour amuser la galerie et tout particulièrement ses invités Bill et Hillary Clinton, singe le coup de baguette magistral d'un chef d'orchestre. Sous le geste apparemment léger se dessine celui, plus stratégique, du politique averti.

Par cette association d'images, le rapport entre le caractère érotique de l'une et politique de l'autre est forcé. Agrandies et disposées dans deux niches du Grand Café de Saint-Nazaire, les images deviennent de gigantesques décors qui, par contamination, nivellent leur contenu et valeur réciproques.

Entre les deux niches, une ouverture constitue le lieu de passage des spectateurs : elle signale la plongée inévitable en plein cœur de cet univers étrange. Invité ainsi à compléter l'installation, le visiteur devient l'unique flux qui circule, seul élément en mouvement mêlé à ces images aux allures de bouddhas intemporels, en écho au titre même de l'œuvre. »

"I undertook this project after receiving my very first e-mail, a series of photos of female genitals sent to me by a friend. Claiming that he wanted to take a small poll, with no little irony he invited me to vote for one of them—each standing for an identity, representing the name and age of the person to whom the organ belongs. To play off the discordance, I decided to contrast each photo with a press image featuring the Chinese president Jiang Zemin aping the masterful sweep of the conductor's baton as he clowns around to amuse the crowd, specifically his guests, Bill and Hillary Clinton. Yet behind this apparently light-hearted gesture lies the more strategic one of a carefully laid-out policy.

This association of images overdoes the relationship between the erotic character of one and the political nature of the other. Enlarged and placed in two recesses of the Grand Café of Saint-Nazaire, the images become gigantic decors that contaminate one another, leveling their reciprocal value and content.

Between the two niches, an opening forms a passageway for viewers and marks the inevitable plunge into the very heart of this strange world. Invited to complete the installation, visitors become the only flow circulating, the sole element in motion, which is associated with these images and their look of timeless buddhas, an echo of the very title of the work."

Vue de l'installation (view of the installation). Exposition (exhibition) *14e Atelier du Frac des Pays de La Loire*. Grand Café, Saint-Nazaire (1998).
Ci-contre (opposite page): Détail de l'installation: *Shun Tom*.

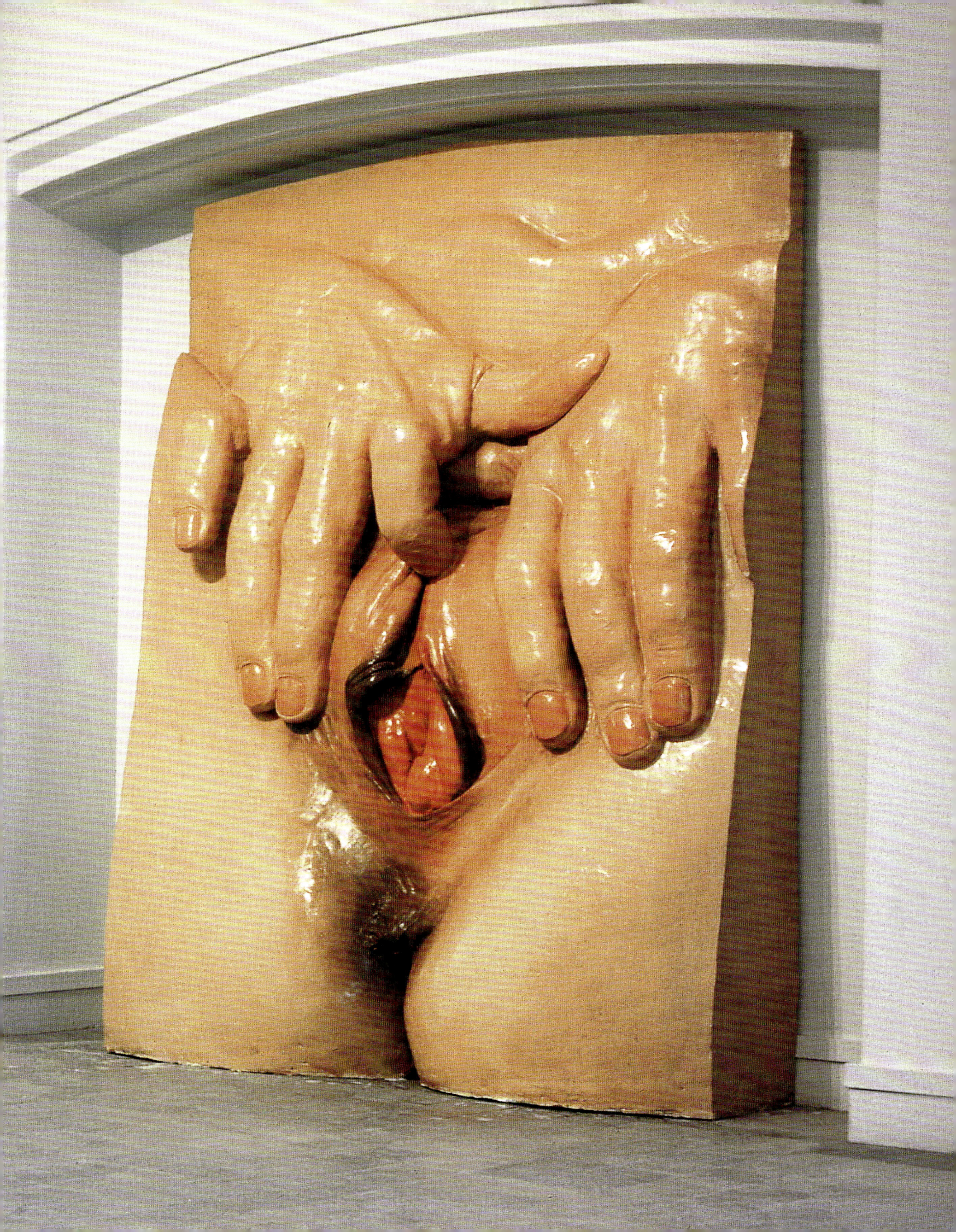

LA PEAU DU CASINO

1998
Installation
Vêtements récupérés et cousus (sewn recycled clothes)
Superficie : 150 m²

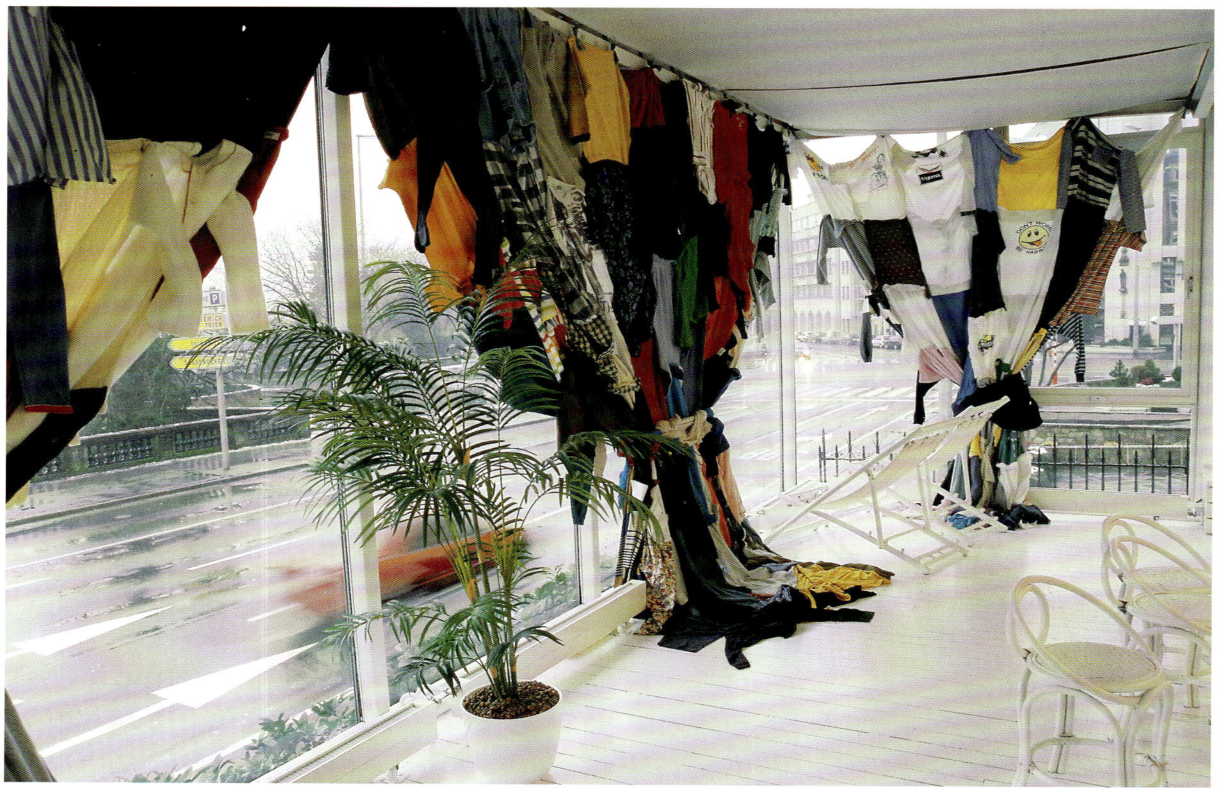

« Le projet établit une corrélation entre l'idée du jeu et celle de la vie.
Jouer au casino, c'est mettre une sorte de masque et se livrer à un combat.
La vie, c'est comme un jeu, l'homme renouvelle sa peau
en fonction des circonstances.
Le vêtement de la rue représente ce "masque",
parce qu'il est l'image de l'homme.
Les vêtements récupérés appartiennent à des personnes
tout aussi nombreuses qu'anonymes, et sont le reflet
d'une multitude d'histoires et d'expériences.
Le vêtement représente la peau de l'homme renouvelée
selon les circonstances, évoquant le jeu de la vie, associant par le rideau
l'idée de théâtre. Il s'agit de mettre en scène, dans un espace public,
une représentation du monde quotidien, ouverte sur la rue.
Cette forme d'emballage est un état des lieux de la vie elle-même.
L' "aquarium" est un élément qui représente un lieu de démonstration,
une sorte de vitrine ouverte sur le monde extérieur, comme s'il s'agissait
d'un défilé de prêt-à-porter alors qu'il est question d'un recyclage de la rue. »

"The project sets up a correlation between the concepts of gaming and life.
To gamble at a casino amounts to putting on a kind of mask and engaging in a combat.
Life is like a game or gambling. Man renews his skin according to the circumstances.
What the street is covered with represents this 'mask' because it is man's image.
The recycled clothing belongs to numerous and anonymous persons and reflects a
myriad of stories and experiences.
Clothing represents man's skin, which is renewed according to circumstances, evoking
the gamble that life is while bringing in the idea of a theater thanks to the curtain.
The piece entails staging, in a public space, a representation of the day-to-day world,
a piece of theater that is open to what is going on in the street.
This kind of packaging is an inventory of life itself.
The 'aquarium' is an element that represents the site of a demonstration,
a kind of display window that is open to the outside world, as if this were the catwalk
of a ready-to-wear fashion show rather than a recycling of the street."

Vues de l'exposition (views of the exhibition) *Gare de l'Est*, Casino Luxembourg / Forum d'art contemporain, Luxembourg (1998-1999).

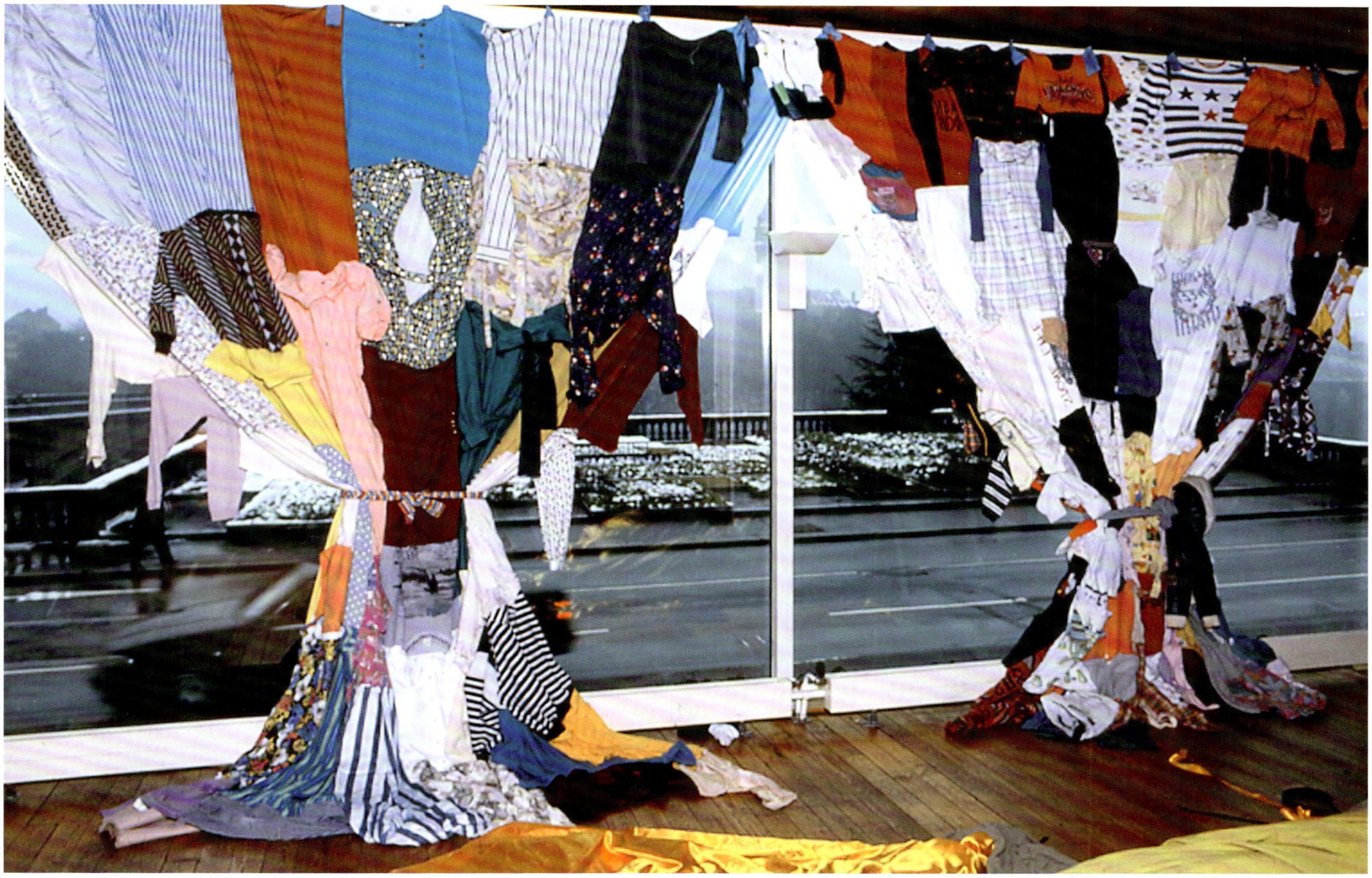

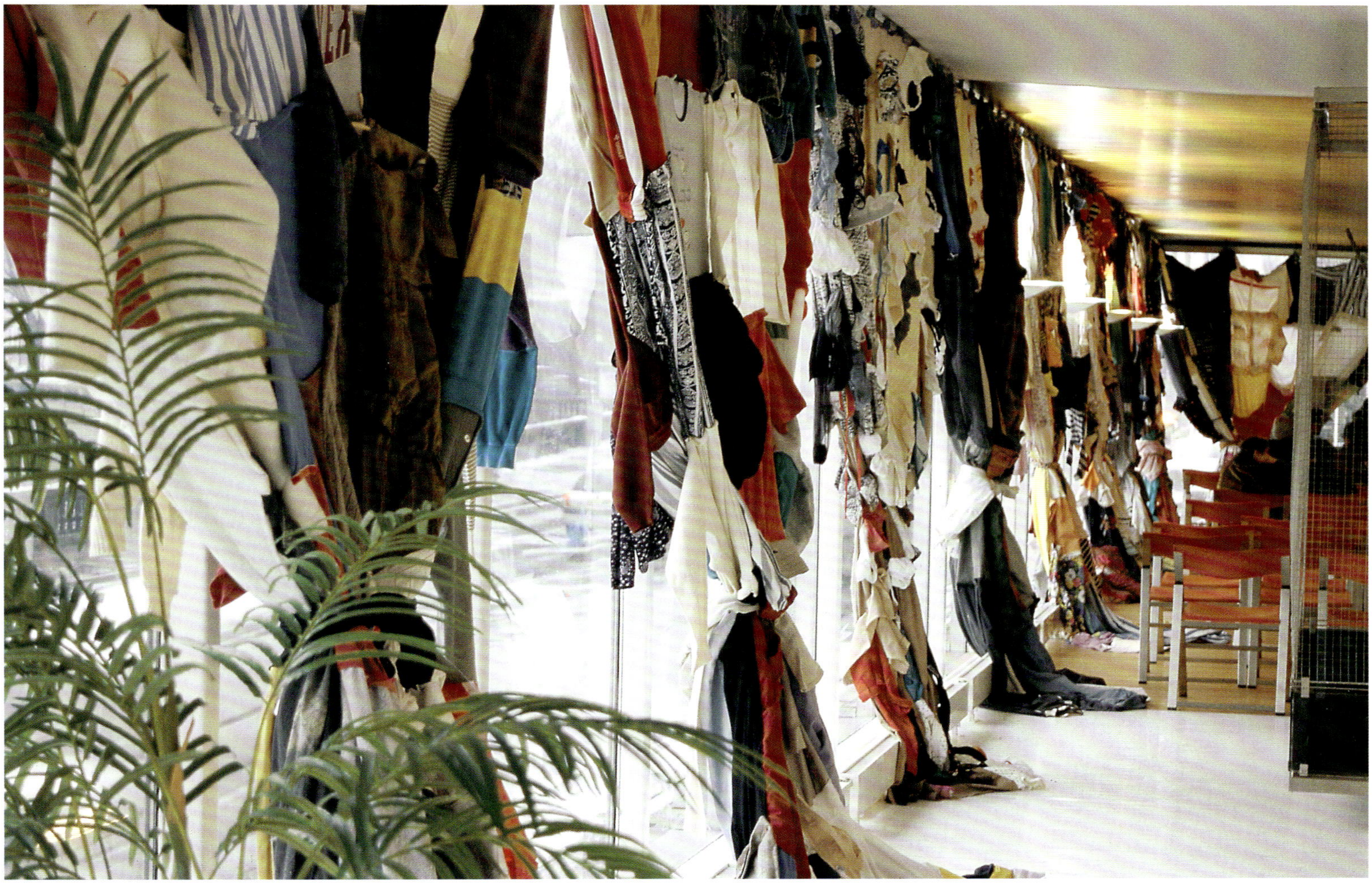

MARCHÉ AUX PUCES

(MARCHÉ AUX PUCES, MISE EN VENTE D'INFORMATIONS D'OCCASION)
1998-1999
Installation de onze sculptures sur table (installation of 11 sculptures on table)
Plâtre, gouache et bois (plaster, gouache and wood)
Dimensions variables (variable dimensions). Table (longueur / length : 10 m), sculptures (hauteur / height : 70 - 175 cm)

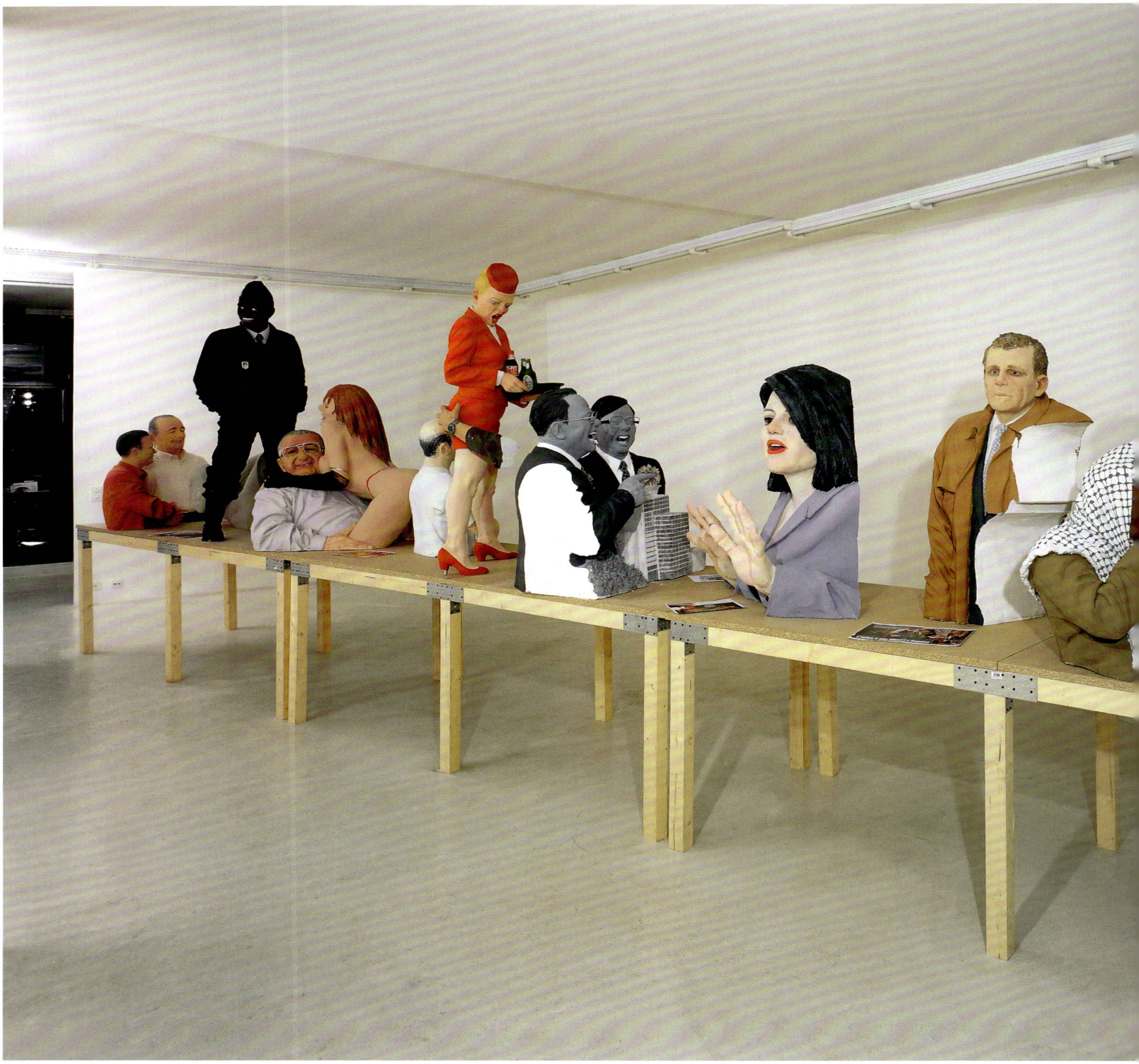

Vue d'exposition (exhibition view), galerie Art & Public, Genève (1999). Courtesy Art & Public.

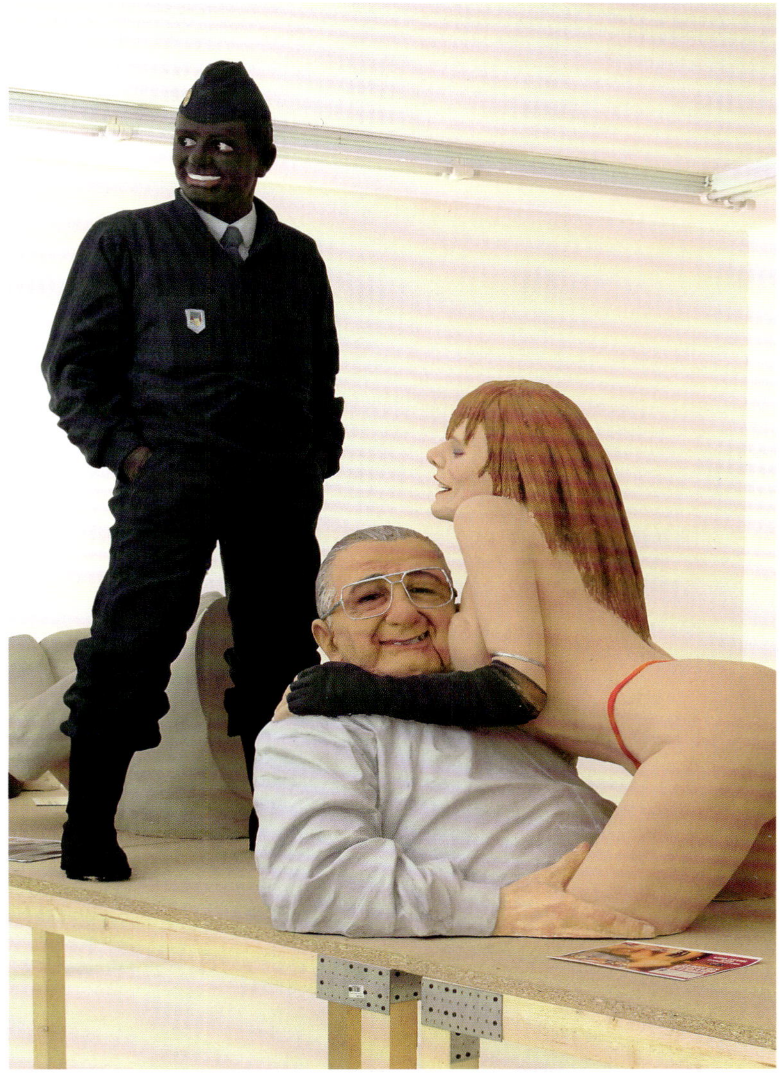

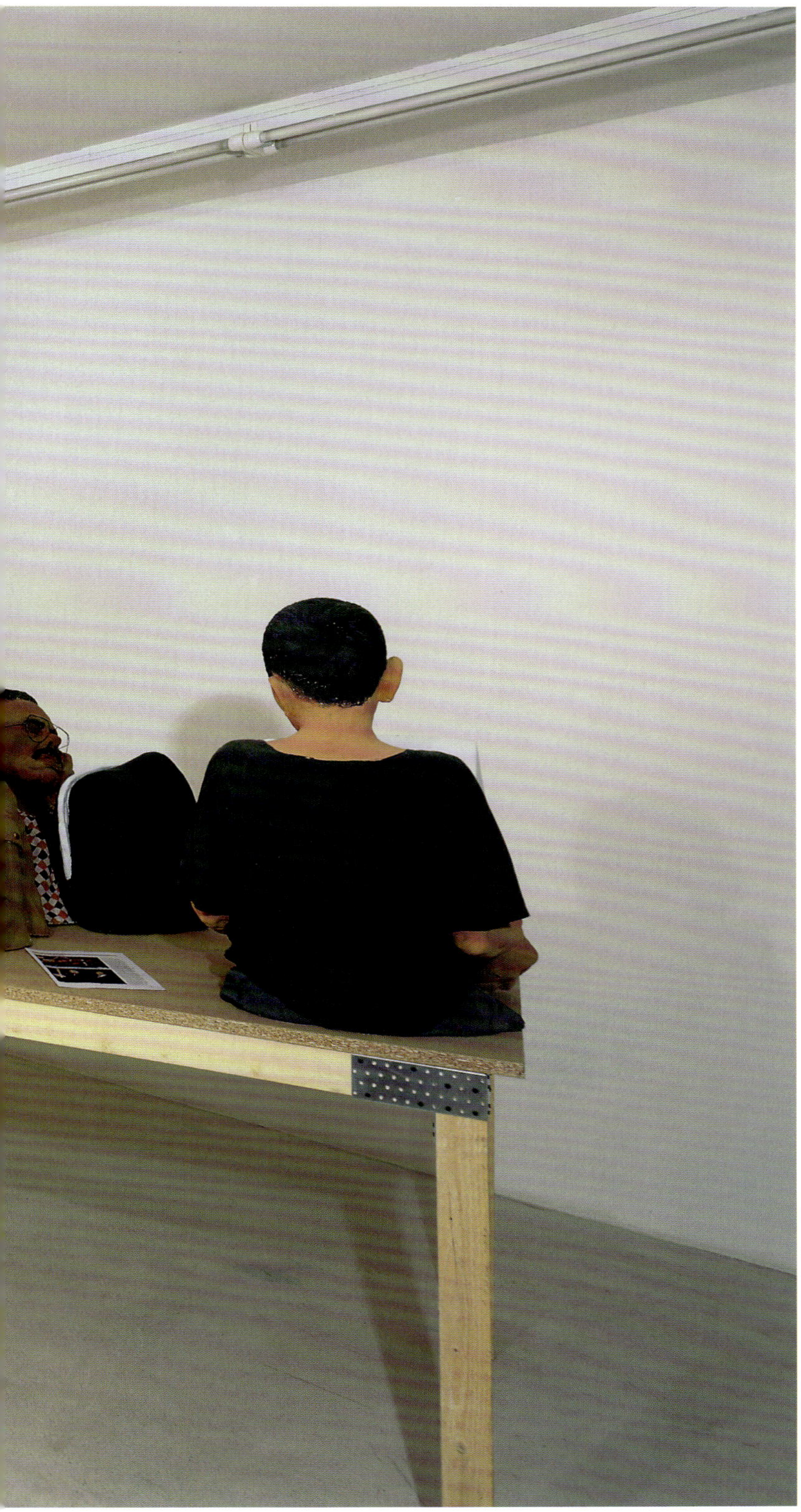

Détail de l'installation (detail of the installation): *Flic et sans papiers & La mode des restos à voir et à manger*. Galerie Art & Public, Genève (1999). Courtesy Art & Public. **Pages suivantes (next pages)**: Vue d'exposition (exhibition view), galerie Art & Public, Genève (1999). Courtesy Art & Public.

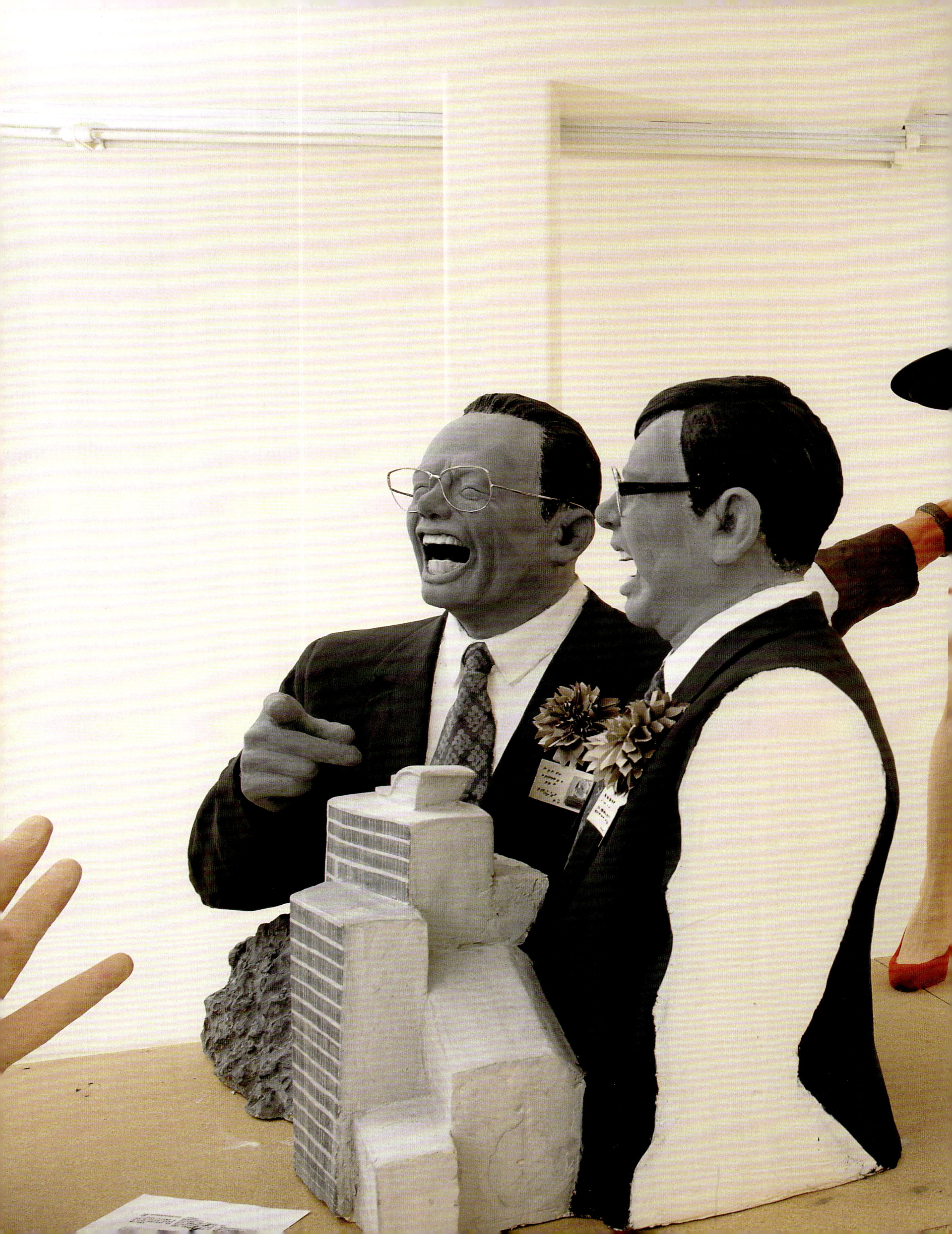

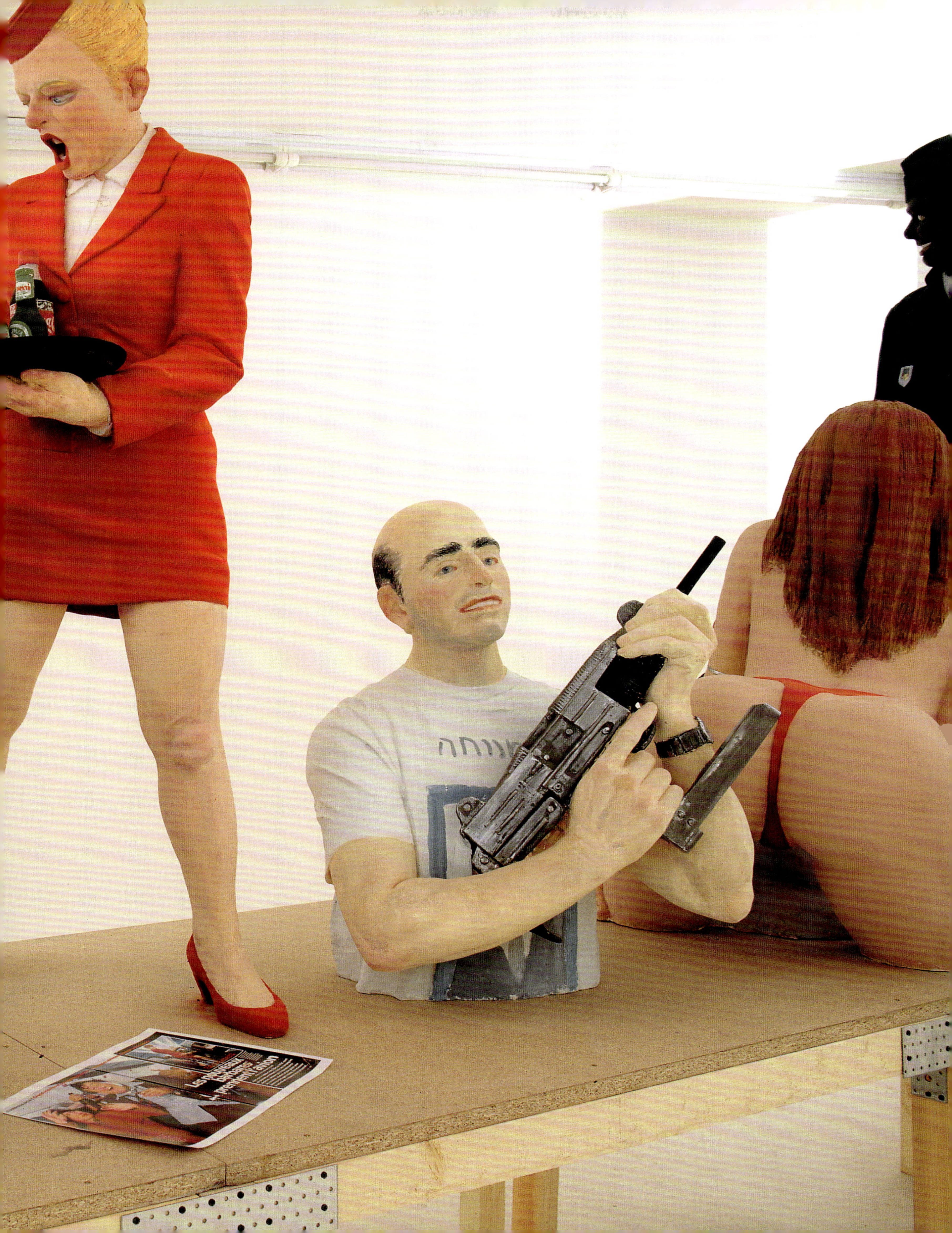

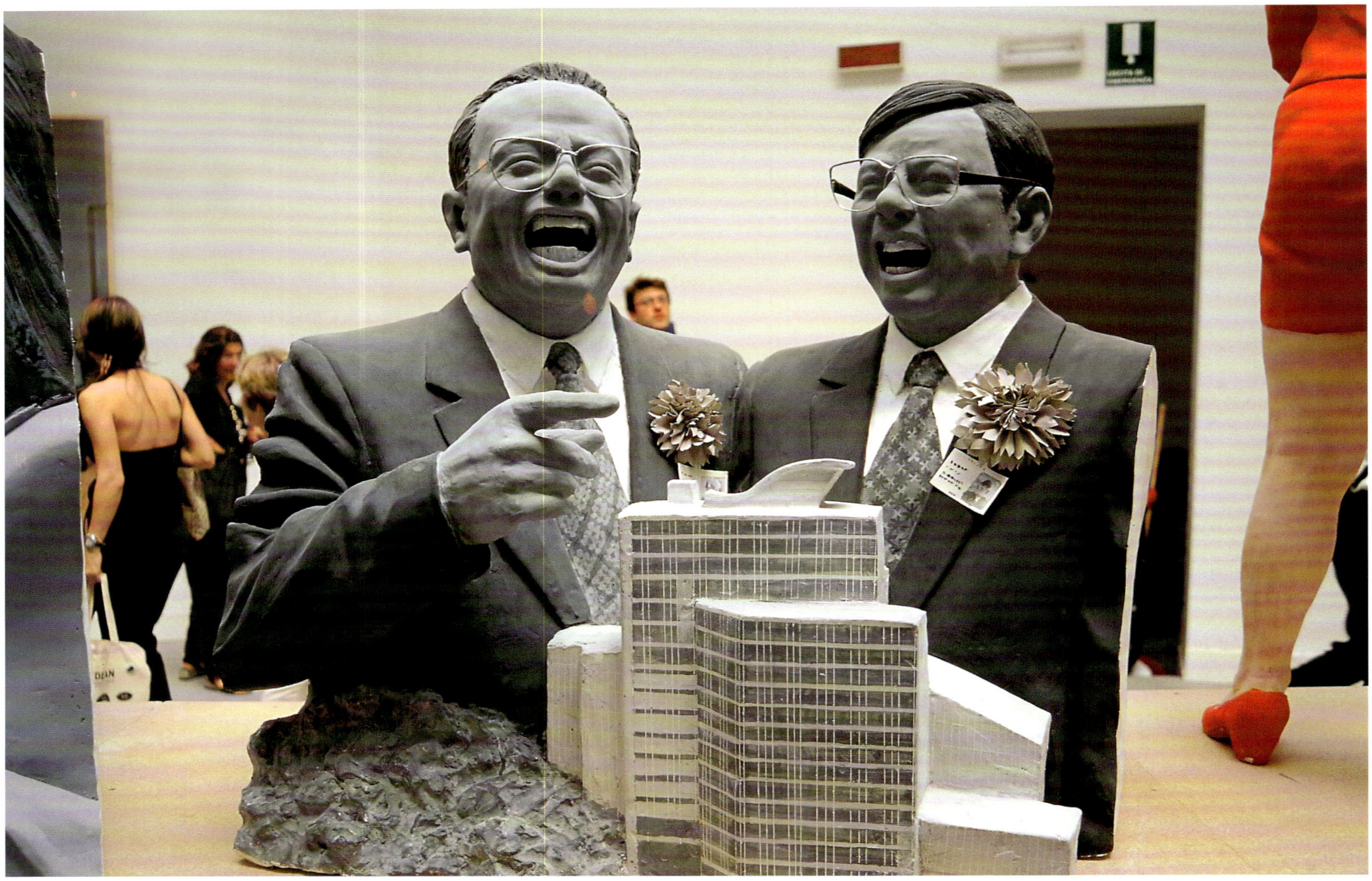

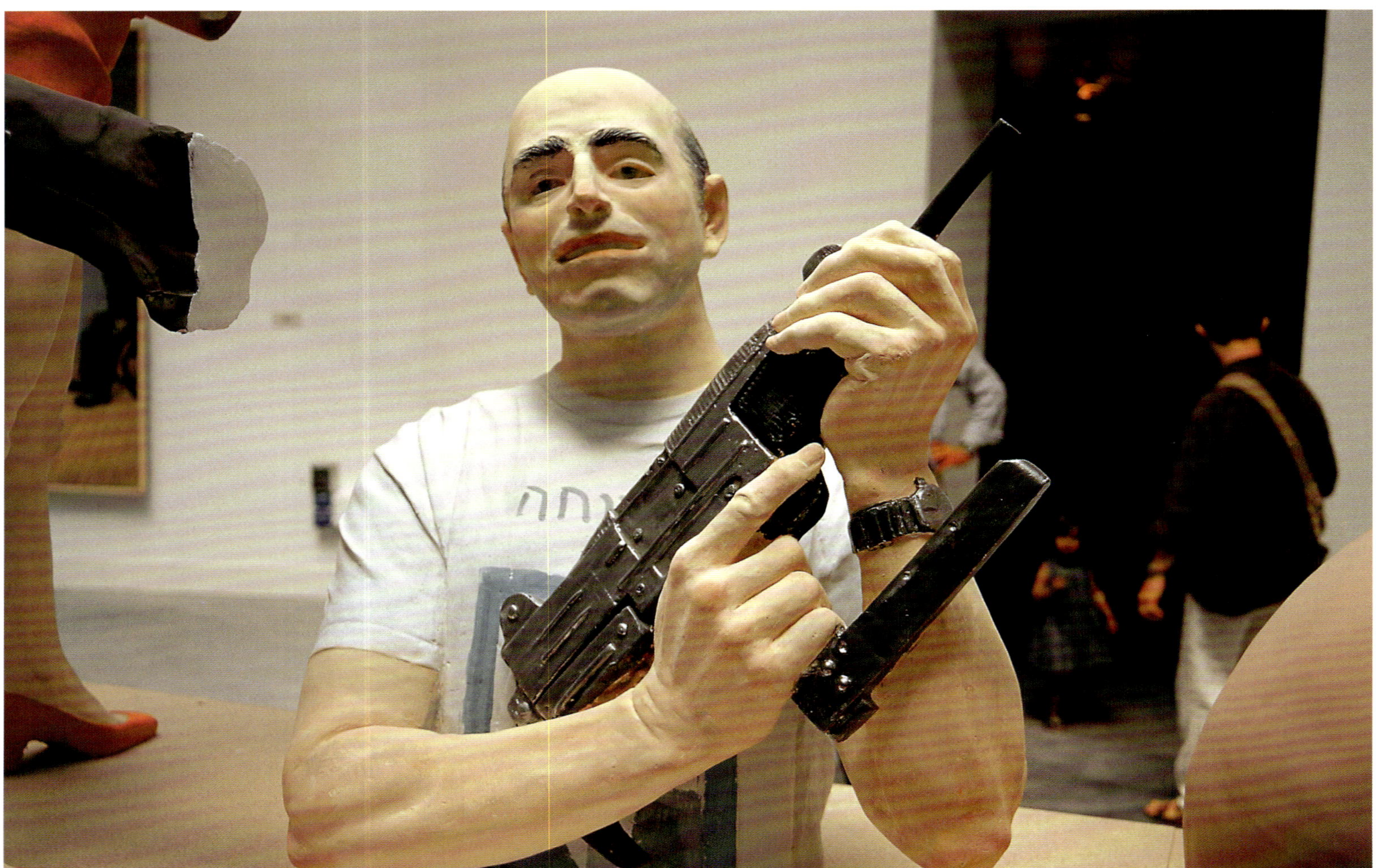

Détails de l'installation (details of the installation) : *Zhou Nan et Jiang En Zhu & Si Rabin n'ose pas…*
Exposition (exhibition) *D'APERTutto/APERTO over ALL*, biennale de Venise (1999).

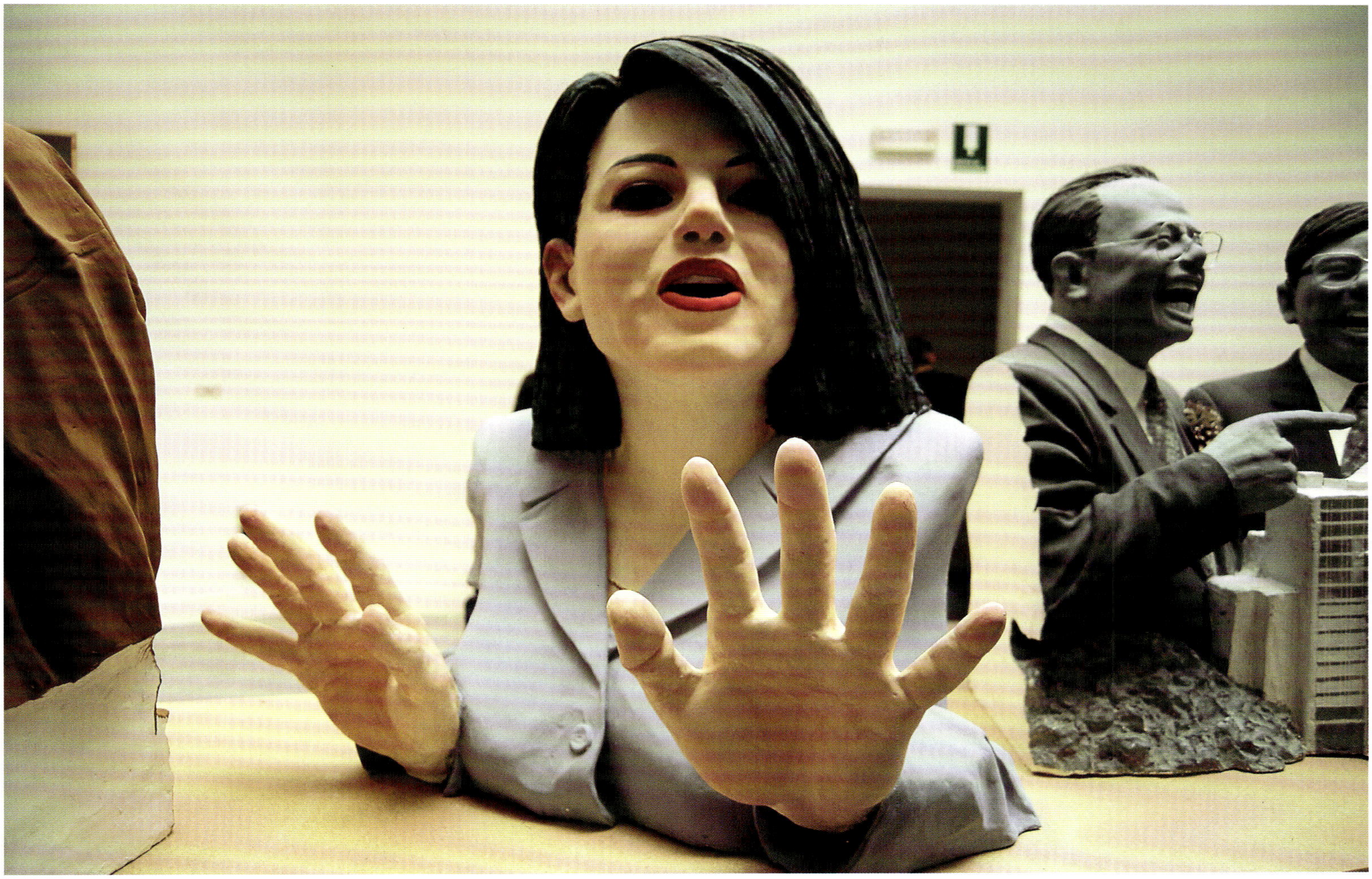

« L'obsession et la perversion des mass media sont devenues un symptôme omniprésent dans notre vie physique et mentale. Les bruits "visuels" et audibles des informations s'affrontent non seulement en permanence avec le calme et la paix intérieure dont nous avons besoin naturellement, mais ils risquent également de se substituer à notre existence. Comment faire pour sublimer l' "après-information", le déchet de cette sur-digestion d'images et de bruits ? Comment faire pour qu'elle devienne des mémoires, des momifications futures des icônes rituelles, tout en respectant leur vulgarité fatale. Le projet *Marché aux puces* est une proposition de réflexion sur cette question.

La globalité des médias fonctionne sur un principe de recyclage perpétuel. Effaçant l'instantanéité des informations, ce recyclage révèle la conscience et l'essence de la vie quotidienne à travers les événements les plus importants et les anecdotes les plus banales. Si les médias ont la capacité d'effacer le plus rapidement possible de nos mémoires tous les événements passés, le projet *Marché aux puces* est une volonté de les faire ressusciter dans une scène qui juxtapose les histoires positives et négatives de la réalité irréversible. Grâce aux sculptures reproduisant les photographies tirées de différents journaux, cette ré-émergence de la réalité est devenue, dans ce double recyclage du réel, une cohue iconique qui bouleverse notre vision habituelle des informations. »

"The obsession and perversity of the mass media have become the pervasive symptoms of our physical and mental life. The "visual" and oral noise of information not only clashes constantly with the inner calm and peace that we naturally require, but it also risks replacing our existence. What is to be done to sublimate the 'after-information,' the waste of this overconsumption of images and noise? Despite their fatal vulgarity, what is to be done to transform these images into memories, future mummifications and ritual icons?

The media, in general, work on the principle of permanent recycling. Effacing the immediacy of information, this recycling reveals the consciousness and essence of everyday life within the most significant events and the most trivial anecdotes. If the media have the power to instantly summon from our memories all the events that have taken place, the project *Marché aux puces* (Flea Market) aims to bring these catastrophes and trivia back to life, as a scene juxtaposing the positive and negative events of an irreversible reality. In the form of sculptures reproduced from photographs that have been borrowed from various mass-media sources, this re-emergence of reality, in a double recycling of the real, becomes an iconic turmoil, unsettling our habitual understanding of information."

Détail de l'installation (detail of the installation) : *Monica Lewinsky*. Exposition (exhibition) *D'APERTutto/APERTO over ALL*, biennale de Venise (1999).

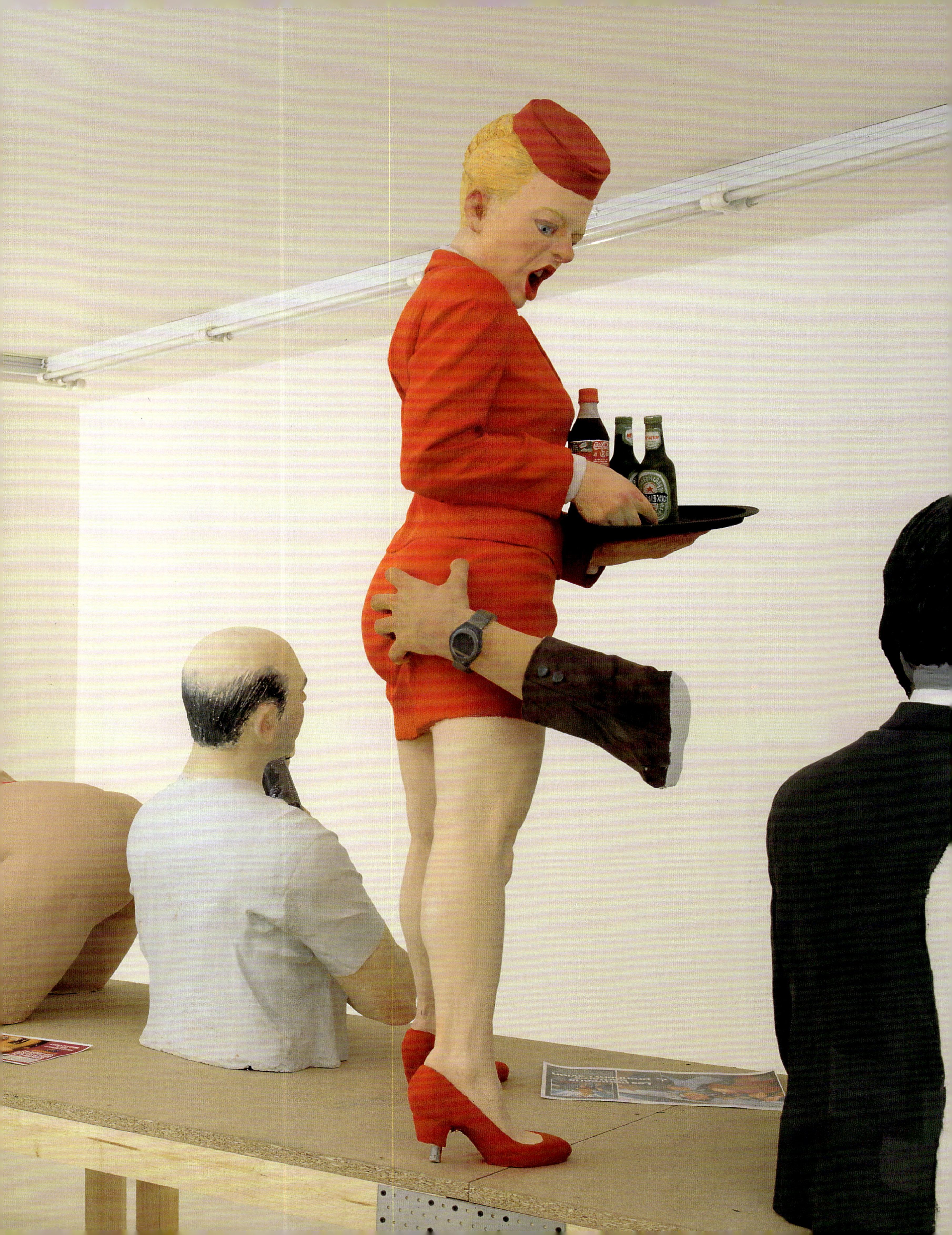

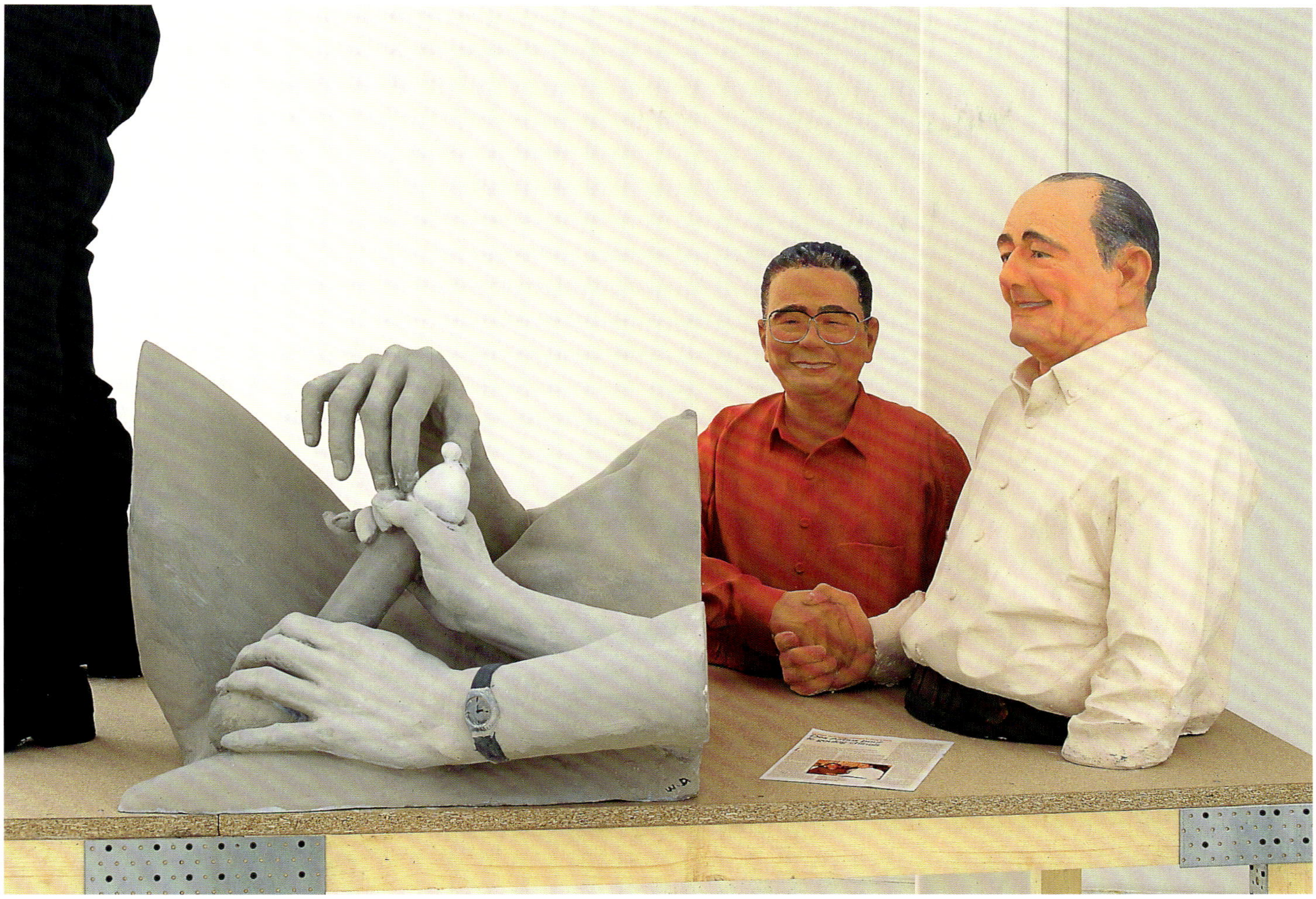

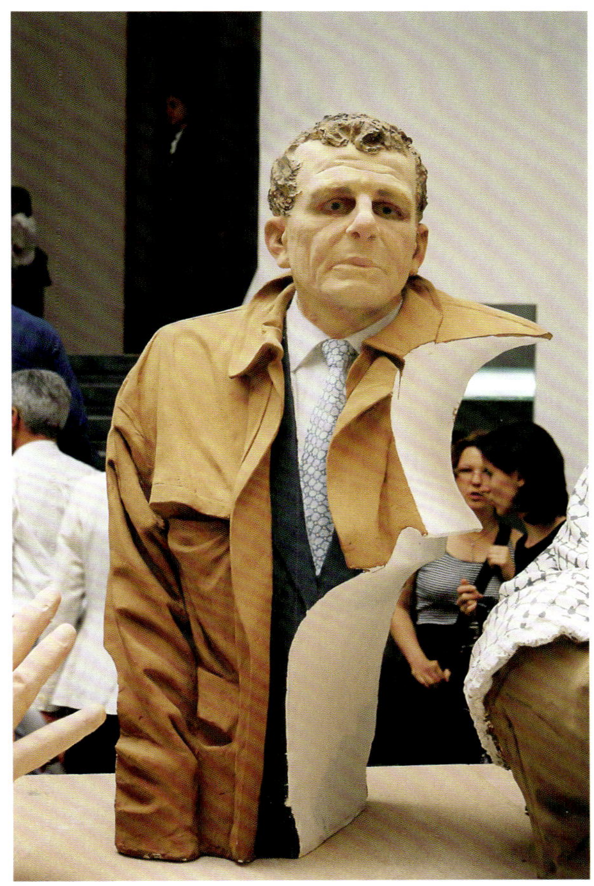

Haut (top) : Détail de l'installation (detail of the installation) : *La France compterait 100 000 séropositifs & Des Airbus pour le goulag chinois.* Galerie Art & Public, Genève (1999). **Bas (bottom) :** Détail de l'installation (detail of the installation) : *Drame.* Exposition (exhibition) *D'APERTutto/APERTO over ALL,* biennale de Venise (1999). **Ci-contre (opposite page) :** Détail de l'installation (detail of the installation) : *Les nouveaux barbares prennent l'avion.* Galerie Art & Public, Genève (1999). Courtesy Art & Public.

STRATÉGIE EN CHAMBRE

1999
Installation de trois sculptures (installation of 3 sculptures)
Plâtre, gouache, journaux et jouets (plaster, gouache, newspaper and toys)
Dimensions variables (variable dimensions)

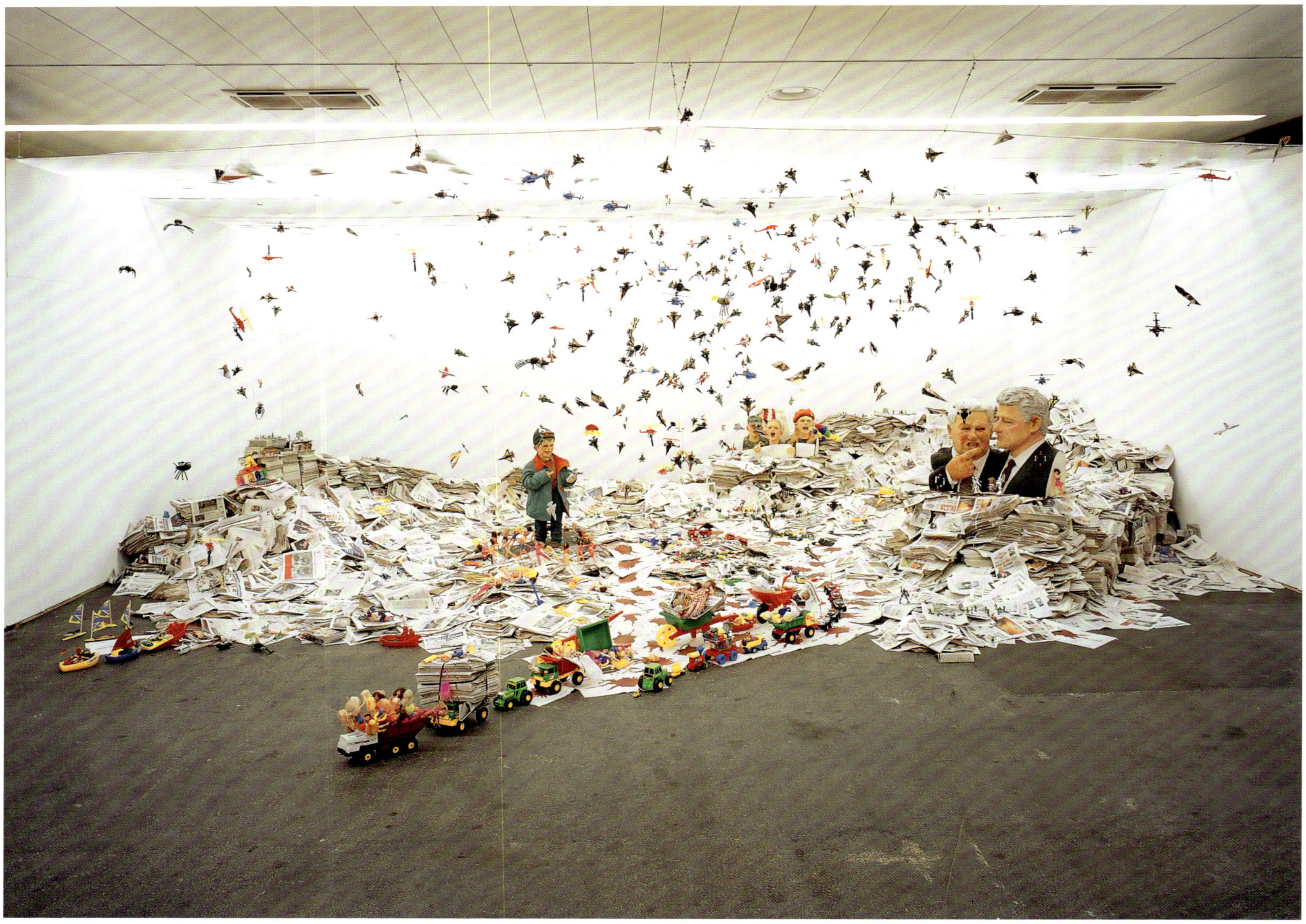

« LES JOUETS DES ENFANTS CRÉENT UN MONDE IMAGINAIRE ET SIMULENT LA RÉALITÉ. C'EST UN MONDE IRRÉEL QUI ÉVEILLE L'INTELLIGENCE DU JOUEUR PAR DES HISTOIRES ET DES CONTES. LES RÉSULTATS DES JEUX SONT SANS CONSÉQUENCES GRAVES, CAR CE NE SONT QUE DES JEUX. LES MÉDIAS DONNENT UNE VISION DE LA VIE QUI SE SUPERPOSE À LA VIE RÉELLE. ILS S'APPROPRIENT LA RÉALITÉ ET AVEC ELLE, CONSTRUISENT UNE IMAGE DE LA VIE QUI LUI EST PARALLÈLE. →

Vue de l'installation (view of the installation), *Art 30 Basel / Art Sculpture*, Bâle (1999). Courtesy Art & Public, Genève.

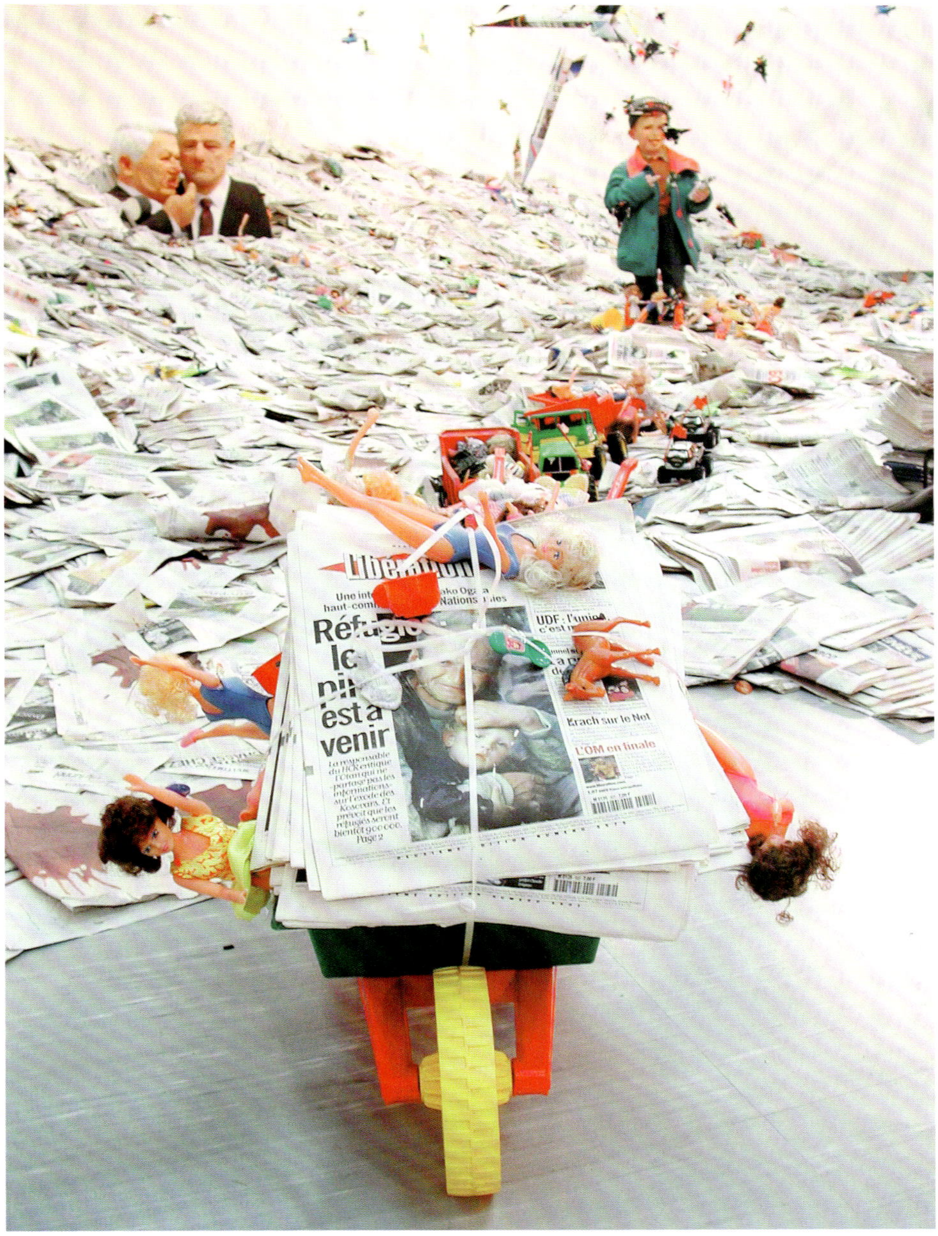

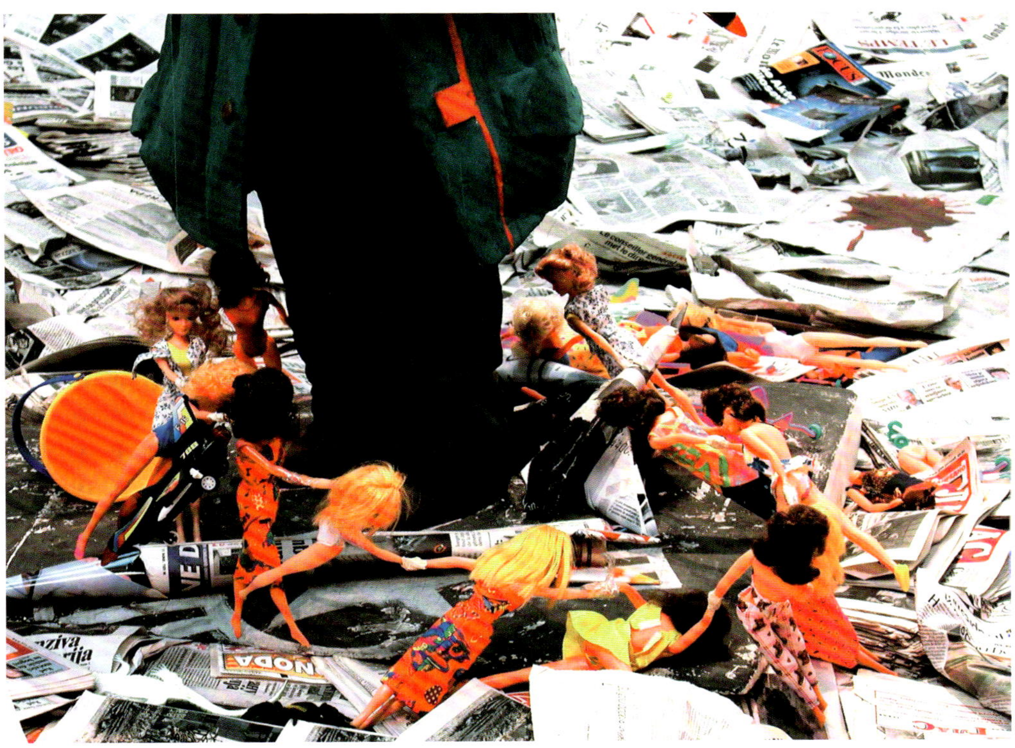

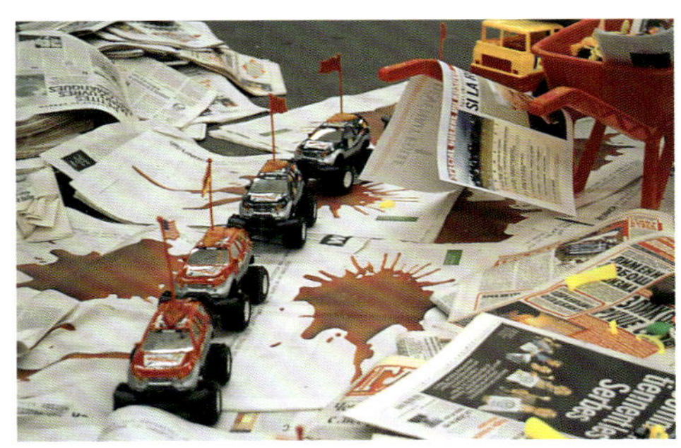

Haut (top) : Vue de l'installation (view of the installation). Exposition (exhibition) *The Sky is the Limit*, biennale de Taipei (2000).
Bas à gauche (bottom left) : Détail de l'installation (detail of the installation). Exposition (exhibition) *The Sky is the Limit*, biennale de Taipei (2000).
Bas à droite (bottom right) : Détail de l'installation (detail of the installation), *Art 30 Basel / Art Sculpture*, Bâle (1999). Courtesy Art & Public, Genève.

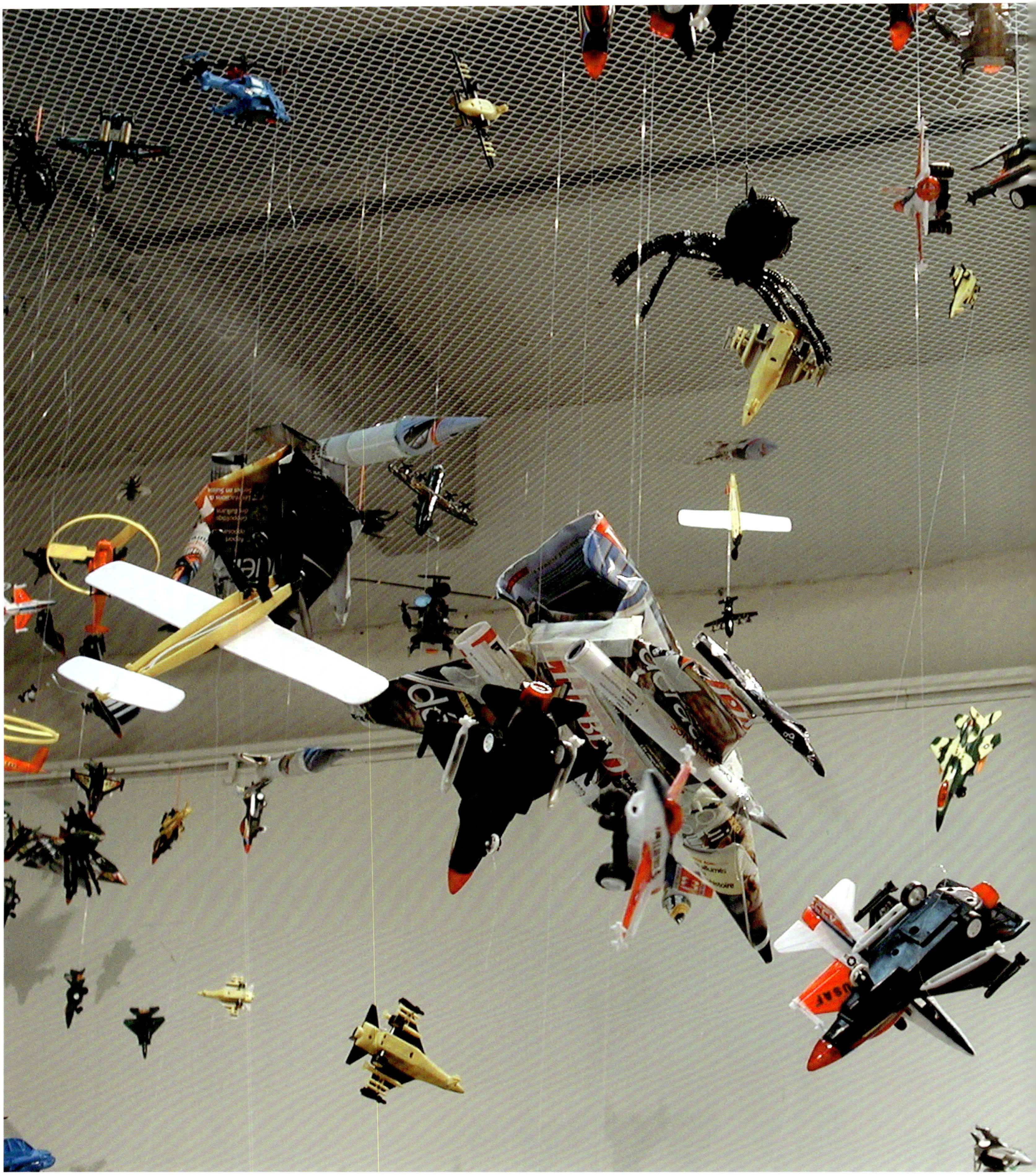

NOUS VIVONS DANS L'HISTOIRE CRÉÉE PAR LES MÉDIAS, MÊME SI CELLE-CI NOUS ÉLOIGNE DE LA RÉALITÉ. →

Détail de l'installation (detail of the installation). Exposition (exhibition) *The Sky is the Limit*, biennale de Taipei (2000).

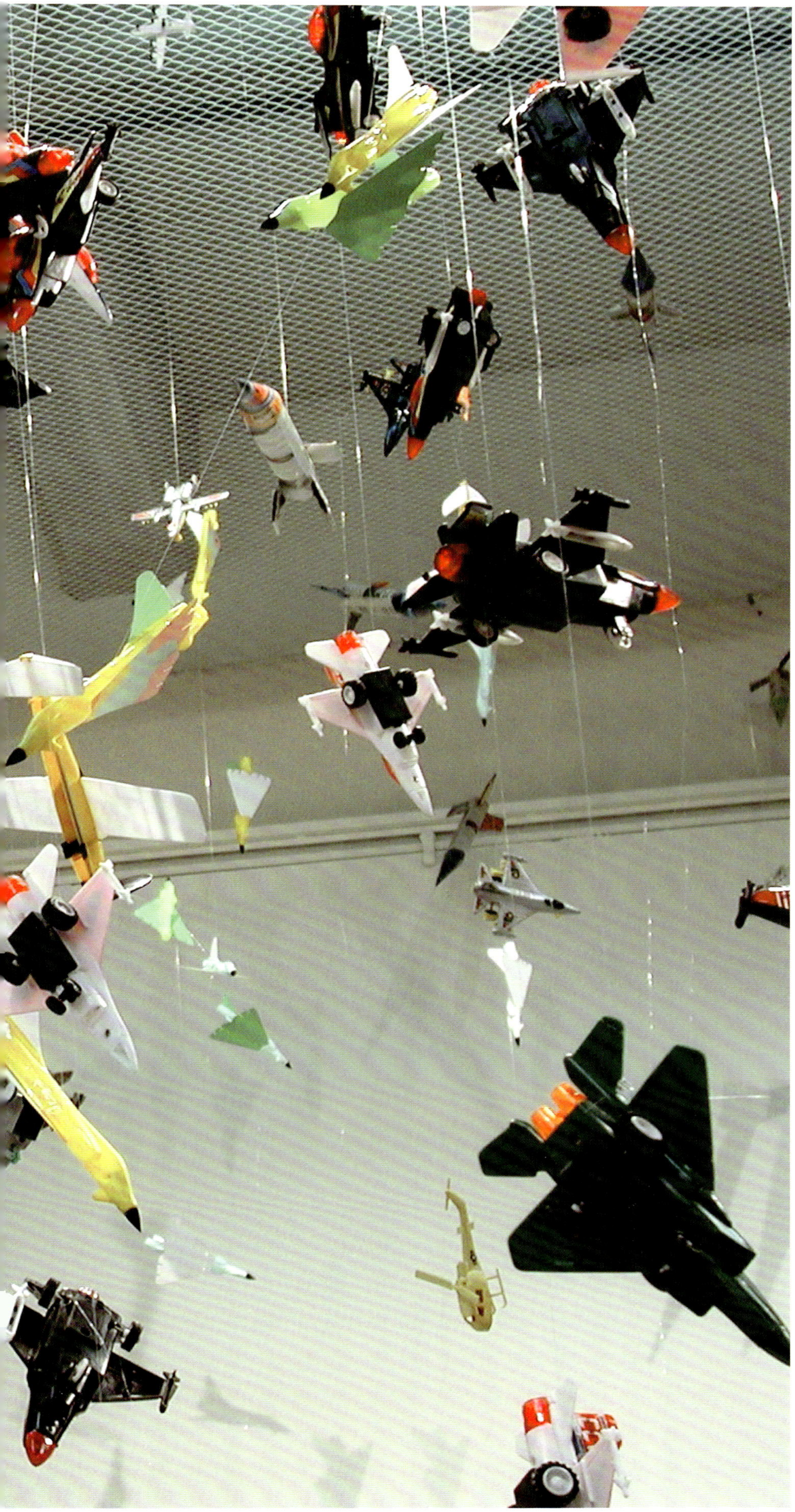

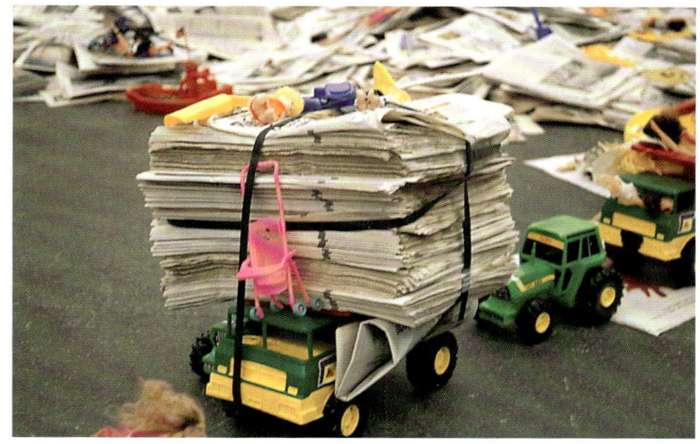

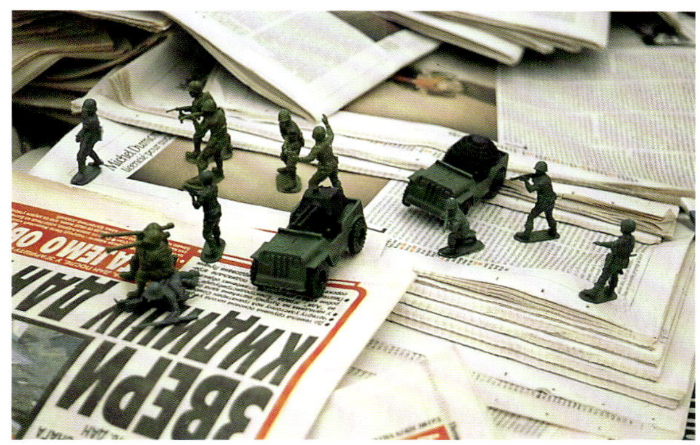

Détails de l'installation (details of the installation), ***Art 30 Basel / Art Sculpture***, Bâle (1999). Courtesy Art & Public, Genève.
Pages suivantes (next pages) : Vue de l'installation (view of the installation) : ***Clinton et Eltsine*** & ***Enfant serbe***.
Exposition (exhibition) ***The Sky is the Limit***, biennale de Taipei (2000).

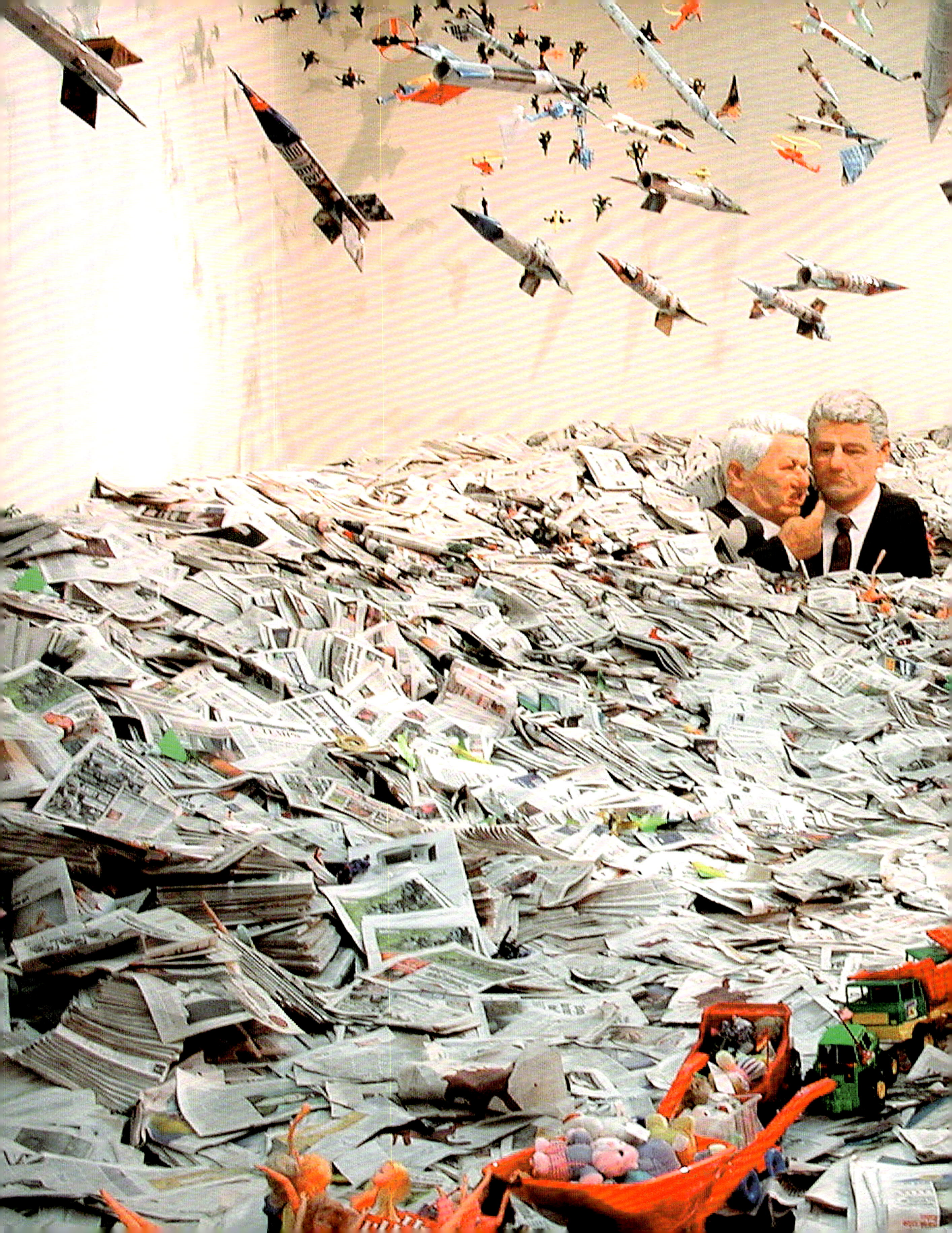

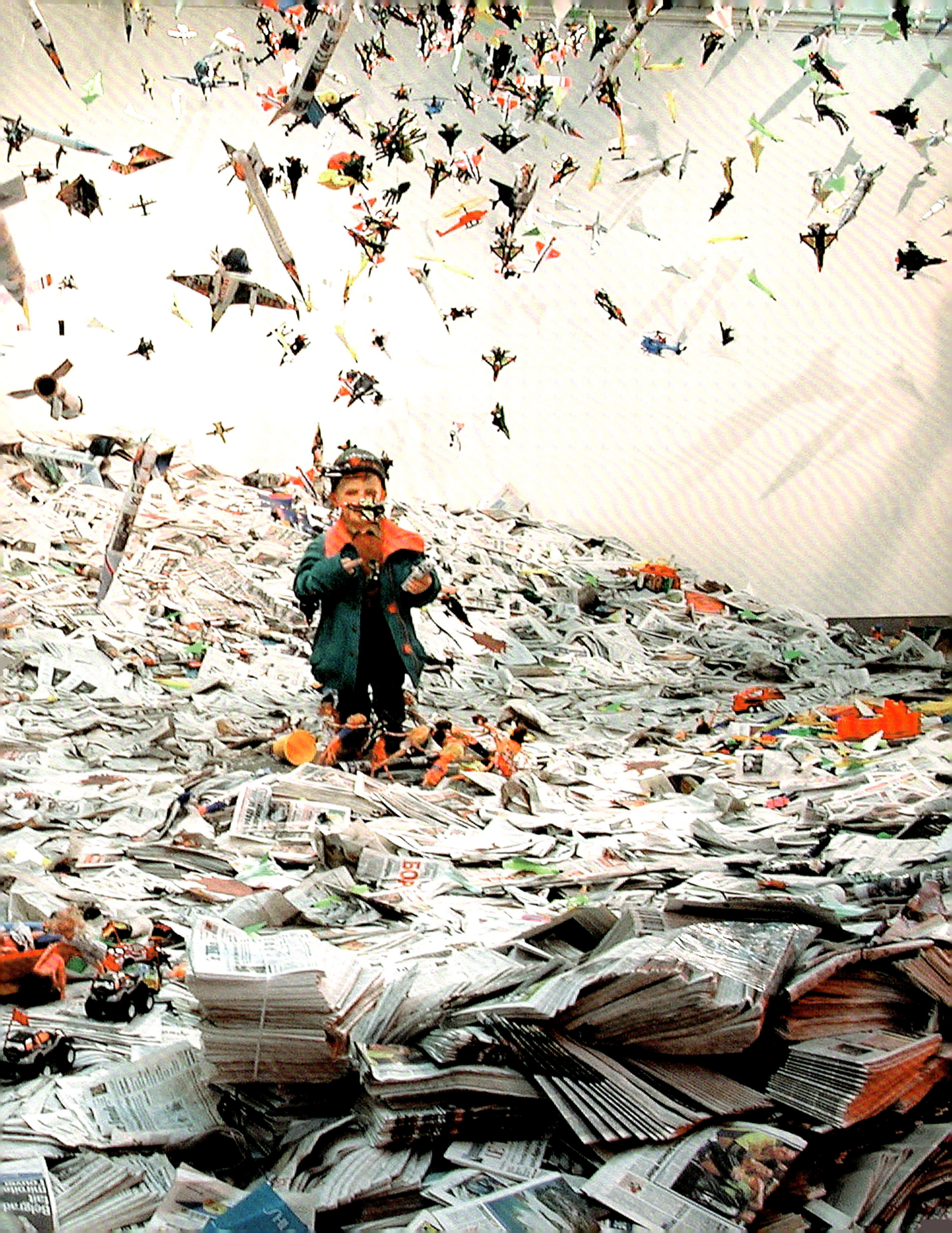

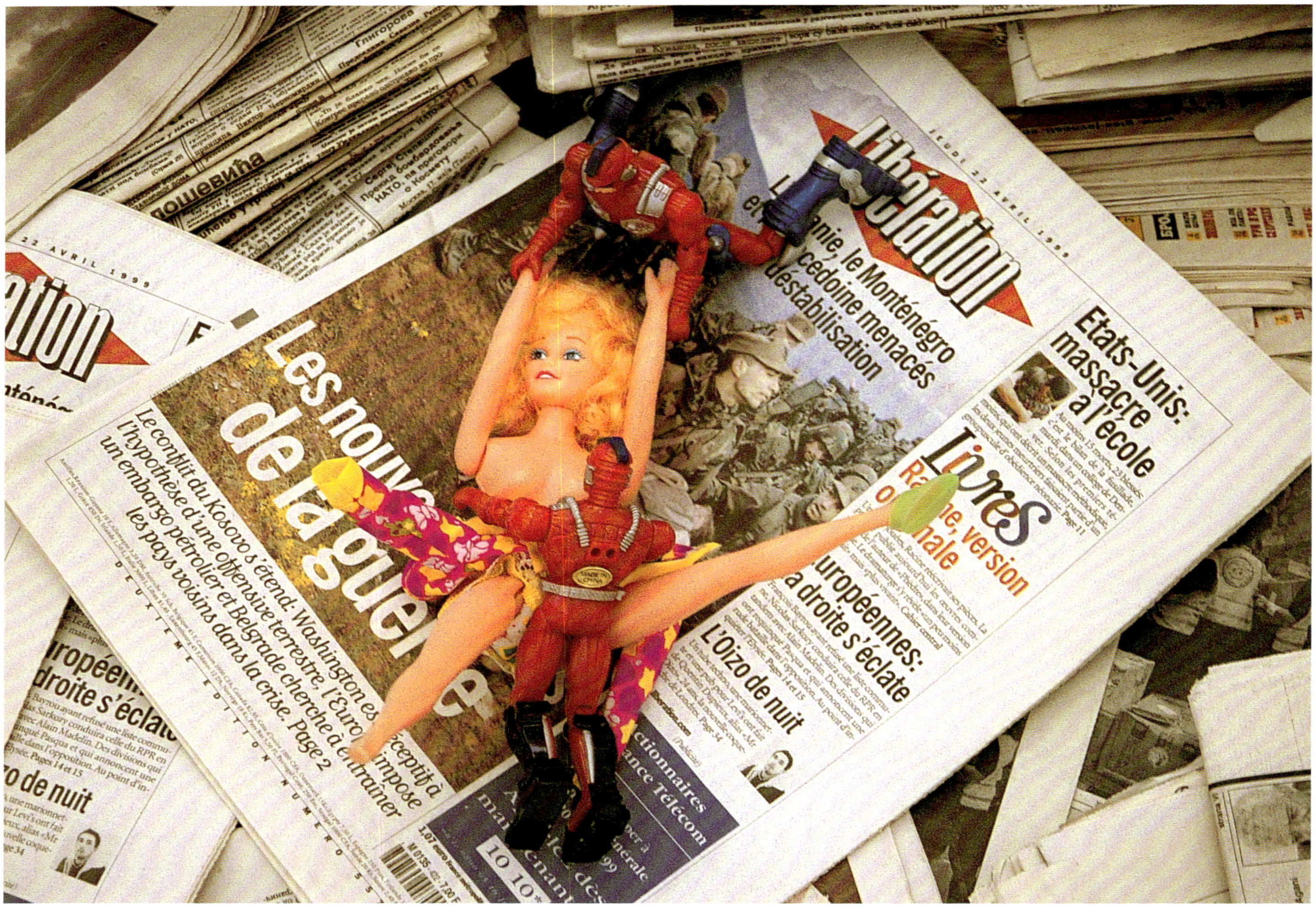

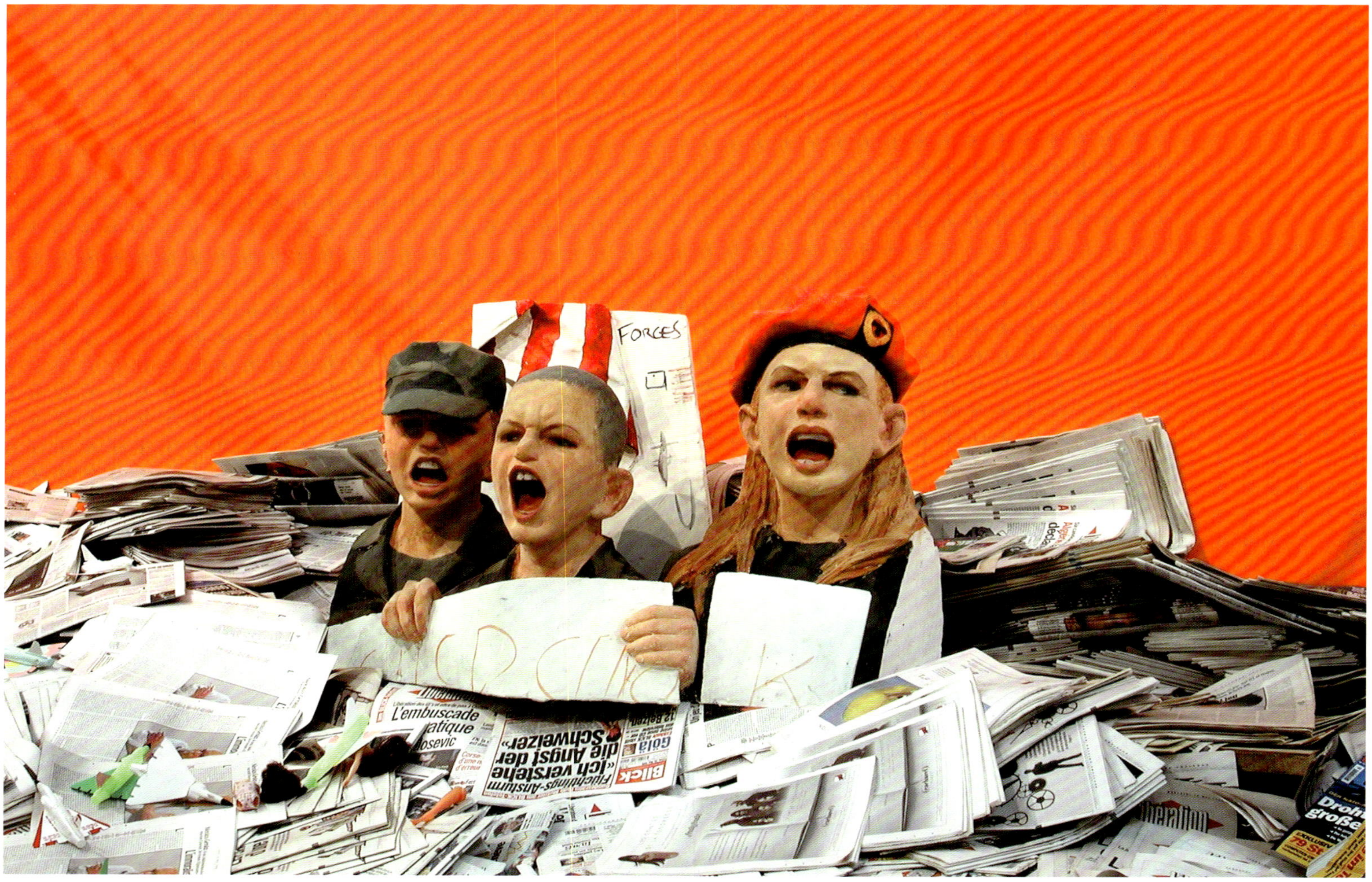

Haut (top) : Détail de l'installation (detail of the installation). Exposition (exhibition) *Dial "M" for…*, Bâle (1999). Kunstverein, Munich (1999).
Bas (bottom) : Détail de l'installation (detail of the installation) : *The Other Side*. Exposition (exhibition) *The Sky is the Limit*, biennale de Taipei (2000).

STRATÉGIE EN CHAMBRE PARLE DU PROCESSUS DE L'ACTUALITÉ. CE PROJET RASSEMBLE DES JOUETS D'ENFANTS ET DES JOURNAUX QUI TRAITENT DES ÉVÉNEMENTS ACTUELS. IL INTERROGE OU FAIT UNE DÉMONSTRATION DU JEU POLITIQUE, HUMANITAIRE ET SOCIAL EN MÉLANGEANT VÉRITÉ ET MENSONGE, ILLUSION ET RÉALITÉ, CRIMINALITÉ ET INNOCENCE, ÉVOLUTION ET DÉGÉNÉRESCENCE, ETC. FINALEMENT, IL CRÉE UN TERRAIN DE JEU SANS RÈGLE NI RESTRICTION, OÙ L'ON PEUT FAIRE CE QUE L'ON VEUT AVEC TOUS LES MOYENS. »

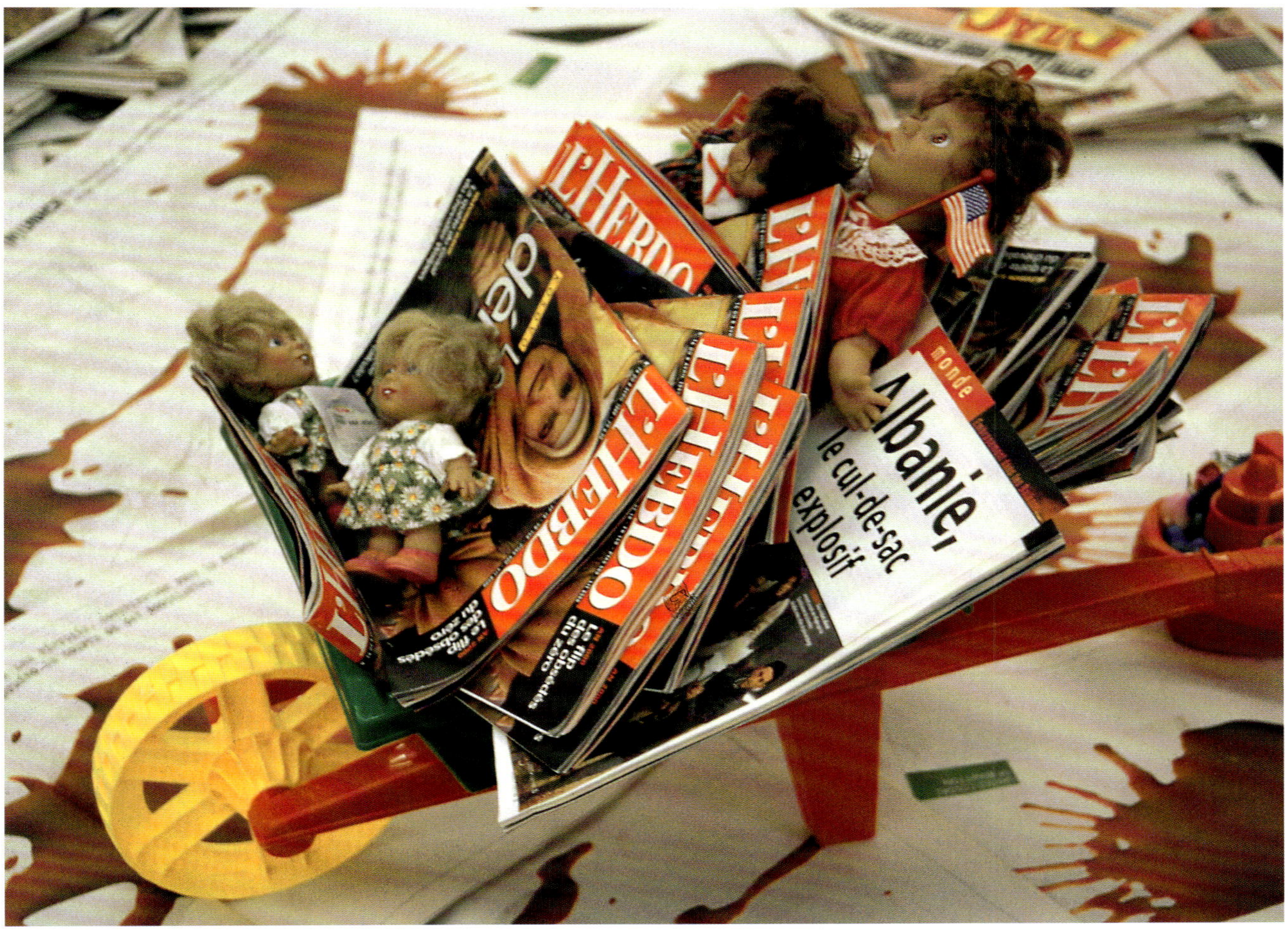

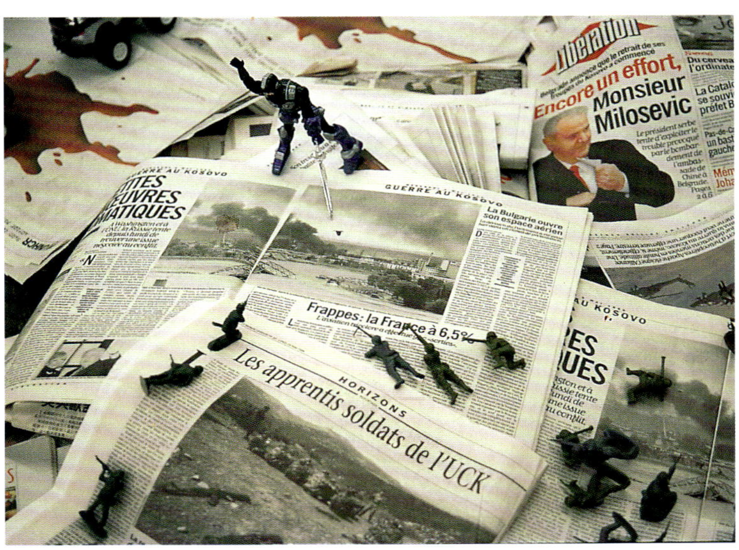

"Children's games create an imaginary world and simulate reality. It is an unreal world that kindles the player's intelligence through stories and tales. The outcome of games is devoid of any serious consequences since they are only games. The media offer a view of life that becomes superimposed over the real one. They appropriate reality and with it construct an image of an alternative life. We live in the story that is created by the media, even if it distances us in fact from reality.
Stratégie en chambre (Chamber Strategy) speaks of the process behind the news. This project brings together children's games and newspapers dealing with current events. It questions or rather demonstrates the political, social and humanitarian game that plays out for us daily, mixing truth and falsehood, illusion and reality, criminality and innocence, evolution and degeneration, etc. In the end, the piece creates a playground without rules or restrictions, where players can do what they want with every means available."

Détails de l'installation (details of the installation), *Art 30 Basel / Art Sculpture*, Bâle (1999). Courtesy Art & Public, Genève.

L'image à la parade — Jennifer Allen

Quel devenir pour l'image de presse ? Rien de spécial, à en juger le sort d'un quotidien qui finit le plus souvent à la poubelle, en papier d'emballage ou sur un quai de métro. Par comparaison, le destin d'une photographie ou d'un livre de poche paraît enviable : personne ne songerait à les abandonner. La télévision accorde aux images une existence encore plus ample et éphémère, déterminée par un programmateur invisible qui se substitue au lecteur feuilletant les pages d'un journal. Dans le meilleur des cas, une image de presse peut devenir l'icône d'une époque, surtout si celle-ci est marquée par des soulèvements sociaux ou par une guerre (il est probable que les scènes de la prison d'Abou Grahib symboliseront la guerre en Irak, tout comme l'image des enfants fuyant une attaque au napalm symbolise aujourd'hui la guerre du Vietnam). Mais en général, l'image qui sert à illustrer une information – compréhensible en elle-même – est appelée à devenir obsolète. À peine consommée, elle appartient déjà au passé.

Wang Du nous fait remonter le cours de l'histoire récente telle qu'elle est présentée par les médias. En nous donnant à voir des images empruntées à la presse et transformées en divers objets, l'artiste fait de leur seconde vie quelque chose qui mérite la contemplation et l'expérience. Puisant dans une grande diversité de publications – de *Libération* à un hebdomadaire illustré russe en passant par *¡Hola!*, *Animal Junior : la revue des jeunes maîtres*, un magazine militaire chinois ou encore *TIME Magazine* – Wang Du sélectionne ses images comme un rédacteur en chef international, sans perdre de vue qu'il les fera passer de la salle de presse à l'espace d'exposition. Ses choix semblent aussi égalitaires et consensuels que ceux de la presse populaire elle-même : un adolescent volant un ordinateur a autant de chances que Chirac de finir statufié par l'artiste. Malgré sa formation de sculpteur, Wang Du voit dans ses créations des « images tridimensionnelles » plutôt que des sculptures[1]. Cette distinction fait écho à une autre forme de déplacement, non seulement dans les images mais aussi dans la perception que nous avons d'elles. La page de magazine, limitée à deux dimensions, autorise chez le lecteur un sentiment de maîtrise qui disparaît rapidement devant les images tridimensionnelles (et souvent immenses) de Wang Du, images qu'il n'est pas question de tenir sous son bras ou de ranger dans un carnet. En démultipliant la taille et l'échelle de l'original, l'artiste donne à l'image de presse une dimension merveilleuse : elle acquiert ainsi souplesse et capacité de se décliner à l'infini, tel un personnage de Walt Disney, qui peut exister aussi bien sous forme de dessin animé que de jouet en peluche, d'une taille tour à tour minuscule ou gigantesque. À la fois réaliste et merveilleuse, la « Wang Du Parade » oscille entre la monumentalité d'une manifestation publique et la joie festive d'un carnaval. Entre politique et spectacle. Histoire et plaisir. En traversant Rennes, Lyon, Toulouse et Paris, le défilé de l'artiste offre aux spectateurs des images de presse nomades et les invite à se déplacer autour d'elles.

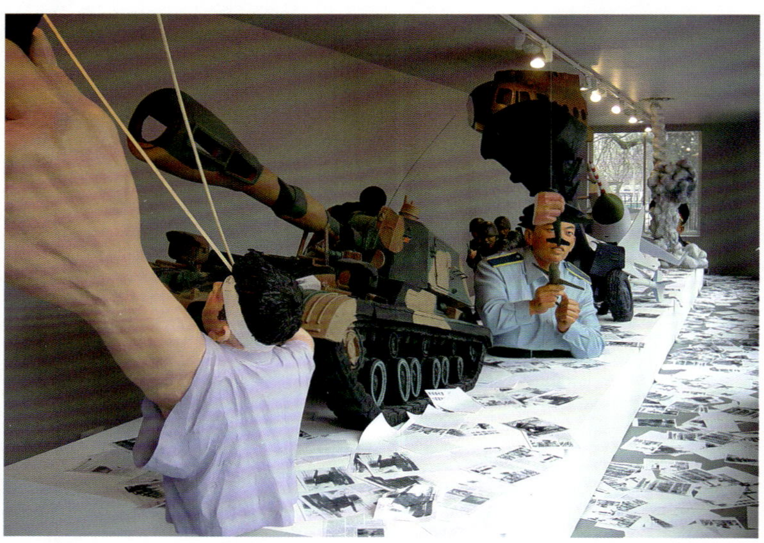

Par ses choix, Wang Du confirme le rôle central de l'image dans la société contemporaine, rôle déjà prédit dans les années 1960. La société du spectacle théorisée par Guy Debord, où le spectacle s'offre comme médiation des rapports sociaux, va de pair avec le village planétaire de Marshall McLuhan, car les images peuvent aisément franchir les barrières linguistiques des différents

The Image on Parade — Jennifer Allen

What is the afterlife of a news image? Nothing much – at least if one judges from the fate of a daily newspaper: thrown in the garbage, used for packing, abandoned on a subway seat. Compare the fate of a photograph or even a paperback, which one would hardly abandon for anyone, anywhere. Television gives the news image a broader yet more fleeting existence, determined by an unseen programmer instead of the reader perusing captions under the pictures. At best, a news image may later become an icon for an entire era, especially an era marked by social upheaval or war (the Abu Ghraib prison scenes will likely represent the Iraq War as the photograph of children fleeing a napalm attack has become a symbol for the Vietnam War). But generally, the image that serves information – by definition, understandable in itself – faces obsolescence. Once seen, it's history.

Wang Du takes us back through our recent media history. By presenting us with images culled from the press and transformed into an array of objects, the artist makes the afterlife of the news image into something worthy of our contemplation and experience. Flipping through a wide range of publications – from the French daily *Libération* to a Russian illustrated news weekly, from the Spanish gossip rag *¡Hola!* to *Animal Junior : La revue des jeunes maîtres*, from a Chinese military review to the US weekly *TIME* – Wang Du selects images like an international editor while aiming for a move from the newsroom to the exhibition room. His choices appear to be as egalitarian and levelling as the popular press itself: Chirac is as likely to become a sculptural form as an unidentified teenager looting a computer.

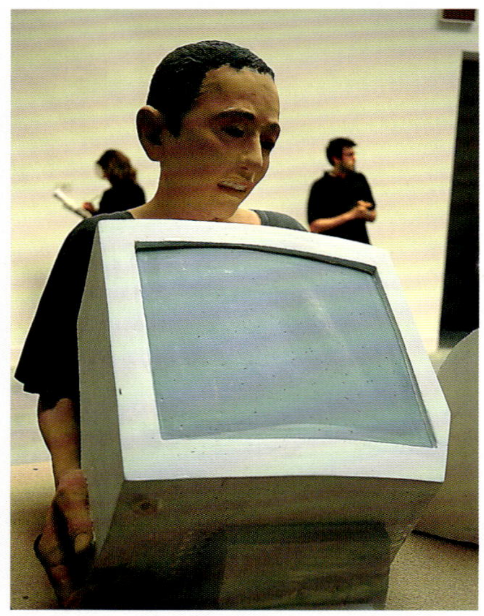

Despite Wang Du's training as a sculptor, the artist insists that his creations are not sculptures but rather "three-dimensional images."[1] This corrective underscores yet another shift – not just in the images but also in the viewers' experience of them. The sense of control afforded by the two-dimensional page rapidly evaporates in Wang Du's three-dimensional (and often extra-large) images, which hardly fit under one's arm, let alone into a scrapbook. By expanding dimension and scale, the artist pushes the news image into fantasy, giving it the infinite expandability of a Disney character, which can appear as both a flat cartoon and a stuffed toy, miniature and gigantic. "Wang Du Parade" – at once realistic and fantastic – moves somewhere between the monumentality of a demonstration and the festivities of a pageant. Between politics and entertainment. History and pleasure. While moving through Rennes, Lyon, Toulouse and Paris, the artist's parade not only puts a series of news images on nomadic display but also sets spectators into motion around them.

With his selections, Wang Du confirms the pivotal role of the image in contemporary society – a role that was already prophesised in the sixties. Guy Debord's society of the spectacle, where spectacles come to mediate social relations, goes hand in hand with Marshall McLuhan's global village, since images can easily break through the linguistic barriers of different people united through media. The spectacle is the lingua franca of the global village.[2] But there is another prophet from the sixties, whose *bon mot* adds velocity to the spectacle's ubiquity – and whose interest in the press, both high and low, seems to have left an impression on Wang Du. When Andy Warhol claimed that everyone would be world-famous for fifteen minutes in the future, most people celebrated the democratic ideal of "fame for all" (before *Big Brother*, *Radical Makeovers* and *Star Search* made it a reality). But what remains striking in Warhol's claim is time – or the lack of it. Fame is no longer part of an eternal historical time but has even less duration

Gauche (left) : *Défilé*, 2000. Vue de l'installation (view of the installation). Exposition (exhibition) *Wang Du Parade #2*, Le Rectangle, Lyon (2004).
Droite (right) : *Marché aux puces, mise en vente d'informations d'occasion*, 1998-1999. Détail de l'installation (detail of the installation): *Nous sommes tous des Indonésiens chinois*. Exposition (exhibition) *D'APERTutto/APERTO over ALL*, biennale de Venise (1999).

peuples unis par les médias. Le spectacle est la *lingua franca* du village planétaire[2]. Mais il y a un autre prophète des années 1960 qui a contribué à accélérer le phénomène d'ubiquité du spectacle et dont l'intérêt pour la presse – noble ou de caniveau – semble avoir influencé le travail de Wang Du. Quand Andy Warhol a déclaré que chacun aurait son quart d'heure de renommée mondiale, beaucoup ont salué l'idée démocratique d'une célébrité à la portée de tous (bien avant que *Loft Story*, *Star Academy* ou *À la recherche de la nouvelle star* n'en fassent une réalité). Mais ce qui frappe surtout dans l'affirmation de Warhol, c'est le temps : la célébrité ne relève plus d'une temporalité historique infinie, sa durée n'excédant même pas celle d'une baguette bien fraîche. En quinze minutes à peine, un visage traverse le monde pour être reconnu partout et par tous – une déclaration faite alors que les chaînes d'information continue, Internet ou le téléphone mobile n'existaient pas. Ces diverses prophéties étant devenues notre réalité, il est difficile d'imaginer un produit plus omniprésent et plus éphémère que l'image de presse. Même les spectacles planétaires offerts par la nature – tels qu'une éclipse solaire – ne touchent jamais autant de monde en si peu de temps.

En faisant de l'information une œuvre d'art, Wang Du souligne la fusion actuelle entre esthétique et politique dans une ère dominée par des spectacles distribués massivement et consommés dans la minute. L'ubiquité et la rapidité de l'image n'ont pas échappé aux politiciens, ni même aux terroristes, comme l'ont tristement confirmé les attentats du 11 septembre et la « guerre contre la terreur » qui a suivi[3]. En temps de guerre, les images de presse n'oscillent plus entre document et propagande : elles deviennent des outils, sinon des armes, dans la grande bataille pour gagner l'opinion publique et des parts de marché. La mise en scène de l'actualité relève moins de la contrefaçon que d'un projet stratégique : pour être regardé et conservé en mémoire, tout spectacle doit être spectaculaire. Karlheinz Stockhausen et Damien Hirst ont peut-être eu tort d'apparenter l'attaque des Twin Towers à de l'art, mais c'est un fait que ces attaques possèdent un impact, et violent, et visuel. Les prisonniers torturés à Abou Grahib ont également été contraints de poser pour l'objectif ; les photographies qui les représentent se sont révélées plus crédibles et plus efficaces que leurs propres témoignages, qui avaient circulé quelques mois plus tôt. On juge nécessaire de distribuer de nouvelles images, fussent-elles les images d'une exécution. Ce qui paraît est bon, ce qui est bon paraît. Toute tentative de contrôle des médias – par exemple, le rapport Kriegel visant à restreindre en France l'accès des enfants à certains programmes télévisés violents – démontre seulement que regarder des images, en démocratie, relève de la citoyenneté au même titre que le droit de vote ou le permis de conduire. Tenter de contrôler la distribution, c'est affronter une bataille sans issue où la censure cède lentement le pas à la liberté de la presse ; un tribunal parisien a ainsi décidé que tout visage pourrait être librement utilisé dans le domaine de l'information ou de l'art[4]. Quelques rares personnes, comme Maurice Blanchot, ont tenté de mettre un terme à la production ; Madonna, dit-on, porte toujours la même tenue pour dérouter les paparazzi en quête de nouvelles images. D'autres, comme Susan Sontag, analysent la réception et suggèrent une éthique du regard pour contrer les excès de l'hyperréel.

Le geste de Wang Du, soigneusement mis en scène, se situe au-delà de toute tentative de contrôle de la production, de la diffusion, de la réception de l'image ou même de son accès. Comme quelques autres artistes, il accepte les excès de la presse et s'efforce d'en intégrer les images et les méthodes, c'est-à-dire d'utiliser les médias comme un médium artistique. Pour ces artistes, précisons-le, il ne s'agit pas seulement de se réapproprier, de citer, de voler ou de sampler les images pour en altérer le sens ; au moyen de la diffusion et de la répétition, ils dévoilent surtout la stratégie des médias en les imitant jusqu'à l'exagération. Que l'on songe ici à L. A. Raeven et à leur vision anorexique du chic toxicomaniaque, à Matthieu Laurette extorquant des applaudissements au public de plateaux de télévision, à Candice Breitz transformée en starlettes d'Hollywood, ou encore aux gags visuels « scandaleux » de Maurizio Cattelan, qui attirent l'attention de la presse en imitant la narrativité synthétique des dessins satiriques des journaux. Les médias se font ici co-producteurs involontaires, et non plus seulement réservoir d'images toutes faites à détourner. Les images tridimensionnelles de Wang Du, puisées dans la presse, peuvent apparaître de prime abord comme une tentative pour altérer – et étendre – l'usage social de ce que Barthes nommait des mythologies. Mais le seul usage social supplémentaire est ici celui constitué par l'espace d'exposition. L'affirmation de l'artiste, « Je veux être un média », révèle sa fidélité à l'actualité de la presse – que celle-ci relève du réel ou de la mythologie – tout en rappelant Warhol et son désir d'être une machine. De même que les répétitions mécaniques de Warhol se voulaient la réplique d'une presse d'imprimerie, les images 3-D de Wang Du demeurent obstinément fidèles aux abstractions des journaux, gros plans

than a fresh baguette. Moreover, in merely fifteen minutes, so Warhol, one person's face will travel around the world and be known by everyone – a claim made long before twenty-four hour news services, cellular phones and the internet. Insofar as these prophecies have become our realities, it's hard to imagine any product that is more ubiquitous and more ephemeral than the news image. Even the global spectacles produced by nature – such as a solar eclipse – cannot reach such broad audiences and in such a short time.

By making news into art, Wang Du's work underscores the growing fusion between aesthetics and politics in an era dominated by spectacles, massively distributed and rapidly consumed. The image's ubiquity and celerity have not escaped politicians nor even terrorists, as 9/11 and the ensuing "war against terror" have sadly confirmed.[3] News images in war no longer waver between documentation and propaganda but have become tools, if not weapons, in battles fought with public opinion and audience shares. The staged news event is no longer a mark of forgery but part of strategic planning, since spectacles must be spectacular to be seen and remembered. Karlheinz Stockhausen and Damien Hirst may have erred for likening the terrorist attacks on the Twin Towers to art, but the attacks had a violent and a visual impact. The prisoners tortured at Abu Ghraib were also forced to pose for pictures – pictures that were more credible and damaging than their own testimonies circulated months earlier. Distributing news images, even of an execution, is considered as necessary. What appears is good, what is good appears. Indeed, any attempts to control the media – such as the recent Kriegel report curbing children's access to violence on French television – only demonstrate that looking at images, like voting or driving, is part of full citizenship in a democracy. Efforts to control distribution tend to lead to a dead-end battle where censorship slowly yields to freedom of the press; thus, a Parisian court has decided that anyone's face can be freely used for information or art.[4] A famous few, including Maurice Blanchot, have tried to halt production; even Madonna is said to wear the same outfit to thwart paparazzi hunting for new images of the star. Others, like Susan Sontag, have turned to reception, suggesting an ethics of looking against the excesses of hyperreality.

Wang Du's gesture – itself carefully staged – lies beyond such attempts to control production, distribution, access or even reception. By embracing the news image, he belongs to a group of artists who have accepted the press's excesses and attempted to integrate the media as a medium into their work – not just its images but also its methods. Far from merely reappropriating, quoting, stealing or sampling images to alter their meaning, these artists use circulation and repetition, unveiling the media's strategies by mimicking them to the point of exaggeration. Consider L.A. Raeven's anorexic takes on heroine chic; Matthieu Laurette pilfering his own applause from a television studio audience; Candice Breitz becoming Hollywood starlets; or even Maurizio Cattalan's "scandalous" visual gags, which capture press attention while mimicking the punctual narratives of newspaper caricature. Here, the media unwittingly becomes a co-producer, not only a source of ready-made images to be altered. Wang Du's three-dimensional images pillaged from the press may initially appear as an attempt to alter – and to expand – the social use of what Barthes called mythologies. But the only extra social use is the one created by the exhibition space. Indeed, the artist's statement "I want to be a media" not only reveals his fidelity to the news – whether reality or mythology – but also recalls Warhol's wish to be a machine. As Warhol's mechanic repetitions aped the printing press, Wang Du's 3-D images remain stubbornly true to the abstractions of the newspaper, including crops and close-ups. His editorial selections – which divide news images from their stories – tend to decontextualise the images even further, decreasing their meaning while increasing their interchangeability and underscoring their status as mere goods. Thus, in *Marché aux puces, mise en vente d'informations d'occasion* (Flea market, second-hand information for sale), 1998-1999, Chirac's face, once freed from its caption and lead story, can suddenly appear with a teenager carrying a stolen computer or even alongside an impromptu condom fitting.

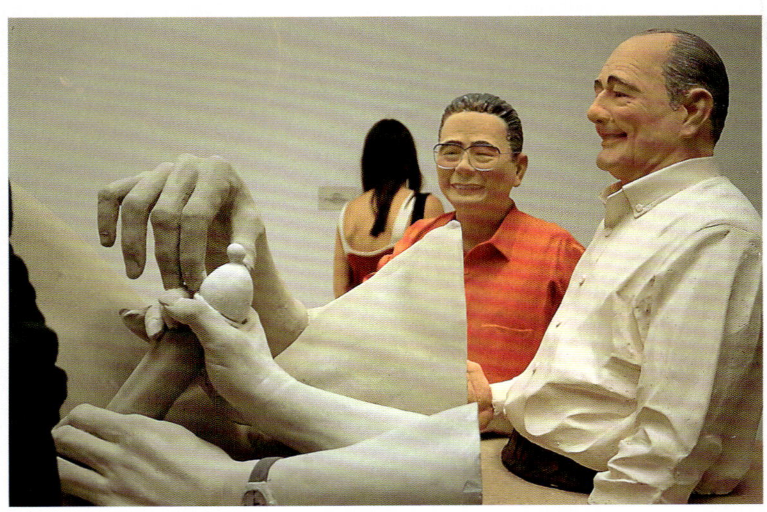

Marché aux puces, mise en vente d'informations d'occasion, 1998-1999. Détail de l'installation (detail of the installation) : ***La France compterait 100 000 séropositifs & Des Airbus pour le goulag chinois***. Exposition (exhibition) ***D'APERTutto/APERTO over ALL***, biennale de Venise (1999).

et recadrages compris. Son choix éditorial, qui arrache chaque cliché à son histoire, prive les images de tout contexte, en amoindrit le sens, les rend encore plus interchangeables et souligne leur statut de bien de consommation. Pour *Marché aux puces, mise en vente d'informations d'occasion*, 1998-1999, par exemple, le visage de Chirac, une fois dépouillé de sa légende et de son contexte, peut soudain apparaître à côté d'un adolescent qui transporte un ordinateur volé, ou même d'un sexe en érection emballé d'un préservatif.

II.

Défilé, 2000 – pièce commune aux quatre étapes de la « Wang Du Parade » – offre un bon point de départ pour comprendre la méthode mimétique de l'artiste. Comme *Marché aux puces*, cette installation présente une sélection d'images 3-D, mais sur un piédestal de forme allongée qui évoque un podium de défilé de mode. Les images employées, exclusivement tirées de la presse chinoise, ont un jour illustré des articles célébrant la modernisation de l'armée chinoise.

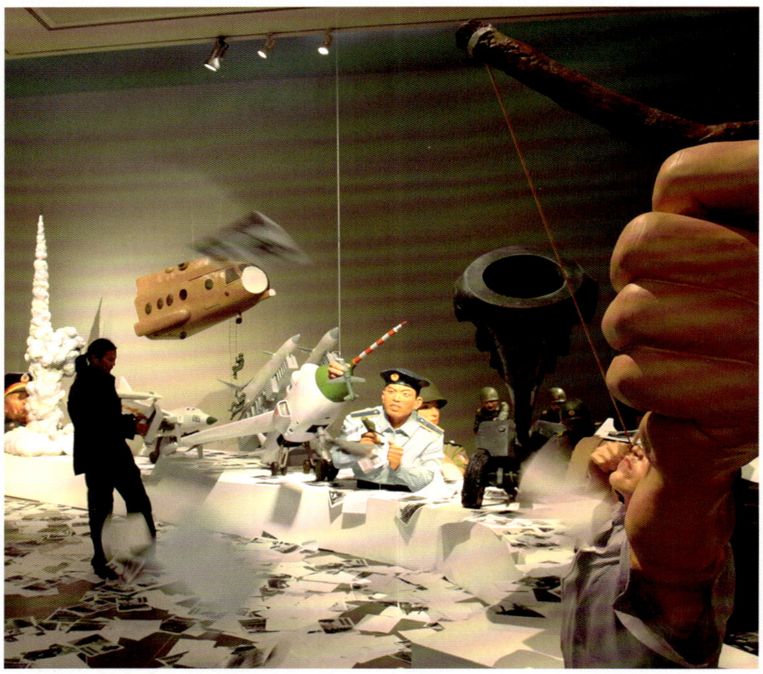

Comme l'explique Wang Du, les images 3-D – alignement de tanks, missile en train d'exploser, défilé de troupes, entraînement de marines – ont d'abord paru dans des journaux officiels, dans la presse populaire et dans des magazines militaires spécialisés. En première page et à travers les articles, les États-Unis jouent le rôle de l'ennemi et la menace d'un conflit avec Taiwan pointe toujours à l'horizon. À quoi ressemblera l'armée chinoise en 2010 ? Quels sont les avantages du missile américain HQ 61 sur l'arsenal chinois ? Les États-Unis vont-ils s'allier à la Chine ou à Taiwan ? L'importance cruciale de la sécurité nationale laisse peu de place à la politique locale – représentée seulement par un appel « à la démocratie et au droit » et par un jeune homme attaquant au lance-pierres l'ambassade américaine à Pékin, en représailles au bombardement de l'ambassade chinoise à Belgrade. Les articles originaux, photocopiés en noir et blanc à l'infini, sont éparpillés autour du socle comme autant de tracts abandonnés dans le sillage d'un défilé militaire. Information ou propagande. Souvenir ou rebut. Multiple ou cadeau de l'artiste. Wang Du ajoute à son défilé une assourdissante musique militaire, faisant paraître ses personnages encore plus inanimés.

Résolument fidèle à la presse, Wang Du se contente d'agrandir les images qu'il y découvre ; il leur donne une dimension supplémentaire, un volume, et accroît leur échelle pour les faire « ressortir » de la page en deux dimensions, telle Alice traversant le miroir. Au lieu de replacer ces personnages dans un ensemble originel, l'artiste préserve les distorsions causées par l'objectif et par la mise en page – comme on peut aisément le vérifier en les comparant aux photocopies qui jonchent le sol. Coupes, recadrages et gros plans se trouvent agrandis, comme autant de blessures infligées aux objets ou aux corps humains par la diffusion des mass media. À l'opposé des monuments à la consommation de masse dressés par le Pop Art d'un Claes Oldenburg, ces œuvres tronquées et déformées feraient de bien pauvres statues. Le lance-pierres de l'adolescent est bien plus gros que sa tête, affreusement rétrécie par

II.

Défilé (Parade), 2000 – the constant element in "Wang Du Parade" – provides a good point of departure for understanding the artist's mimetic method. Like *Marché aux puces*, this installation presents a selection of 3-D images, albeit on an elongated pedestal that seems closer to a catwalk. Taken from only Chinese publications, these used images once illustrated news stories celebrating China's military build-up. As Wang Du explains, the 3-D images – a line of tanks, an exploding missile, parading troops, marines in training – first appeared in official newspapers, popular journals and specialised military reviews. On the covers and throughout the articles, the United States plays the role of the enemy while a regional conflict with Taiwan looms on the horizon: What will China's military look like in 2010? What are the advantages of America's HQ 61 missile over the Chinese arsenal? Will the US side with China or Taiwan? Given the burning issue of national security, there is little space for local politics, beyond a call for "democracy and law" and a young man with a slingshot attacking the US embassy in Beijing in revenge for the bombing of the Chinese embassy in Belgrade. The original stories, photocopied repeatedly in black and white, have been strewn around the pedestal, like so many leaflets abandoned in the wake of a military parade. Information or propaganda; trash or souvenir; artist's multiple or free-bee. Wang Du has added a blaring soundtrack of Chinese military marching music to the whole procession – an orchestration that only underscores the figures' inanimate state.

Again, true to the press, Wang Du simply magnifies the found images, both adding volume and increasing their scale so that they appear to "step out" of the flat page, just as Alice stepped into the looking glass. Instead of fully restoring the figures to an original whole, the artist preserves the distortions effected through the camera lens and the publication's layout – all readily verifiable in the scattered photocopies. Cuts, crops and close-ups become enlarged, like the strange wounds inflicted upon human bodies and objects by mass media circulation. Unlike the free-standing monuments to consumerism in Claes Oldenburg's Pop, these works would make poor statues because they are truncated and deformed. The boy's slingshot is frighteningly larger than his head, which was shrunk by the camera's perspective; a policewoman is missing his lower body, cut off to make room for a headline; tanks, missiles and helicopters are all lacking crucial pieces, lost to captions and frames.

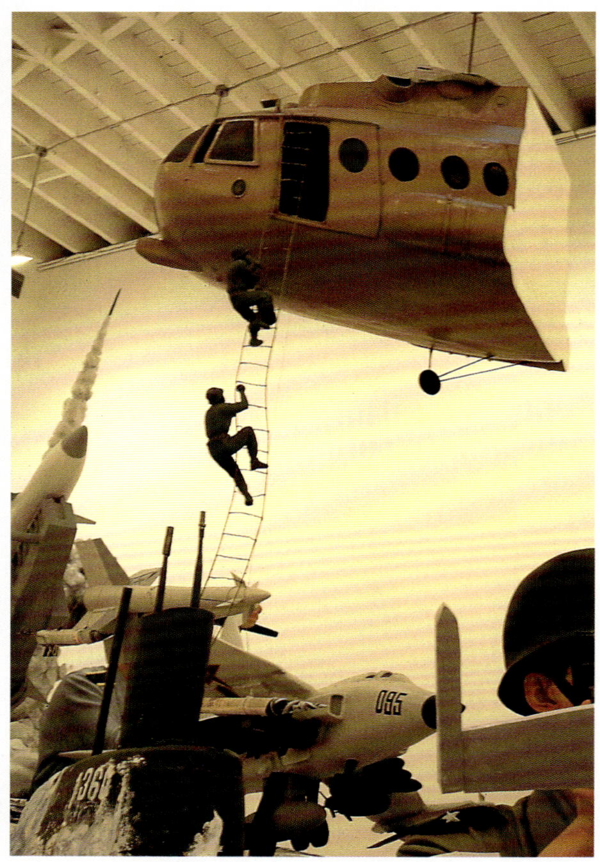

With these mimetic gestures, Wang Du not only becomes a media – literally, another point of distribution for the same images, albeit in three dimensions – but also confirms his calling as "a doubleur" (the body double or stuntman who replaces a film star). Of course, the double – whose face is never seen in a close-up – has no personal identity; likewise, the double does not defer to an original identity, as s/he is simply playing the actor playing a fictional character in the movie. The double – like the media itself – is not a copy of an original but a copy of another fabrication. Even when Wang Du arrives

Gauche (left) : *Défilé*, 2000. Vue de l'installation (view of the installation). Exposition (exhibition) *Wang Du Parade #3*, les Abattoirs, Toulouse (2004).
Droite (right) : *Défilé*, 2000. Détail de l'installation (detail of the installation), Deitch Projects, New York (2000).

la perspective de la photographie ; on ne voit que le tronc de la femme agent de police, ses jambes ayant été coupées pour laisser la place à un gros titre ; sur les tanks, les missiles, les hélicoptères, il manque toujours un élément essentiel, tronqué au profit d'une légende ou d'un cadrage. Par ces gestes mimétiques, Wang Du devient lui-même un média – c'est-à-dire un relais des mêmes images, fussent-elles présentées en trois dimensions – et confirme son statut de doublure, au sens cinématographique du terme. La doublure, dont on ne voit jamais le visage de près, ne possède aucune identité propre ; elle ne renvoie pas à une identité originale, puisqu'elle tient le rôle d'un acteur jouant un personnage dans un film. La doublure, comme le média, n'est pas la copie d'un original mais la copie d'une réalité elle-même fabriquée. Même quand Wang Du se présente à son *Défilé* en tenue militaire, son apparence ne relève pas d'une performance : elle offre un miroir aux camouflages des médias et efface son identité. À l'inverse d'artistes qui prennent une position critique autonome face aux médias, Wang Du ne s'efforce jamais de corriger les distorsions, d'ajouter une perspective périphérique, de dévoiler un fait dissimulé ou même d'ignorer les images que les médias n'auraient pas manqué de choisir pour illustrer tel événement de l'actualité. L'artiste est ici plus proche des membres de l'Atlas Group, avec leurs fictions sur les guerres au Liban, que d'Alfredo Jaar lorsqu'il documente le génocide au Rwanda sans jamais montrer les cadavres, ou de Thomas Demand quand il construit en carton des décors de médias où l'être humain brille par sa sublime absence[5]. Les images 3-D de Wang Du, malgré leur aspect festif, grandiose et reconnaissable, ne relèvent pas vraiment du Pop Art non plus. Loin de traiter les images de presse comme des icônes toutes faites, l'artiste amplifie le cadrage tranchant de la photographie, où le réalisme ressemble fort à une agression du corps humain.

De fait, le corps occupe le centre de la « Wang Du Parade ». Les installations qui y sont présentées, *Défilé* en particulier, suscitent une série de transformations qui affectent non seulement l'image de presse, mais aussi le corps du spectateur. À mesure que le cortège évolue à travers les villes, de nouvelles images de presse sont soumises à des changements d'échelle radicaux. Ces modifications interagissent avec le corps ; chaque changement d'échelle interpelle les spectateurs d'une façon nouvelle. À la Criée de Rennes, *We're Smoking Them Out!*, 2002, montre Bush soulevant des poids avec son entraîneur, comme pour préparer ses muscles militaires à l'après-11 septembre. Les images en 3-D du président américain, que le cadrage du magazine a privé de ses jambes, sont disponibles en sept tailles, du XS au XL, réparties dans la salle d'exposition.

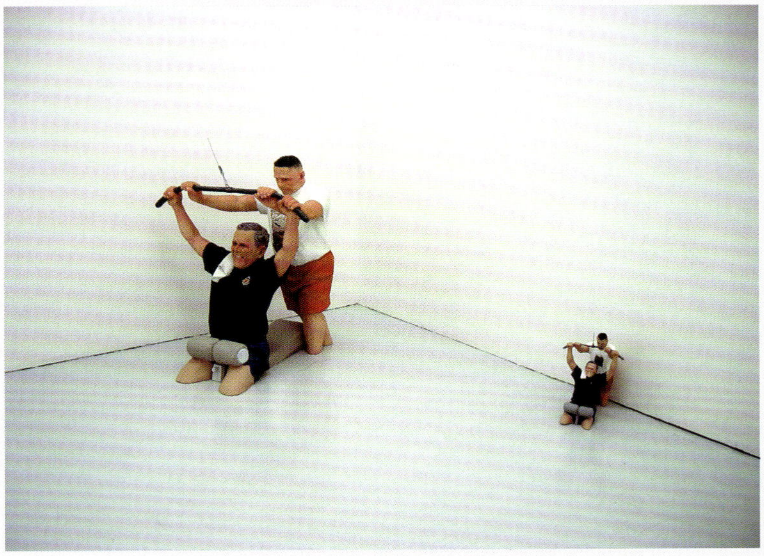

En reconnaissant Bush, le spectateur retrace le voyage de Gulliver, de Lilliput à Brobdingnag, et fait l'expérience de son propre corps, tour à tour fragile et surpuissant selon la taille du dirigeant américain. Au Rectangle de Lyon, *Tapis volant*, 2003, recrée la couverture du *TIME Magazine* de février 2002, « The Columbia is Lost », – montrant l'explosion en plein vol de la navette spatiale – sous la forme d'un tapis de laine de plus de 100 mètres carrés. Référence à deux tentatives de maîtrise de l'espace céleste – les aventures d'Aladin et le programme spatial de la NASA –, ce tapis associe clairement deux changements d'échelle : l'agrandissement de la couverture et la réduction par l'objectif de la distance de l'explosion. Certes, contrairement à Columbia, le *Tapis volant* a bel et bien atterri ; le spectateur – rendu minuscule par le tapis tout comme les victimes sont rapetissées par le téléobjectif – peut néanmoins se promener

in military garb at *Défilé*, his appearance is not a performance but a mirror of the media's camouflages that erases his identity. In contrast to artists who assume an autonomous critical position with respect to the media, Wang Du makes no attempt to correct distortions, add a marginalised perspective, document a hidden story or even hide images that the media would usually capture from a news event. Here, the artist is closer to the Atlas Group's fictional takes on the wars in Lebanon than to Alfredo Jaar's presentation of the Rwanda genocide (where corpses are not shown) or to Thomas Demand's empty media sets in paper, sublimely devoid of humans.[5] Wang Du's 3-D images, however festive, grandiose and recognisable, do not fully belong to Pop Art either. Far from treating news images as ready-made icons, the artist magnifies the cut edges of the photograph, where realism masquerades an assault on the human body.

Indeed, the body is the centre of "Wang Du Parade." *Défilé* may take the lead, yet the installation sets into motion a series of transformations that affect not only the news image but also the viewer's body. As the parade moves through each city, different news images are subjected to radical changes in scale. The shifts in scale interact with the body; each one interpellating viewers in a new way. In Rennes at La Criée, *We're Smoking Them Out!*, 2002, shows Bush working the weights with a trainer and getting ready to flex his own military muscle after 9/11. The 3-D images of the American president – legless after the editor's crops – come in seven sizes, ranging from XS to XL, which are dispersed across the exhibition floor. Recognising Bush, viewers retravel Gulliver's itinerary from Lilliput to Brobdingnag and experience their bodies as both fragile and overpowering in relation to the growing and shrinking leader. In Lyon at Le Rectangle, *Tapis volant* (Flying carpet), 2003, recreates the February 2002 cover of *TIME* magazine – "The Columbia is Lost" with the spaceship exploding in flight – as a wool carpet measuring over one hundred square meters. While confounding two bids to master the skies – the adventures of Aladdin and the US space program – the carpet palpably equates two changes in scale: the enlargement of the cover and the camera's reduction of the distance to the explosion. Of course, *Tapis volant*, unlike the Columbia, has landed; viewers – dwarfed by the carpet, as victims were shrunk by the telephoto lens – can nevertheless wander safely across the skies and even touch the disaster as comfort, luxury and decoration.

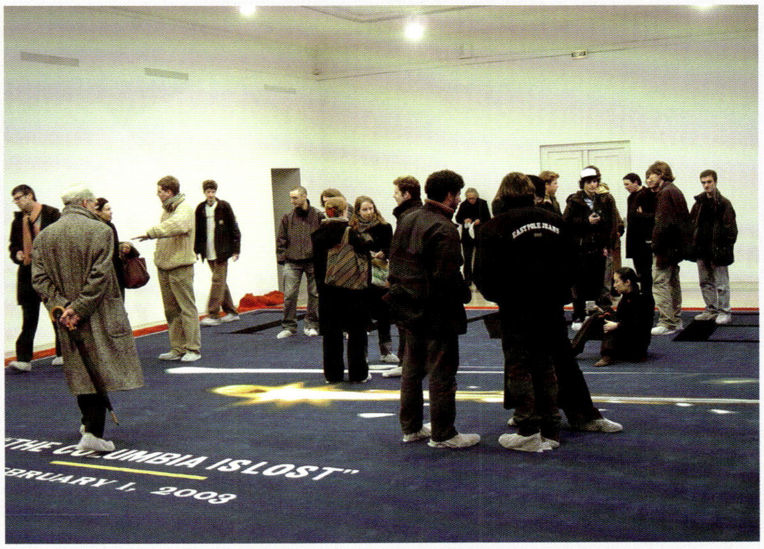

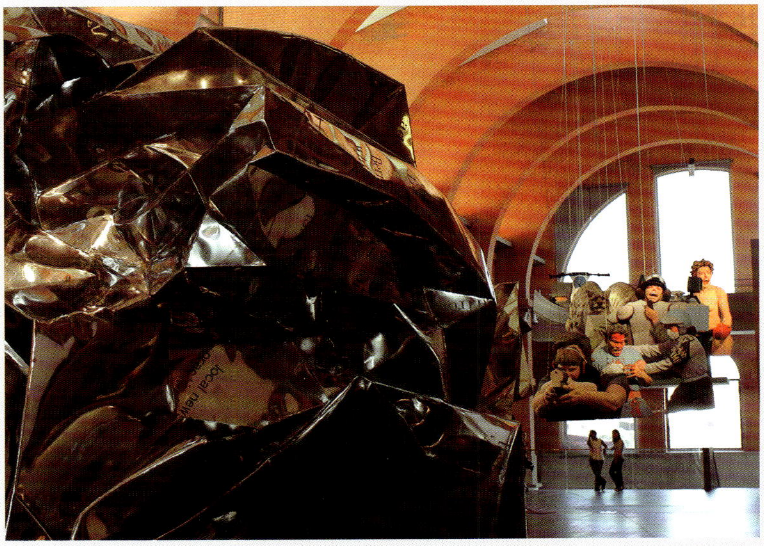

Gauche (left) : *We're Smoking Them Out!*, 2002. Détail de l'installation (detail of the installation). Exposition (exhibition) *Wang Du Parade #1*, La Criée, Rennes (2004).
Haut à droite (top right) : *Le Tapis volant*, 2002-2003. Exposition (exhibition) *Wang Du Parade #2*, Le Rectangle, Lyon (2004).
Bas à droite (bottom right) : *World Markets*, 2004. Vue de l'installation (view of the installation). Exposition (exhibition) *Wang Du Parade #3*, les Abattoirs, Toulouse (2004). Arrière-plan (background) : détail de (detail of) *Réalité jetable*, 1999-2000.

en toute sécurité dans le ciel, et même toucher un désastre devenu simple confort, luxe, décoration. Aux Abattoirs de Toulouse, *World Markets*, 2004, transforme les cotations financières d'un *Wall Street Journal* froissé en une gigantesque structure en acier inoxydable – altération qui rapetisse le spectateur tout en reflétant l'impact colossal du marché sur le monde contemporain. C'est à Paris, au Palais de Tokyo, site de création contemporaine, que Wang Du apporte la touche finale à sa grande parade : *Tunnel d'espace-temps*, 2004, permet au visiteur de pénétrer dans un tube sinueux équipé de téléviseurs allumés et de feuilles de journaux roulées en boule ; au bout du tunnel, ce dernier finit par tomber sur le *Tapis volant*.

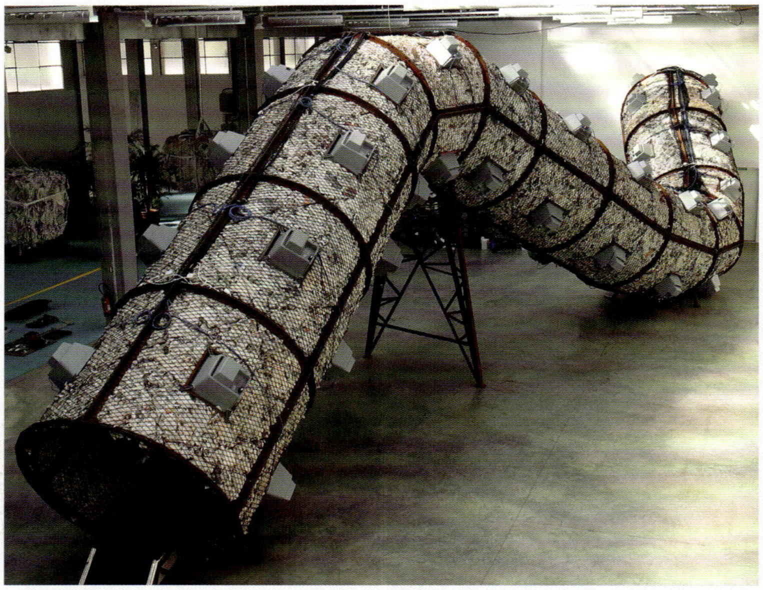

Au lieu d'images de presse, c'est le tunnel qui écrase et enveloppe le spectateur, qui se trouve ainsi produit, consommé et rejeté par les médias, à l'instar d'un quotidien.

Agrandi, rétréci, enveloppé, englouti, le spectateur fait l'expérience physique des manipulations que subissent les images dans la presse. Quand, dans l'œuvre de Wang Du, les images se font plus lourdes, plus larges, plus denses, leur faculté de diffusion se trouve radicalement réduite à mesure que s'accroît la faculté de navigation des visiteurs. En 3-D, les images se figent et deviennent inertes ; le spectateur devient plus mobile et perd de sa passivité pour parcourir l'espace, toucher et même fouler des images qu'il appréhende d'ordinaire par le seul sens de la vue. Le processus médiatique, lui-même masqué par une diffusion perpétuelle, se trouve immobilisé et devient un espace physique où l'on peut entrer et dont le corps entier peut faire l'expérience. Ce n'est peut-être pas tant l'image de presse qui surgit du journal que nous-mêmes qui, à l'invitation de l'artiste, pénétrons dans la page avant d'errer dans un univers de manipulations qui remet en question notre sens des proportions, voire notre emprise sur le réel. Si le monde de Wang Du évoque une escapade au « Pays des merveilles », c'est bien pour montrer à quel point la réalité d'un journal se fonde sur une illusion d'échelle. En effet, Wang Du défait l'orchestration scrupuleuse de la miniature et de la collection – pour reprendre les termes de Susan Stewart[6] – opérée par la presse écrite : les images de presse racontent le monde en miniature, tandis que les reportages assignent à chaque image une place précise au sein d'un ensemble cohérent dans la mise en page. Ce système clos sur lui-même est aussi parfait que fallacieux : l'idée qu'une journée entière de notre planète peut être pliée, ouverte, lue et transportée à loisir, comme le témoignent les noms mêmes des quotidiens *Le Monde* ou *Die Zeit*. Pas de blanc sur la page où rien ne déborde ; les images de presse sont recadrées pour donner une impression d'exhaustivité dans la couverture médiatique. Pour le lecteur, le journal est une architecture portable, un coin d'espace éphémère que l'on peut ériger n'importe où, une médiation entre sphère publique et sphère privée, entre État-nation et citoyen, entre le dehors et le dedans – le tout contrôlé par l'œil et par la main. En donnant aux images de presse une forme régressive qui perturbe leur fonction habituelle de médiation, Wang Du redonne vie aux différents fragments qui composent l'image, tout en bousculant le sens de la perspective des lecteurs. De plus, ses images 3-D ne peuvent jamais être entièrement réincorporées dans les médias. En prenant des photos des images tridimensionnelles de Wang Du, la presse peut montrer les recadrages opérés (et révéler ainsi ses propres manipulations) ou, à l'inverse, dissimuler les recadrages en reproduisant une image périmée. Pour le *Tapis volant*, ce dilemme n'est évité

In Toulouse at les Abattoirs, *World Markets*, 2004, transforms the market figures from a crumpled *Wall Street Journal* into a gigantic stainless steel form – a shift that downsizes the viewer while reflecting the colossal magnitude of the market's impact on the world. In Paris at the Palais de Tokyo, site de création contemporaine, Wang Du adds a final touch to the parade: *Tunnel d'espace-temps* (Tunnel of space-time), 2004, where viewers can enter a winding tube outfitted with running televisions and scrunched newspapers, only to exit by falling out onto the *Tapis volant*. Instead of the news images, the tunnel overwhelms and encloses the viewers – who are at once born from the media and consumed and thrown out, like the daily newspaper itself.

Growing, shrinking, enveloped, swallowed – viewers begin to experience physically the kinds of manipulations to which news images are subjected in the press. As the news images become heavier, larger and bulkier in Wang Du's work, their ability to circulate is radically reduced while the viewers' ability to circulate is increased. In 3-D, the images slow down and become inert; the viewers become more mobile and lose their passivity as they walk around, touch and even walk on images that they would normally apprehend primarily with their sense of sight. The media process – itself hidden by perpetual circulation – is immobilised to become a physical space that can be entered and experienced by the whole body. Perhaps the news images do not so much step out of the newspaper as we are invited to step into the pages and wander through a world of manipulations that challenges our sense of scale and proportion, if not our senses' hold on reality. If Wang Du's world seems like an adventure in Wonderland, this impression only demonstrates the extent to which the reality of the newspaper is built upon an illusion of scale. Indeed, Wang Du undoes the printed press's careful orchestration of what Susan Stewart has called the miniature and the collection[6] – where news images narrate the world in miniature while the reports transform each image into a coherent collection. This perfect yet deceptive closure – the entire world in one day that can be folded, opened, read and carried around – is reflected not only in the newspaper's names, from *Le Monde* to *Die Zeit*, but also in their layout. There are no blank, nor overlapping spaces; news images are cropped, precisely to produce an impression of exhaustion in the paper's coverage. For the reader, the newspaper is portable architecture – a temporary corner to be erected anywhere – a mediation between public and private, the nation-state and the citizen, the outside world and the interior, controlled by the hand and the eye. By giving news images a regressive form that hampers their usual mediation, Wang Du recovers the fragments behind the complete picture while challenging the reader's sense of perspective. Moreover, his 3-D images can never be completely reincorporated back into the media. Taking a picture of the 3-D image, the press can either shows the crops and then reveal its manipulations or hide the crops and reproduce an old image. For the *Tapis volant*, this kind of redundancy can be avoided only if the spectators are included in the photograph. Without the human body to provide a sense of scale, *Tapis volant* as a news image simply looks like a strange reproduction of an outdated *TIME* magazine cover.

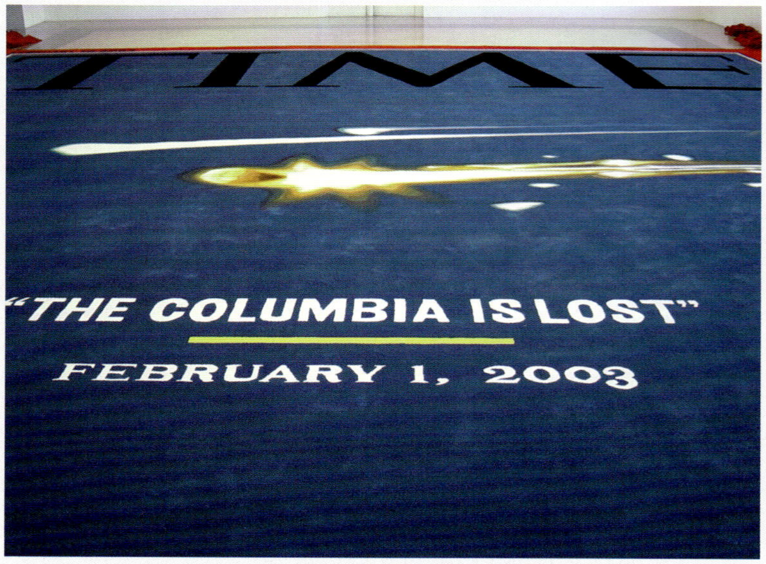

At the end of the parade, Wang Du always forces us back to the opening question: what is the afterlife of a news image? As Klaus Kreimeier claims, we have become "imagophagi"[7] – eaters of images, bingeing endlessly on whatever the media serves, from leaders to starlets, from protests to pageants, from tortured prisoners to well-groomed dogs. Unlike anthropophagy, imagophagy is a collective form of consumption that leaves few discernible traces: no missing bodies, no extra weight, not even a pollution problem. But news images, however portable and ephemeral, must go somewhere; looking at them must have some effect on our lives. For Freud, all images, news or not, were destined for the archive of the unconscious, which sees – and remembers – everything.

Gauche (left) : *Le Tunnel d'espace-temps*, 2004. Exposition (exhibition) *Wang Du Parade #4*, Palais de Tokyo, site de création contemporaine, Paris (2004).
Droite (right) : *Le Tapis volant*, 2002-2003. Exposition (exhibition) *Wang Du Parade #2*, Le Rectangle, Lyon (2004).

que si la photographie inclut les spectateurs. Sans corps humain qui permette d'en imaginer l'échelle, une image de presse du *Tapis volant* ressemblerait simplement à une mauvaise reproduction d'une vieille couverture de *TIME*.

À l'issue de son défilé, Wang Du nous renvoie à notre question initiale : quel devenir pour l'image de presse ? Selon le terme de Klaus Kreimeier, nous sommes devenus des « imagophages[7] », des mangeurs d'images qui se gavent de ce que leur servent les médias, de la starlette au grand dirigeant, de la fête foraine à la manifestation politique, des séances de torture aux concours canins. À l'inverse de l'anthropophagie, l'imagophagie est une forme de consommation collective qui laisse peu de traces perceptibles : pas de corps disparus, pas de prise de poids, pas même de problèmes de pollution. Mais les images de presse, aussi mobiles et éphémères soient-elles, doivent bien aller quelque part ; les regarder a sans doute quelque influence sur notre vie. Pour Freud, toute image – de presse ou non – est archivée dans l'inconscient, qui voit tout et n'oublie rien. Si un rêve peut révéler l'impact de telle image particulière, que dire de notre regard collectif ? Des images vues par des millions d'êtres humains à travers la planète ? Images qui nous réunissent aussi rapidement qu'elles nous éloignent du corps des autres ? En nous servant les restes de notre régime médiatique quotidien, Wang Du crée un espace de partage où nos corps peuvent revivre ensemble la manière dont ces images sont digérées – à supposer qu'elles le soient jamais. Cette rencontre est une évocation du passé tout comme un rappel : ce que nous avons vu dans les médias ne cesse de nous habiter, de manière parfois insondable. Comme le sinueux *Tunnel d'espace-temps* l'illustre, ce sont les médias qui nous produisent et nous consomment. Certes, nous constituons la source des images de presse, mais nous sommes aussi les produits dérivés et superflus des médias.

While dreams can reveal the impact of one image on one individual, what about the collective gaze? Images seen by millions around the world? Images that join us as rapidly as they divide us? By serving up left-overs from our recent media diet, Wang Du creates a shared space where the body can experience with others how these images have been digested, if at all. This encounter is not only a recollection of the past but a reminder that what we have seen in the media will come to inhabit us in unfathomable ways. Of course, if the winding *Tunnel d'espace-temps* is any indication, the media consumes and produces us. The source of news images, we are also the media's superfluous by-products.

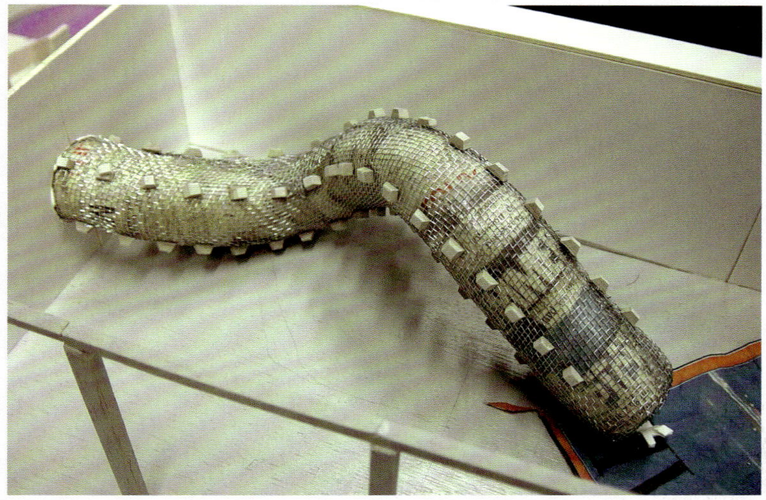

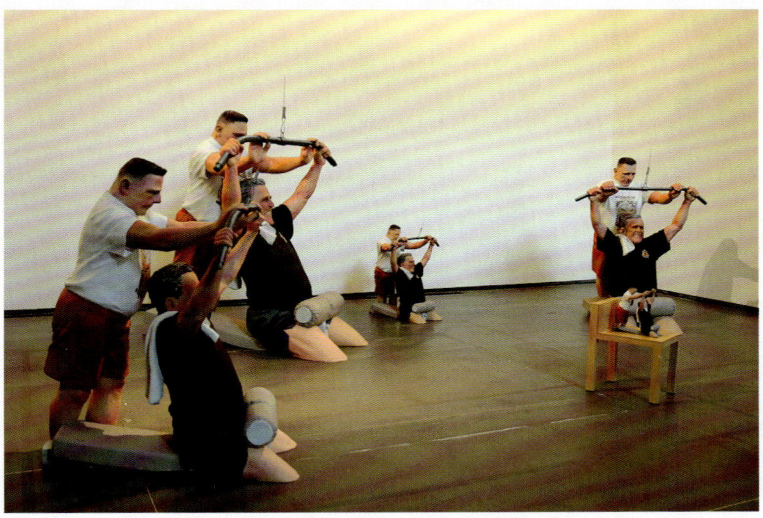

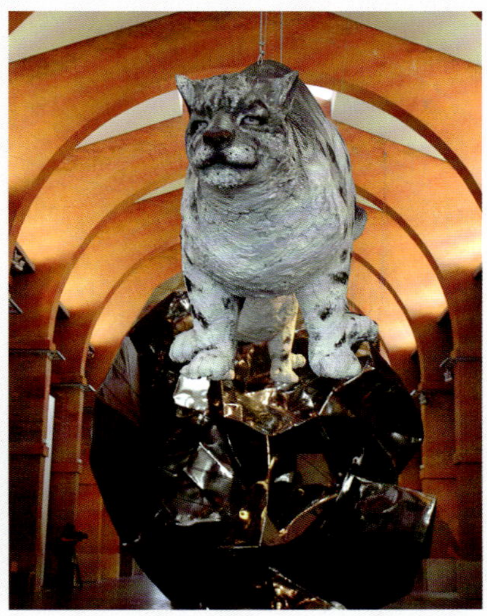

1. Conversation avec l'artiste, Lyon, avril 2004. Toutes les citations de Wang Du sont extraites de cet entretien.

2. Guy Debord s'écarte ici de Walter Benjamin qui, dans une analyse de l'aura, voit dans la photographie et dans le cinéma un affranchissement de la tradition en même temps que sa liquidation. Compte tenu de la vision très négative qu'avait Debord du spectacle, il est à noter que certains théoriciens – tels Thierry de Duve et Douglas Crimp – n'attribuent à la photographie qu'une force libératoire.

3. Les talibans, qui ont fourni aux terroristes leurs terrains d'entraînement, ont imposé l'iconoclasme en Afghanistan et interdit le cinéma, la télévision et toute représentation humaine, y compris celle de leurs dirigeants. Voir Thomas Dworzak, *Taliban*, Fotobuch-Edition, Fribourg, 2003.

4. Michel Guerrin, « Un jugement limite le droit à l'image au nom de l'art et de l'information », *Le Monde*, 19 juin 2004, p. 29. Dans cette affaire étonnante, un homme avait assigné en justice le photographe Luc Delahaye qui l'avait secrètement pris en photo, dans le métro parisien, avant de publier son portrait dans un livre d'art, sans autorisation préalable. En déclarant que l'image de tout citoyen peut être utilisée à des fins artistiques ou d'information, le juge suggère que le visage humain (célèbre ou non) ne relève plus de la propriété privée.

5. Jacques Rancière a fait la critique de l'esthétique de l'irreprésentable, d'Adorno à Lyotard (et Kant), du carré noir de Malevich à *Shoah* de Claude Lanzmann. On trouve une approche intéressante, quoique très différente, dans les travaux de Marie-José Mondzain sur l'iconoclasme, voir son ouvrage *L'image peut-elle tuer ?*, Bayard, Paris, 2003.

6. Susan Stewart, *On Longing. Narratives of the Miniature, the Gigantic, the Souvenir, the Collection*, Duke University Press, Durham & Londres, 1993.

7. Klaus Kreimeier, « Vom Bilderfressen » (Sur le gavage d'images), *Die Tageszeitung*, 19 mai 2004, p. 11. Kreimeier cite une observation de Kurt Korff : « De plus en plus, le public s'habitue à voir les événements du monde l'affecter plus fortement par l'image que par le reportage écrit. » Rédacteur en chef du *Berliner Illustrierte* des années 1890, Korff a révolutionné l'usage des images par la presse.

1. Conversation with the artist, Lyon, April 2004. All subsequent quotations from Wang Du have been taken from these exchanges.

2. Guy Debord provides a corrective to Walter Benjamin, who, in his discussion of the aura, viewed photography and film as both liberation and liquidation of tradition. Given Debord's dire view on the spectacle, it is notable that some theorists, such as Thierry de Duve and Douglas Crimp, describe photography only as a liberatory force.

3. Significantly, the Taliban, who provided training grounds for terrorists, enforced iconoclasm in Afghanistan and banned cinema, television and images of the human figure, including photographs of the leaders' faces. See Thomas Dworzak, *Taliban* (Freiburg, Fotobuch-Edition, 2003)

4. Michel Guerrin, "Un jugement limite le droit à l'image au nom de l'art et de l'information" (A court decision restricts the right to an image, in the name of art and information), *Le Monde*, 19 June 2004, p. 29. In this unique case, a man whose portrait was secretly taken in the Paris metro, unsuccessfully sued the photographer Luc Delahaye for publishing his portrait without permission in an art publication. The judge, in deciding that anyone's image can be used for news and art, declared that the face – famous or not – is no longer private property.

5. Jacques Rancière has criticised the ethics of the unrepresentable, which runs from Adorno to Lyotard (over Kant), from Malevich's black square to Claude Lanzmann's *Shoah*. An interesting yet different line of inquiry may lie in Marie-José Mondzain's work on iconoclasm, especially *L'image peut-elle tuer ?* (Can the image kill?), (Paris, Bayard, 2003).

6. Susan Stewart, *On Longing. Narratives of the Miniature, the Gigantic, the Souvenir, the Collection* (Durham & London: Duke University Press, 1993.)

7. Klaus Kreimeier, "Vom Bilderfressen" (On Image Bingeing), *Die Tageszeitung*, 19 May 2004, p. 11. Kreimeier cites Kurt Korff's observation: "More and more, the public is getting used to having the events of the world affect them more strongly through the image than through the news report." Editor of the *Berliner Illustrierte* in the 1890s, Korff revolutionised the press's use of pictures.

Gauche (left) : *We're Smoking Them Out!*, 2002. Vue de l'installation (vue of the installation). Exposition (exhibition) ***Wang Du Parade #3***, les Abattoirs, Toulouse (2004). **Haut à droite (top right) :** *Le Tunnel d'espace-temps*, 2004. Maquette préparatoire (preparatory model) pour l'exposition (for the exhibition) *Wang Du Parade #4*, Palais de Tokyo, site de création contemporaine, Paris (2004). **Bas à droite (bottom right) :** *World Markets*, 2004. Vue de l'installation (view of the installation). Exposition (exhibition) ***Wang Du Parade #3***, les Abattoirs, Toulouse (2004).

IL Y A DES JAMBES QUI EN DISENT LONG

1999
Résine polyester et acrylique (polyester resin and acrylic)
Hauteur (height) : 265 cm

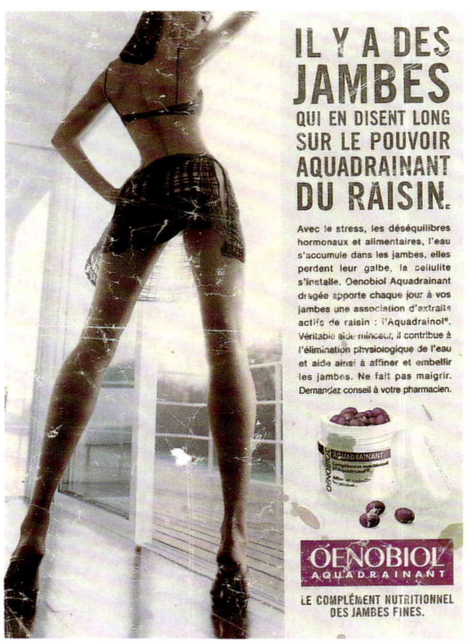

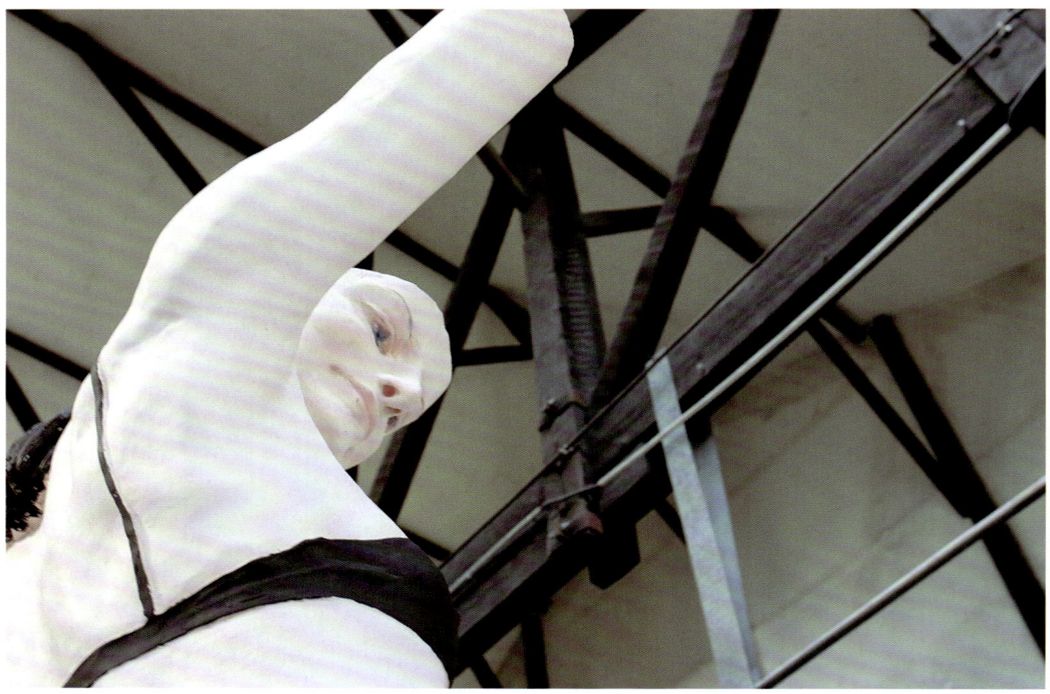

« Cette œuvre établit le lien entre l'évolution humaine et l'évolution artificielle. L'aspect monumental de la sculpture évoque le caractère outrancier de certaines publicités. Comme l'une d'entre elles, qui promet le gain de quelques centimètres de longueur de jambes grâce à la prise d'un médicament, nombre de publicités profitent du fantasme des gens pour vendre des produits inefficaces et superflus. »

"This work sets up a link between human and artificial evolution. The monumental aspect of the sculpture brings to mind the outrageous character of certain advertisements. Like one of them, which promises to add a few centimeters to the length of your legs by simply taking a drug, a number of ads exploit people's fantasies in order to sell useless, shallow products."

Gauche (left) : Document préparatoire (preparatory document). **Droite (right) :** Vue d'atelier (studio view), détail (detail).
Ci-contre (opposite page) : Vue d'atelier (studio view).

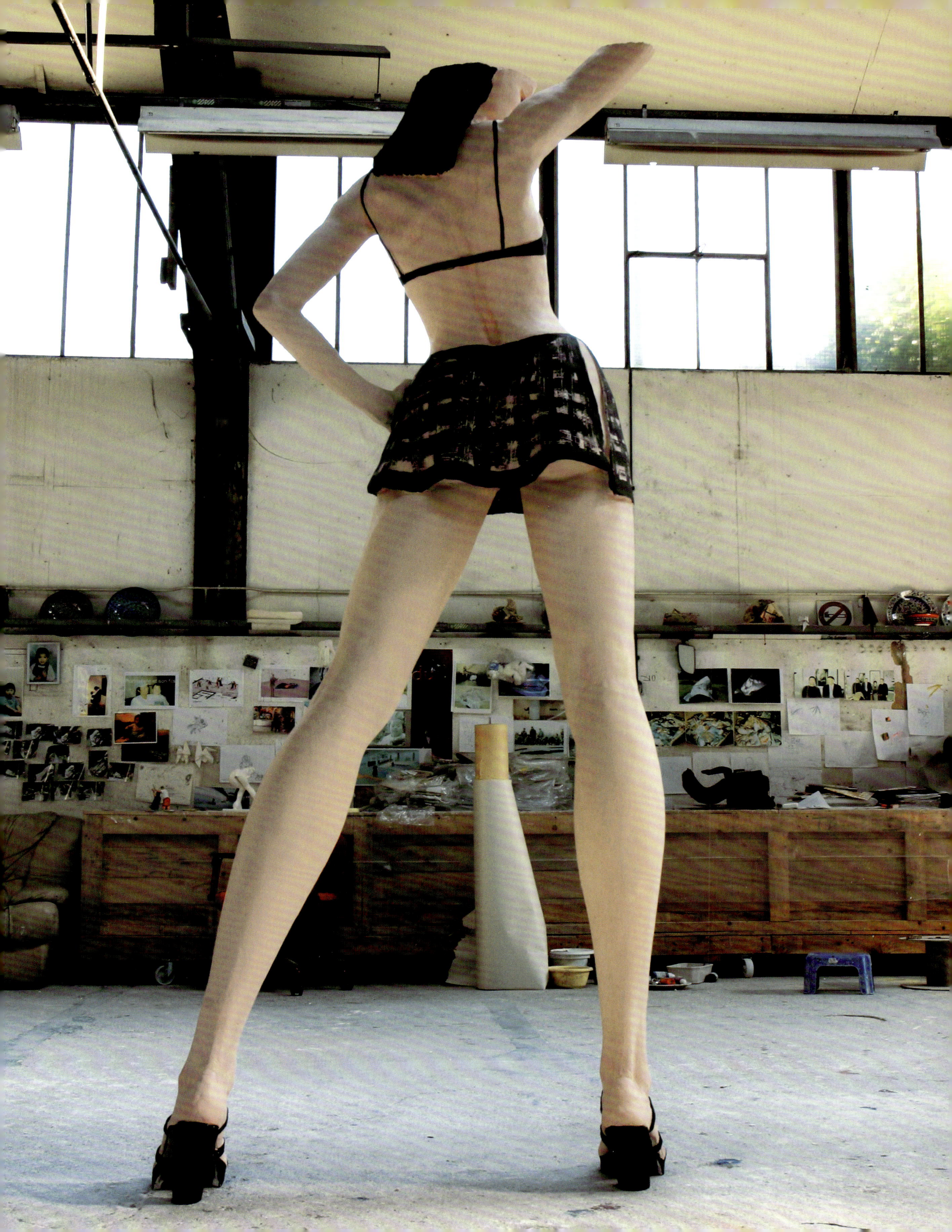

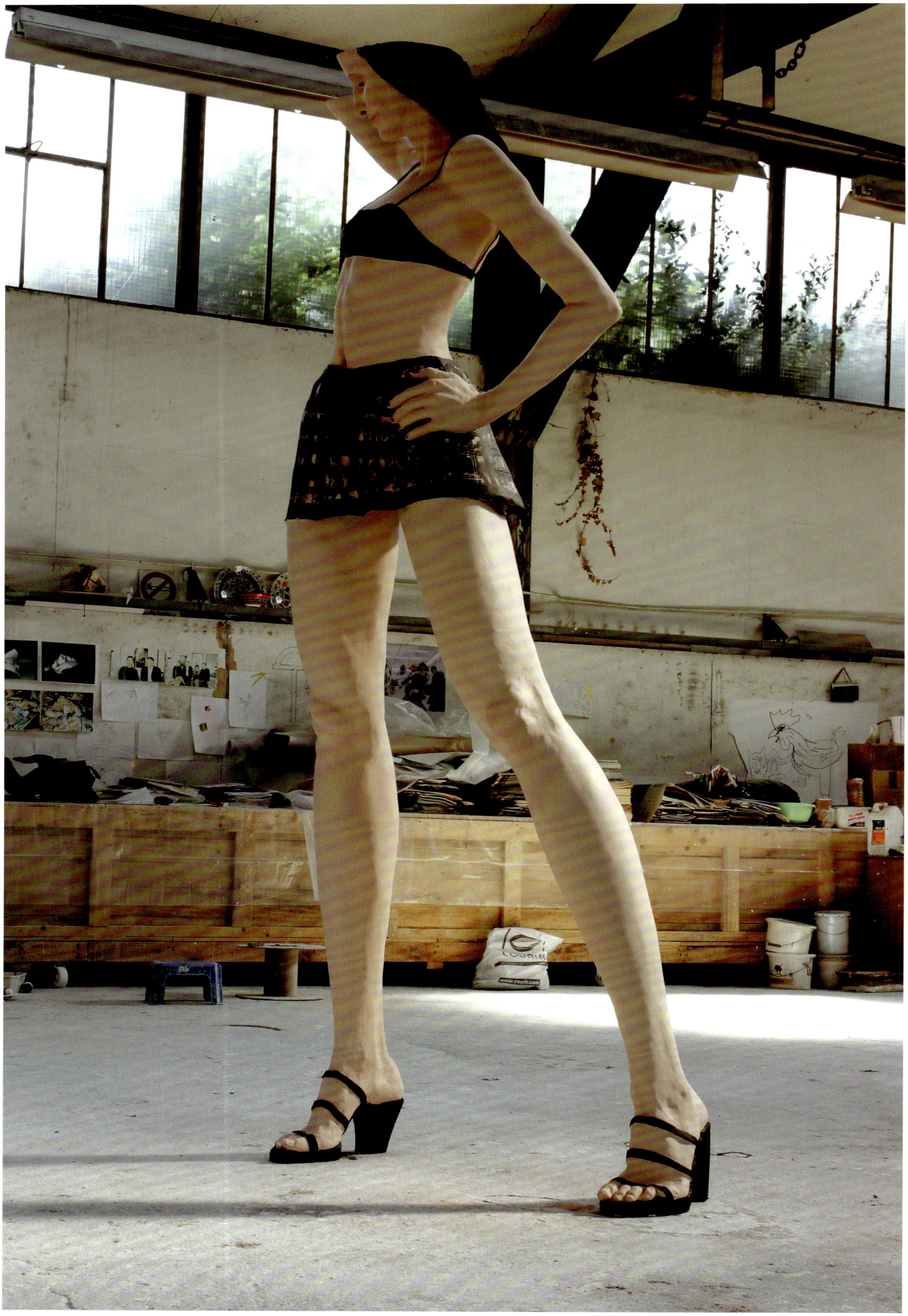

Vue d'atelier (studio view).

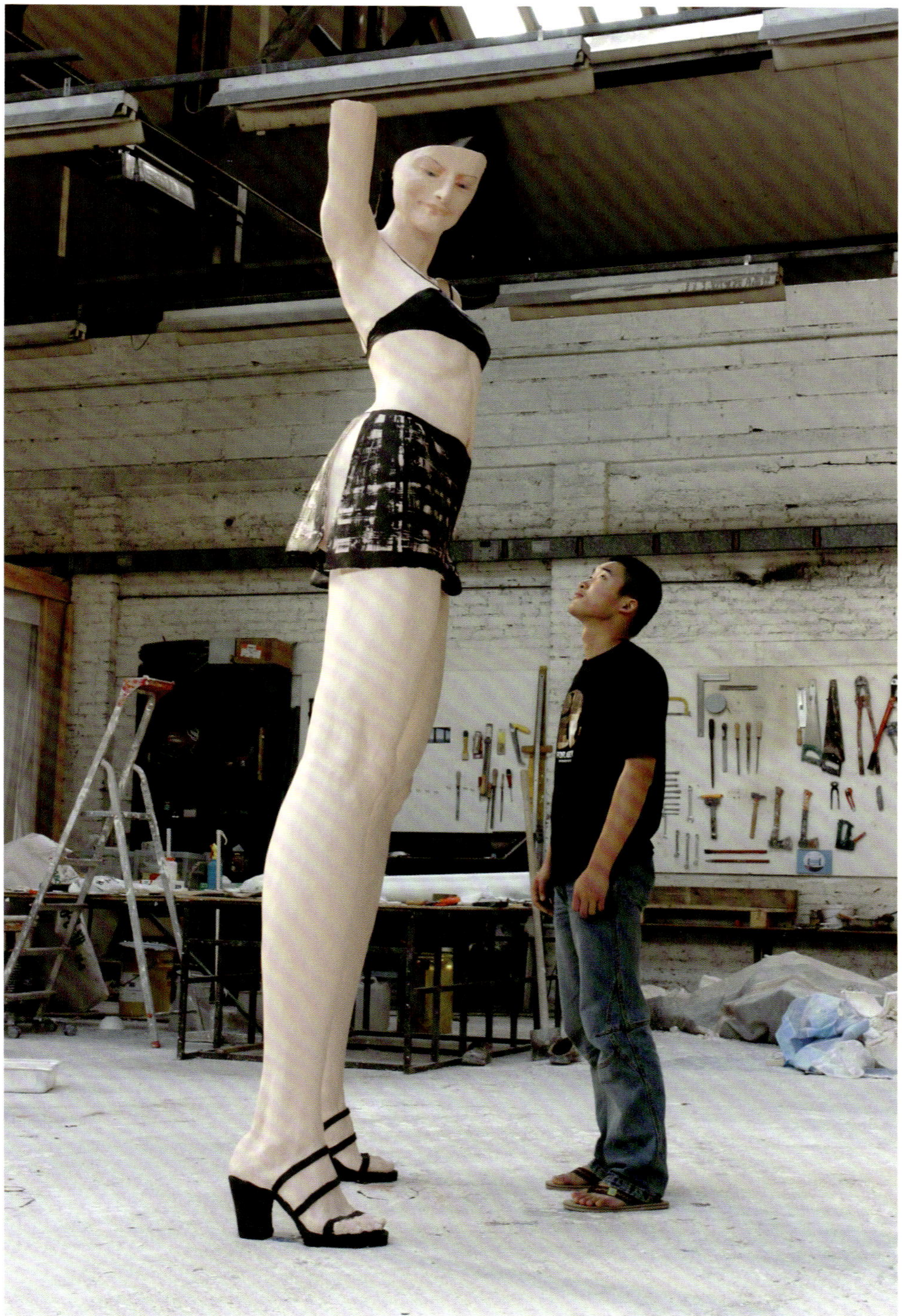

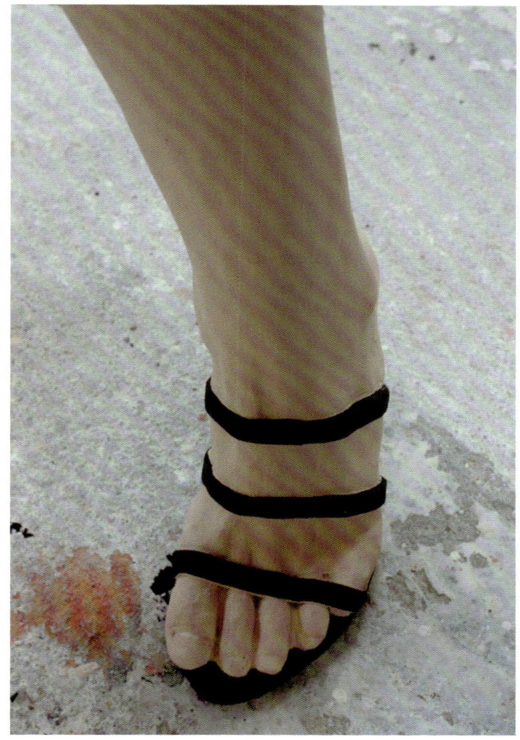

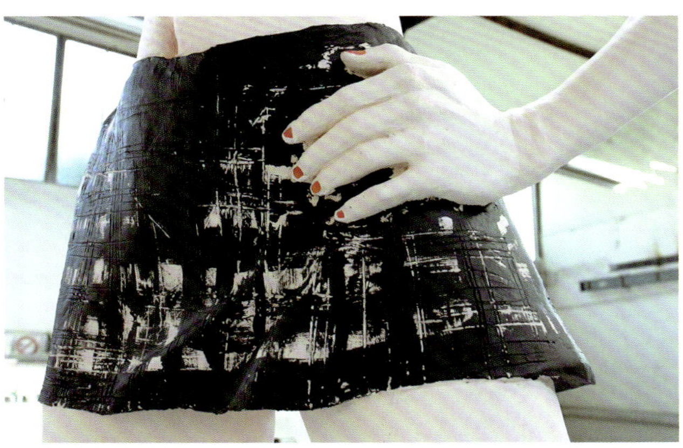

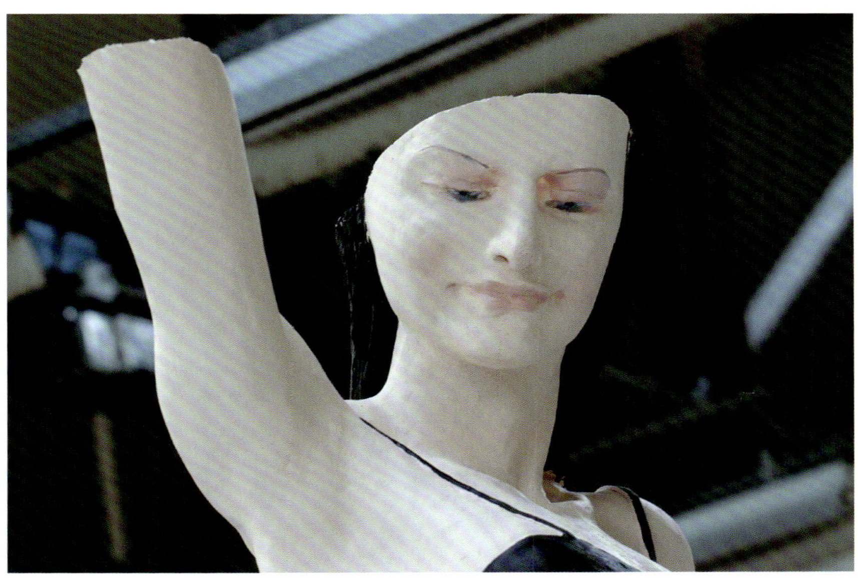

Vue d'atelier et détails (studio view and details).

REALITE JETABLE

1999-2000
Installation de onze sculptures (installation of 11 sculptures)
Plâtre et gouache (plaster and gouache)
Dimensions variables (variable dimensions). Sculptures (hauteur / height: 70 - 250 cm)

« Nous vivions jadis dans un monde de "décalages" : décalage horaire, décalage géographique, décalage de température, décalage de langage, décalage de sexe, décalage culturel, décalage politique, décalage des informations, décalage économique, décalage ethnique, décalage social… Aujourd'hui, tous ces décalages constituent des informations et des images sortant des réseaux des mass médias.

Sorte de réalité indéfinissable – anté-réalité ? réalité ? post-réalité ? – les mass médias sont devenus le sosie de la réalité. De par leur travail sur les images et les informations – sélection, censure et coupure, recomposition informatique, contrôle de format, délimitation temporaire et quantitative, choix des concepts politiques et des stratégies commerciales – la réalité, informatisée et imagée sous tous ses angles, finit par être représentée sous la forme d'une surréalité. Une réalité médiatisée.

La réalité médiatisée, la surréalité n'est pas celle définie par la psychologie. Les mass médias ont imagé l'autre rive de la réalité – le pays de l'illusion. Devant les images synthétisées par l'informatique et les nouvelles technologies, l'illusion, en tant que capacité de sentir la réalité, en devient un obstacle. Les mass médias ont mélangé et confondu la réalité et l'image, l'image et l'illusion, l'illusion et la réalité.

L'apparition de l'idée de la consommation des "jetables" signifie que nous sommes entrés dans une époque de "fast food" où le rythme de la vie s'accélère. De nos jours, l'ensemble de la réalité sociale se transforme en objets de consommation jetables. La réalité est pour les médias comme les couverts plastiques du wagon-restaurant d'un TGV, on les jette après les avoir utilisés. Tout comme les journaux et les revues omniprésents qu'on récupère et détruit chaque jour, et les différentes sortes de publicités aux images hallucinantes mises à la poubelle, tous ces déchets médiatiques jetés après avoir été consommés (ou sans avoir pu l'être) constituent le contenu de la réalité sociale. Les mass médias, avec leur énorme capacité de circulation, de "production - consommation", ont transformé la réalité en un ensemble d'objets jetables.

Média = réalité = objet de consommation jetable

Le présent projet suppose ou établit que :
Média = Réalité, Réalité = Objet de consommation jetable
Soit : Réalité jetable. »

"We used to live in a world of gaps: time gap, geographic gap, temperature gap, language gap, sex gap, cultural gap, political gap, information gap, economic gap, ethnic gap, social gap…
Nowadays, all of these gaps make up the information and the images coming from the mass-media networks.

As a kind of indefinable reality (prereality? reality? postreality?), the mass media have become reality's double. By their reworking of images and information—selection, censoring and cutting, computerized recreation, format control, temporary and quantitative delimitation, selection of political concepts and commercial strategies—reality, computerized and image-enhanced in every which way, ends up being represented as a surreality: a media-formed reality.

Media-formed reality, surreality, is not the surreality as defined by psychology. The mass media have given us images of reality's other shore, the land of illusion. Faced with computerized images and digital technologies, illusion as the capacity to feel reality is becoming an obstacle. The mass media have combined and merged reality and image, image and illusion, and illusion and reality.

The appearance of the concept of the consumption of 'disposables' means that we have entered an age of fast food, in which the rhythm of life is accelerating. Nowadays, the whole of social reality is being transformed into disposable consumer objects. Reality for the media is like the plastic knives and forks of the high-speed train restaurant car: thrown away after use. Just like the ubiquitous newspaper and reviews that we recycle and destroy everyday, and the different sorts of ads with their hallucinating images that end up in the trash, all of this media rubbish, which is thrown out after being consumed (or without having been consumed), constitutes the content of social reality. The mass media, with their enormous capacity of delivery and 'production-consumption' have transformed reality into a collection of disposable objects.

Media = reality = disposable consumer object

The present project presupposes or establishes that:
Media = Reality, Reality = Disposable consumer object
That is, Disposable reality."

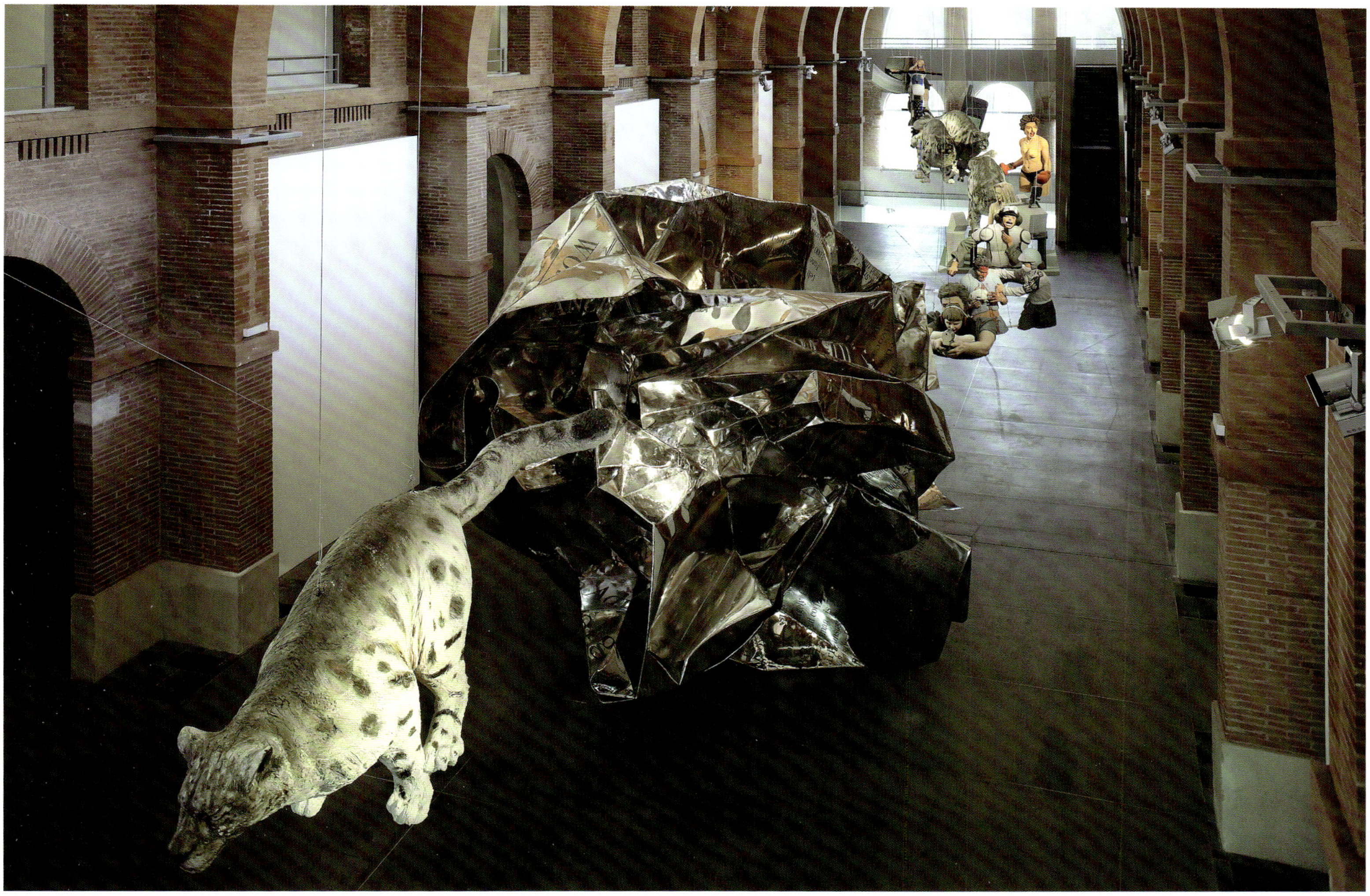

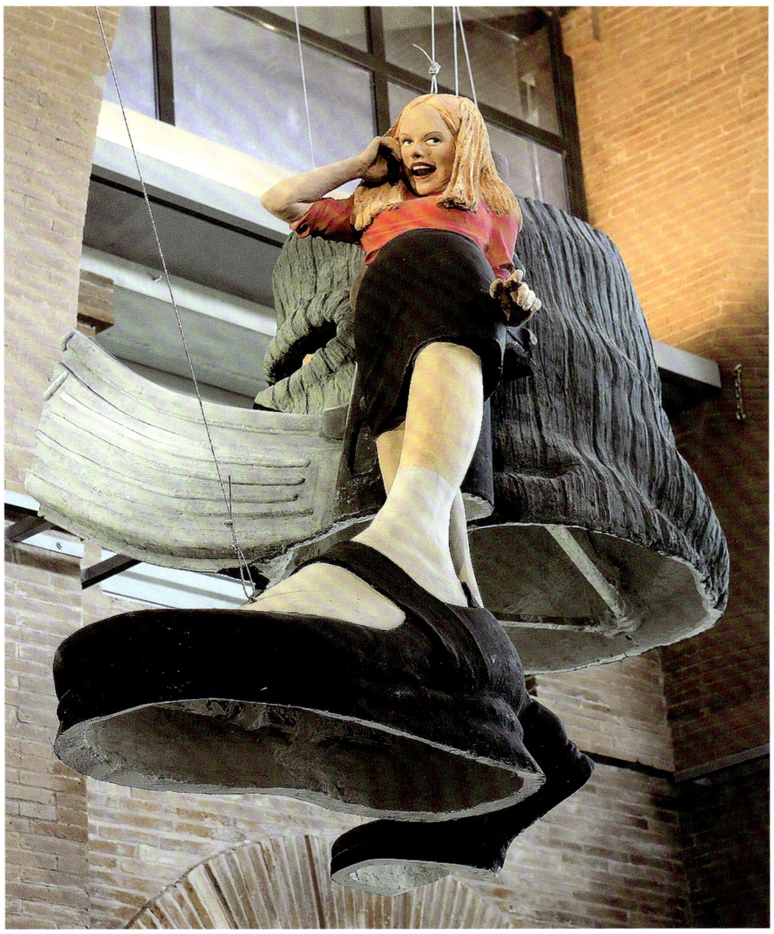

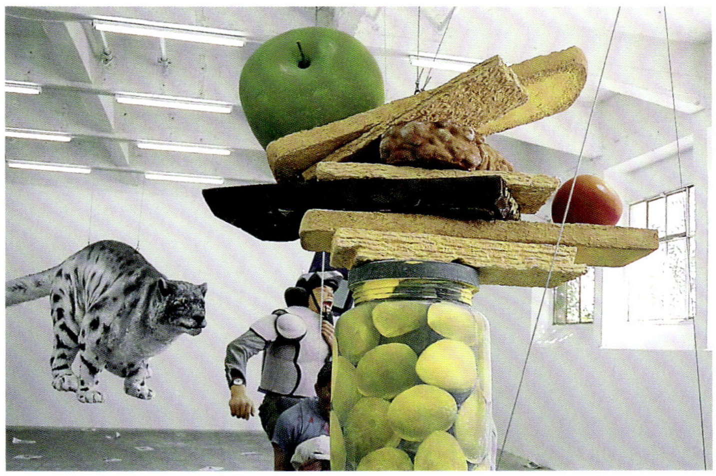

Haut (top) : Vue de l'installation (view of the installation). Exposition (exhibition) *Wang Du Parade #3*, les Abattoirs, Toulouse (2004).
Bas, gauche (bottom left) : Détail de l'installation (detail of the installation) : *Buggy-Shoes* & *French peace drive leaves EU in disarray*.
Bas, droite (bottom right) : Détail de l'installation (detail of the installation) : *Spécial minceur*, Le Consortium, Dijon (2000).

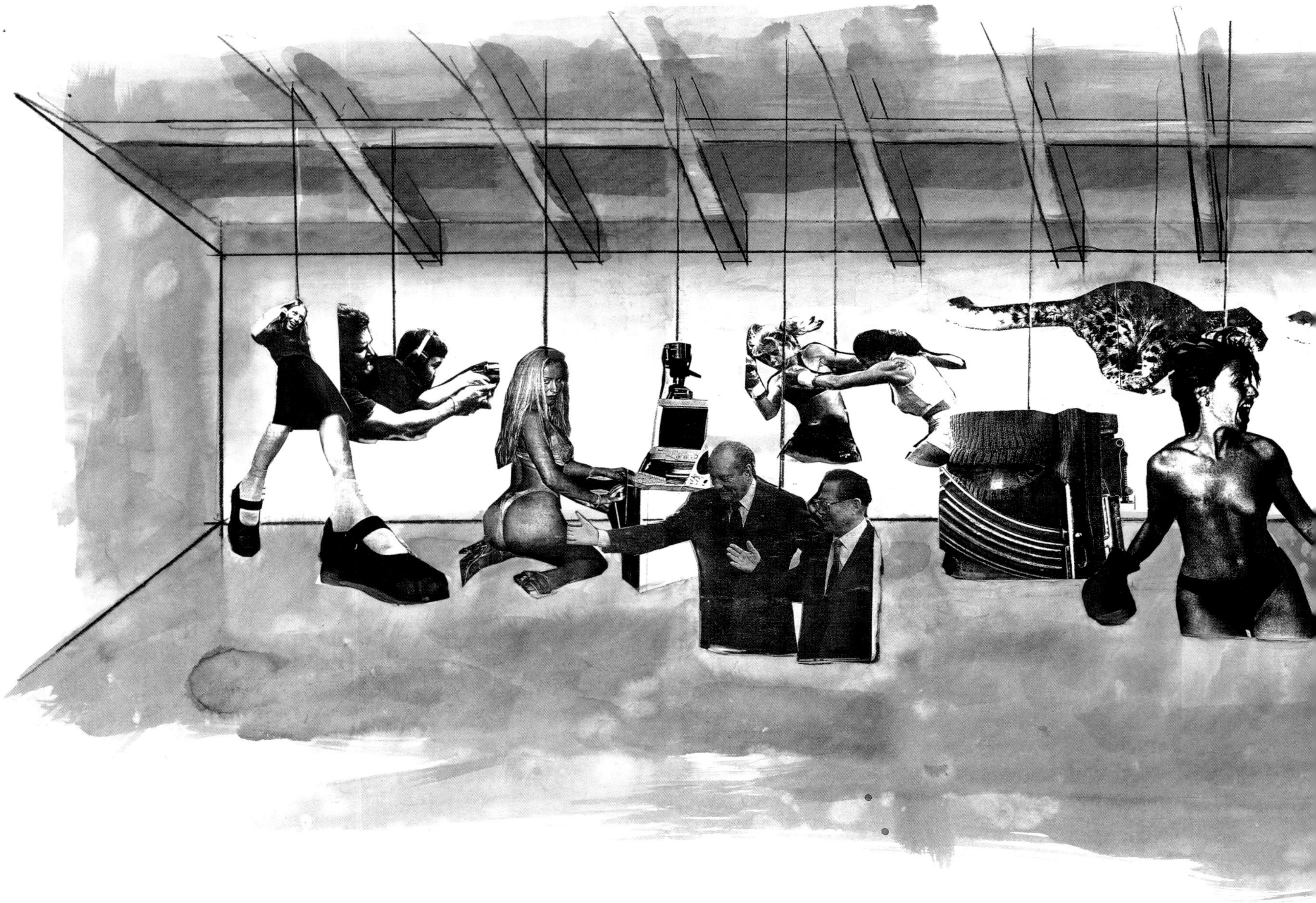

Dessin préparatoire pour (preparatory drawing for) *Réalité jetable*.

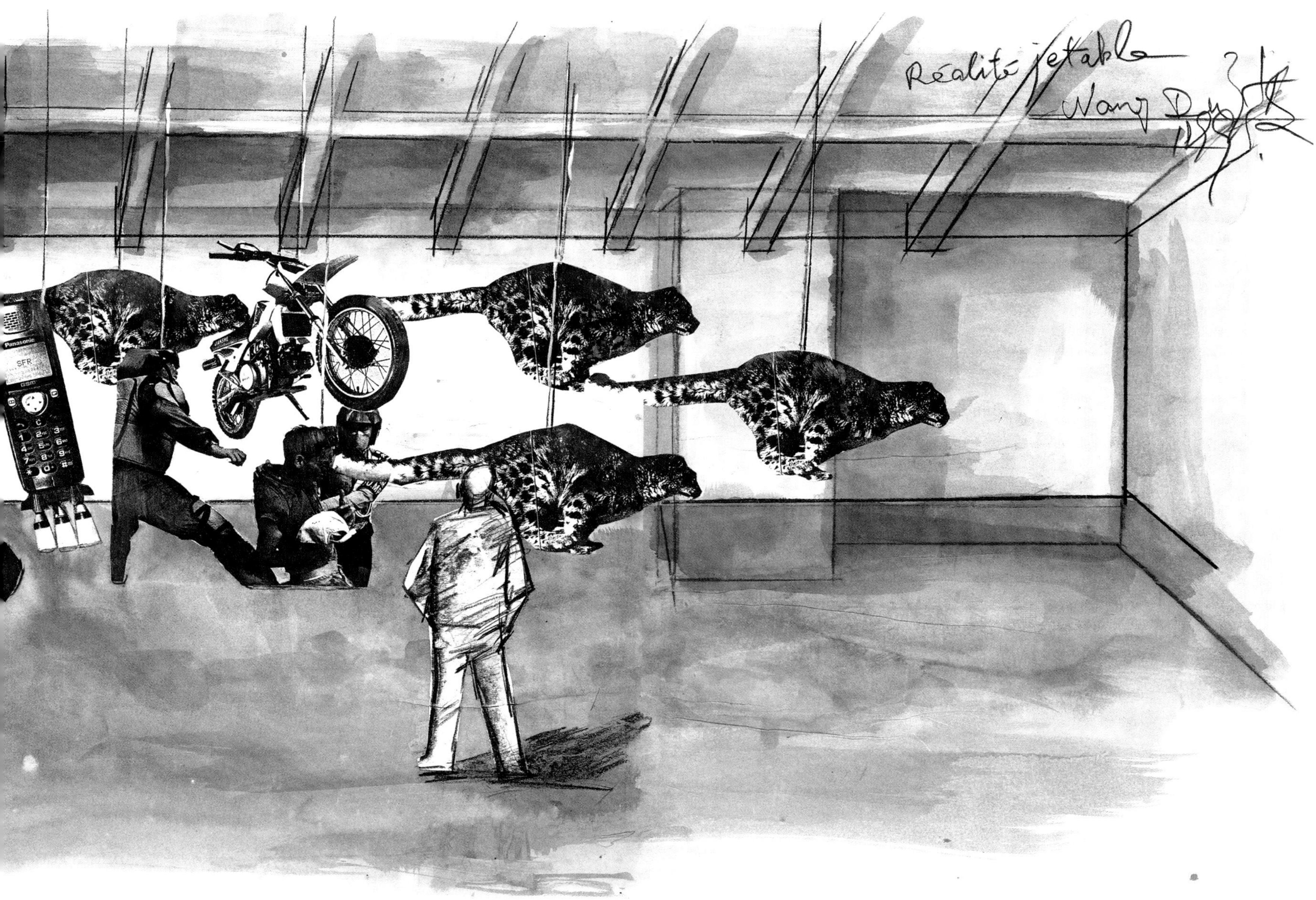
Réalité jetable

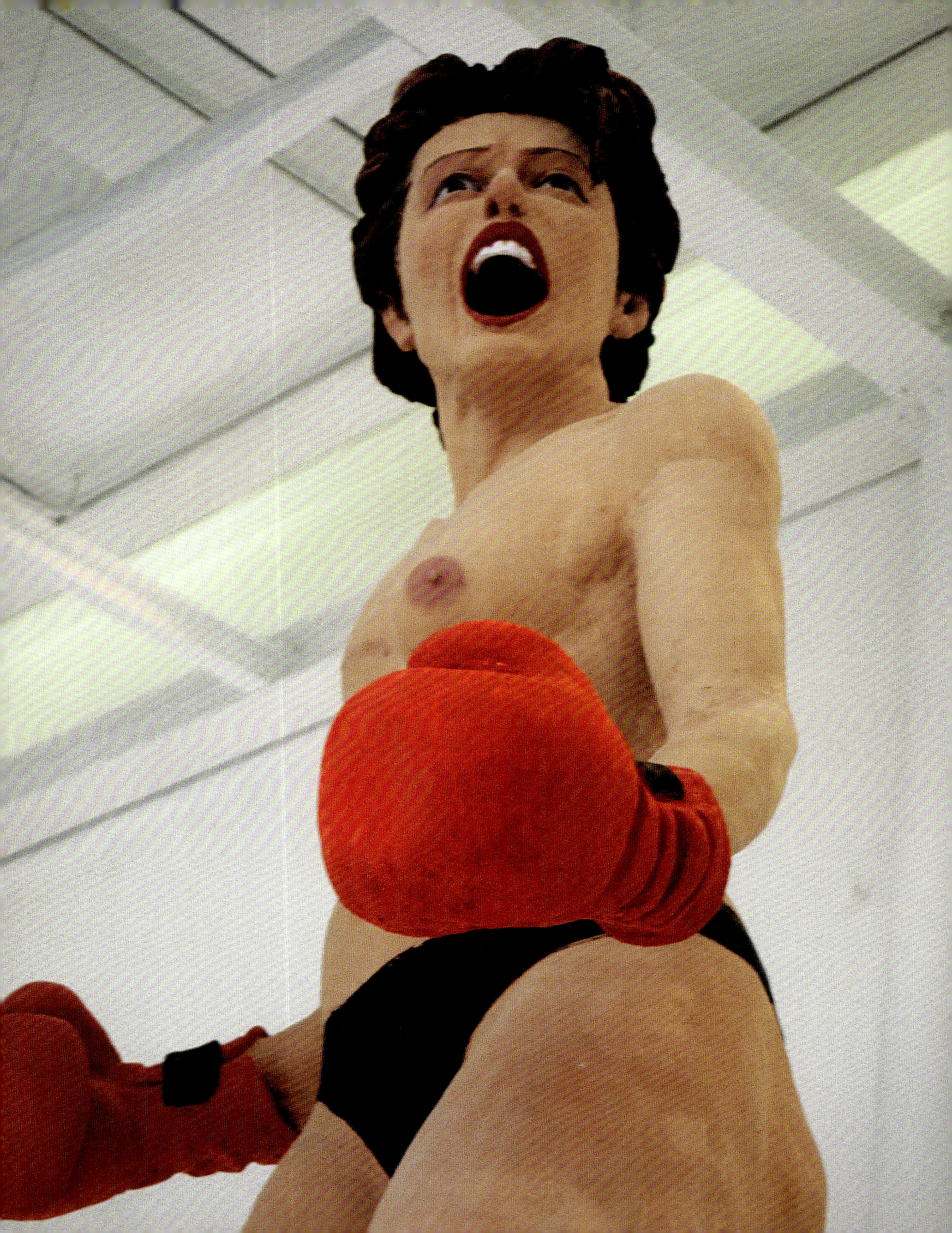

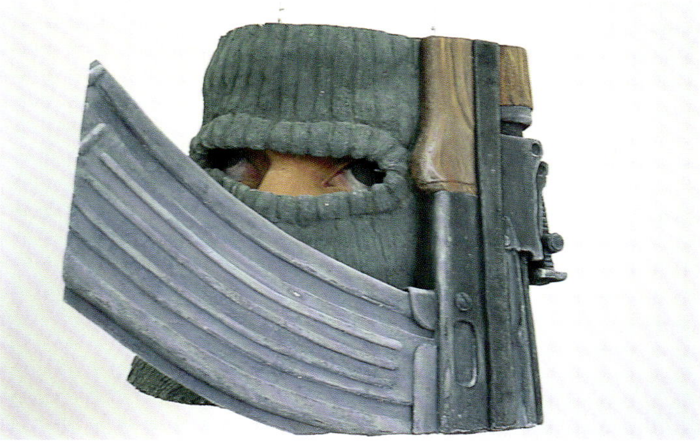

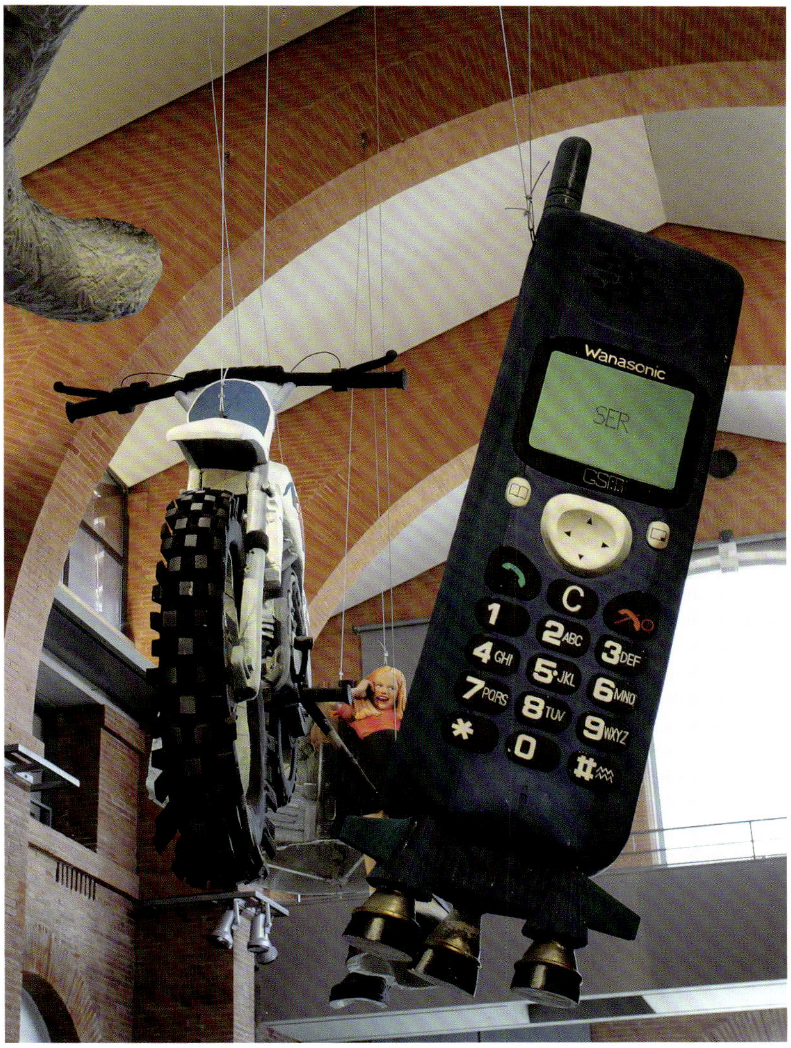

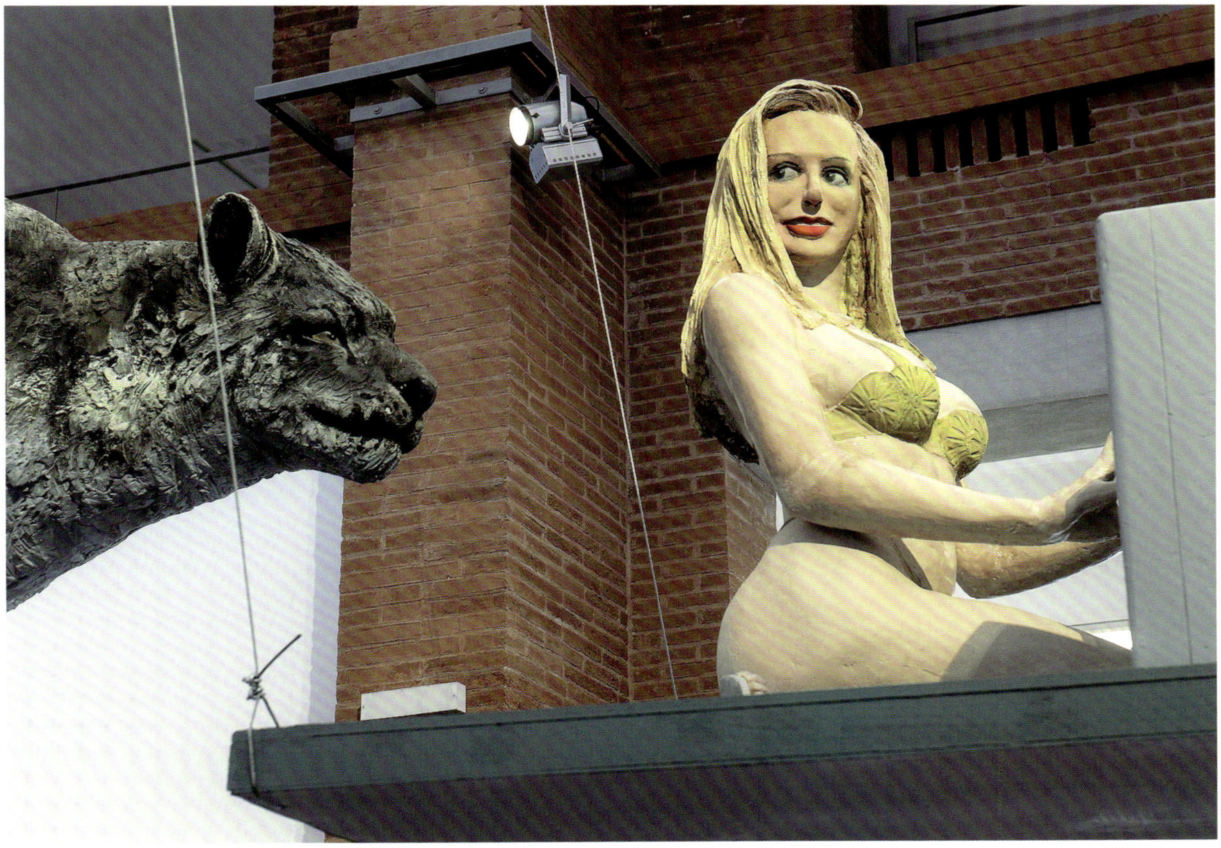

Détails de l'installation (details of the installation) : *French peace drive leaves EU in disarray, 5990F, 90F Lancez-vous !, Elle règne en secret sur l'Himalaya & Bienvenus dans le cybersexe.*
Ci-contre (opposite page) : Détail de l'installation (detail of the installation) : *J'ai mis KO mon cancer*, Rodin Gallery, Séoul (2001).
Pages suivantes (next pages) : Vue de l'installation (view of the installation). Exposition (exhibition) *Wang Du Parade #3*, les Abattoirs, Toulouse (2004).

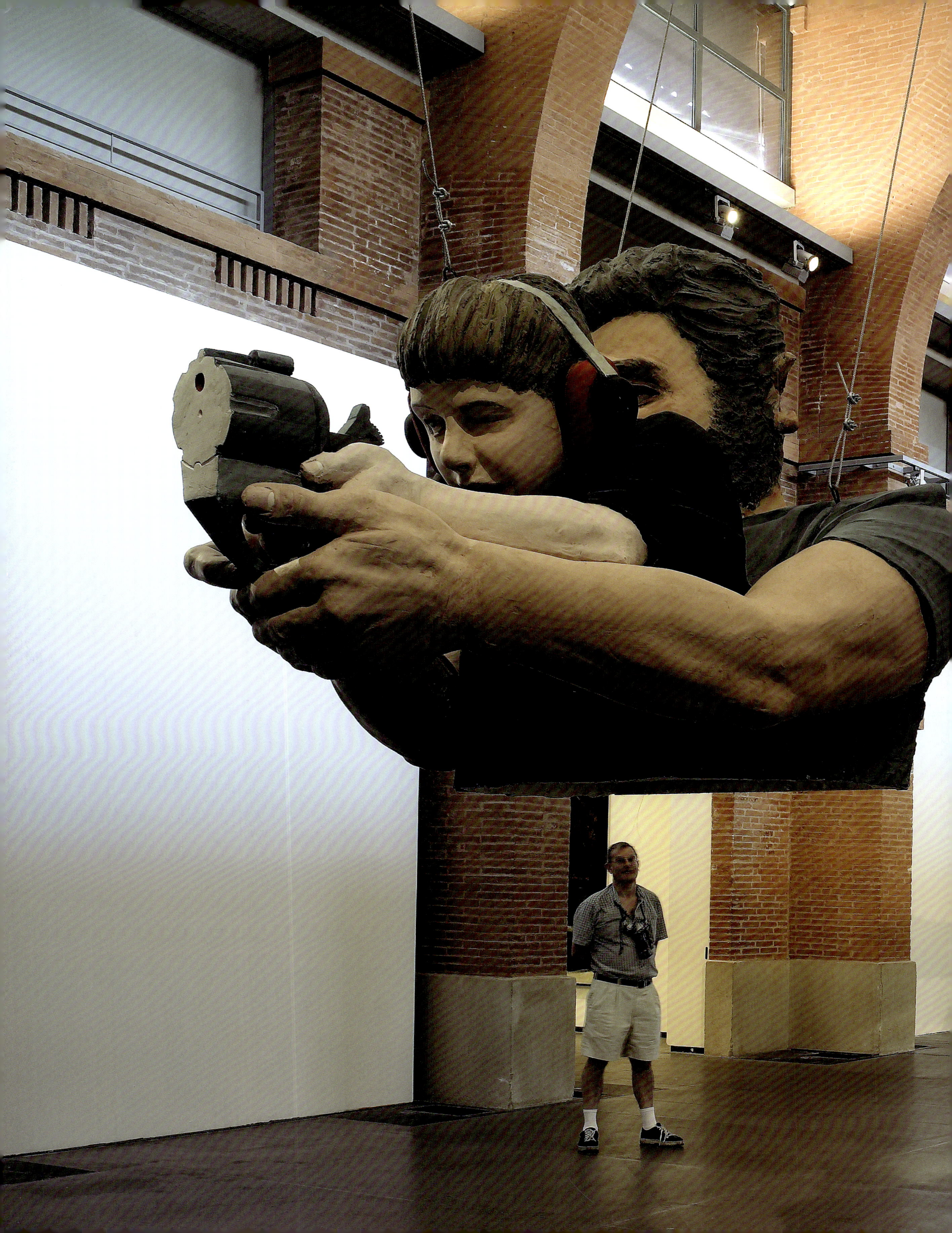

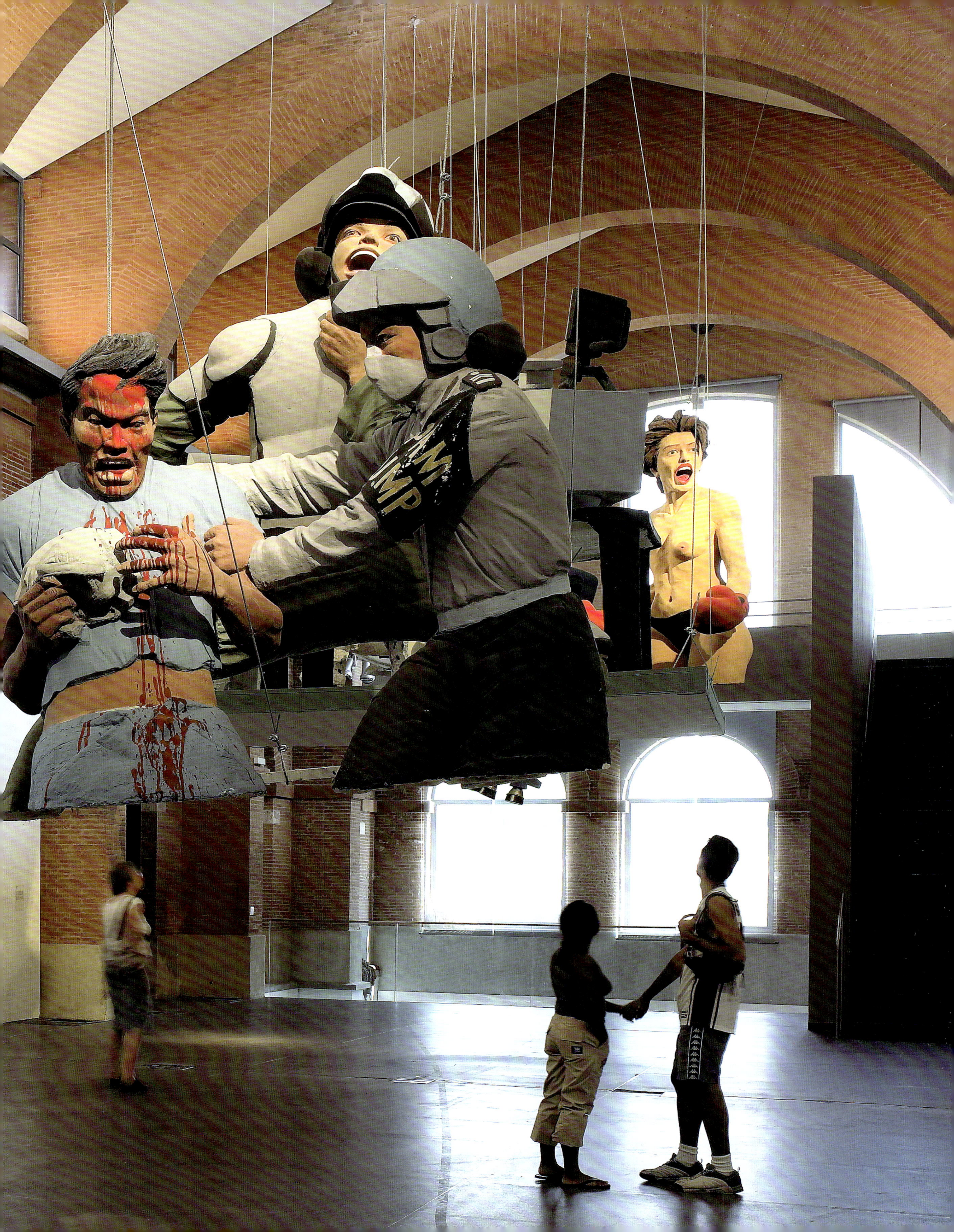

MON KIOSQUE

(MON KIOSQUE - 15 JUILLET 2000)
2000
Installation de cinq sculptures et panneaux (installation de 5 sculptures and panels)
Résine polyester, acrylique et journaux (polyester resin, acrylic and newspaper)
Dimensions variables (variable dimensions). Sculptures : 44-69 x 56-118 cm, panneaux (panels) : 320 x 200 cm

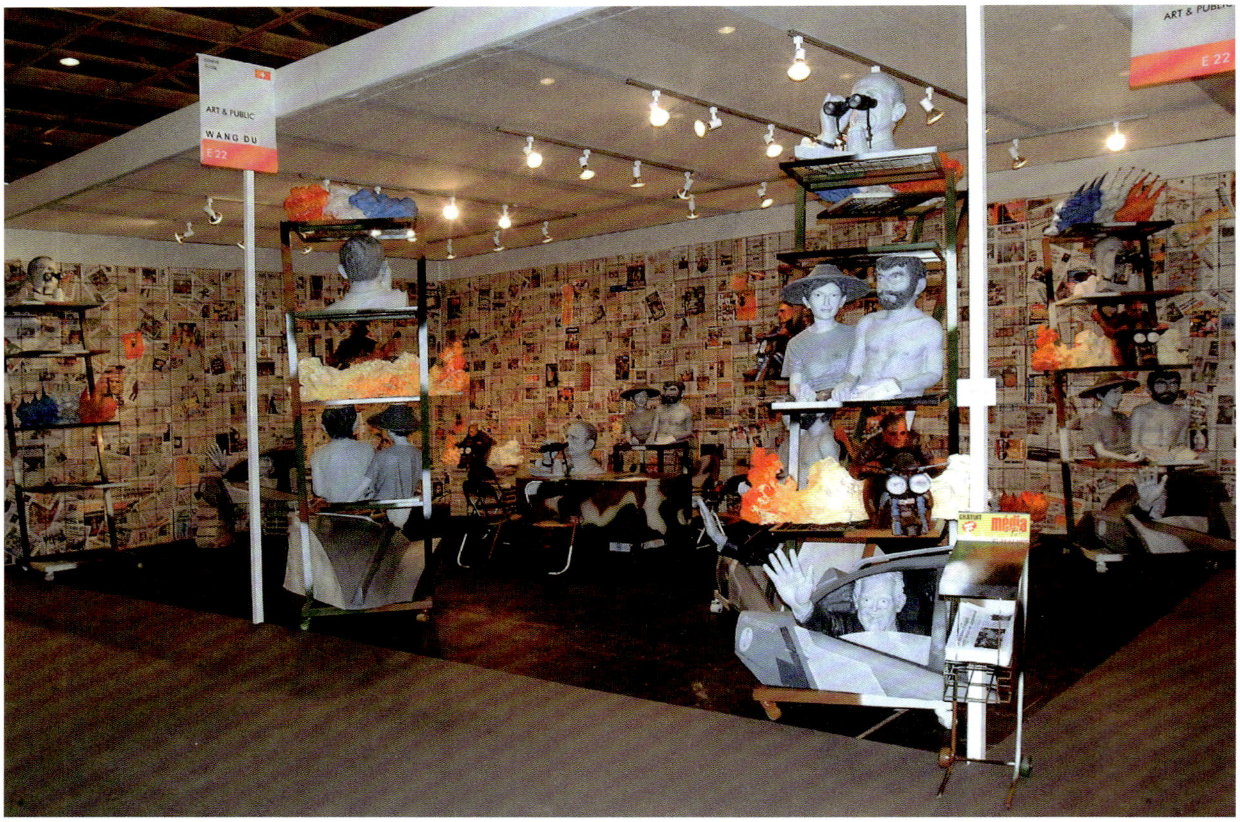

« POUR *MON KIOSQUE*, J'AVAIS PRÉVU DEUX MOIS À L'AVANCE D'ACHETER UN EXEMPLAIRE DE TOUS LES JOURNAUX DU 15 JUILLET DANS UN KIOSQUE INTERNATIONAL. →

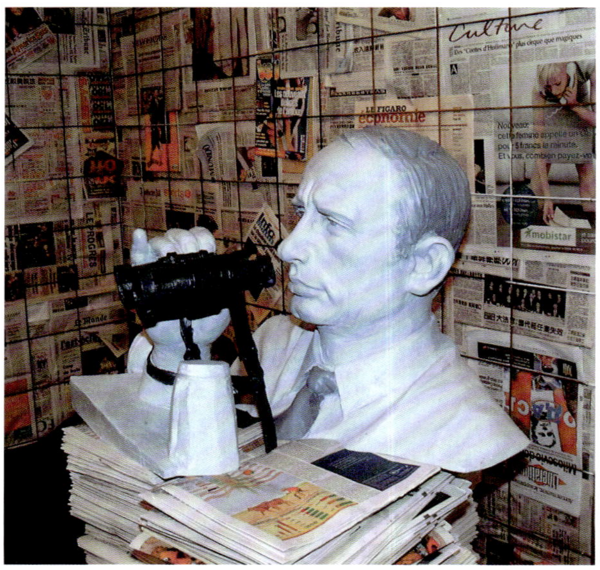

Vue de l'installation (view of the installation). Stand (booth) Art & Public, FIAC, Paris (2000).
Détail de l'installation (detail of the installation) : *Putin accede a iniciar negociaciones con los oligarcas.*

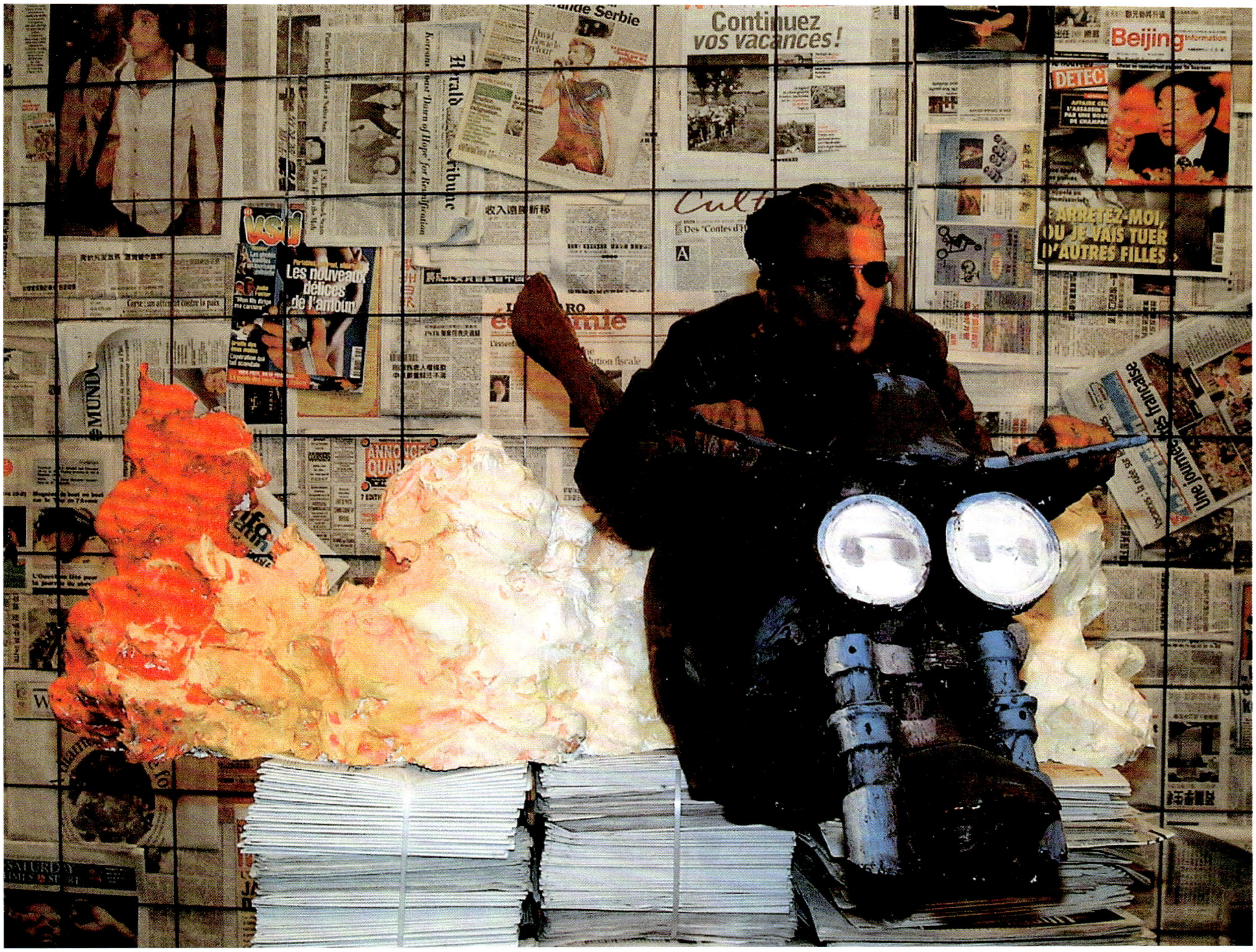

À CETTE DATE, PARCE QU'AUCUN ÉVÉNEMENT NE RETIENT MON ATTENTION ET QU'ON N'Y TROUVE PAS VRAIMENT DE NOUVELLES INFORMATIONS – UN ÉNIÈME DÉFILÉ DU 14 JUILLET, DES OTAGES EMPRISONNÉS DEPUIS DEUX MOIS DÉJÀ, UNE REDIFFUSION DE *MISSION IMPOSSIBLE*, ETC. – JE DÉCIDE DE SÉLECTIONNER DES IMAGES AU HASARD. JE LES AGRANDIS EN LES REPRODUISANT EN VOLUME ET LES JUXTAPOSE INDIFFÉREMMENT SUR UN PRÉSENTOIR, MIMANT AINSI LE MODE DE FONCTIONNEMENT JOURNALISTIQUE. EN FOND DE PAYSAGE, UNE GRANDE STRUCTURE MÉTALLIQUE RENFERME EN VRAC DES JOURNAUX ET DES MAGAZINES EN TOUT GENRE, APLATIS PAR LES GRILLES. →

Détail de l'installation (detail of the installation) : *À Tom Cruise, rien d'impossible !*

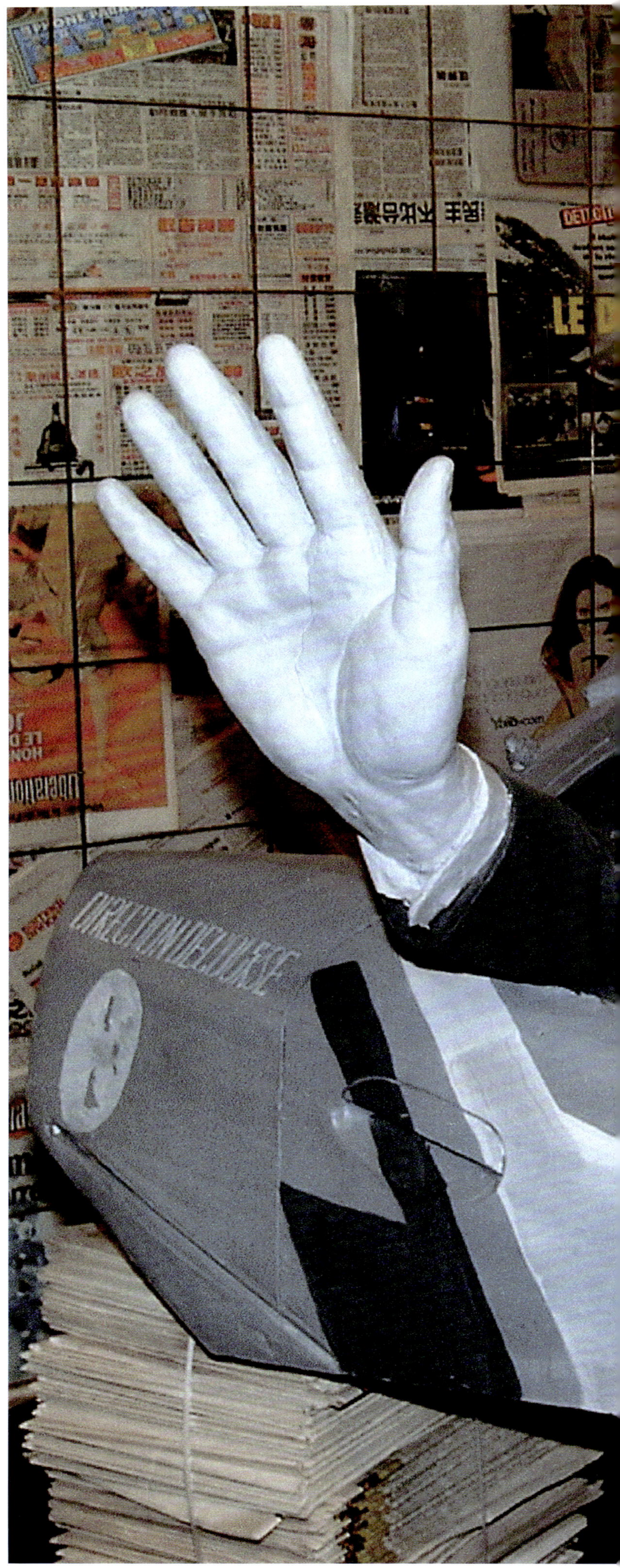

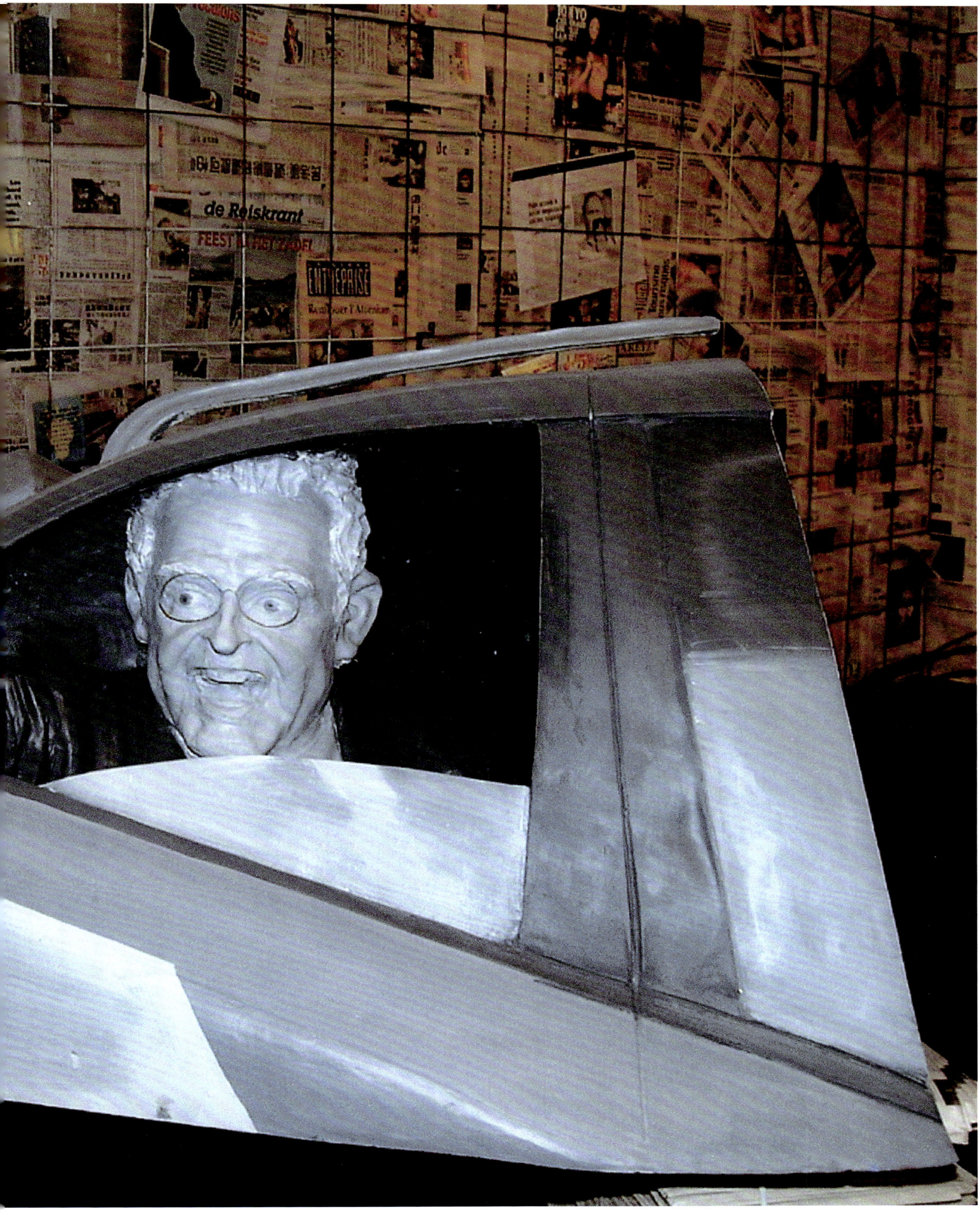

Détail de l'installation (detail of the installation) : *Les ministres s'attachent à la caravane*.

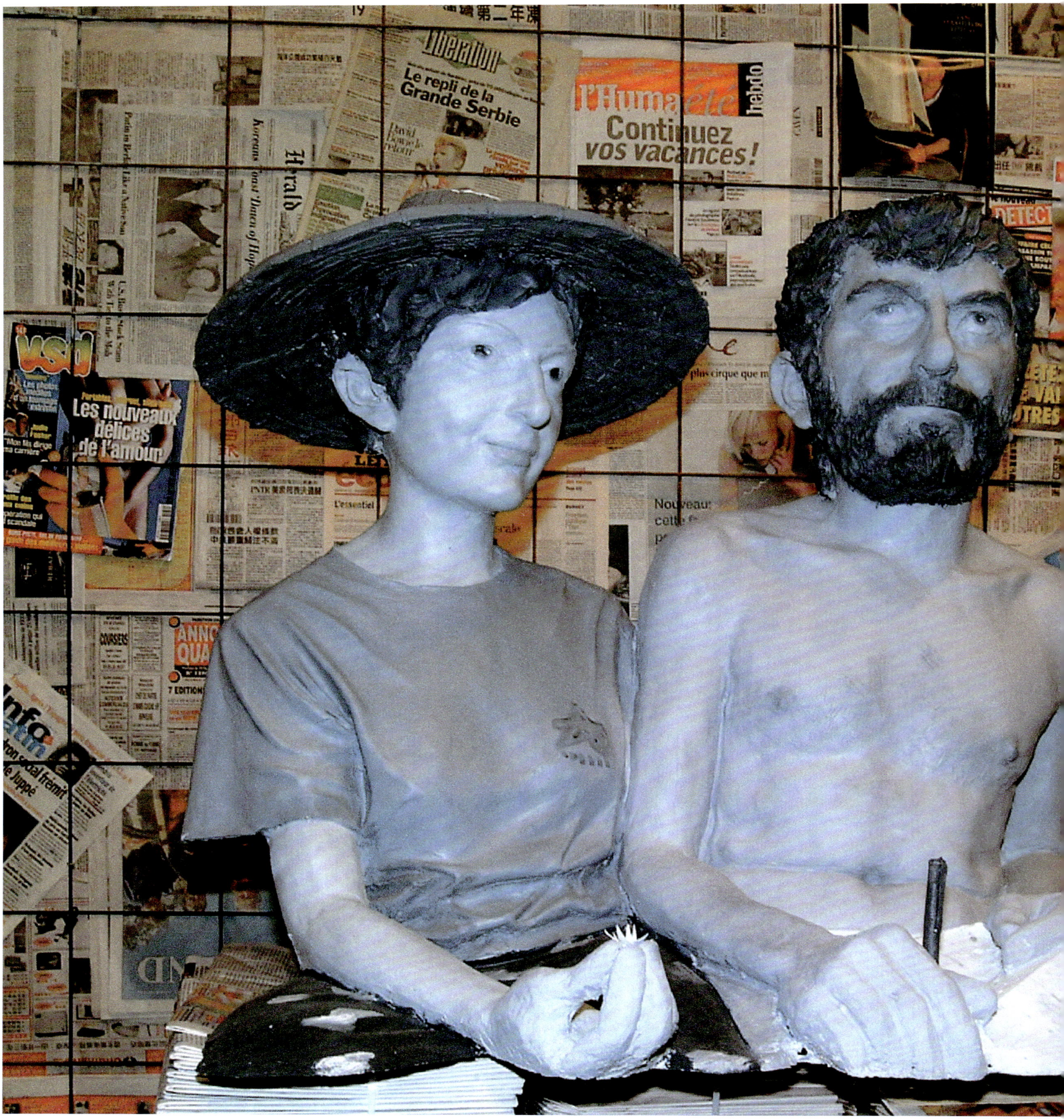

MON KIOSQUE REPRÉSENTE UN JOUR DU MONDE DANS LA RÉALITÉ DES MÉDIAS, UNE RÉALITÉ ABSENTE. »

Détails de l'installation (details of the installation) : *Les libérations d'otages contre rançon ont commencé* & *L'Europe ouvre la voie*.

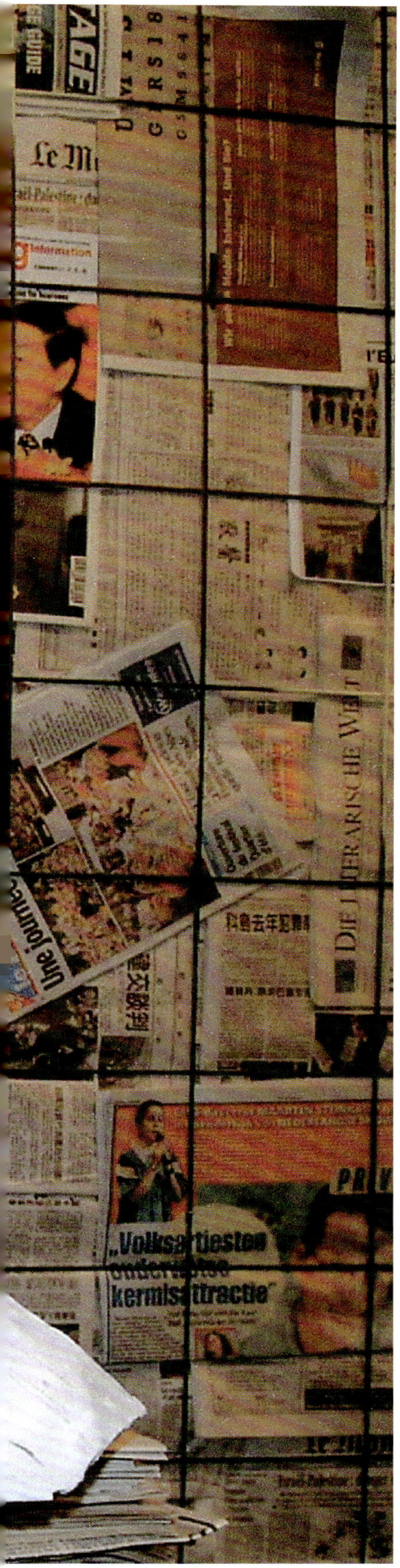

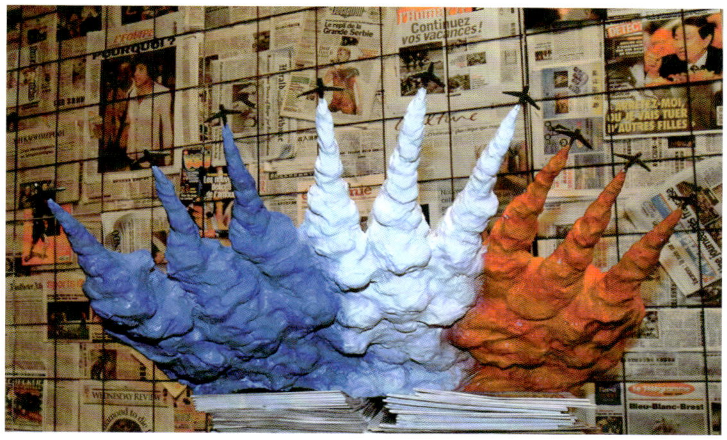

"For *Mon Kiosque*, I had planned two months ahead of time to buy a copy of every newspaper at a certain international newsstand on a certain date, 15 July. Because no event really captured my attention and no new information can be gleaned from the newspapers on that day (reporting on the nth Bastille Day parade, hostages who had already been held for two months, the rebroadcast of *Mission Impossible*, etc.), I decided to choose images at random. I had them enlarged and reproduced in three dimensions, putting them side by side in no particular order on a display, thus imitating the way journalism itself works. In the background, a large metallic structure holds all kinds of newspapers and magazines, thrown together and flattened by the grating. *Mon Kiosque* represents just one day of the world as it is embodied in the reality of the media, an absent reality."

PROMENER MON CHIEN

2000
Performance et sculpture
Résine polyester, gouache et jouet télécommandé (polyester resin, gouache and remote control toy)
Sculpture : 40 cm

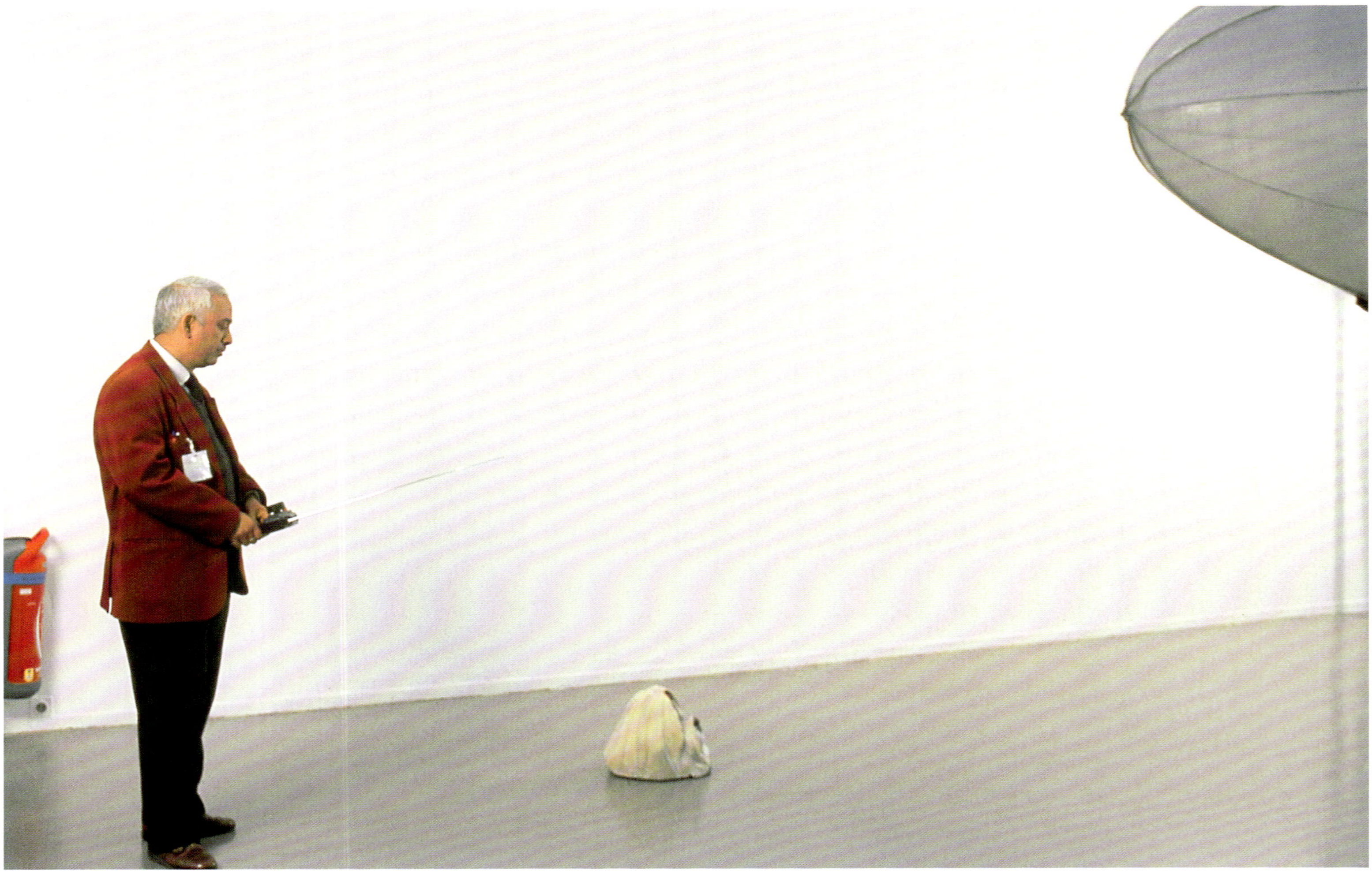

« Pour ce projet, j'ai choisi d'endosser une tenue militaire et de me promener avec une tête de chien téléguidée qui aboiera toutes sortes d'informations dans les salles d'exposition du musée. Le modèle de la guerre moderne, présentée comme un jeu électronique (guerre du Golfe, du Kosovo, etc.) rappelle aux nations que seule la possession d'une grande puissance militaire permet aujourd'hui d'acquérir ou de protéger ses pouvoirs et ses intérêts. Selon moi, le pouvoir des médias est pourtant plus important et efficace que celui des militaires ; derrière les informations émises se cachent toujours des intentions fortement politiques.
Ici, mon objectif est double : masquer ou effacer d'abord ma propre identité, et surtout désigner les médias comme une force militaire qui intervient partout. Cette force et son pouvoir d'intervention sont tels qu'aujourd'hui, il est difficile de situer la frontière entre réalité et médias. »

"For this project, I decided I would put on a military uniform and walk around in the museum's galleries with a remote-controlled head of a dog that barks out all kinds of information. The model of modern war, presented as an electronic game (the Gulf War, the war in Kosovo, etc.) reminds nations that in our day and age possession of great military strength alone allows one to acquire and protect one's power and interests.
As I see it, however, the media's power is more important and effective than the military's; behind the information that is broadcasted, various highly political intentions are always lurking. Here my objective is twofold, i.e., I want to mask or erase my own identity, but above all I'm looking to show the media as a military force that intervenes everywhere. This force and its power to intervene are such today that locating the frontier between reality and the media is no easy task."

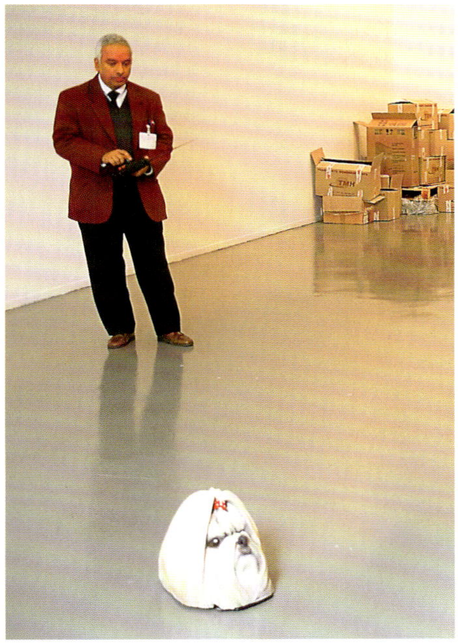

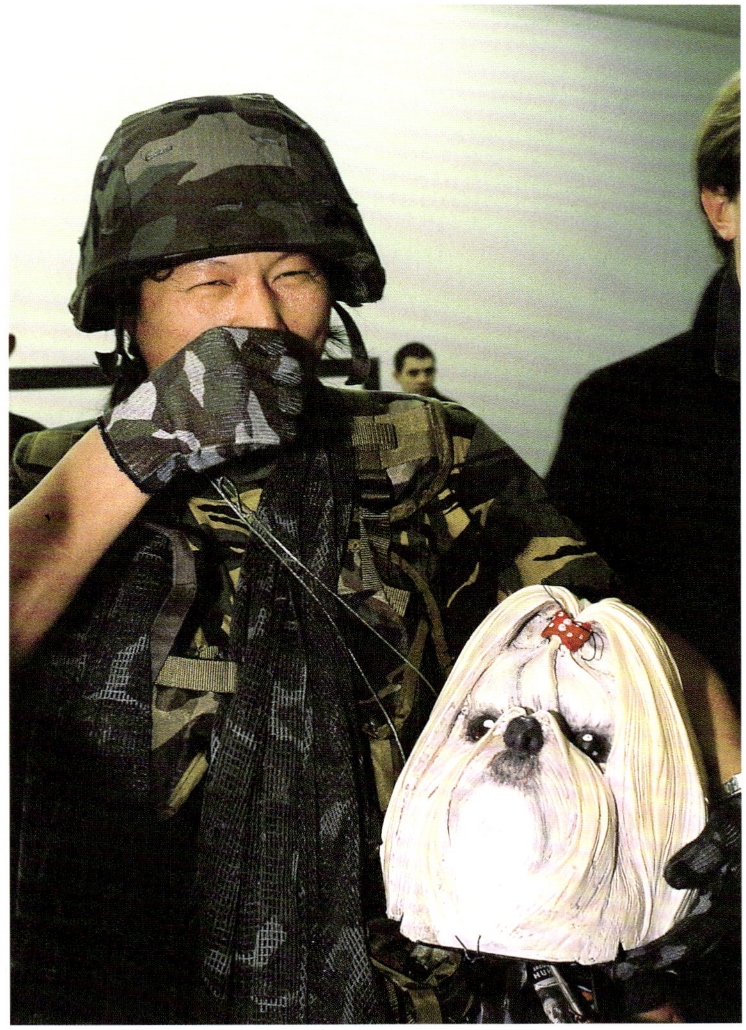

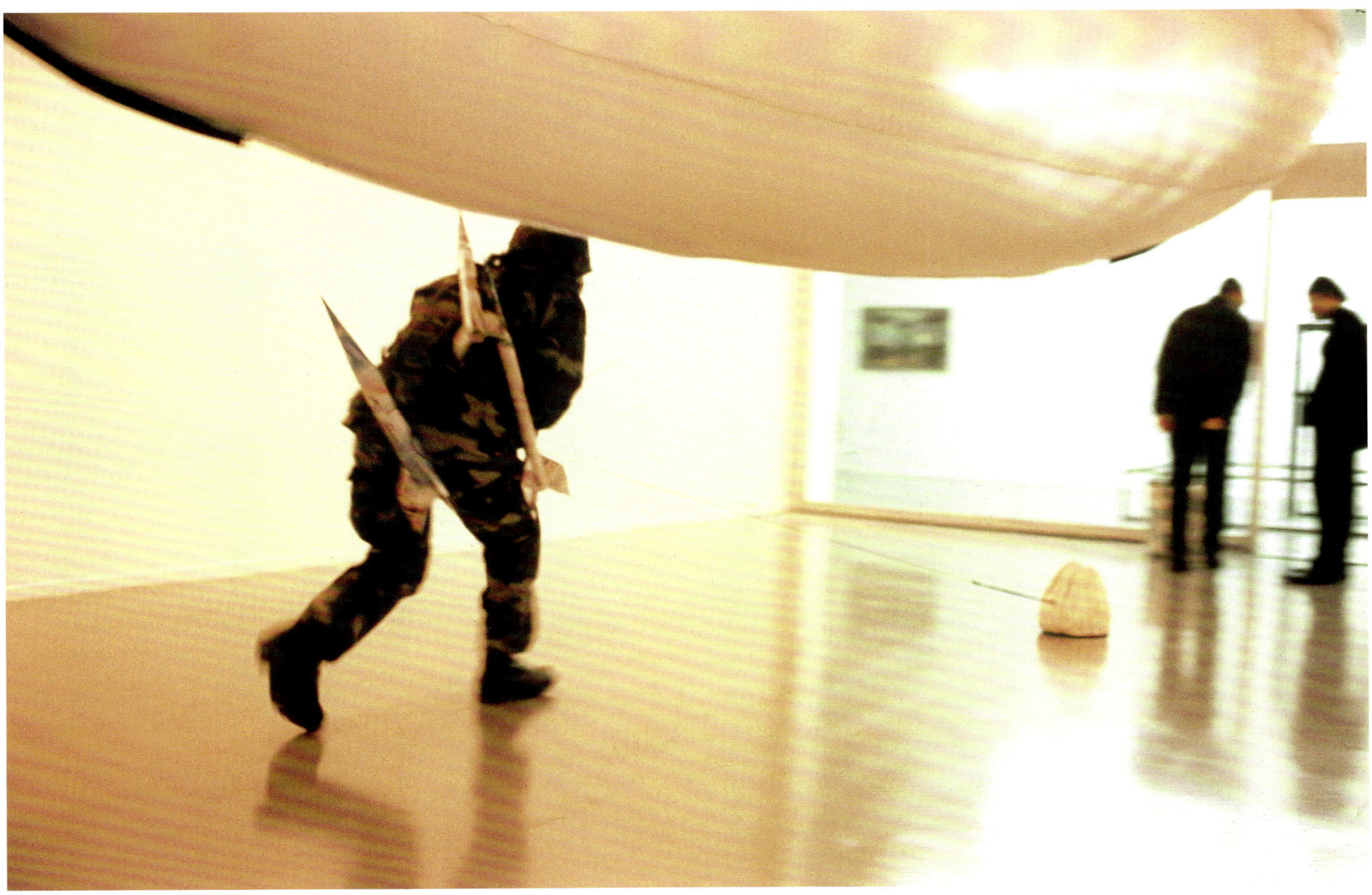

Vues de la performance (views of the performance). Exposition (exhibition) ***Paris pour Escale***, musée d'Art moderne de la Ville de Paris, Paris (2000).

DÉFILÉ

2000
Installation de treize sculptures sur socle (installation of 13 sculptures on pedestal)
Résine polyester et acrylique (polyester resin and acrylic)
1200 x 200 x 300 cm, sculptures (hauteur / height : 100 - 180 cm)

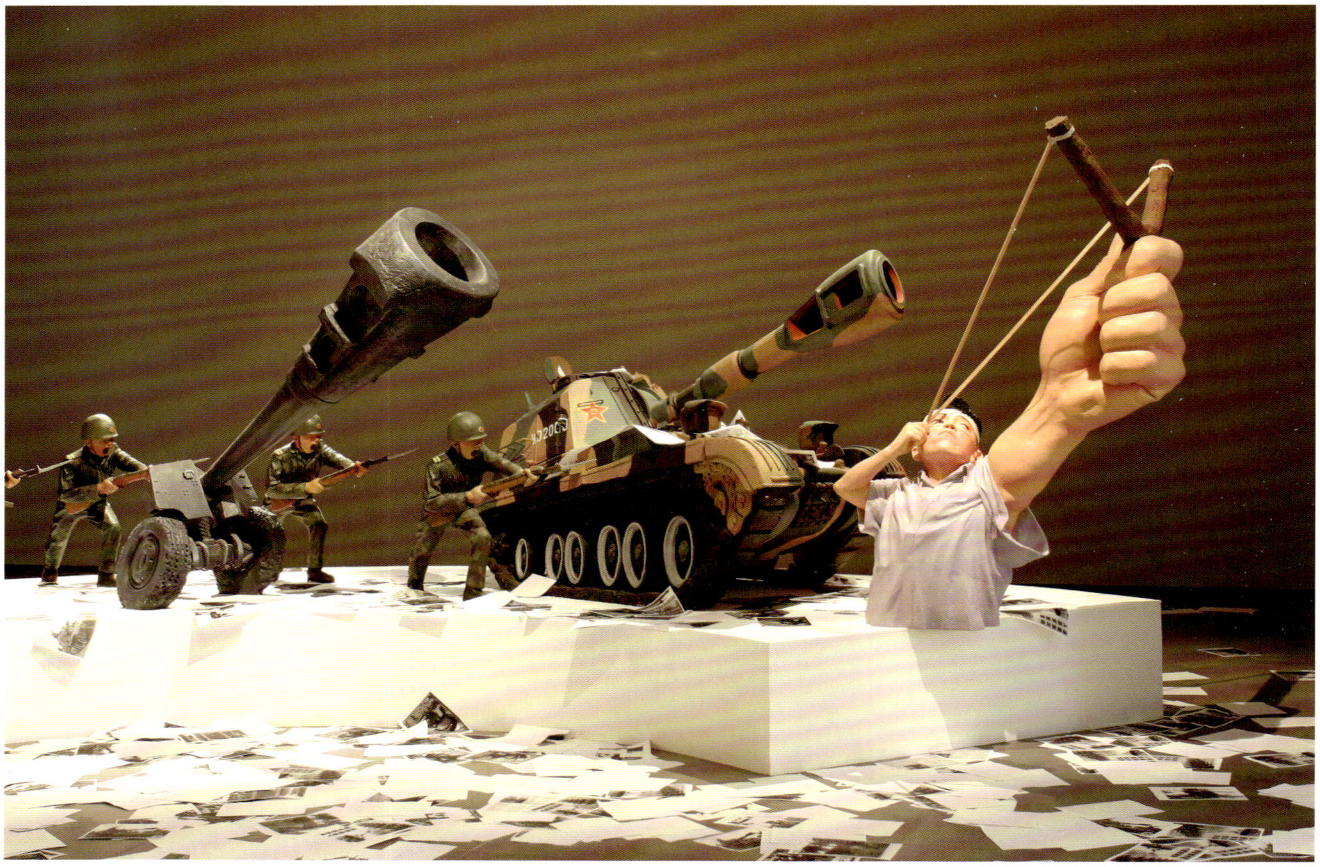

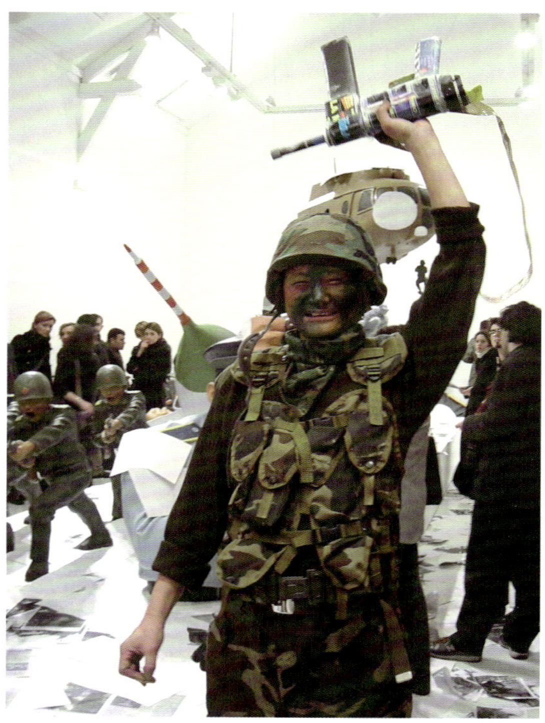

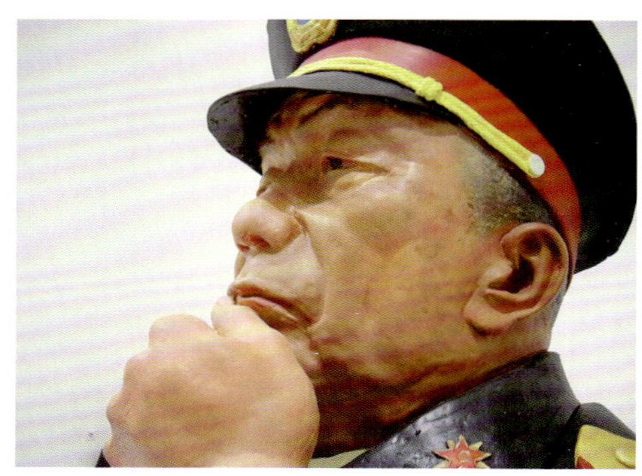

Haut (top) : Vue de l'installation (view of the installation). Exposition (exhibition) *Wang Du Parade #3*, les Abattoirs, Toulouse (2004).
Bas à gauche (bottom left) : Wang Du lors du vernissage de l'exposition (Wang Du at the opening of the exhibition) *Wang Du Parade #1*, La Criée, Rennes (2004).
Bas à droite (bottom right) : Détail de l'installation (detail of the installation) : *Général*.

« L'art contemporain est à mon avis, un acte social qui intervient dans la réalité avec une énergie de catalyse et de fermentation. Et l'artiste en tant qu'individu est comme un masque blanc sans maquillage, il devrait sans cesse modifier son rôle en fonction de la tranche à travers laquelle il intervient dans la réalité et de sa revendication conceptuelle. Dans le travail du dernier temps, mon rôle est "média", c'est-à-dire "le journaliste des journalistes", je sélectionne, réédite, redéfinis, re-représente les images des médias concernant la réalité. Par exemple, dans les œuvres comme *Marché aux puces – mise en vente d'informations d'occasion*, j'ai adopté une attitude relativement indirecte, afin de jouer le jeu d'emprunter le cadavre pour convoquer l' "âme" entre la réalité et les médias, et de les pousser vers un niveau d'hypothèse et de fiction tout en les modelant dans un même corps physique, ceci finit par atteindre un effet de pure image.

Sans aucun doute, nous sommes aujourd'hui dans une époque de l'informatisation globale et des réseaux informatiques, et pourtant, à cause de la différence entre les systèmes politiques et économiques, du décalage entre les idéologies, les religions, les civilisations et les us et coutumes régionaux, les médias n'ont pas pu fonctionner de façon réellement autonome, et restent pour la plupart sous le contrôle du pouvoir et des groupes ou collectivités d'intérêts ; l'émanation des informations se fait toujours dans un cadre défini pour être à leur service. Que ce soit d'ordre commercial ou politique, aucun milieu ni région géographique ne fait exception. Dans le contexte actuel où le fonctionnement des médias est sous le contrôle du pouvoir, accorder aux médias une position transcendante pour qu'ils puissent intervenir dans les idéologies politiques et d'autres domaines conflictuels, telle est la condition préalable que j'ai définie pour ce projet.

Il est bien évident qu'en Chine, les médias sont absolument au service des objectifs politiques, et que derrière les informations émises, se trouvent toujours des intentions fortement politiques.
Les images de *Défilé* montrent que les informations militaires massivement émises par les médias chinois ne se limitent pas à un niveau de démonstration d'armes et de technologies militaires, mais présentent plutôt toute la puissance du pays comme un enjeu politique dans une guerre politico-spirituelle contre un ennemi prétendu qui est justement les États-Unis.
Le modèle de la guerre moderne représenté par ces derniers comme un jeu électronique dans les guerres du Golf et du Kosovo, leurs interventions sur les problèmes de Taiwan, ainsi que le bombardement de l'ambassade de Chine en Yougoslavie, rappellent à la Chine que seule la possession d'une grande puissance militaire lui permettra d'acquérir ou de protéger ses pouvoirs et intérêts. Ainsi, tout en étudiant et s'exerçant au modèle américain de la guerre de haute technologie, elle introduit en grande quantité des armes et des technologies militaires avancées dans d'autres pays du monde, ceci dans le but de renforcer sa propre puissance potentielle, pour pouvoir un jour "punir l'Autre tout en utilisant ses moyens."
Telles sont les informations que nous pourrions décoder des images de *Défilé*.

J'ai donc adopté dans ce projet une attitude plus directe, à la manière d'une doublure qui accomplit dans les films policiers les actions dangereuses à la place des acteurs : je me transforme en "doublure" des médias chinois pour émettre des informations vers son ennemi prétendu. Si mon travail de la période précédente était de rechercher un effet de "pure image" en tirant profit de la relation ambiguë entre les médias et la réalité, *Défilé* tente de garder intact l'aspect le plus direct et le plus cru de l'intervention et de l'engagement des médias envers la réalité et, à partir de là, d'une manière plus artificielle, finit par les rendre idéologiques et les politiser totalement.

Intervenir dans les idéologies conflictuelles et rechercher l'effet d'un certain "montage politique" sont les idées de base de *Défilé*. »

"Contemporary art is, in my opinion, a social act that intervenes in reality with a catalytic and fermenting energy; and, as an individual, the artist is like an empty mask without make-up: he must constantly modify both his role, depending on that part of reality in which he intervenes, and the conceptual claims he makes. In my recent work, I have taken on the role of the 'media,' in other words, becoming 'the journalist of journalists'; I choose, re-edit, redefine, and re-represent media images of reality. In works such as *Marché aux puces – mise en vente d'informations d'occasion* (Flea Market – Secondhand Information for Sale), I have taken a relatively indirect approach, playing the role of the one who borrows the body to convoke the 'soul' of reality and the media, at once pushing them to a hypothetical and fictional level while modeling them out of the same physical substance. This achieves an effect of pure image.

Today, we are without a doubt in an era of global computing and information networks. However, due to the differences between political and economic systems, differences of ideology, religion, civilizations, and even regional morals and customs, the media have been unable to act in a truly autonomous manner. For the most part, they remain controlled by power, vested groups and collectives; information only emerges from a framework defined to serve them. Whether it is for commercial or political reasons, no community or geographical region is exempt. In the current context, in which the media operates under the control of power, understanding the transcendental importance of the media in intervening in political ideologies and other areas of conflict is the precondition I have established for this project.

In China, it is clear that the media are entirely at the service of political objectives, and that strong political intentions lie behind the circulation of public information. The images of *Défilé* show that the military information massively broadcast by the Chinese media is not limited to the display of arms and military technology, but represents the country's power as a political stake in a politico-spiritual war against the supposed enemy, that enemy being none other than the US.
The model of modern warfare, which the latter represents as an electronic game in the gulf war, the conflict in Kosovo, the intervention over Taiwan, and the bombing of the Chinese embassy in Yugoslavia, is a reminder to China that it is only by possessing great military power that it will be able to acquire and protect its own powers and interests. Thus, in studying and adopting the American model of high-technological warfare, China supplies other world countries with great quantities of arms and military technology, with the goal of reinforcing its own potential power in order to 'punish the Other with his own means' one day.

This is what can be decoded in the images of *Défilé*. For this project then, I have adopted a more direct attitude, not unlike a double, or a stuntman, who replaces the actors of action films in performing dangerous scenes. I transformed myself into a 'double' for the Chinese media in order to transmit information to its supposed enemy. If, in my recent work, I have attempted to obtain the effect of a 'pure image' in taking advantage of the ambiguous relation between the media and reality, *Défilé* tries to maintain the media's most direct and crude intervention in and commitment to reality, and from this perspective, in a more artificial sense, manages to ideologize and thoroughly politicize them.

Défilé is based on the idea of intervening in the conflict of ideologies and the attempt to obtain a certain 'political montage'."

Pages suivantes (next pages) : Vue de l'installation (view of the installation), Deitch Projects, New York (2000).

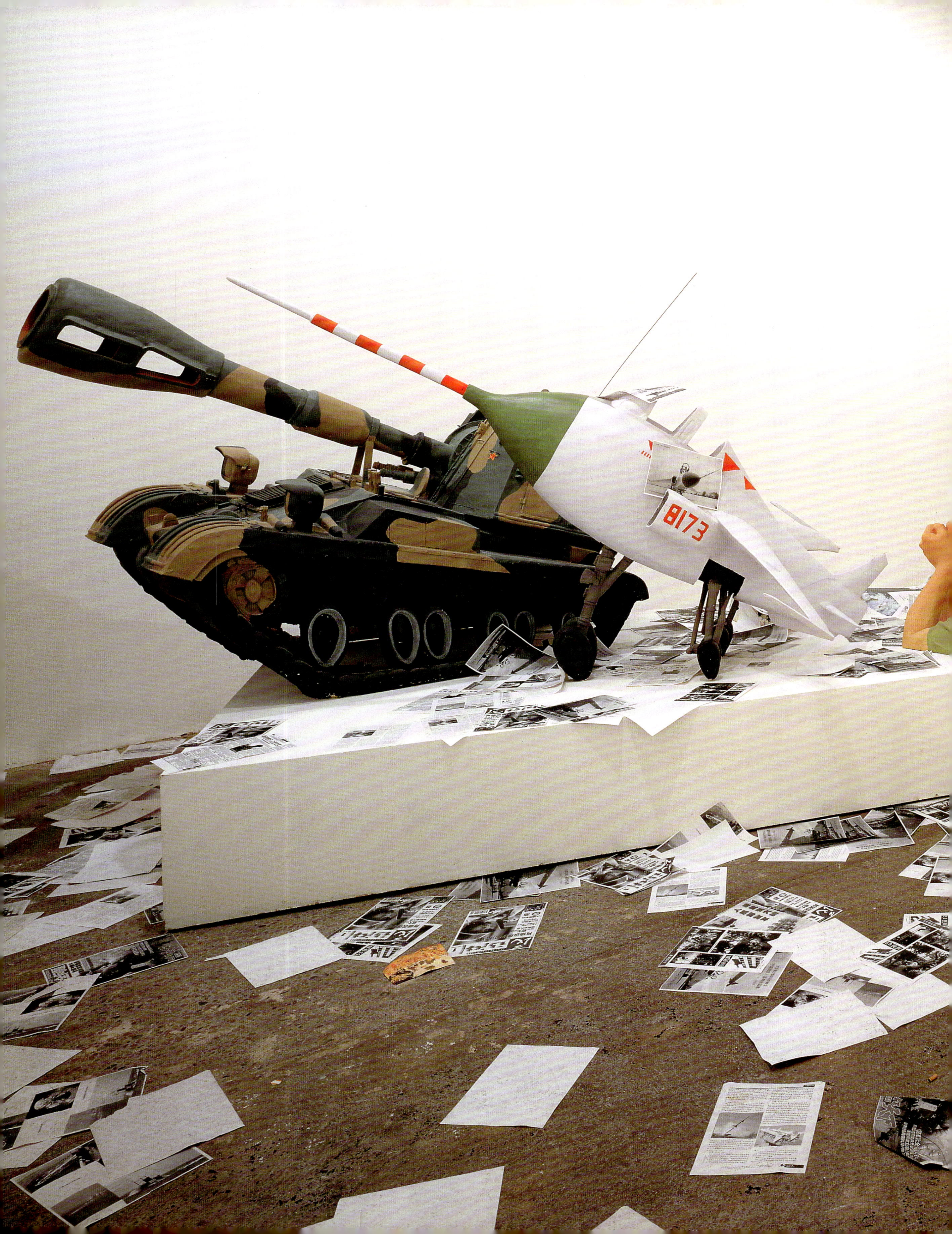
8173

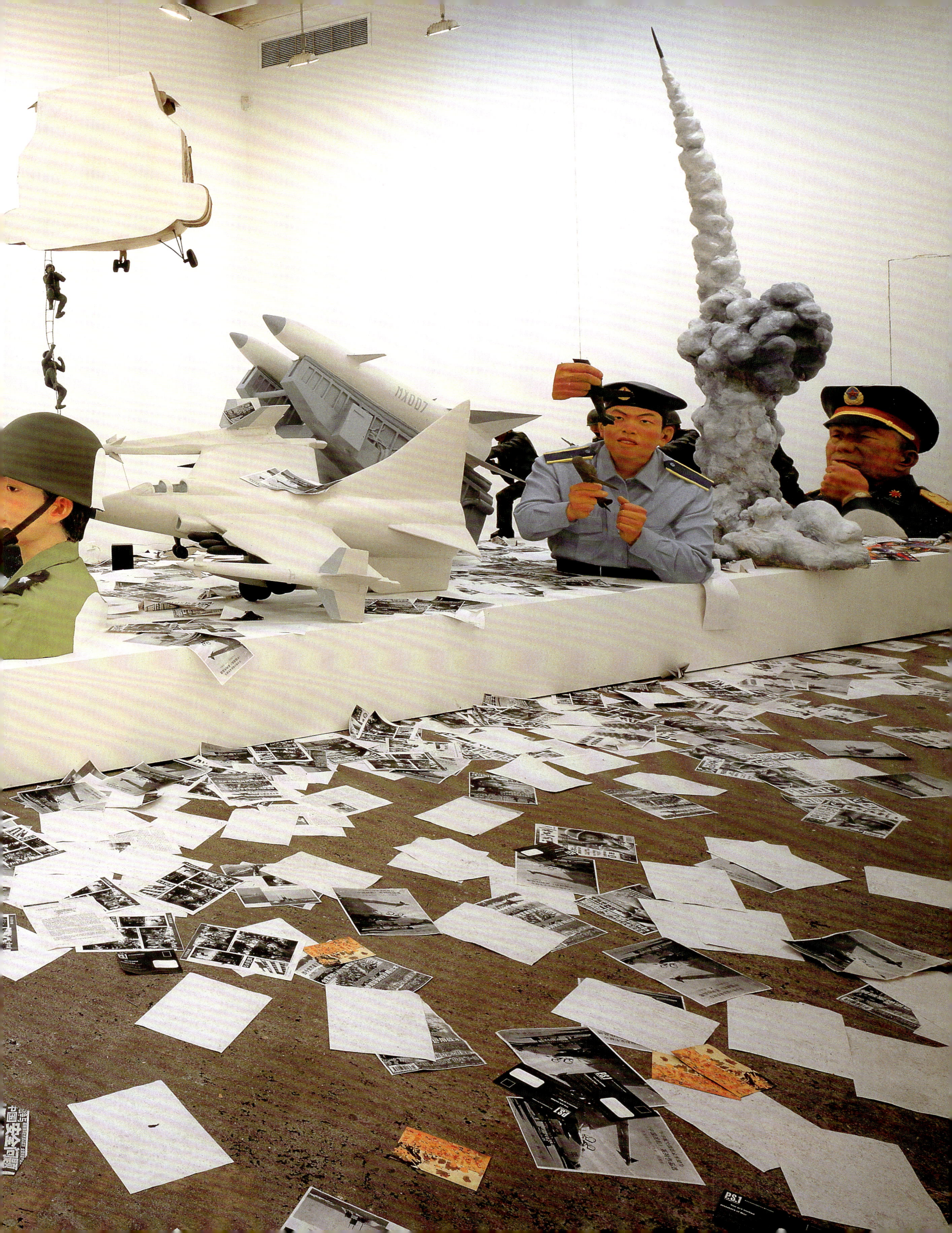

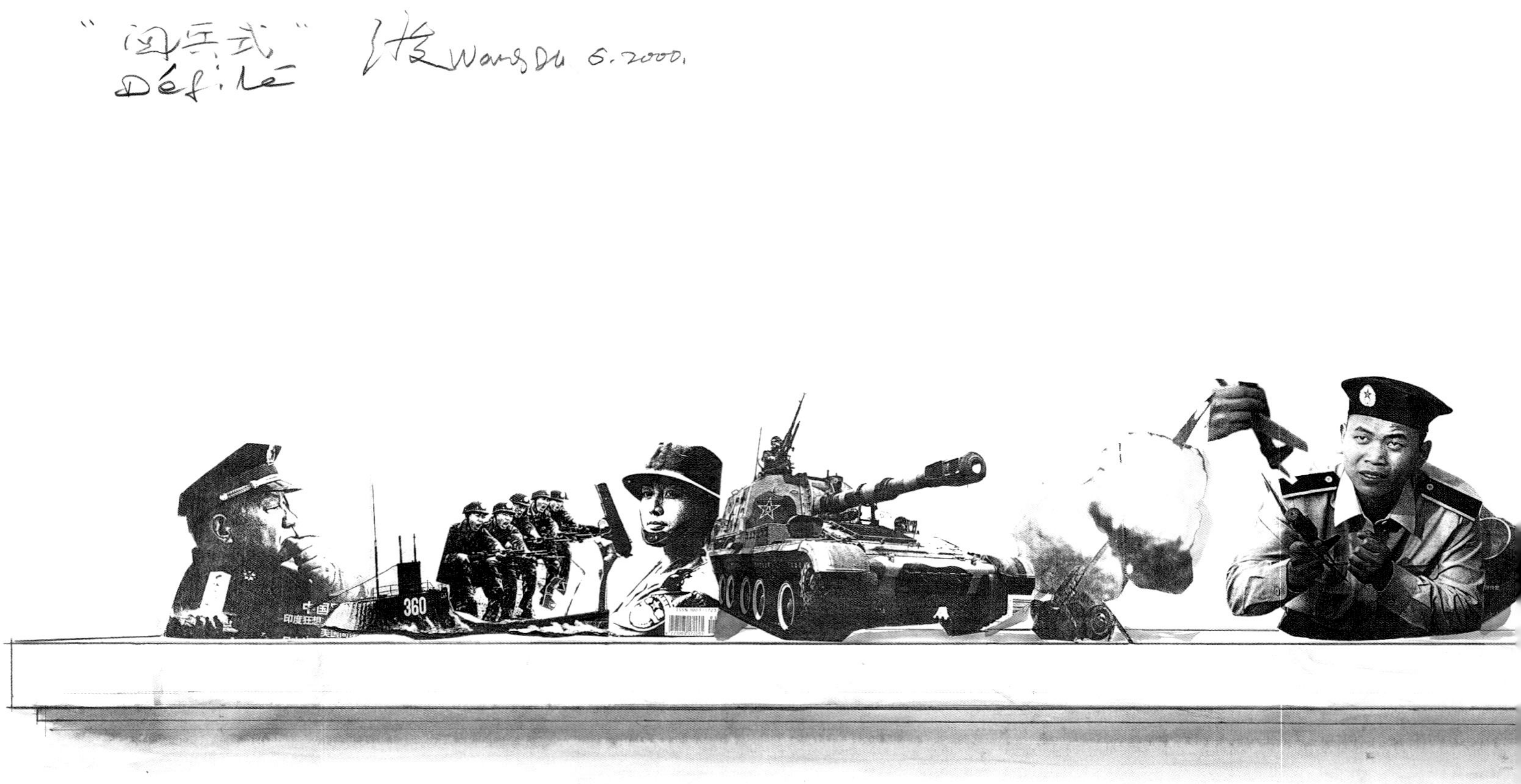

Dessin préparatoire pour (preparatory drawing for) *Défilé*.

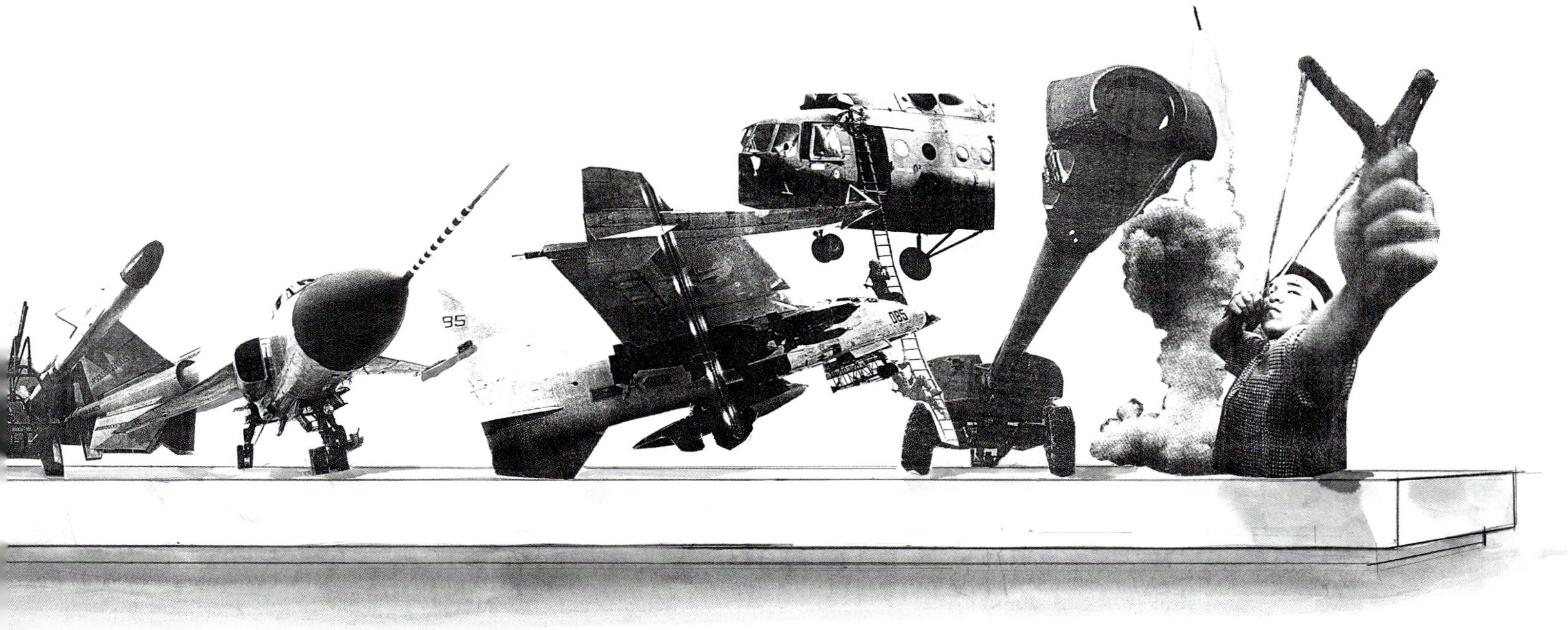

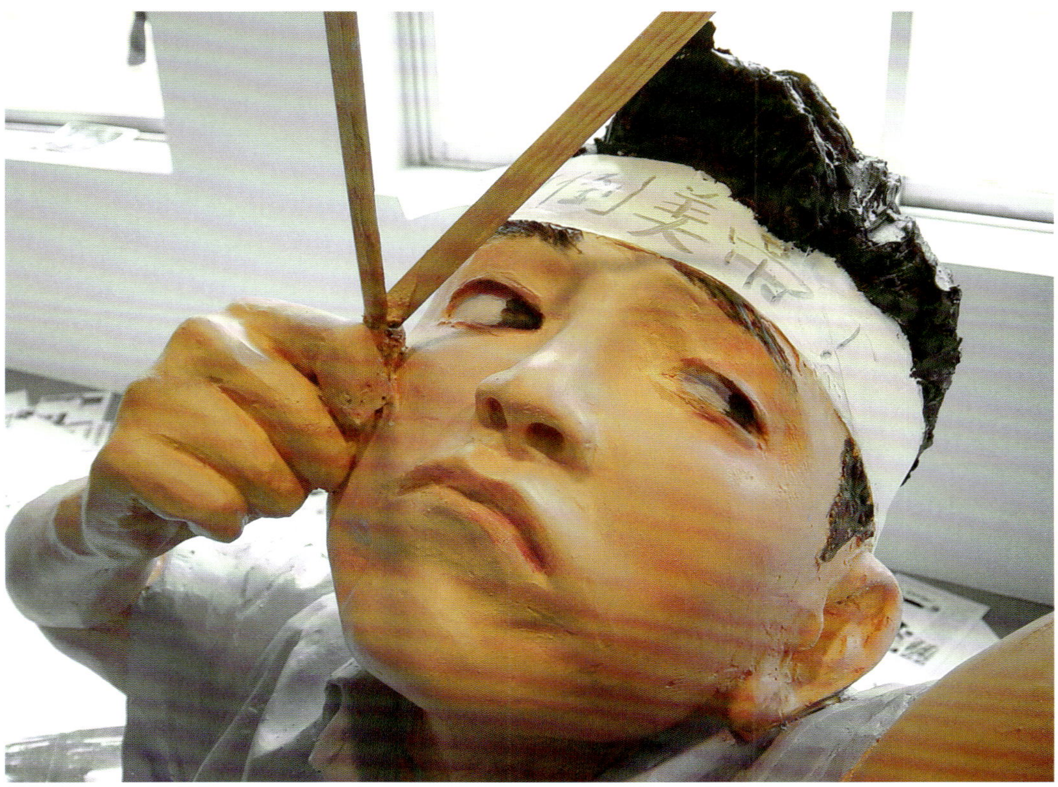

Détail de l'installation (detail of the installation) : *Lanceur*. Exposition (exhibition) *Wang Du Parade #2*, Le Rectangle, Lyon (2004).

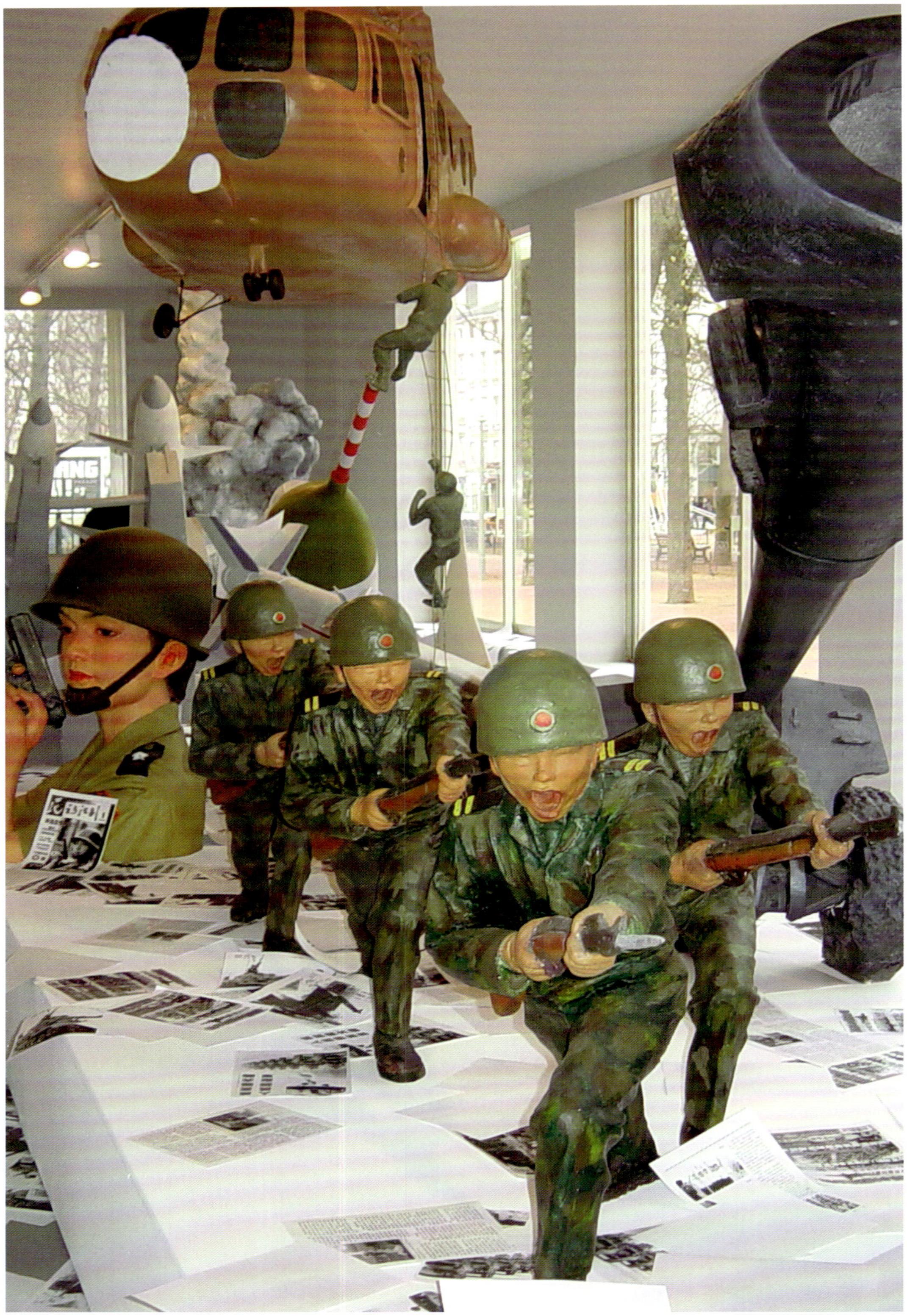

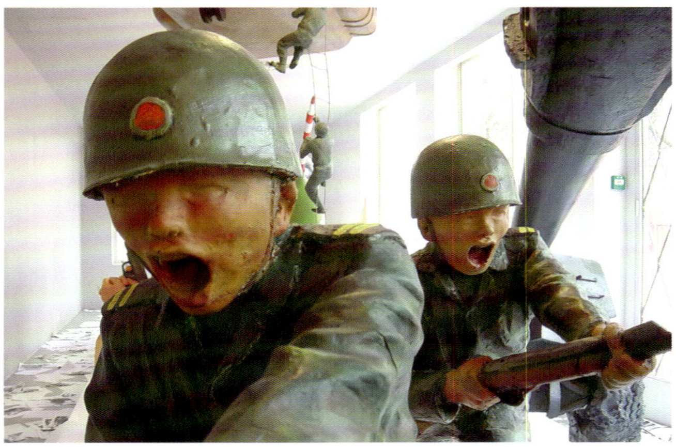

Vue de l'installation (view of the installation). Exposition (exhibition) *Wang Du Parade #2*, Le Rectangle, Lyon (2004).
Détail de l'installation (detail of the installation) : *Petits soldats*.

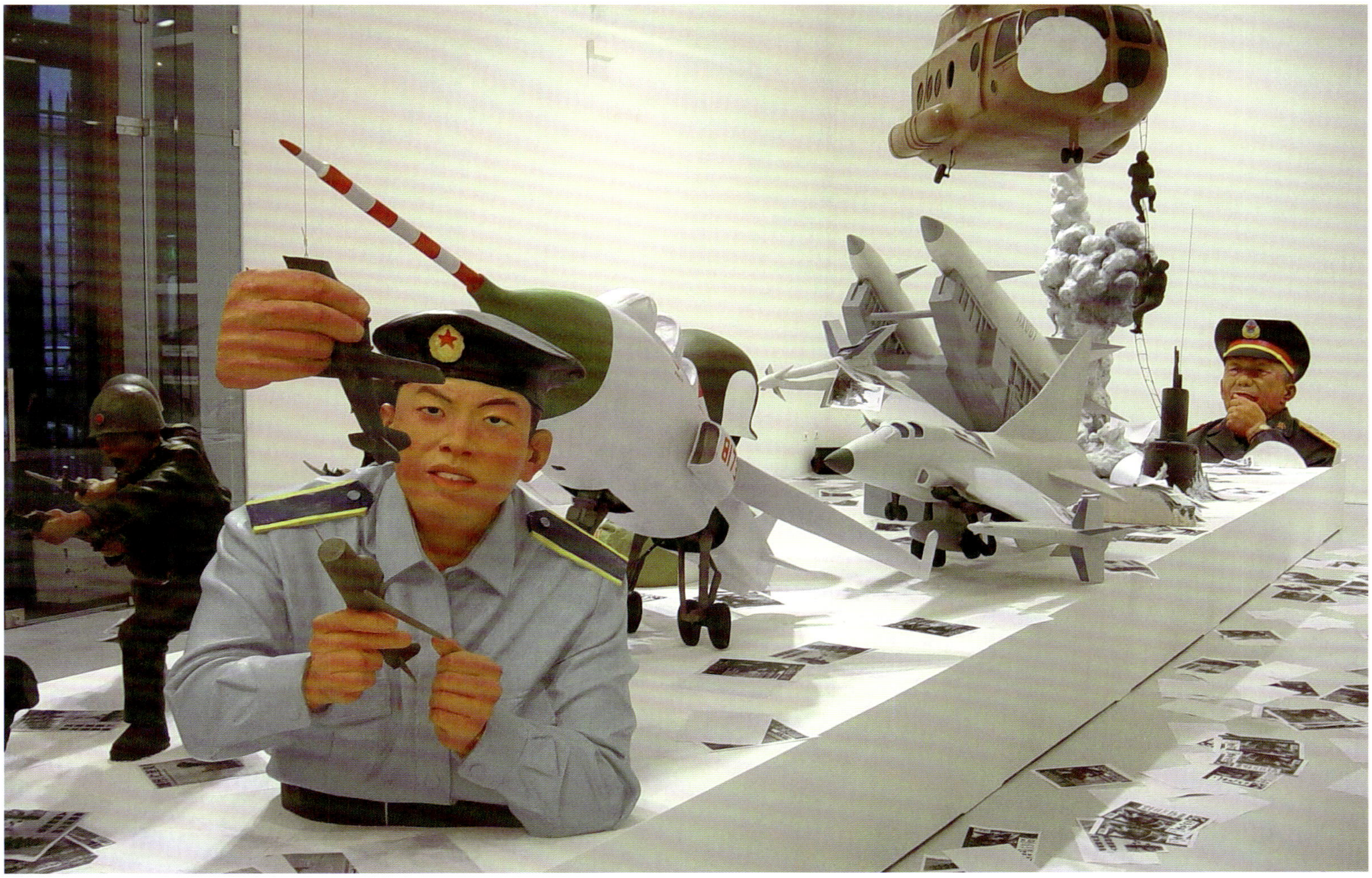

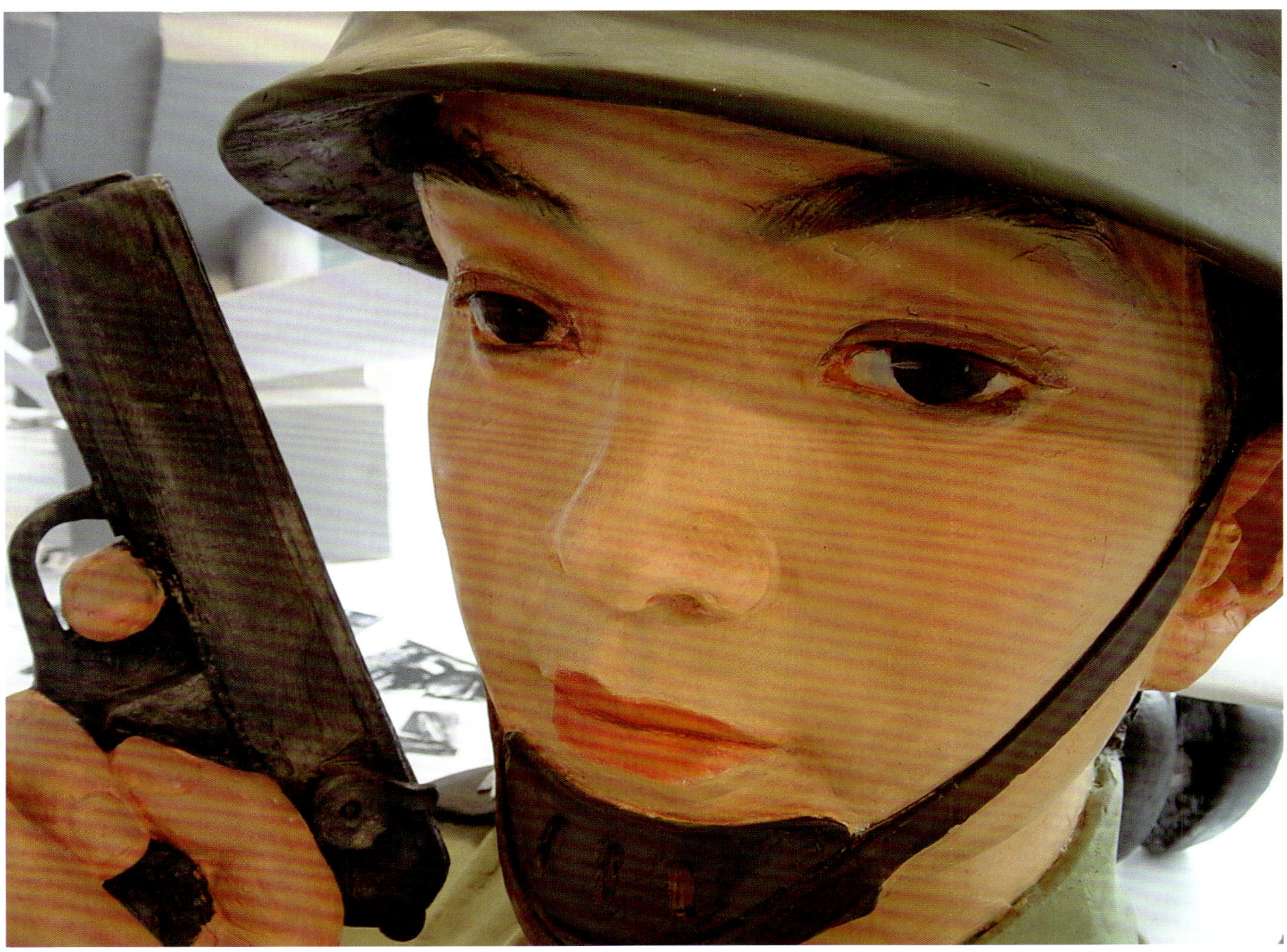

Vue de l'installation (view of the installation). Exposition (exhibition) *Wang Du Parade #1*, La Criée, Rennes (2004).
Détail de l'installation (detail of the installation) : *Femme soldat*.

NO COMMENT

2001
Journaux, téléviseurs, ordinateurs et acier inoxydable (newspapers, TV sets, computers and stainless steel)
350 x 300 x 230 cm

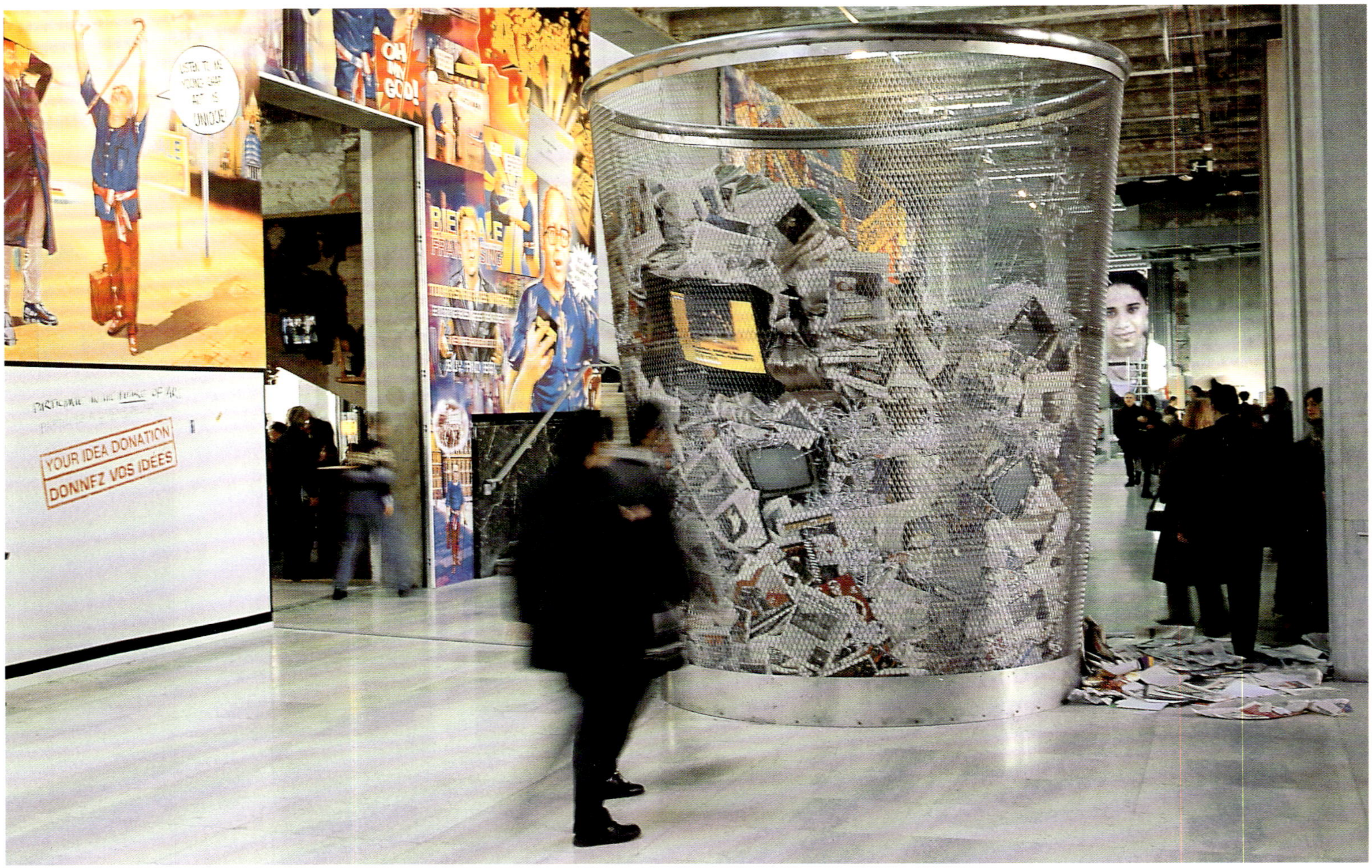

« Le titre de l'œuvre est emprunté à un programme d'Euronews qui passe en continu des images d'actualité sans commentaire.
Un *No Comment* signifiant qu'il n'y a rien à ajouter, que tout est là.
L'immense poubelle métallique contient en vrac des journaux et des téléviseurs qui diffusent sans interruption et en direct des images d'Euronews. À l'image de la société elle-même, la poubelle semble évoquer à la fois notre consommation de l'information, et inversement, le spectateur consommé par les médias.
J'ai conçu également une autre série de petites poubelles mesurant exactement ma taille, comme si le corps devenait à son tour un dépotoir infini. »

"The title of this work is borrowed from a Euronews program, which shows images from the news of the day in a continuous stream without commentary, the *No Comment* signifying of course that there's nothing more to add, that's all there is.
The huge metal trashcan contains newspapers and television sets showing Euronews images live and uninterrupted. Like society itself, the trash container seems to suggest both our consumption of information and, conversely, the viewer being consumed by the media.
I've also designed another series of small trashcans that are exactly my height, as if the body has become in turn an infinite dump."

Vue de l'installation (view of the installation). Exposition collective d'ouverture (opening group exhibition), Palais de Tokyo, site de création contemporaine, Paris (2002). Arrière-plan (background): wall drawing de (of) Navin Rawanchaikul.

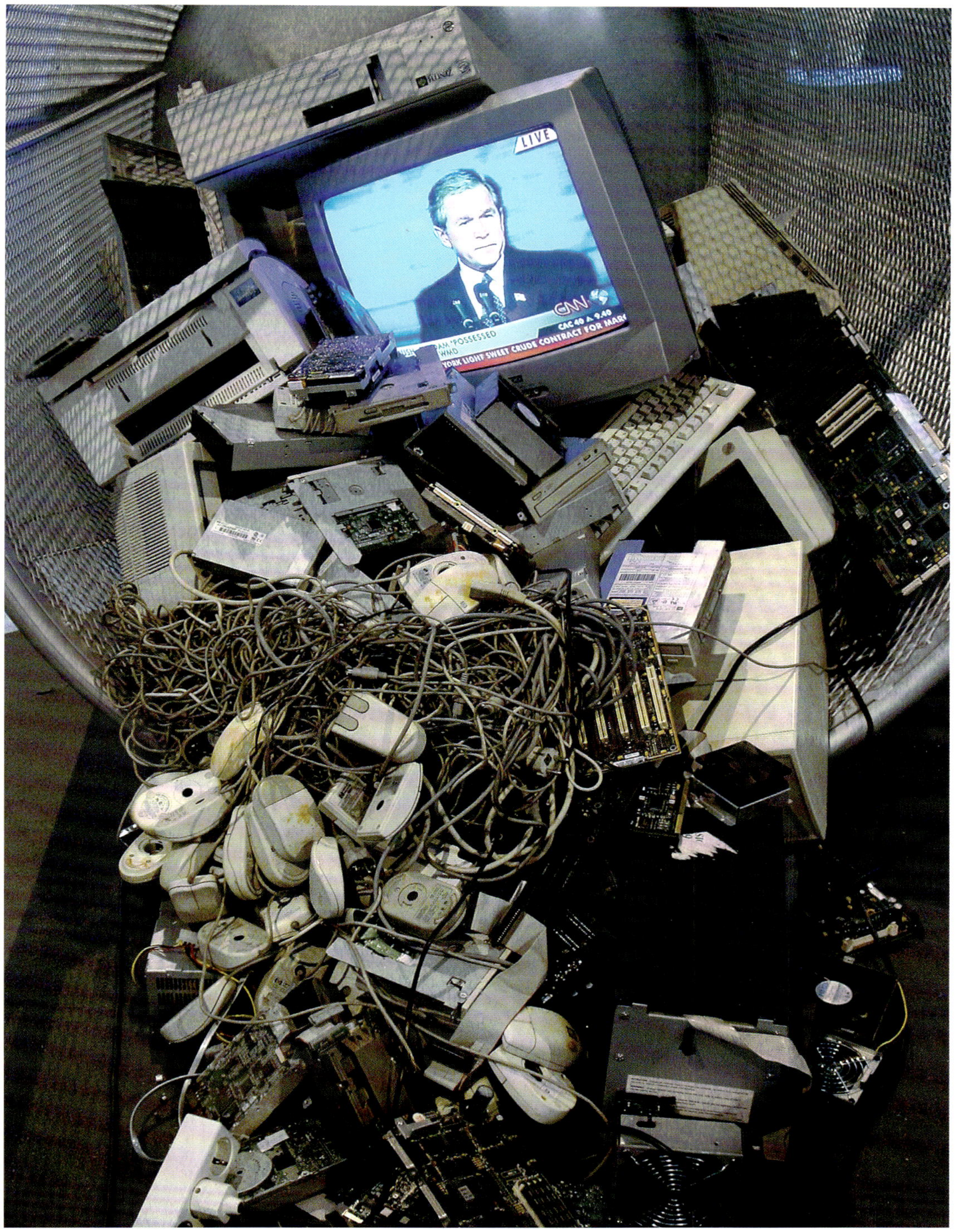

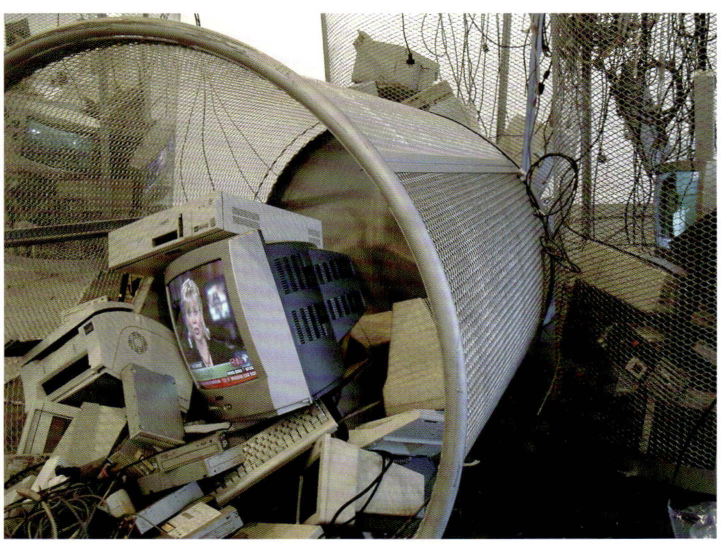

Détails de l'installation (details of the installation), ARCO, Madrid (2004).

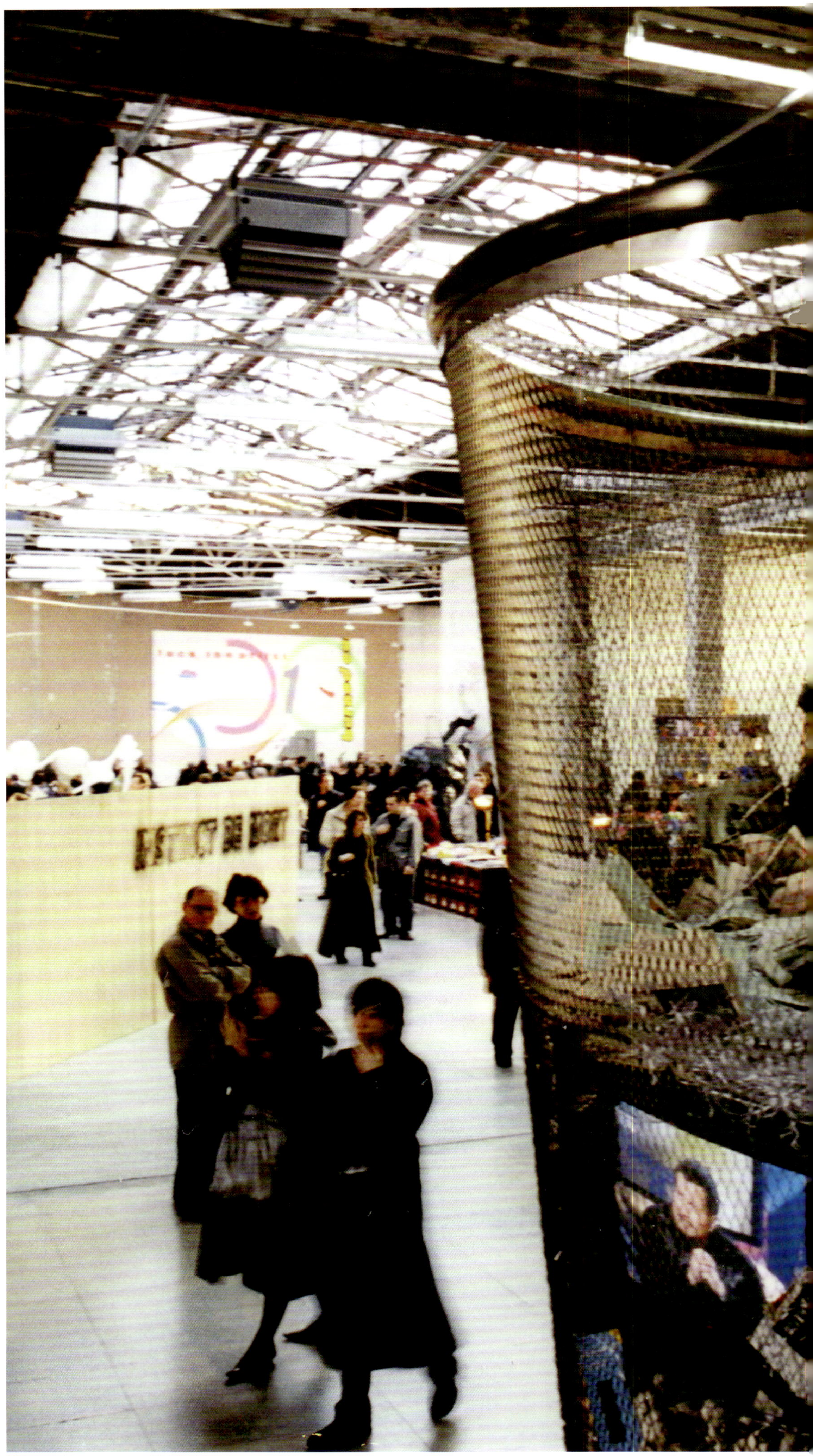

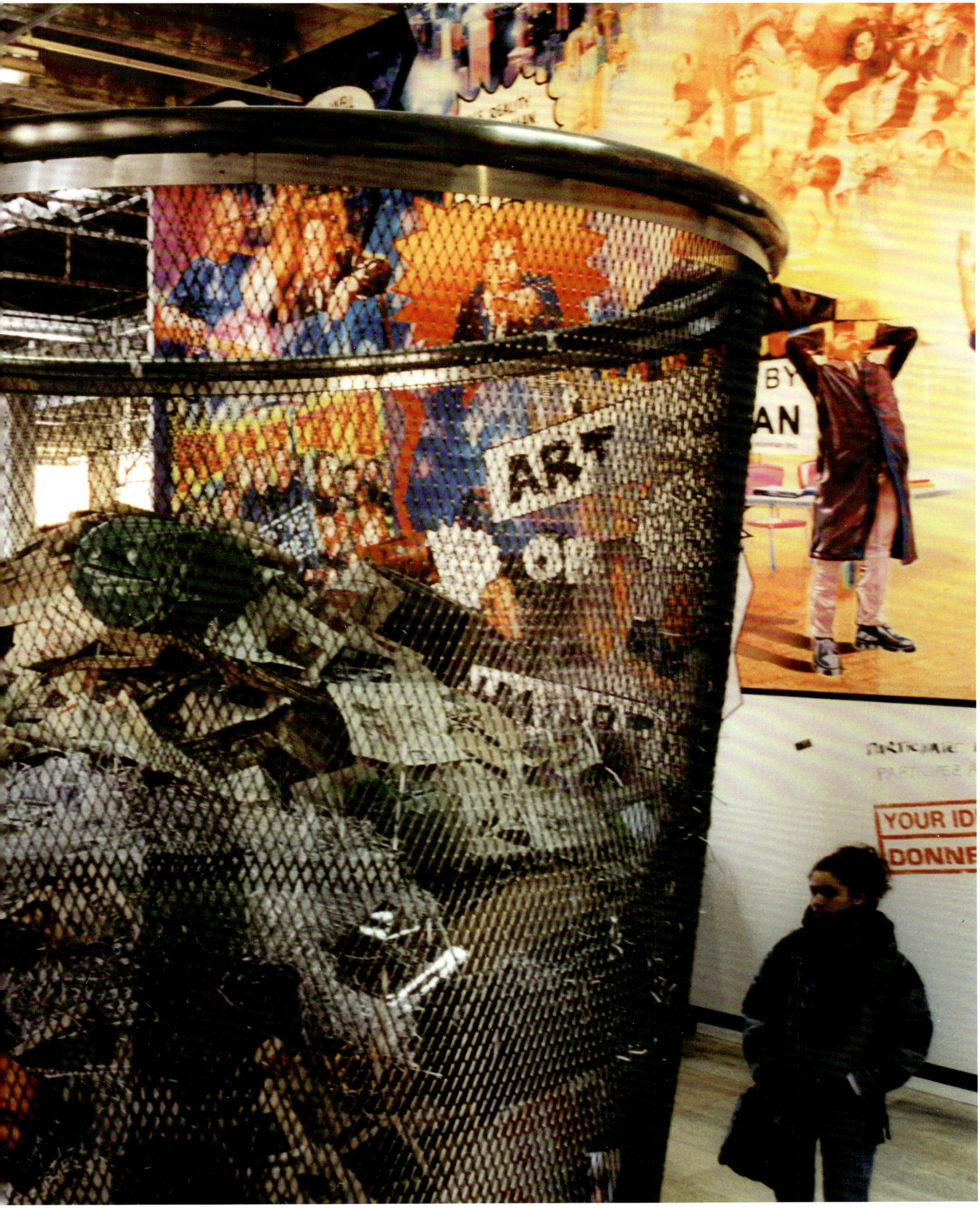

Vue de l'installation (view of the installation). Exposition collective d'ouverture (opening group exhibition), Palais de Tokyo, site de création contemporaine, Paris (2002). Arrière-plan (background) : wall drawing de (of) Navin Rawanchaikul.

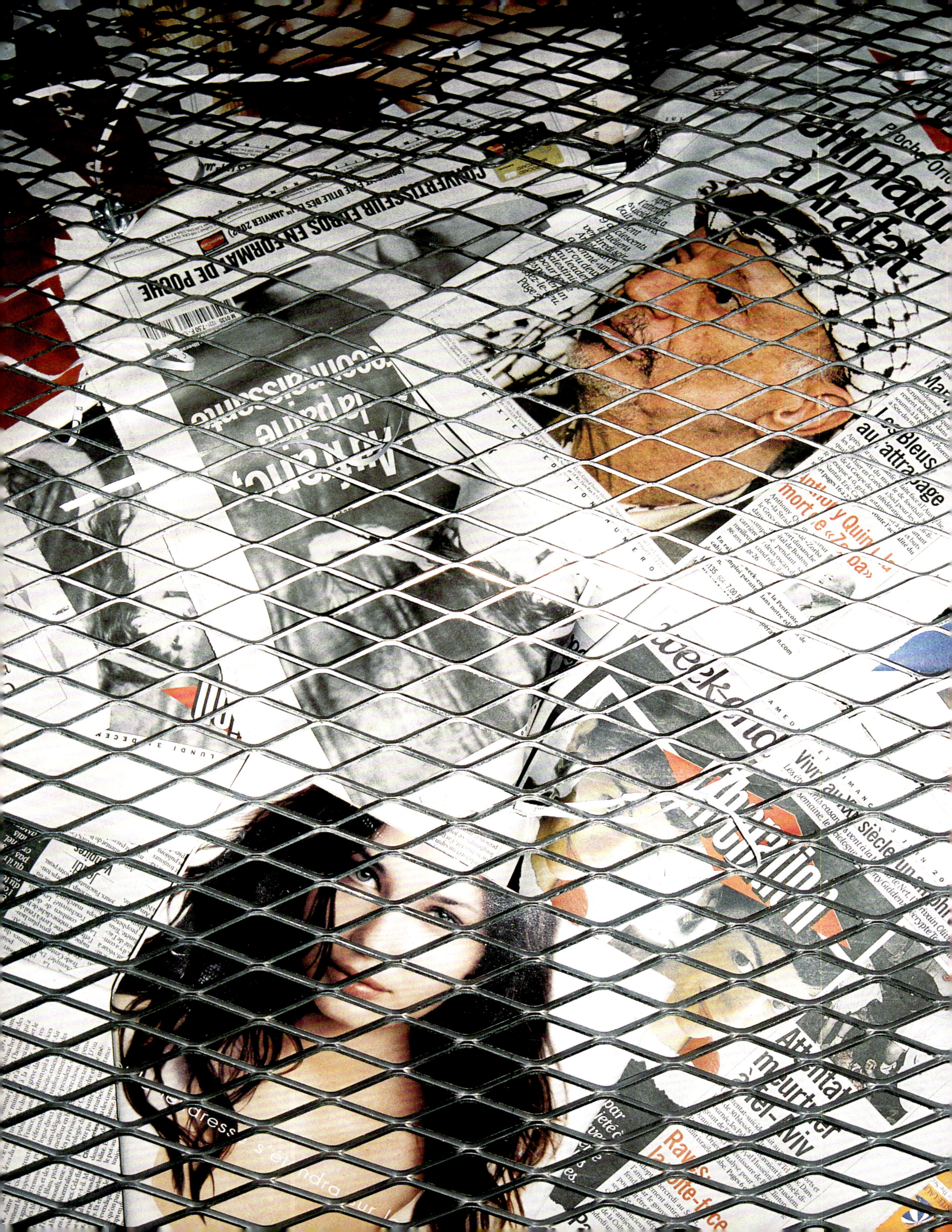
CONVERTISSEUR EUROS EN FORMAT DE POCHE
Les Bleus au rattrapage

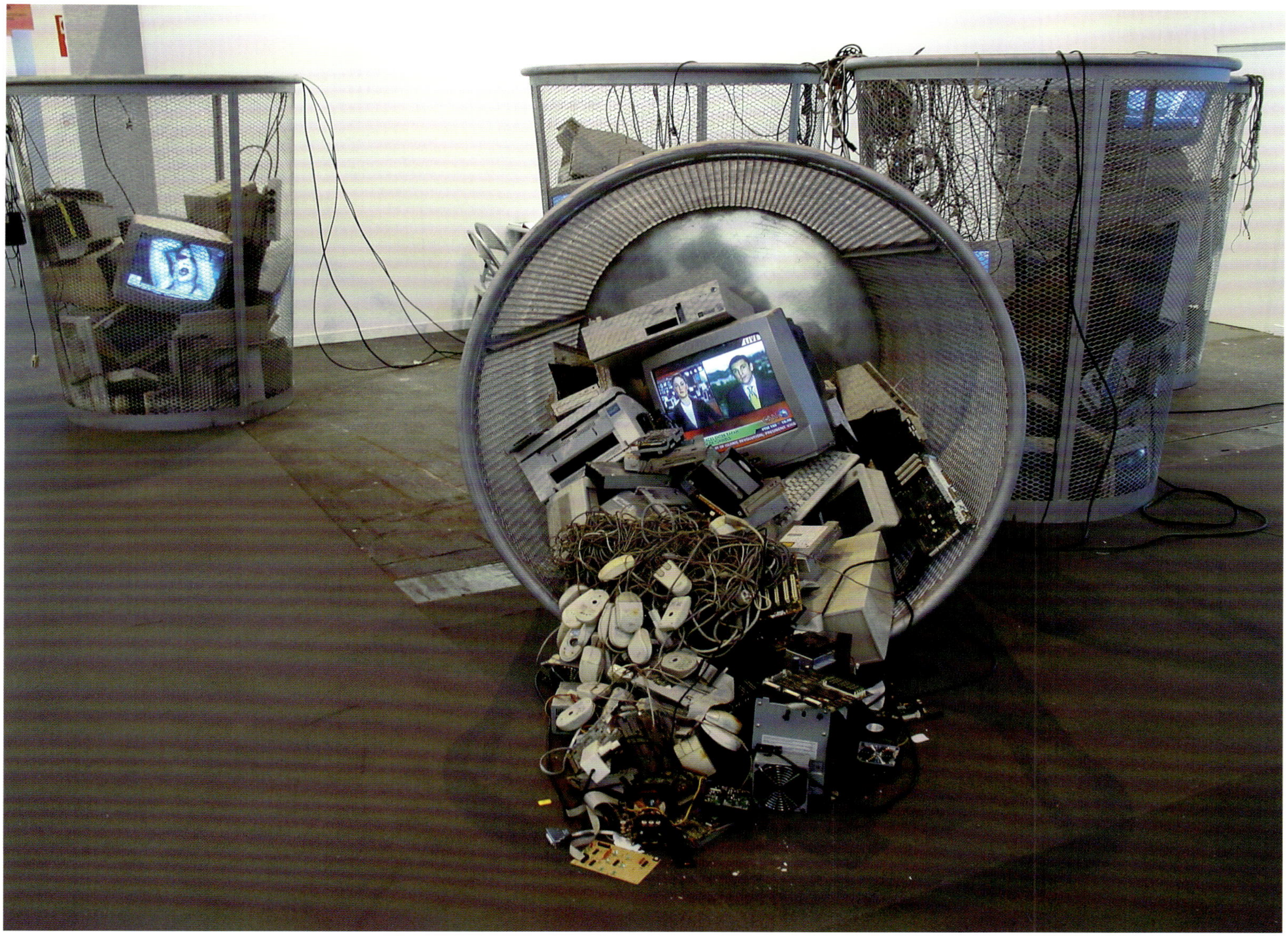

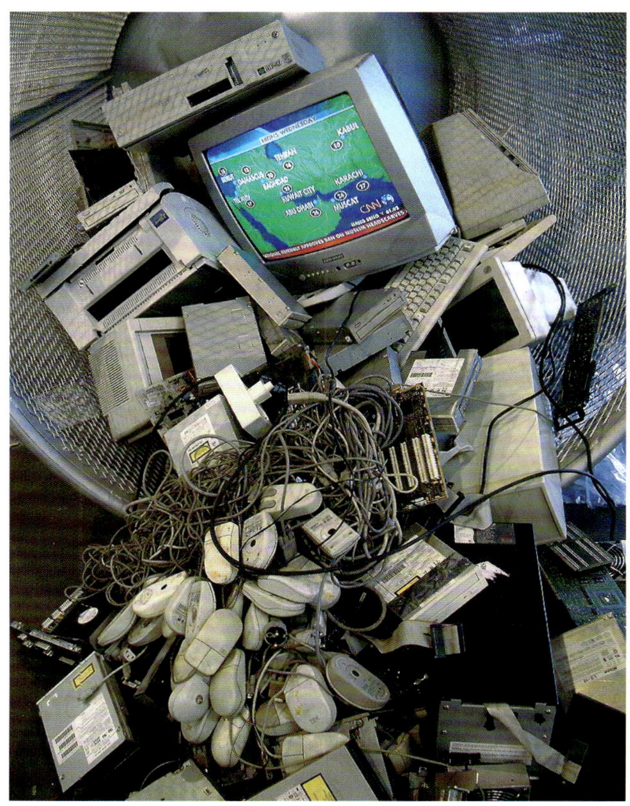

Vue et détail de l'installation (view and detail of the installation), ARCO, Madrid (2004).
Ci-contre (opposite page) : Détail de l'installation (detail of the installation). Exposition collective d'ouverture (opening group exhibition), Palais de Tokyo, site de création contemporaine, Paris (2002).

LUXE POPULAIRE

2001
Installation de quatre sculptures (installation of 4 sculptures)
Journaux, résine polyester et acrylique (newspapers, polyester resin and acrylic)
Dimensions variables (variable dimensions)

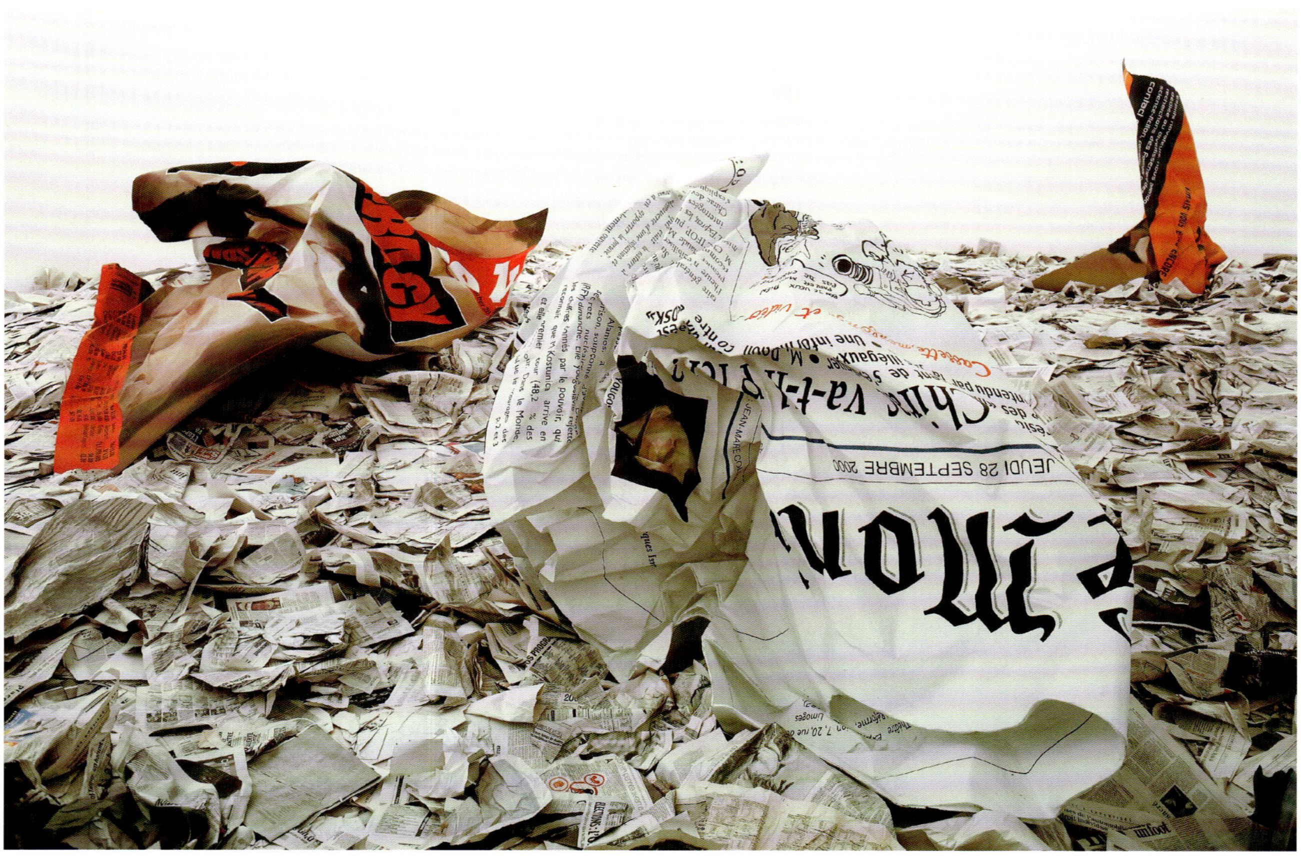

« Si *Luxe* s'attache à signifier la forme, en référence aux magazines imprimés sur papier glacé, *populaire* désigne la banalité des thèmes abordés dans les médias, leur absence de contenu, du moins leur manque d'exigence. L'alliance de ces deux termes reflète l'emploi excessif de multiples artifices par les médias qui, loin de rendre compte fidèlement de la réalité, se contentent d'en produire une couche illusoire.
Qu'elles représentent des journaux, tels *Newsweek* ou *Le Monde*, un fax ou une feuille Internet, ces grandes pages froissées reconstituent un condensé de notre société régie par les médias : un paysage-réalité.
Et quand elles sont plantées au beau milieu d'un amas de feuilles de journaux, elles nous donnent l'impression d'évoluer dans une compression de la réalité qui se module sous nos pas. »

"Whereas *Luxe* (luxury) strives to signify form, referring to glossy magazines, *populaire* (popular) designates the banality of the themes tackled in the media, their absence of content, or at least their lack of anything like a demanding approach. Joining these two terms reflects the overuse of multiple tricks by the media, which, far from faithfully rendering reality, are content to produce an illusory layer of it.
Whether they represent reviews like *Newsweek* or *Le Monde*, a fax or an Internet page, these large crumpled sheets constitute a condensed version of our society as it is governed by the media, i.e., a reality-landscape.
And when they are planted right in the middle of a pile of sheets taken from newspapers, they give us the impression of being part of a compressed form of reality being altered beneath our very feet."

Vue de l'installation (view of the installation). Exposition (exhibition) *Wang Du Parade #3*, les Abattoirs, Toulouse (2004).

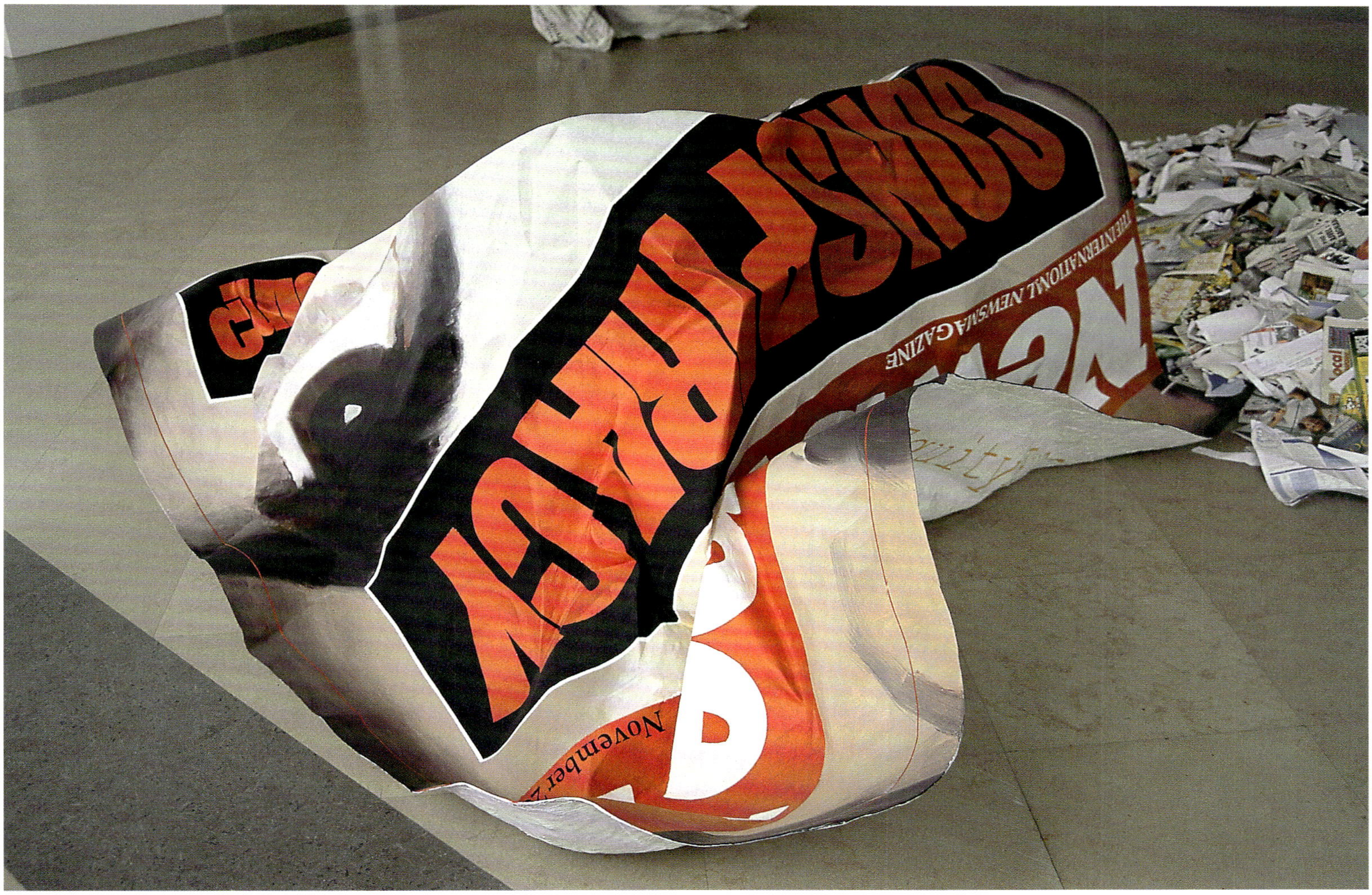

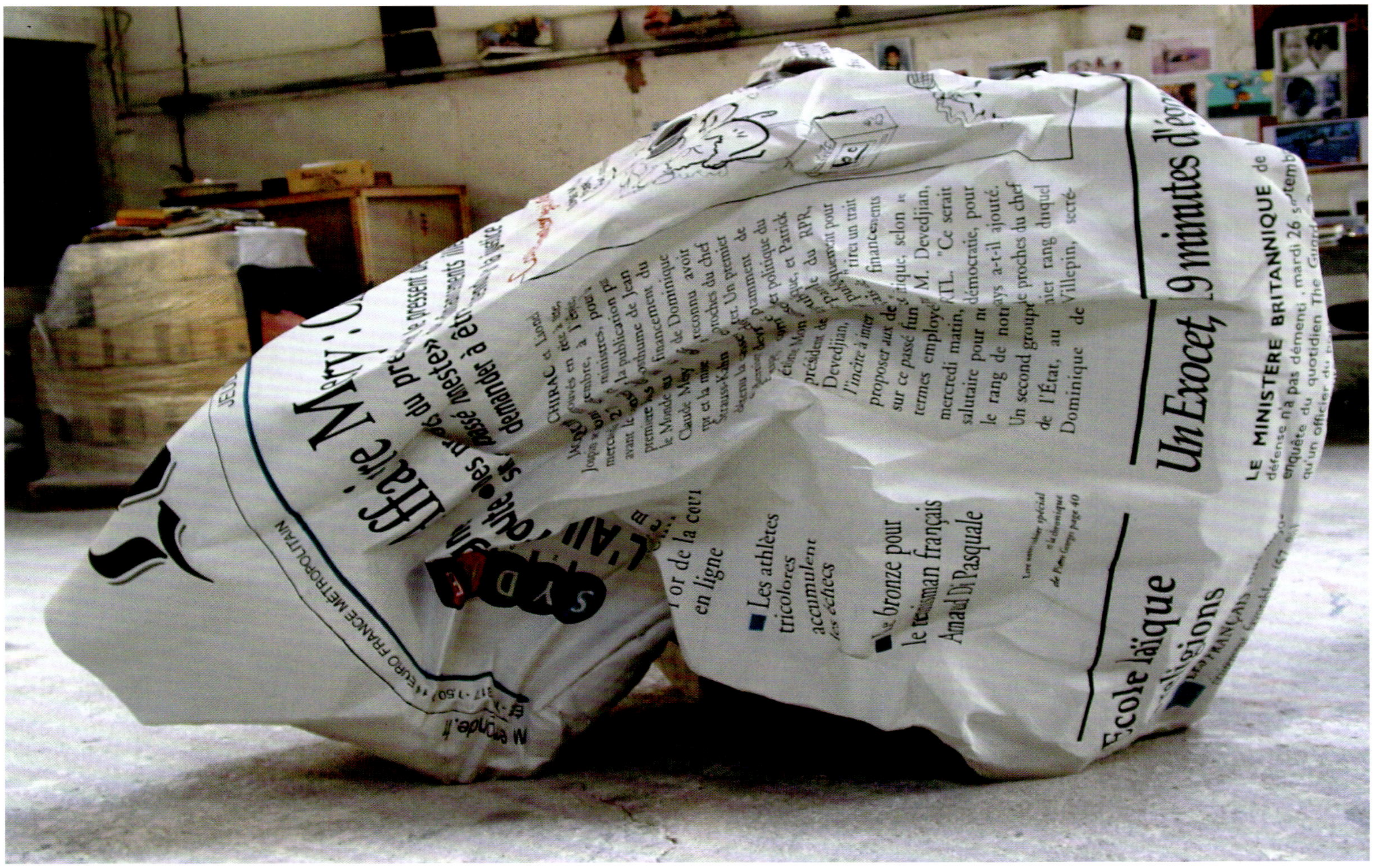

Haut (top) : *Newsweek*. Détail de l'installation (detail of the installation), Le Rectangle, Lyon (2001). **Bas (bottom) :** *Le Monde*. Vue d'atelier (studio view). **Pages suivantes (next pages) :** Vue de l'installation (view of the installation). Exposition (exhibition) *Wang Du Parade #3*, les Abattoirs, Toulouse (2004).

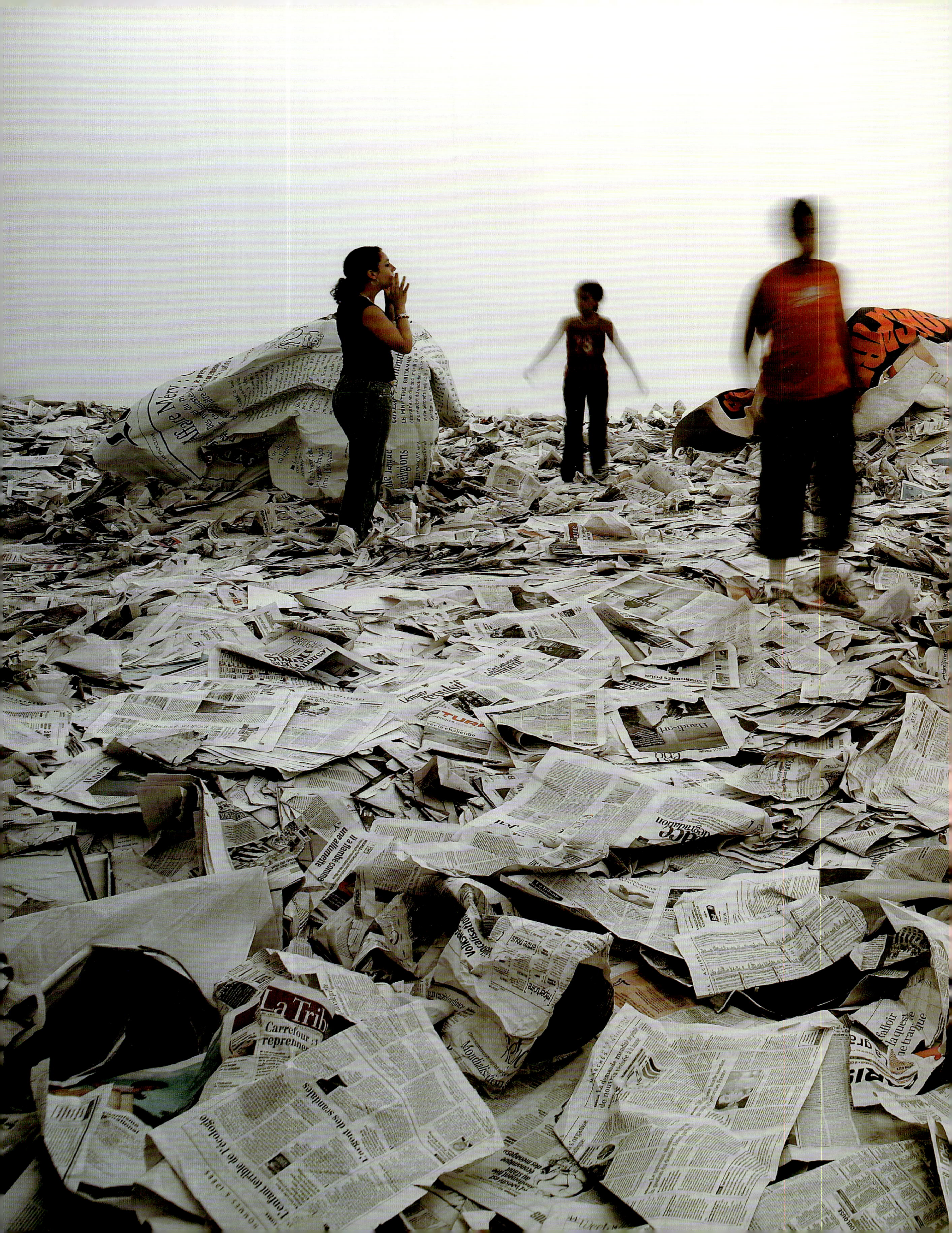
La Trib
Carrefour
reprenn

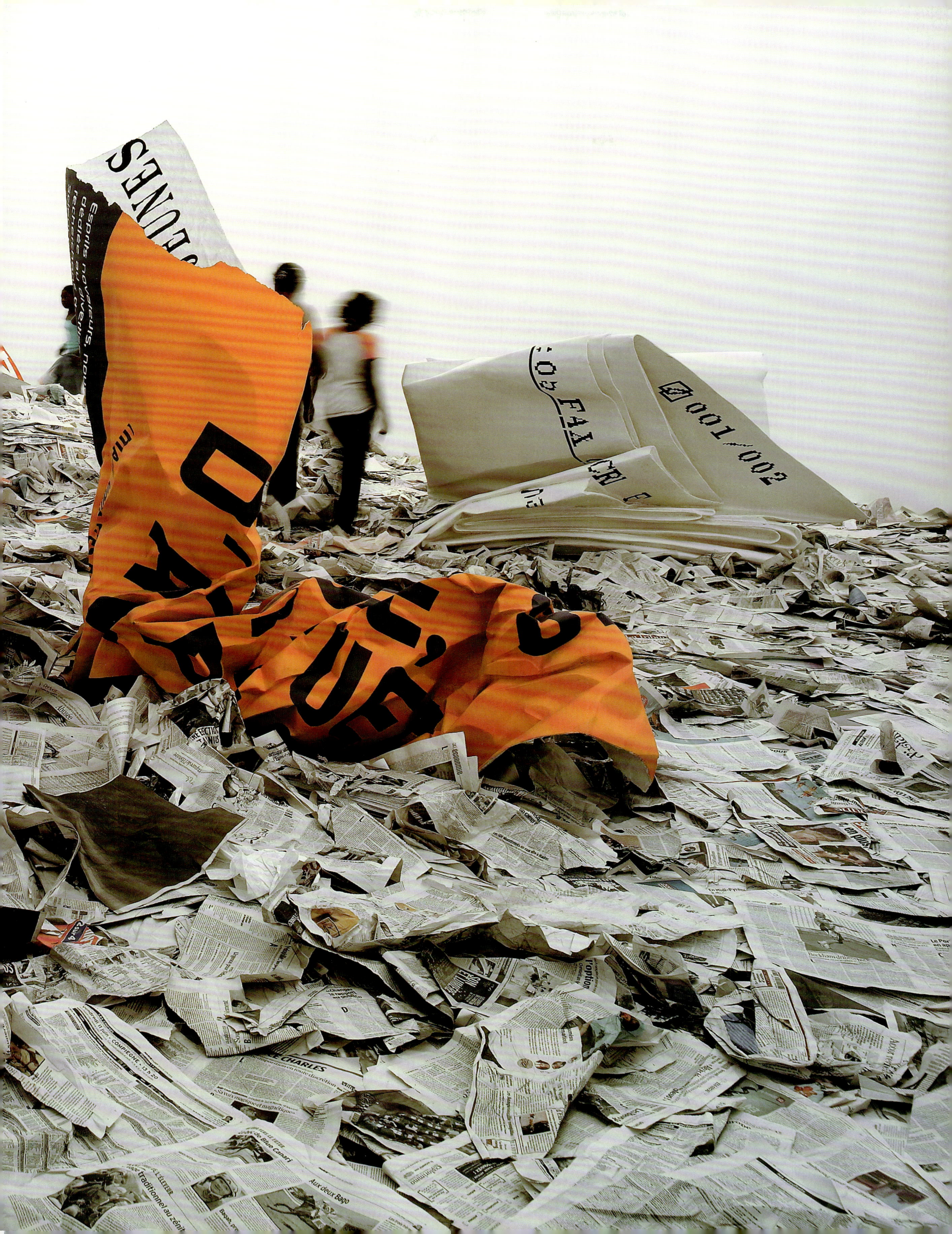

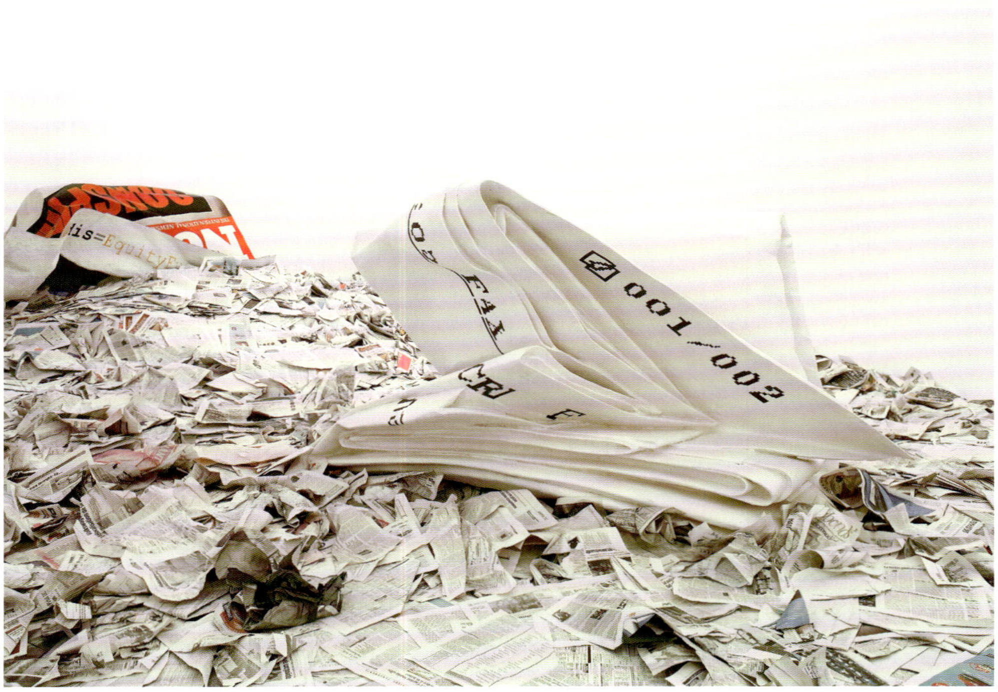

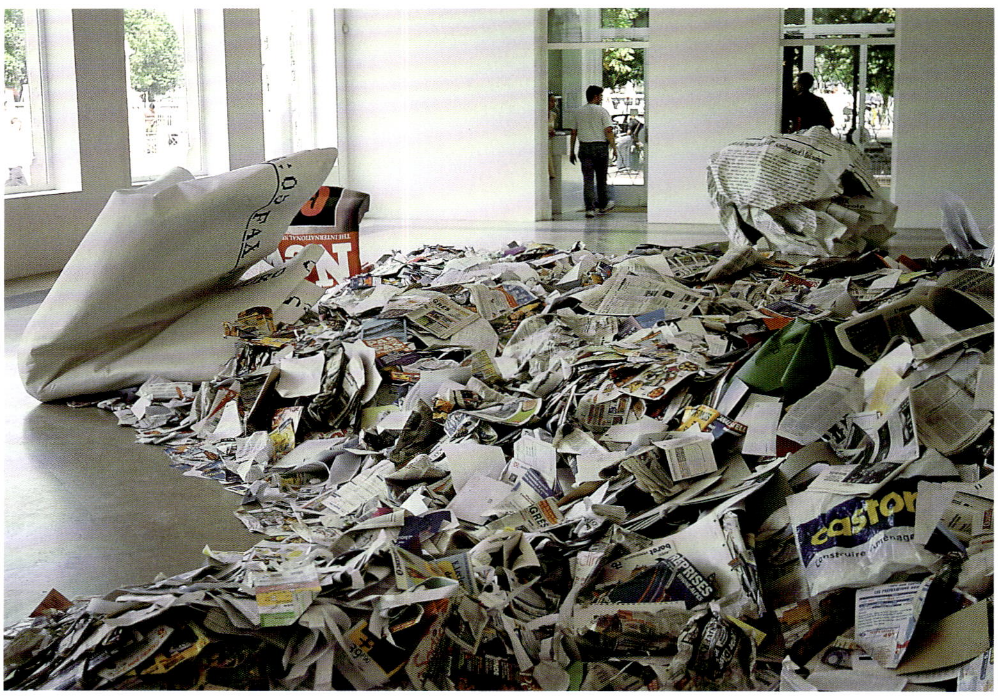

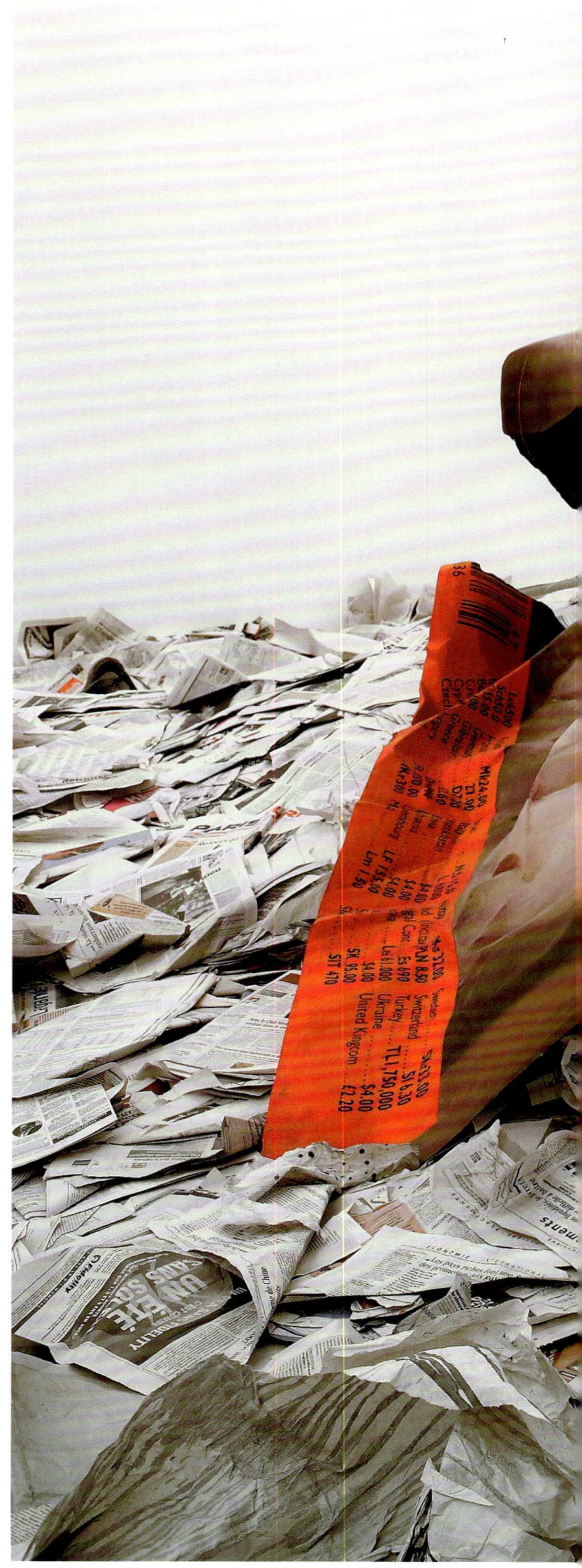

Bas(bottom) : Vue de l'installation (view of the installation), Le Rectangle, Lyon (2001).

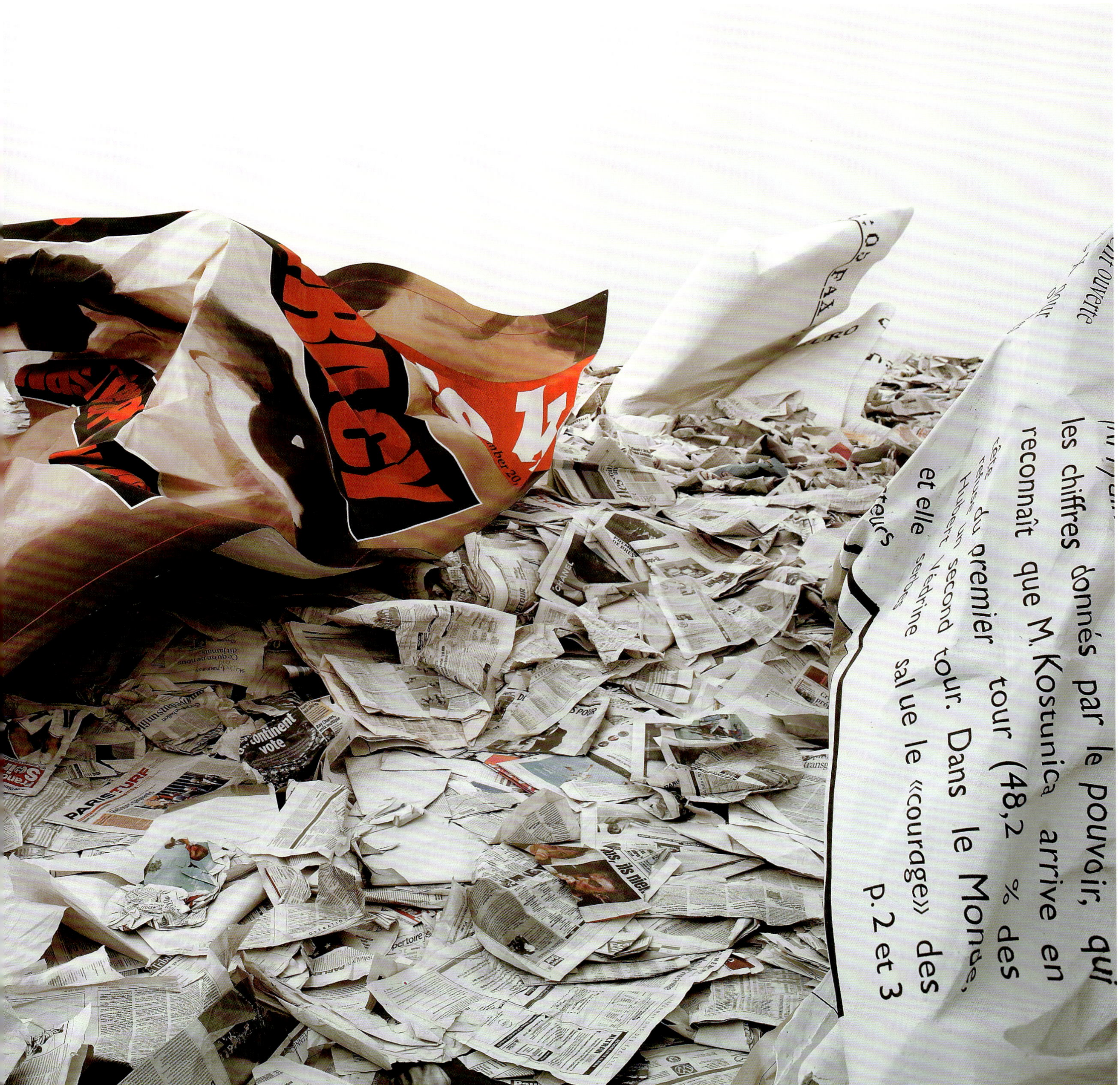

Haut et droite (top & right): *Fax publicitaire Noos* & *Newsweek*. Détails de l'installation (details of the installation). Exposition (exhibition) *Wang Du Parade #3*, les Abattoirs, Toulouse (2004).

MON LIT

2002
Tissu, image impression numérique (fabric, digital print image)
200 x 160 x 140 cm

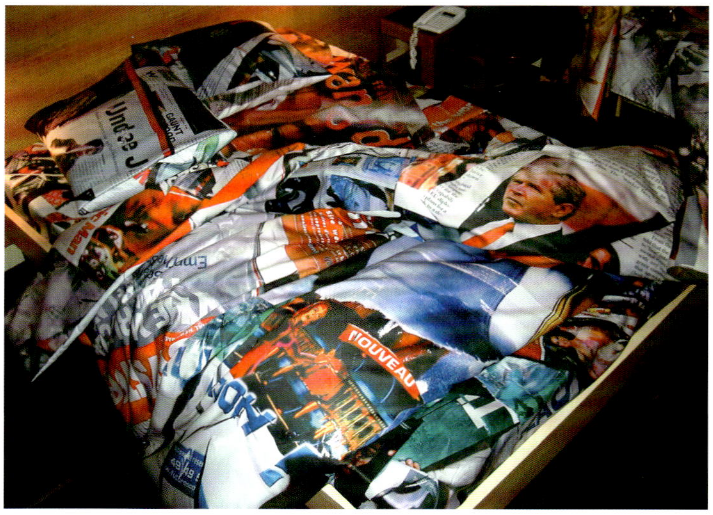

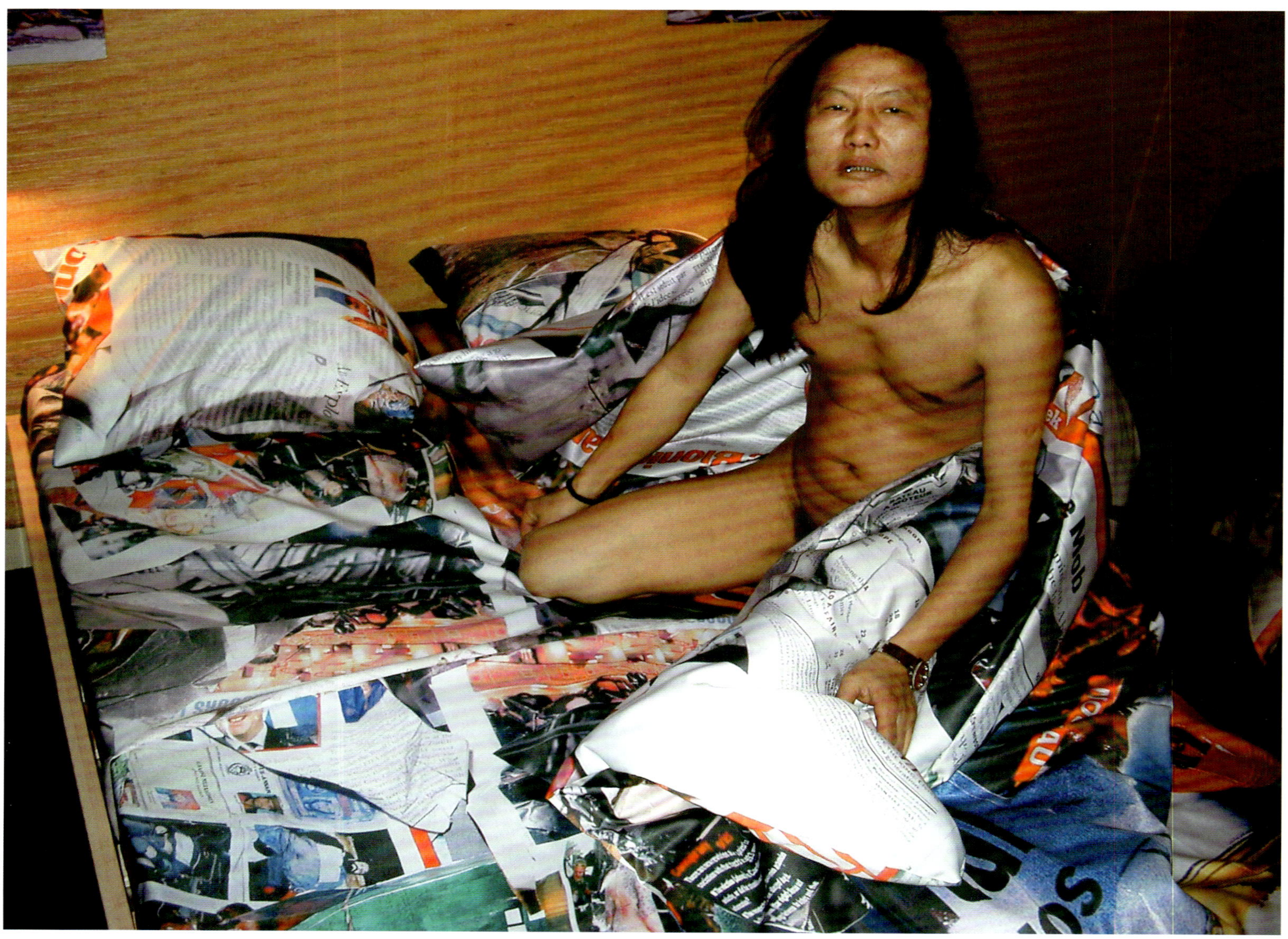

Vues de l'installation (views of the installation), hôtel La Louisiane, Paris (2002).

« POUR INVESTIR L'UNE DES CHAMBRES DE L'HÔTEL LA LOUISIANE
MISE À MA DISPOSITION LORS D'UNE EXPOSITION COLLECTIVE,
LE LIT M'APPARAÎT ÊTRE L'OBJET LE PLUS APPROPRIÉ.
UN LIT, COMME IL Y EN A DES PLUS BANALS, DEVENU POUR L'OCCASION
UN GRAND BERCEAU IMPRIMÉ DE PHOTOS DE PAPIERS FROISSÉS,
SUSCEPTIBLE D'ACCUEILLIR LES VISITEURS. »

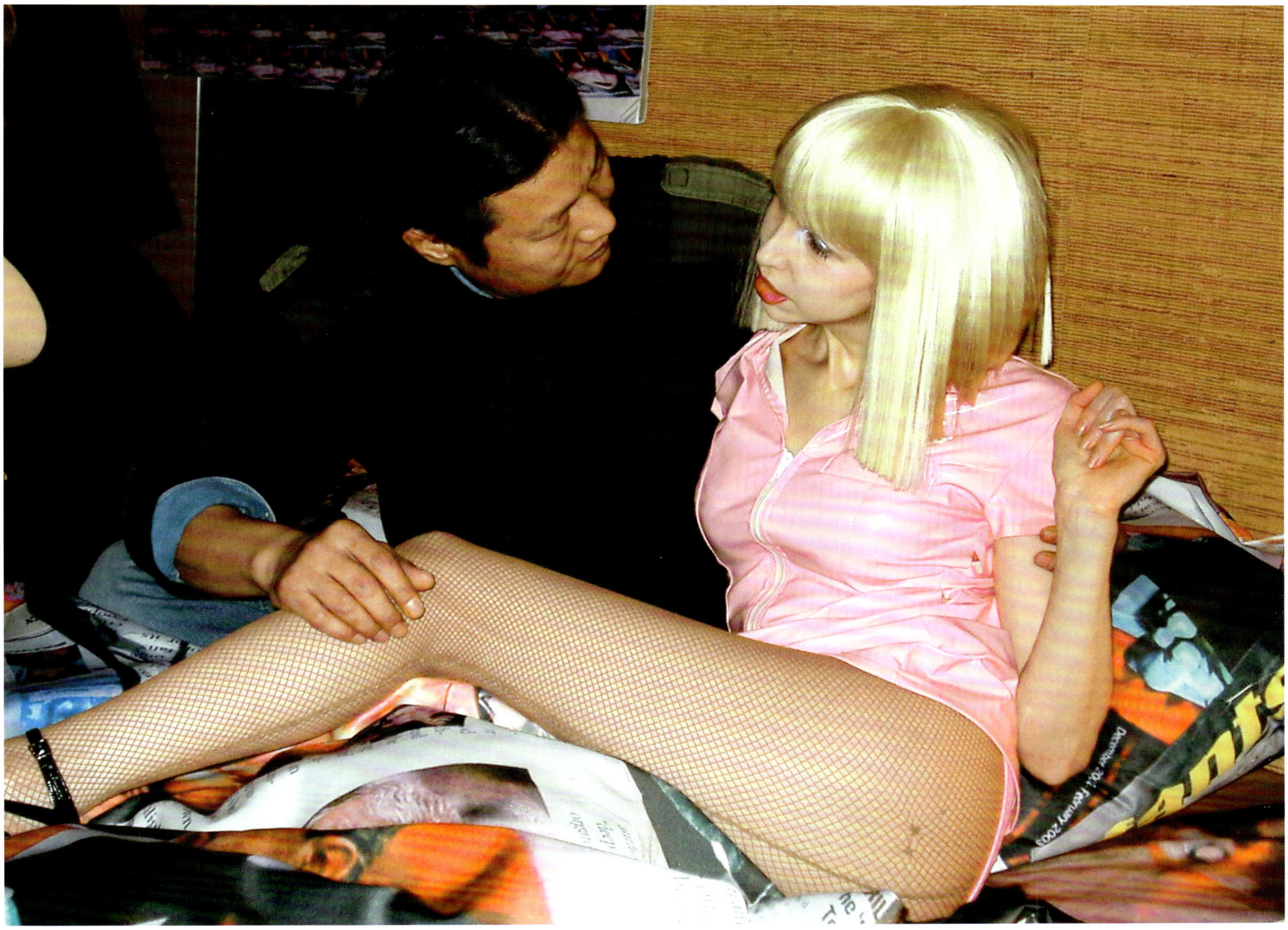

"For a group show I was taking part in, one of the rooms in the Hotel La Louisiane was placed at my disposal. The bed in the room seemed to me to be the most appropriate object to work with.
A bed, like so many other unremarkable beds, became a great cradle for the occasion, stamped with photographs of crumpled sheets of paper and readily available to people visiting the show."

INFOGANDA
Notre environnement mental selon Wang Du
— Pascal Beausse

L'information est la rumeur du monde. Flashs, spots, bribes d'infos, fragments de données, alertes, messages, signaux attrapés au hasard de nos déambulations quotidiennes, constituent l'environnement dans lequel nous évoluons. Plus encore, ils offrent un cadre référentiel prééminent aux multiples décisions, actions et fantasmes qui jalonnent nos jours et nos nuits. Wang Du a une belle formule pour exprimer cet envahissement des espaces et temps de vie par la sphère informationnelle : « Les médias, c'est l'air, c'est le sang, c'est presque tout ce qu'on a vécu[1]. » Le média a sa vie propre, comme un organisme autonome, échappant au contrôle. L'information est partout, en temps réel. Selon Baudrillard, elle va même jusqu'à anticiper l'événement – ou s'y substituer. « C'est dans la sphère des médias qu'on voit le plus clairement l'événement court-circuité par son retour-image immédiat[2]. »
L'entrée de l'humanité dans l'ère de l'information a généré toutes sortes de prophéties hyperboliques et autres théories du complot. Zélateurs et contempteurs de la révolution des technologies du traitement et de la communication de l'information se sont au moins retrouvés sur un point : ce réseau omniprésent de création, transmission et stockage d'informations a généré un monde en soi – un monde numérique. Cette cyberrévolution est marquée par l'omnipotence de l'image. Aujourd'hui, une information est avant tout une image. Ainsi, dans un regain de l'affrontement entre nouveaux iconoclastes et éternels iconophiles, autour de l'iconoclash fondateur du 11 septembre, l'image d'information est-elle définitivement consacrée comme la marchandise absolue. Présente à profusion, en renouvellement constant, utilisée par ses adversaires mêmes, enterrée par l'homme le plus riche du monde, bien profond sous terre, dans d'anciennes mines, comme un mausolée pour la mémoire de l'histoire humaine.

Cette image d'information, entendue au sens large regroupant la publicité et la propagande, est le matériau de Wang Du. Elle est la matière première pour l'activité de cet artiste qui a complètement reconfiguré son travail dans ses concepts, ses méthodes et ses formes au début des années 1990, à son arrivée en Occident, en prenant très sérieusement en compte ces nouvelles coordonnées du monde contemporain. En baptisant son atelier, situé en banlieue parisienne, le « Wang Du Studio », il a désigné de façon éloquente son lieu de vie et de travail, se plaçant à un embranchement inédit de flux d'informations et de production de formes.

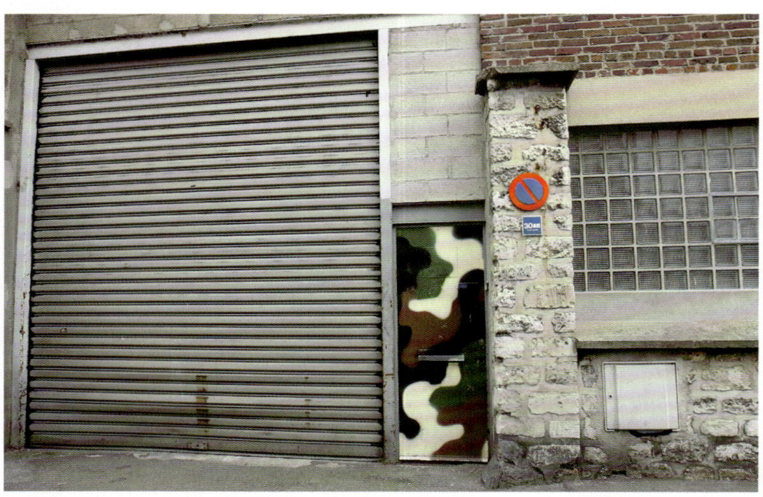

Comme une raison sociale ou une marque, Wang Du Studio a la qualité d'engendrer une riche polysémie, hautement signifiante du rôle et de la place de l'art aujourd'hui. À l'américaine, « Studio » conteste le mythe de l'atelier de l'artiste, reconduit depuis la Renaissance de façon sempiternelle comme un lieu clos, secret, où s'exerce l'alchimie de la création. Ce studio auquel il fait référence, c'est plutôt le lieu crucial, stratégique, du monde de la communication. Studios radio et télé, plateaux du 20 heures et plateaux de tournage, salles de doublage, de montage, de trucage, sont les usines du network global.

INFOGANDA
Our Mental Environment According to Wang Du
— Pascal Beausse

Information is the world's rumor. Newsflashes, commercial breaks, bits of info, fragments of data, alerts, messages, signals picked up by chance during our daily walks, these things constitute the environment we move around in. Further, they offer a preeminent referential framework for the many decisions, actions and fantasies that punctuate our days and nights. Wang Du has a wonderful phrase that expresses that encroachment on life's time and space by the information sphere, "The media are the air, blood, nearly everything we have lived."[1] The media have a life of their own, like an autonomous organism, beyond any control. Information is everywhere, in real time. As Baudrillard sees it, information goes so far as to anticipate the event – or even take its place. "It is in the sphere of the media that we most clearly see events short-circuited by their immediate image feedback."[2]
Humanity's entrance into the information age has generated all kinds of hyperbolic prophecies and conspiracy theories. Zealots and denigrators of the revolution in information transmission and processing technologies have more or less come together on one point, namely, that this omnipotent network for creating, transmitting and stocking information has given rise to world onto itself – a digital world. This cyber-revolution is stamped by the omnipotence of the image. Today, a piece of information is above all an image. Thus, in a fresh outbreak of the confrontation between new iconoclasts and eternal iconophiles around the founding iconoclash of September 11, the information image has been established once and for all as an absolute commodity. Abundantly available, constantly renewed, used by its very adversaries, and buried by the richest man in the world deep underground in ancient mines, like a mausoleum dedicated to the memory of human history.

If we broaden its sense to include advertising and propaganda, the information image is what Wang Du in fact works with. It is the raw material of his activity as an artist, who completely reconfigured his work in terms of its concepts, methods and forms in the early 1990s (when he arrived in the West), seriously taking into account these new reference points of the contemporary world. Dubbing his workplace in the outskirts of Paris the "Wang Du Studio," he devised an eloquent name for where he lives and works, locating himself at an original juncture of the flow of information and the production of forms.
Like a corporate name or a brand, Wang Du Studio offers the advantage of generating a multiplicity of meanings that are highly significant of art's role and place in the world. In the American sense of the word, "Studio" challenges the myth of the artist's atelier, endlessly renewed since the Renaissance as a secret closed-off place where the alchemy of artistic creation is carried out. The studio Wang Du is referring to is rather that strategic, crucial locus of the world of communications. Radio and television studios, venues for broadcasting the evening news and film stages, dubbing or editing rooms, or special-effects labs are factories in a global network. Setting up the tools of his trade in the grand framework of a former mid-sized business, Wang Du has thus created his very own artist's factory, just as Godard sees his filmmaking as a small craftsman's workshop vis-à-vis the entertainment industry. The Wang Du Studio mischievously pits itself against the symbolic strongholds of the news business and the

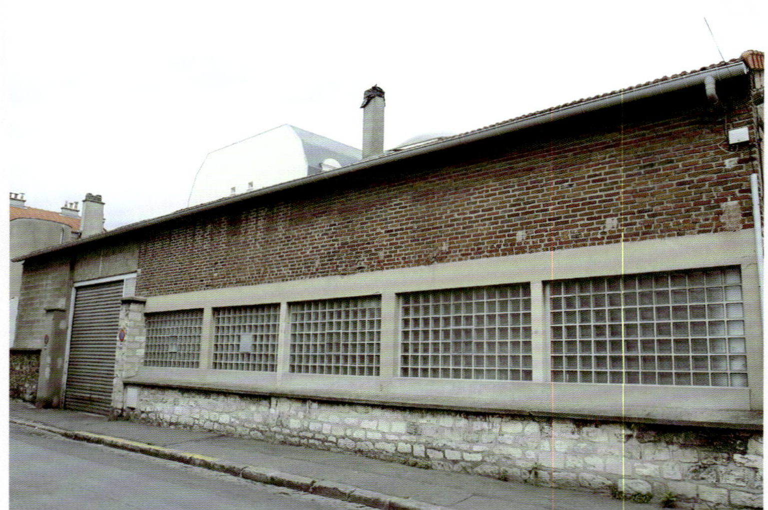

L'atelier de Wang Du à Alfortville (Wang Du's studio in Alfortville).

Installant son outil de production sous la grande charpente d'une ancienne PME, Wang Du crée ainsi sa fabrique d'artiste, de même que Godard pense son cinéma comme un petit artisanat face aux industries du divertissement. Le Wang Du Studio se mesure avec malice tant aux places fortes symboliques du *news business* qu'aux enclos édéniques, mythifiés, des collines d'Hollywood, où les « grands studios » reformulent chaque jour la réalité rêvée, dans une proximité toujours plus grande avec l'économique et le politique.

Les informations arrivent chaque jour dans l'atelier, par les journaux, le courrier, les e-mails, les images sur les écrans télé et informatique. Wang Du les assimile, les malaxe, les digère et les retraite. Le travail de l'artiste, c'est de produire des formes ; des formes qui véhiculent une pensée du monde. La forme est un véhicule pour l'idée. Les choix plastiques qui président à son aspect – techniques, matériaux, couleurs – sont explicites de la spécificité de l'activité artistique face au champ plus large de l'industrie culturelle dans laquelle les lois économiques et les stratégies marketing tentent de plus en plus souvent de la faire entrer. L'art se distingue de l'information en ce qu'il ne saurait se contenter d'être un simple décalque de la réalité. Si Wang Du se pense comme « le journaliste des journalistes », en s'inventant un rôle de média ultime, se plaçant au bout de la chaîne de production de l'information, il déplace conceptuellement les méthodes de travail du journaliste en les amenant symboliquement sur son propre territoire d'artiste. D'autres régimes de vitesse sont opposés à l'instantanéisme qui caractérise le journalisme aujourd'hui. Il y a ainsi une résistance paradoxale, et tout à la fois productrice de sens, de l'artiste aux facilités offertes communément de nos jours par les technologies informatiques. Nulle crispation passéiste toutefois sur les traditions du « métier » d'artiste. Les techniques employées par Wang Du sont fonction de l'ampleur du projet, du modelage du sculpteur au sous-traitement en usine. Qu'elles soient produites dans l'atelier ou qu'elles y arrivent en container, ses images 3-D sont bien créées conceptuellement dans le Wang Du Studio entendu comme centrale de recyclage des matériaux médiatiques.

Wang Du, c'est Rodin avec un siècle de mass media en plus. Il y a une même ambition pour l'artiste de se situer au cœur de la société, en phase avec son temps, comme un grand imagier des mythes et fantasmes caractérisant le monde contemporain, dans une adresse directe à son époque. En plus des entassements de moules de plâtre et de latex, des fragments de corps et d'objets coulés en résine, le Wang Du Studio est encombré de piles et d'éboulements de journaux et magazines, tous genres confondus.

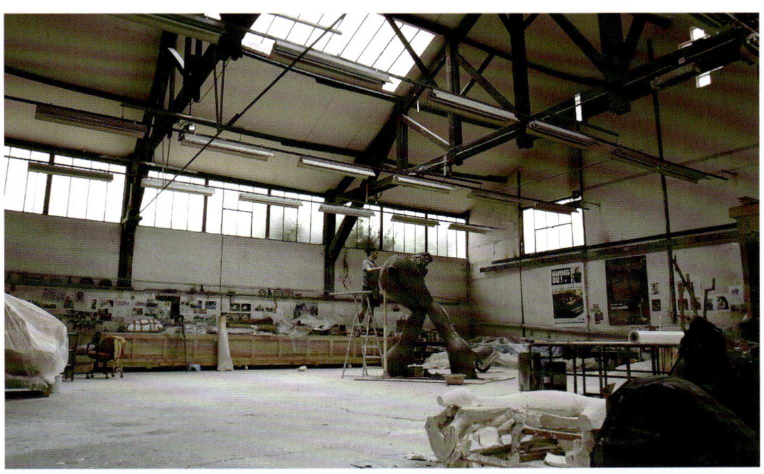

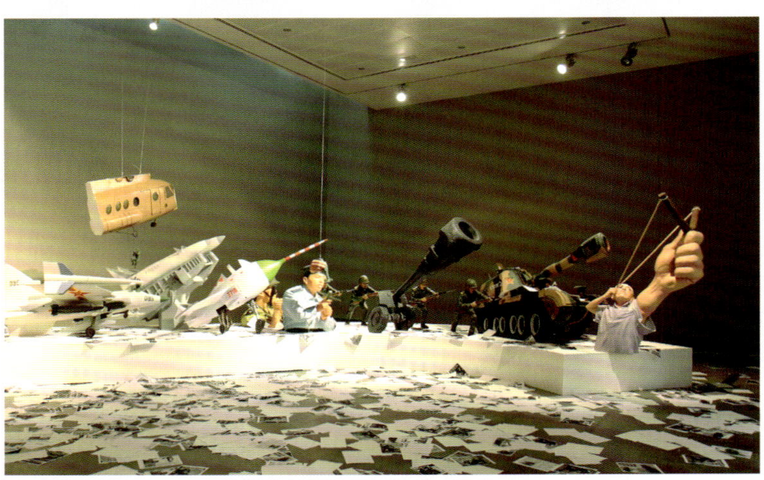

mythicized, edenic enclosures dotting the hills of Hollywood, where major studios reformulate each day an ideal reality in an ever-growing proximity to the economy and politics.

Information comes in each day to the studio via newspapers, the mail, e-mails, the images on TV screens and computers. Wang Du assimilates, blends, digests and reworks this info. It is the artist's job to produce forms that convey a certain conception of the world. Form is a vehicle for ideas. Plastic choices that preside over what the form comes to look like – techniques, materials, colors – evince the specificity of artistic activity vis-à-vis the wider field of the culture industry, which economic laws and marketing strategies are increasingly trying to force it into. Art stands apart from information in that it could never simply content itself with merely copying reality. If Wang Du sees himself as "the journalists' journalist" by inventing an ultimate media role for himself and taking up his place at the end of the information assembly line, he conceptually displaces the journalist's working methods by symbolically bringing them into his own territory as an artist. He sets other speeds against the instantaneousness characterizing journalism today. The artist harbors a paradoxical resistance then (one that is at the same time productive of meaning) to the advantages that are commonly offered by computer technologies these days. Yet we find no nostalgic anxiety with regard to the traditions of the artist's "craft." The techniques employed by Wang Du are a function of the piece's scale, from the sculptor's traditional modeling to outsourcing a project to a factory. Whether they are produced in the studio or are delivered there in a container, his 3-D images are very much created conceptually in the Wang Du Studio, taken as a recycling center for media materials.

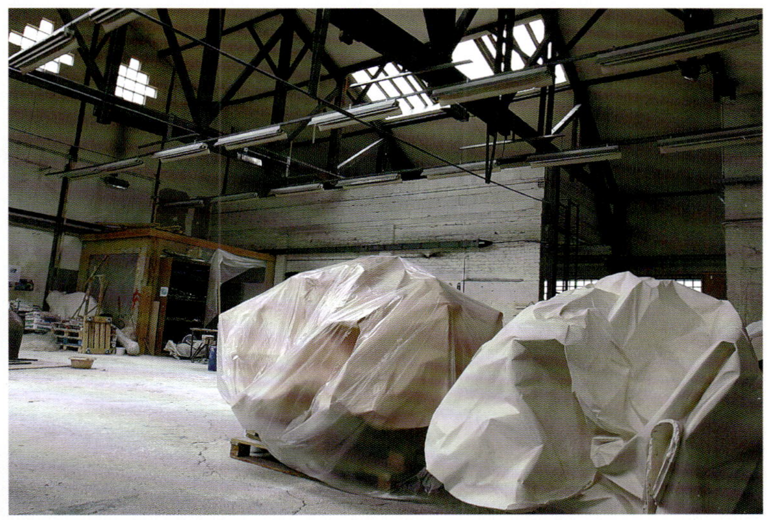

Wang Du is Rodin with an additional century of mass media. There is the same ambition on the artist's part to place himself at the very heart of society and in synch with his times, like a great popular maker of images for the myths and fantasies that characterize the contemporary world, in a direct address to his day and age. Beside the plaster and latex molds, the body parts and objects cast in resin, the Wang Du Studio is cluttered with piles and teetering heaps of newspapers and magazines of every kind. Concretely and metaphorically, the press review is the first phase of the artist's recycling work, that ecology of images that Wang Du engages in daily. He thought it would be a fun idea, moreover, to have himself photographed at a bookseller's dressed in a paramilitary uniform, his face done up in camouflage paint like a commando, in preparation for an installation of his, *Mon Kiosque*, 2000. The piece offered a series of images taken from French newspapers dating from 15 July, the day after Bastille Day, and treating both France's national holiday and Tom Cruise's latest film. This banal phase of buying newspapers, indiscriminately in this case in order to take in the whole diversity and heterogeneity of the press, is so thoroughly a part of the process of Wang Du's work that he traveled specifically to China that same year with the sole aim of buying as many armament magazines and bellicose military reviews as possible to use as reference sources for *Défilé*, 2000.

Like a press editor-in-chief, Wang Du pages through, selects and cuts out information or advertising photographs, which are not his work of course and which go to form the models for his art. The artist acts like an assembler of information who scans a myriad of sources to put together a blog, a casual rearrangement of information produced by others, of second-hand information in other words. *Marché aux puces, mise en vente d'informations d'occasion*, 1998-1999, is thus designed as a great merchant's stall where one can find side by side, in accordance with no other logic than what vulgarity and the spectacular dictate, ultra-famous actors and anonymous stars-for-a-day figuring in "current" events that are already out of date. From the trashcans of the mass media, the artist as rag-and-bone man salvages scraps of images that are the result of an

Haut (top) : Vues d'atelier (studio views).
Bas (bottom) : *Défilé*, 2000. Vue de l'installation (view of the installation). Exposition (exhibition) *Wang Du Parade #3*, les Abattoirs, Toulouse (2004).

Concrètement et métaphoriquement, la revue de presse est la première phase de ce travail de recyclage, cette écologie des images à laquelle se livre quotidiennement Wang Du. Il lui a d'ailleurs plu de se représenter chez son libraire pour une série de photographies, en tenue paramilitaire, le visage maquillé en camouflage commando, en préparation d'une de ses installations, *Mon Kiosque*, 2000, qui proposait justement un assemblage d'images tirées des journaux en date du 15 juillet, traitant de la fête nationale française tout autant que du dernier film de Tom Cruise. Cette phase banale de l'achat des journaux, cette fois-là sans discrimination pour envisager toute la diversité et l'hétérogénéité de la presse, est tellement intégrée au processus de travail de Wang Du qu'il est allé, la même année, jusqu'à faire un voyage express en Chine avec pour but unique d'acheter le plus grand nombre possible de magazines d'armement et revues militaires bellicistes comme sources de référence pour *Défilé*, 2000.

Tel le rédacteur en chef d'un organe de presse, Wang Du compulse, choisit et découpe des photographies d'information et de promotion, dont il n'est pas l'auteur et qui formeront les modèles de ses travaux. L'artiste se comporte comme un agrégateur d'informations qui scanne une myriade de sources pour constituer un blog, un réagencement désinvolte d'informations produites par d'autres, des informations de seconde main. *Marché aux Puces, mise en vente d'informations d'occasion*, 1998-1999, est ainsi conçu comme un grand étal de vente où s'enchaînent, sans autre logique que celles du vulgaire et du spectaculaire, les acteurs ultra-célèbres et les anonymes stars d'un jour d'une actualité déjà périmée.

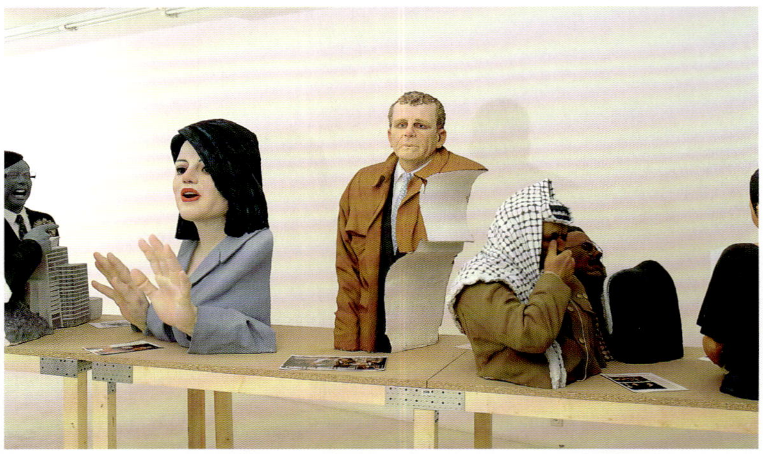

Des poubelles des mass media, l'artiste comme un chiffonnier récupère les déchets d'images résultant d'une surabondance de l'offre d'information. Les méthodes ne sont pas celles enseignées par les écoles de journalisme et présidant aux chartes de déontologie des médias professionnels. Wang Du pratique plutôt une nouvelle forme de journalisme Gonzo, tel que renouvelé ces dernières années sur Internet par les bloggers amateurs, créant leurs propres sites d'information, sans carte de presse ni prétention à l'objectivité et à la vérification de leurs sources – bien au contraire.

« Je veux être un média ». Lorsque Wang Du produit cette déclaration désormais célèbre, au ton volontaire, dans la grande tradition des *statements* d'artistes, il fait bien sûr explicitement référence à Warhol et son ambition de patron de presse et producteur d'émission télé pour le câble, bien plus qu'à sa dimension Pop. Mais surtout, il se situe alors en plein cœur de l'actualité pratique et théorique du système informationnel. Au moment où se produit, selon Ignacio Ramonet, l'événement fondateur d'une nouvelle équation informationnelle, lors de l'affaire Clinton-Lewinsky. Ce mix de conte de fée déviant et de saga marque l'irruption d'un nouveau média. C'est en effet le site Internet de Matt Drudge (*The Drudge Report*, lieu de publication de ragots, fuites, propos « off » et rumeurs non contrôlées) qui dévoile l'affaire, en soufflant l'exclusivité aux grands médias[3]. Apparaît alors sur la scène publique un nouvel opérateur médiatique : le self-média, synchrone avec les prémices de l'ère de l'information globale.
Le self-média est une entité individuelle et autonome produisant et diffusant un matériau informationnel hors de la sphère professionnelle des mass médias[4]. Il est théorisé dès 1973 par Jean Cloutier, sociologue de la communication québécois proposant une alternative humaniste, replaçant l'homme au centre du réseau communicationnel, face au froid « Medium is the Message » de Marshall McLuhan. Mais c'est dans le champ de l'activité artistique que le self-média est initié par David Lamelas, en 1968 à la biennale de Venise, avec son installation *Office of information about the Vietnam War at three levels:*

overabundance in the supply of information. The methods are not those that are taught in journalism schools and which figure prominently in the code of ethics of the professional media. Wang Du is more of a practitioner of a new form of Gonzo journalism as it has been renewed in the past few years by amateur bloggers on the internet, who create their own information websites with neither a press card nor any claim of objectivity or verification of their sources – quite the opposite.

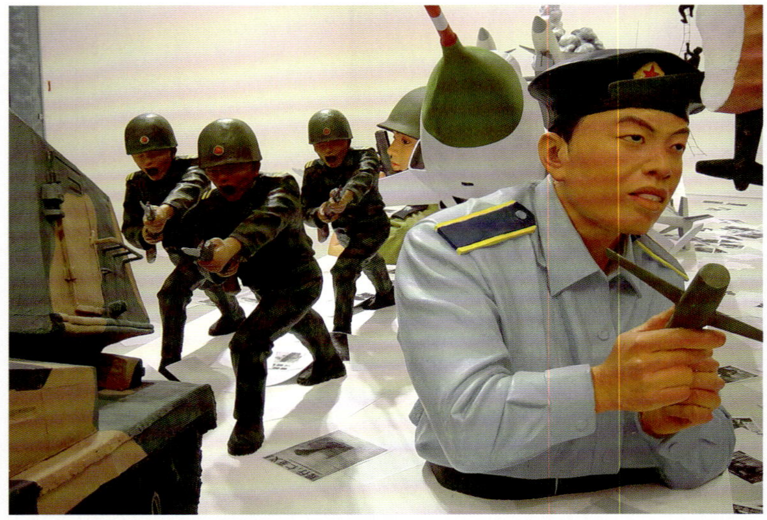

"I want to be a media." When Wang Du came up with this willful and now famous declaration in the grand tradition of artists' statements, he was of course openly referring to Warhol and his ambitions to be a press baron and producer of cable television, rather than the Pop side of the American artist. But above all, Wang Du was placing himself at the very heart of current theoretical and practical developments in the information system, precisely when, according to Ignacio Ramonet, the founding event of a new informational equation was playing out, i.e., during the Clinton-Lewinsky scandal. That mix of deviant fairytale and saga marks the sudden emergence of a new medium. It was in fact Matt Drudge's internet site (*The Drudge Report*, where gossip, leaks, off-the-record remarks and unsubstantiated rumors are published) that revealed the affair, scooping the major media.[3] There now appeared on the public scene a new media operator, the self-media, who was coming into his own as the global information age was starting.
The self-media is an autonomous, individual entity that produces and broadcasts informational materials outside the professional sphere of the mass media.[4] It was theorized as early as 1973 by Jean Cloutier, a sociologist of communications from Quebec who, in the face of Marshall McLuhan's cool "The Medium is the Message," proposed a humanist alternative to place man once again at the center of the communicational network. It was in the field of artistic activities, however, that self-media was first created, specifically by David Lamelas in 1968 at the Venice Biennial with his installation *Office of information about the Vietnam War at three levels: the visual image, text and audio.*[5] After these two inspired precursors, however, we can simply fold time over itself and shift to the second half of the 1990s, when it is clear that the self-media truly began to develop, thanks to an opportunity that was historical, technological and theoretical all at once. The self-media is a response to two things, the convergence of and new accessibility to communication tools and techniques, and the worldwide awareness of the need for a civic alternative to the monopoly of the imaginary exercised by the mass-media system, which contributes to genuine representational deficits, what Serge Daney called the "missing image."

In his way, Wang Du was fashioning his concept of the artist as self-media at the same time as a number of other artists who were active in this regard, including Pierre Huyghe and his *Mobil TV*, created with Mélik Ohanian in 1995 and 1998; Lincoln Tobier and Rirkrit Tiravanija and *Radio Printemps &...* in 1996 and *Polyradiobucket* in 2000; Gregory Green and his *M.I.T.A.R.B.U.* in 2000; Bruno Serralongue and his activity as a fake news reporter in *Corse-Matin* in 1997 and *Jornal do Brasil* in 1999; and Gianni Motti and his frequent recycling of events or taking the mechanisms of the mass media hostage.
Like them, Wang Du is not a "critical" artist. He works in a place that lies beyond the critical and does not kit himself out in the showy rags of the "activist" artist. He has adopted a nondogmatic position in order to bring to light the reality of our times through media imagery taken as reality itself. Acting as the media's double, he pretends to accept the duplicity in order to get beyond morality by taking propaganda images as his models. The media are imbued with the dual logic that marks all instances of power in hypermodern society, infusing information, and the procedures involved in the production of information, with ambivalence. It is the ambivalence of information that is, now more than ever, indispensable to the proper functioning of democracy while being an agent in the construction of consent and the control of public opinion through the

Gauche (left) : *Marché aux puces, mise en vente d'informations d'occasion*, 1998-1999. Détail de l'installation (detail of the installation), galerie Art & Public, Genève (1999). Courtesy Art & Public.
Droite (right) : *Défilé*, 2000. Detail de l'installation (detail of the installation). Exposition (exhibition) *Wang Du Parade #1*, La Criée, Rennes (2004).

the visual image, text and audio[5]. Après ces deux géniaux précurseurs, on peut opérer une pliure dans le temps et constater que c'est bien dans la seconde moitié des années 1990 que le self-média se développe véritablement, à la faveur d'une opportunité tout à la fois historique, technologique et théorique. Le self-média répond à la convergence et à une nouvelle accessibilité des outils et techniques de communication, autant qu'à une prise de conscience planétaire d'une nécessaire alternative citoyenne au monopole des imaginaires exercé par le système mass-médiatique, concourant à de véritables déficits de représentation, à ce que Serge Daney appelle « l'image manquante ».

À sa manière toute particulière, Wang Du formule sa conception de l'artiste comme self-média au même moment que Pierre Huyghe et sa *Mobil TV*, réalisée avec Mélik Ohanian en 1995 et 1998, ou encore Lincoln Tobier et Rirkrit Tiravanija avec *Radio Printemps &...* en 1996 et *Polyradiobucket* en 2000, Gregory Green et son *M.I.T.A.R.B.U.* en 2000, Bruno Serralongue et son activité de faux reporter dans *Corse-Matin* en 1997 et *Jornal do Brasil* en 1999, Gianni Motti et ses fréquents détournements d'événements et prises en otages de dispositifs médiatiques.
Comme eux, Wang Du n'est pas un artiste « critique ». Il travaille dans un au-delà de la critique. Bien autrement que sous les oripeaux de l'artiste « engagé ». Il a adopté une position non dogmatique afin de montrer la réalité de notre époque à travers l'imagerie des médias, envisagée comme réalité même. S'il agit comme une doublure des médias, c'est bien pour feindre d'accepter la duplicité, pour sortir de la morale en acceptant comme modèles les images de propagande. Les médias sont traversés par la logique duale qui marque toutes les instances de pouvoir de la société hypermoderne, frappant d'ambivalence les informations et leurs procédés de fabrication. Ambivalence d'une information plus que jamais indispensable à la bonne marche de la démocratie et, dans le même temps, agent de construction du consentement et de contrôle de l'opinion publique par les mécanismes de propagande. Pour montrer ce monde-là, cet au-delà de la morale candide, il faut faire l'expérience des procédés producteurs de court-circuits médiatiques. Il faut entrer dans l'image mensongère afin de pouvoir montrer la vérité du système.
Les choix d'information (c'est-à-dire, en suivant l'étymologie, de mise en forme) de Wang Du traduisent cette acceptation : ses sculptures reproduisent les cadrages initiaux du photographe, auquel s'identifie l'artiste qui agit lui aussi par fragmentation, mais en volume, c'est-à-dire de façon beaucoup plus physique et spectaculaire. Traduites en trois dimensions, les distorsions produites par les aberrations optiques de l'objectif déformant des médias engendrent des images monstrueuses, grossières, obscènes, comme une boursouflure des images-objets du show-business de l'information. Ce processus de re-présentation lui permet de montrer crûment le spectacle du réel.

Sa stratégie plastique d'amplification des caractéristiques des produits médiatiques amène logiquement Wang Du à jouer avec les notions d'échelle et de monumentalité. Les sur- et sous-dimensionnements appliqués aux icônes médiatiques permettent de leur infliger avec véhémence une sorte d'infamie drolatique, dont est victime la figure du grand commandeur George W. Bush dans *We're Smoking Them Out!*, 2002. À partir du récit très héroïque d'une journée idéale à la Maison Blanche, Wang Du livre une caricature pleine d'un humour sadique et salvateur. La mise en forme pratiquée par l'artiste s'oppose au formatage de l'information.

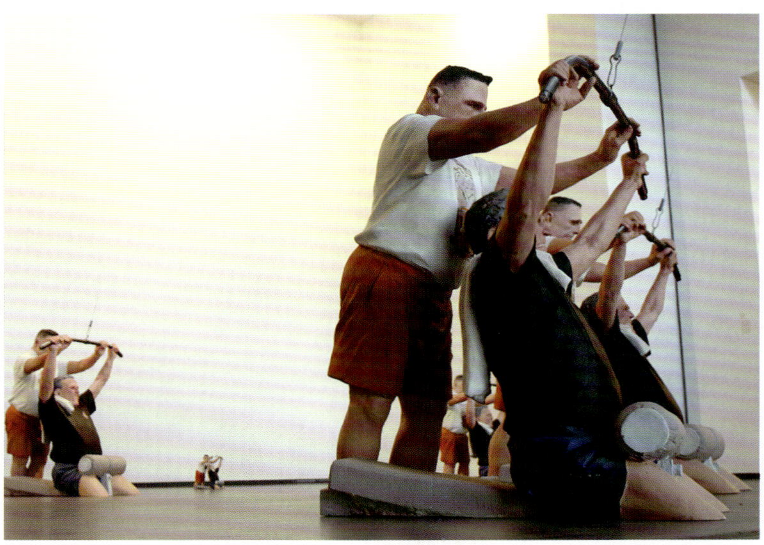

mechanisms of propaganda. To shed light on that world, that place beyond candid morality, you have to experience the procedures that produce media short-circuits. You have to enter the false image to be able to point out the truth of the system.
It is Wang Du's selection of information (i.e., the "giving of form to", if we go back to the etymology of the term) that renders that sense. His sculpture reproduces the initial framing of the image selected by the photographer, whom the artist identifies with. But the artist also acts, using fragmentation but in terms of volume, i.e., in a much more physical and spectacular way. Rendered in three dimesions, the distortions produced by the optical aberrations of the media's deforming lens generate images that are monstrous, grotesque, obscene, like a swelling of the object-images that make up the information show business. This process of re-presentation allows Wang Du to bluntly lay bare the spectacle of reality.

The artist's formal strategy here of enlarging the characteristics of media products logically leads Wang Du to play on the notions of scale and monumentality. His wild expansion or contraction of the correct proportions of media icons allows him to vehemently slap them with a kind of comical infamy, one victim of which is the great commander George W. Bush in *We're Smoking Them Out!* , 2002. Starting with the highly heroic tale of one ideal day at the White House, Wang Du offers up a caricature that is filled with sadistic salutary humor. This kind of shaping practiced by the artist offers a stark contrast with the formatting of information.

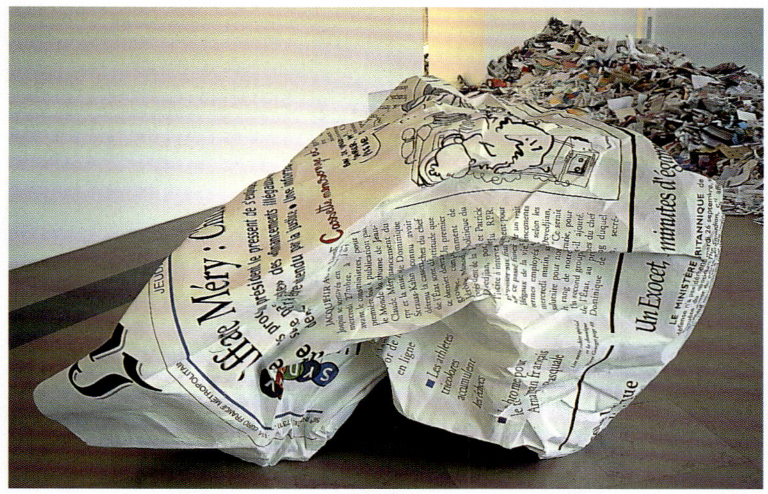

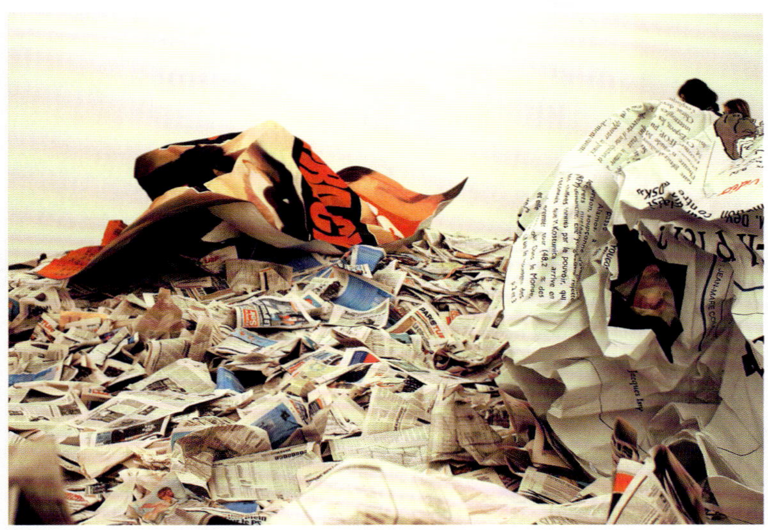

Since 2001, alongside the plastic surgery he performs on images, Wang Du has also applied his monumental enlargements to the very pages of the newspaper or the cover of magazines. In this case, it's no longer the figure that is removed from the image and given its volumetric treatment, but the simple page that shifts from its superficial flatness to a volume that is literally sculptural, in an eloquent mastery of the different phases of this eminently plastic art. In a moment of skeptical reflection on the original material that he is endlessly manipulating, Wang Du crumples up the sheet of paper into a ball, like the kind we intend to toss in the wastepaper basket. To that act of negating information as well as affirming the extremely fleeting and volatile character of daily news, Wang Du now began to apply his method of playing with scale. In *Luxe populaire*, 2001, the front page of *Le Monde* or the cover of *Newsweek*, properly enlarged, became giant balls of paper in an unstable topography made up of a myriad of crumpled news-

Gauche (left) : *We're Smoking Them Out!*, 2002. Vue de l'installation (view of the installation). Exposition (exhibition) *Wang Du Parade #3*, les Abattoirs, Toulouse (2004). **Haut à droite (top right):** *Luxe populaire*, 2001. Détail de l'installation (detail of the installation), Le Rectangle, Lyon (2001). **Bas à droite (bottom right) :** *Luxe populaire*, 2001. Détail de l'installation (detail of the installation). Exposition (exhibition) *Wang Du Parade #3*, les Abattoirs, Toulouse (2004).

Parallèlement à cette chirurgie esthétique de l'image, Wang Du fait subir depuis 2001 sa procédure d'agrandissement monumental à la page même du journal, ou à la couverture du magazine. Cette fois-ci, ce n'est plus la figure qui est extraite de l'image pour être volumétrisée, mais la simple page qui passe de sa planéité superficielle à un volume proprement sculptural, dans une maîtrise éloquente des différentes phases de cet art éminemment plastique. Dans un moment de réflexion dubitative sur le matériau d'origine qu'il ne cesse de manipuler, Wang Du broie la feuille de papier au creux de son poing, la transformant en boule, comme celle que l'on destine à la corbeille. À partir de cet acte de négation de l'information tout autant que d'affirmation du caractère extrêmement éphémère et volatile des nouvelles quotidiennes, Wang Du applique sa méthode de jeu avec l'échelle. Dans *Luxe populaire*, 2001, la une du *Monde* ou la couverture de *Newsweek*, ainsi augmentées, prennent la forme de boules de papier géantes, posées sur une topographie instable constituée par le déversement dans l'espace d'exposition d'une multitude de journaux froissés. L'évidence implacable du gigantisme invite le spectateur à une immersion dans le monde des médias et des images. Cette idée de navigation dans l'espace de la communication est reconduite avec *Le Tapis du piéton*, 2003, qui propose une métaphore très directe de l'écrasement des Twin Towers en transposant le geste qui consiste à fouler au pied un magazine en procédure sculpturante autant qu'en expérience de l'œuvre, s'offrant au piétinement.

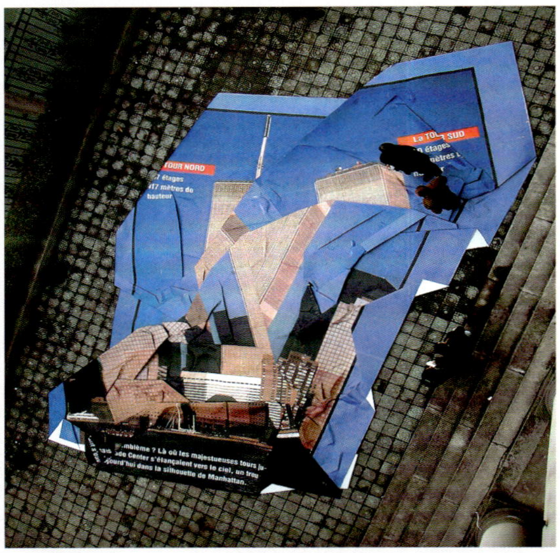

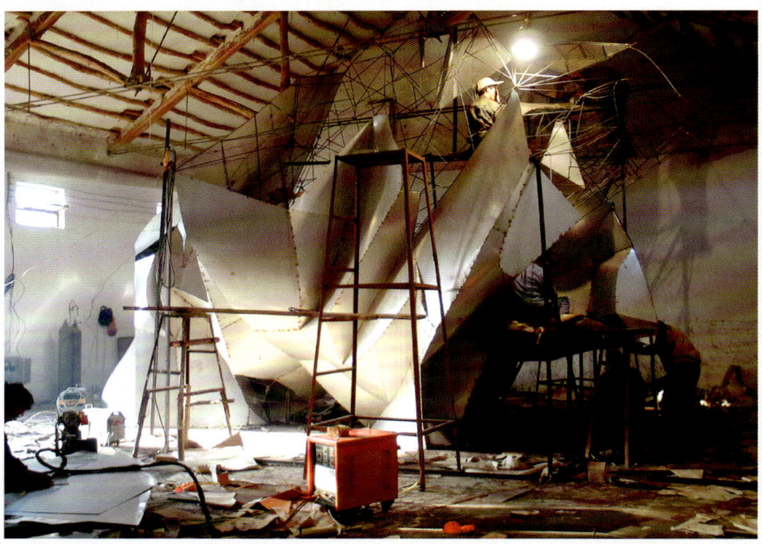

Puis c'est *World Markets*, 2004, monstre d'acier, inoxydable comme l'idéologie du marché tout-puissant véhiculée par la bible quotidienne de l'économie capitaliste qu'est le *Wall Street Journal*. Puisque l'univers de l'information s'est industrialisé, l'artiste fait appel à des procédés de fabrication industriels.

Wang Du a réalisé une synthèse très personnelle des différents modèles de propagande qu'il a pu connaître au cours de sa vie, tant en Chine qu'en Europe ou aux États-Unis. Le principe de *Défilé* consistait à apporter, dans la galerie de Jeffrey Deitch, la propagande chinoise sur le territoire américain, en s'en faisant ironiquement le messager. Le lien entre armes et jouets ainsi exploité évoque les nombreux points communs et relations de dépendance économique

papers tipped out into the exhibition space. The implacable proof of gigantism invites viewers to immerse themselves in the world of the media and its images. This idea of navigating the space of communication was renewed with *Le Tapis du piéton*, 2003, which features a straightforward metaphor of the collapse of the Twin Towers by transposing the gesture of trampling a magazine under foot into both a sculpture-generating procedure and an experience of the work of art, offered to the heels of passing visitors. Then there is *World Markets*, 2004, a stainless steel monster as impervious to rust as the ideology of the all-powerful market conveyed by that daily bible of the capitalist economy, *The Wall Street Journal*. Since the information universe has become industrialized, the artist may turn to industrial production procedures.

Wang Du has carried out a highly personal synthesis of the various propaganda models he has come to know throughout his life, either in China, Europe or the United States. The principle behind his *Défilé*, for example, consisted in bringing Chinese propaganda onto American territory (at the Jeffrey Deitch Gallery), ironically transforming himself into its messenger. The link between arms and toys that he made use of in this way recalls the many points in common and ties of economic dependence that connect these two superpowers in a symbiotic relationship, as Slavoj Zizek has clearly demonstrated.[6] While the main source of American products, including toys, China is inventing in its press a virtual arsenal, a paper army that Wang Du gives shape to while revealing the artifices of disinformation.

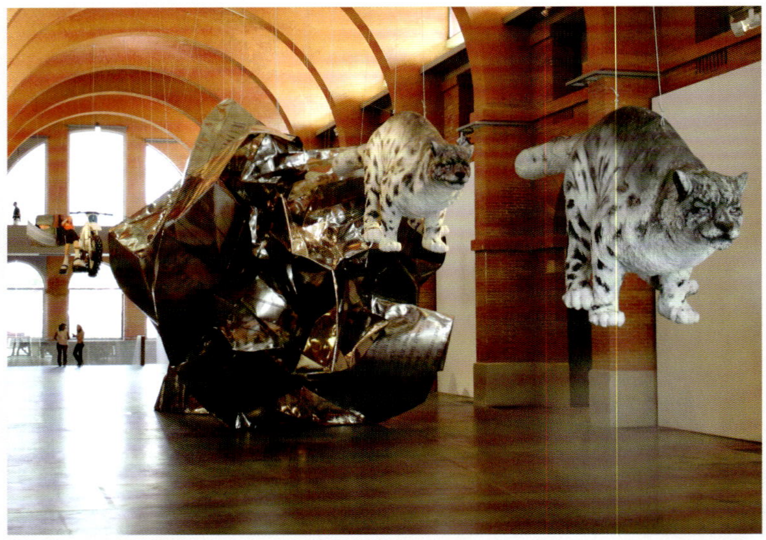

To avoid reiterating certain Chomskyian tics,[7] rather than use the term propaganda we might employ a brand-new neologism to conjure up Wang Du more accurately, i.e., *Infoganda*, which dates from 2004. The etymology of the term is obvious, fitting the "info-" of information onto the "-ganda" of propaganda. Apparently the term was coined by one Bob Corduroy (on *The Daily Show* of 17 March 2004), who was making a clear-eyed assessment of the expansion of faux journalism at the expense of the real, trustworthy kind. Infoganda involves the production of rigged news. It can be defined as the act of using public information networks in a deceptive, underhanded way, or with the intention to harm, in order to broadcast an apparently plausible, hidden propagandist message. One can easily imagine how this infoganda can readily spread through public opinion like a *meme*, that unity of information that reproduces itself and independently propagates like a gene.[8] In a suspicious era characterized by a wave of information of doubtful veracity, in the face of this crisis of uncontrolled communicational madness, Wang Du's answer lies in *No Comment* (2001), an immense trashcan that makes clear the perishable nature of the newspapers, television sets turned to Euronews and computers filling it. We find ourselves here at the point where various streams of images cross paths, at the very heart of the artist's activity, confronted by his capacity to transform informational material. Wang Du places side by side a future as commodity for information and a future as a world to itself for this absolute commodity. Intox [brainwashing] or info? Infox!

Haut à gauche (top left) : *Le Tapis du piéton*, 2002-2003. Vue de l'installation (view of the installation). Exposition (exhibition) ***The First Mirage***, Suzhou Art Museum, Suzhou (2002). **Bas à gauche (bottom left) :** Fabrication de (production of) ***World Markets***, 2004, en Chine (in China).
Droite (right) : *World Markets*, 2004. Vue de l'installation (view of the installation). Exposition (exhibition) *Wang Du Parade #3*, les Abattoirs, Toulouse (2004).

qui relient ces deux superpuissances, en symbiose, comme l'a bien démontré Slavoj Zizek[6]. La Chine, principal producteur des produits américains, dont les jouets, invente dans sa presse un arsenal virtuel, une armée de papier à laquelle Wang Du donne forme en révélant les artifices de la désinformation.
Plutôt que de propagande, en évitant ainsi la réitération des tics Chomskyiens, il faudrait, pour évoquer plus justement Wang Du, employer un néologisme tout neuf, daté de 2004 : *Infoganda*. L'étymologie en est très évidente, qui enchâsse le « info- » d'information et le « -ganda » de propaganda. Il semble que son auteur en soit Bob Corduroy, dans *The Daily Show* le 17 mars 2004, qui fait alors un constat lucide de l'expansion du faux journalisme aux dépens du journalisme réel et fiable. L'infoganda consiste en la production de nouvelles truquées. Elle se définit comme l'acte d'utiliser les réseaux d'information publics d'une manière trompeuse, sournoise ou avec l'intention de nuire, afin de diffuser un message propagandiste caché, paraissant plausible. On imagine aisément que cette infoganda puisse se répandre sans problème dans l'opinion comme un *meme*, cette unité d'information se répliquant et se propageant de façon autonome comme un gène[8]. Dans cette ère du soupçon caractérisée par un déferlement d'informations à la véracité douteuse, face à cette crise de folie communicationnelle incontrôlée, la réponse de Wang Du réside dans *No Comment*, 2001, immense poubelle affirmant la nature périssable des journaux, téléviseurs branchés sur Euronews et ordinateurs qui la remplissent. On est là à la croisée des flux d'images, au cœur même de l'activité de l'artiste, face à sa capacité à transformer la matière informationnelle. Wang Du met ainsi en parallèle un devenir-marchandise de l'information et un devenir-monde de cette marchandise absolue. Intox ou info ? Infox !

1. Wang Du, entretien avec Pierre Bal-Blanc et Pascal Beausse , *Wang Du Magazine*, Design Mental, Paris, 2001, p. 214.

2. Jean Baudrillard, *Le Pacte de lucidité, ou l'intelligence du mal*, éditions Galilée, Paris , 2004, p. 104.

3. Cf. Ignacio Ramonet, *La Tyrannie de la communication*, Galilée, Paris, 1999, p. 18-22.

4. Voir Pascal Beausse, «Informations, enquêtes sur le réel et Self-médias», dans *Pratiques contemporaines. L'art comme expérience*, Dis Voir, Paris, 1999.

5. Voir Pascal Beausse, «Petite histoire du self-média», dans *In Media Res*, Presses Universitaires de Rennes, Rennes, 2003.

6. Slavoj Zizek, «Welcome to the Desert of the Real», dans *Lacanian Ink*, n° 16, New York, 2000.

7. Voir notamment : Noam Chomsky, *Propaganda*, éditions du Félin / Danger Public, Paris, 2002 ; et le CD : Noam Chomsky, *Propaganda and Control of the Public Mind*, AK Press, San Francisco, 2002.

8. Voir Richard Dawkins, *The Selfish Gene*, Oxford University Press, Oxford (1976), 1992.

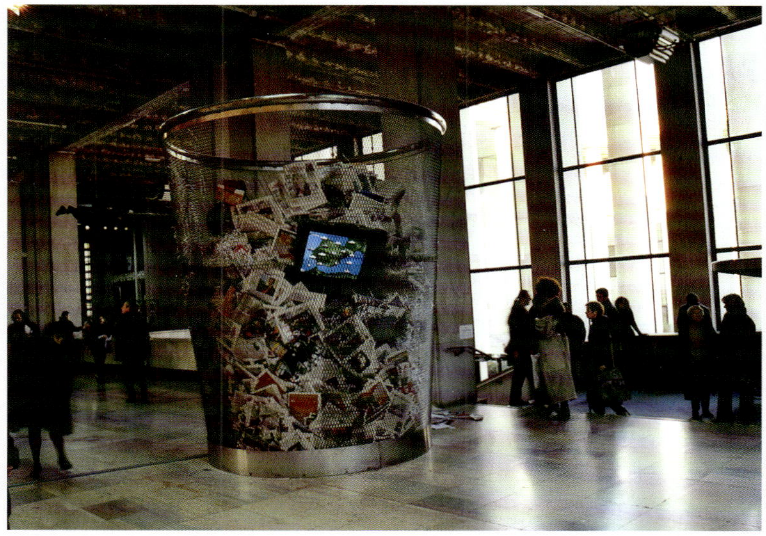

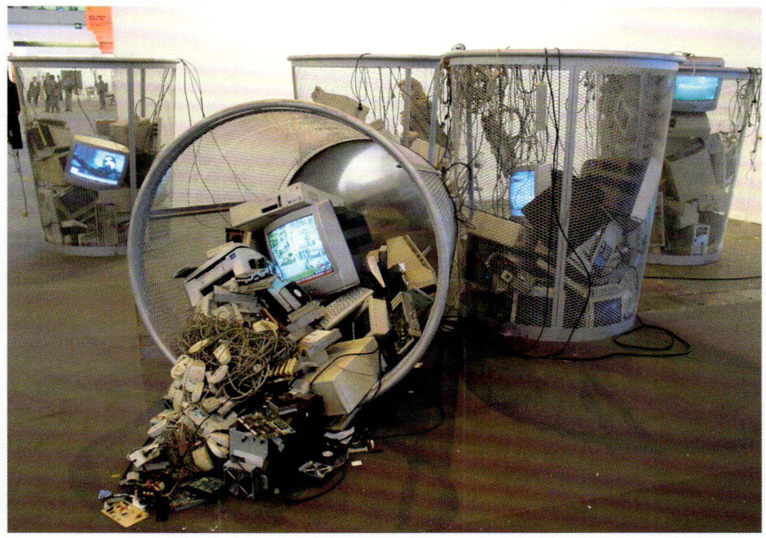

1. Wang Du, interview with Pierre Bal-Blanc and Pascal Beausse, *Wang Du Magazine* (Paris: Design Mental, 2001), 214.

2. Jean Baudrillard, *Le Pacte de lucidité, ou l'intelligence du mal* (Paris: Éditions Galilée, 2004), 104.

3. Cf. Ignacio Ramonet, *La Tyrannie de la communication* (Paris: Éditions Galilée, 1999), 18-22.

4. See Pascal Beausse, "Information - Inquiries into the Real and the Self-Media," in *Contemporary Practices: Art as Experience* (Paris: Dis Voir, Paris,1999).

5. See Pascal Beausse, "Petite histoire du self-média," *In Media Res* (Rennes: Presses Universitaires de Rennes, 2003).

6. Slavoj Zizek, "Welcome to the Desert of the Real," *Lacanian Ink* 16 (New York, 2000).

7. See in particular Noam Chomsky, *Propaganda* (Paris: Éditions du Félin / Danger Public, 2002); and the CD, Noam Chomsky, *Propaganda and Control of the Public Mind* (San Francisco: AK Press, 2002).

8. See Richard Dawkins, *The Selfish Gene* (Oxford: Oxford University Press 1992). First edition published in 1976.

Haut (top) : *No Comment*, 2001. Vue de l'installation (view of the installation). Exposition collective d'ouverture (opening group exhibition), Palais de Tokyo, site de création contemporaine, Paris (2002).
Bas (bottom) : *No Comment*, 2001. Vue de l'installation (view of the installation), ARCO, Madrid (2004).

LE MONSTRE

2002
Aluminium (aluminum)
180 x 130 x 110 cm

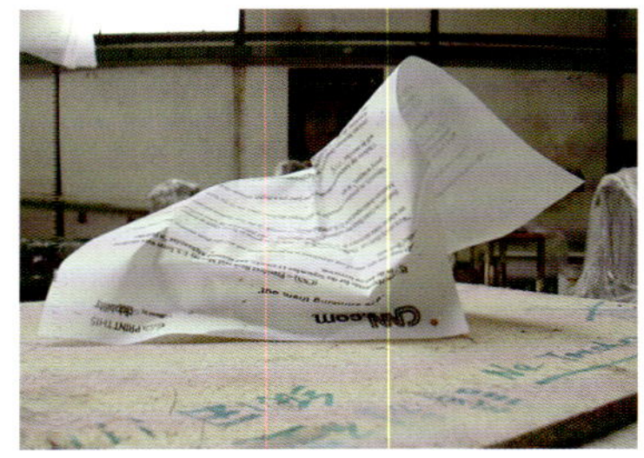

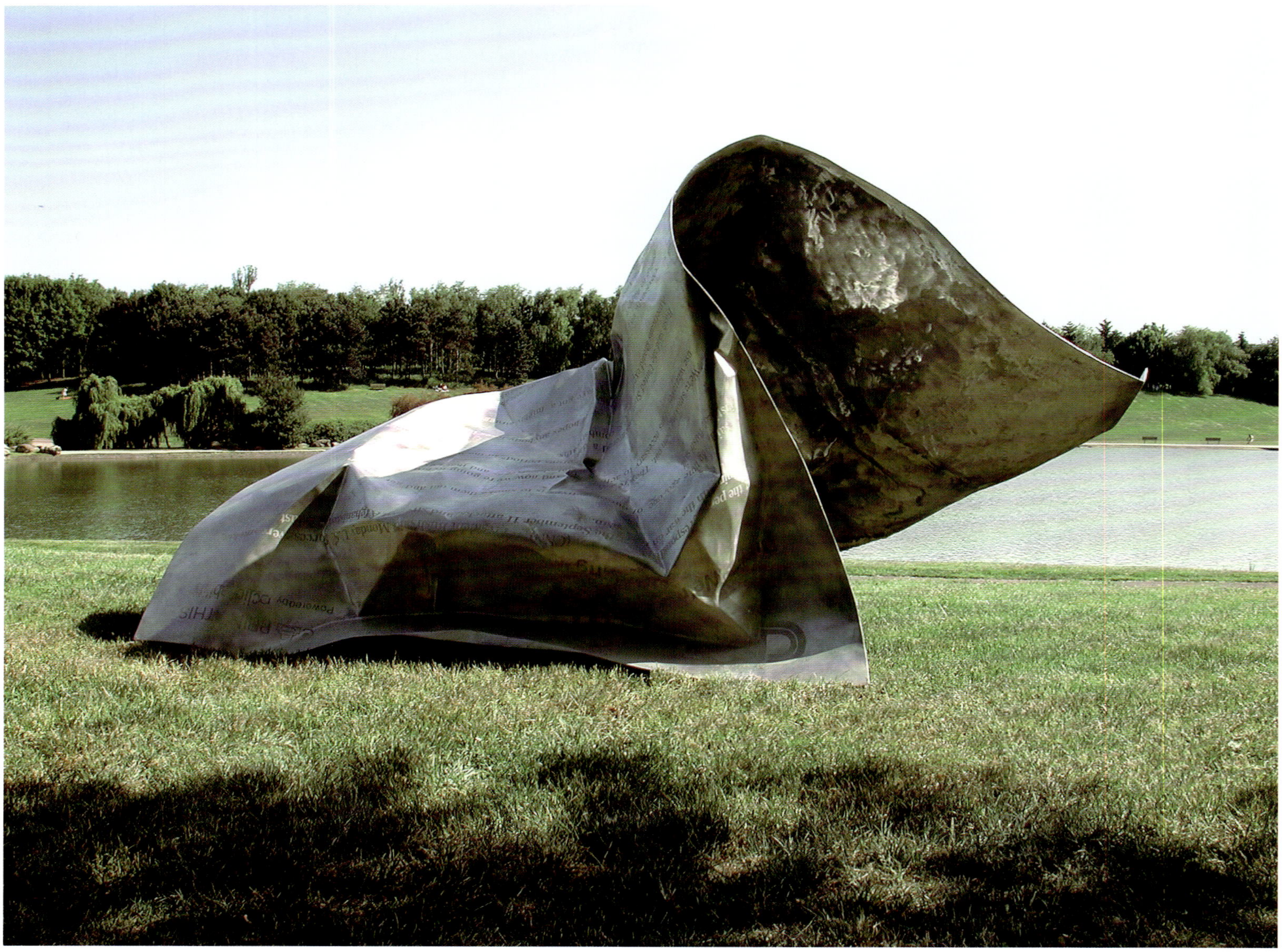

« Participant à l'exposition *Art Grandeur Nature : Animaleries* au Parc départemental de La Courneuve, je plante dans le décor naturel un animal diabolique : une feuille en aluminium représentant une dépêche extraite du site de CNN, froissée et agrandie, qui reprend un discours de Bush sur le terrorisme prononcé peu après le 11 septembre 2001. Un monstre, comme un symbole qui reflète l'hégémonie des médias. »

"For my contribution to the show *Art Grandeur Nature : Animaleries*, which was held in a public park in La Courneuve, I planted a diabolical animal in the natural surroundings, i.e., an aluminum sheet representing a dispatch from the CNN website, which I crumpled up and had enlarged. The sheet features a speech on terrorism given by Bush soon after 11 September 2001. It's a monster as a symbol that reflects the hegemony of the media."

Haut (top) : Vue d'atelier (studio view), maquette préparatoire (preparatory model).
Bas (bottom) : Vue de l'installation (view of the installation). Exposition (exhibition) *Art Grandeur Nature 2002*, Parc départemental, La Courneuve (2002).

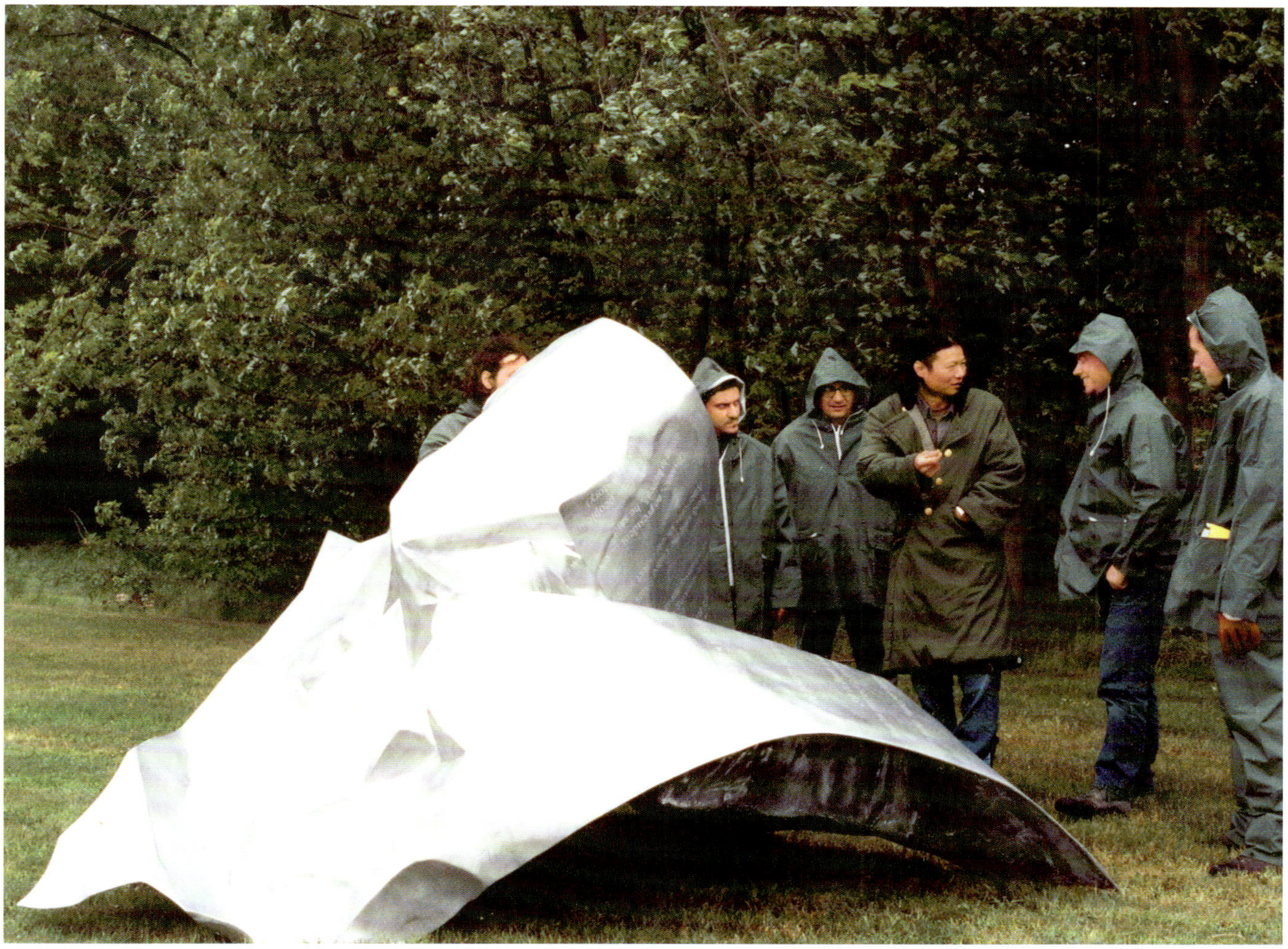

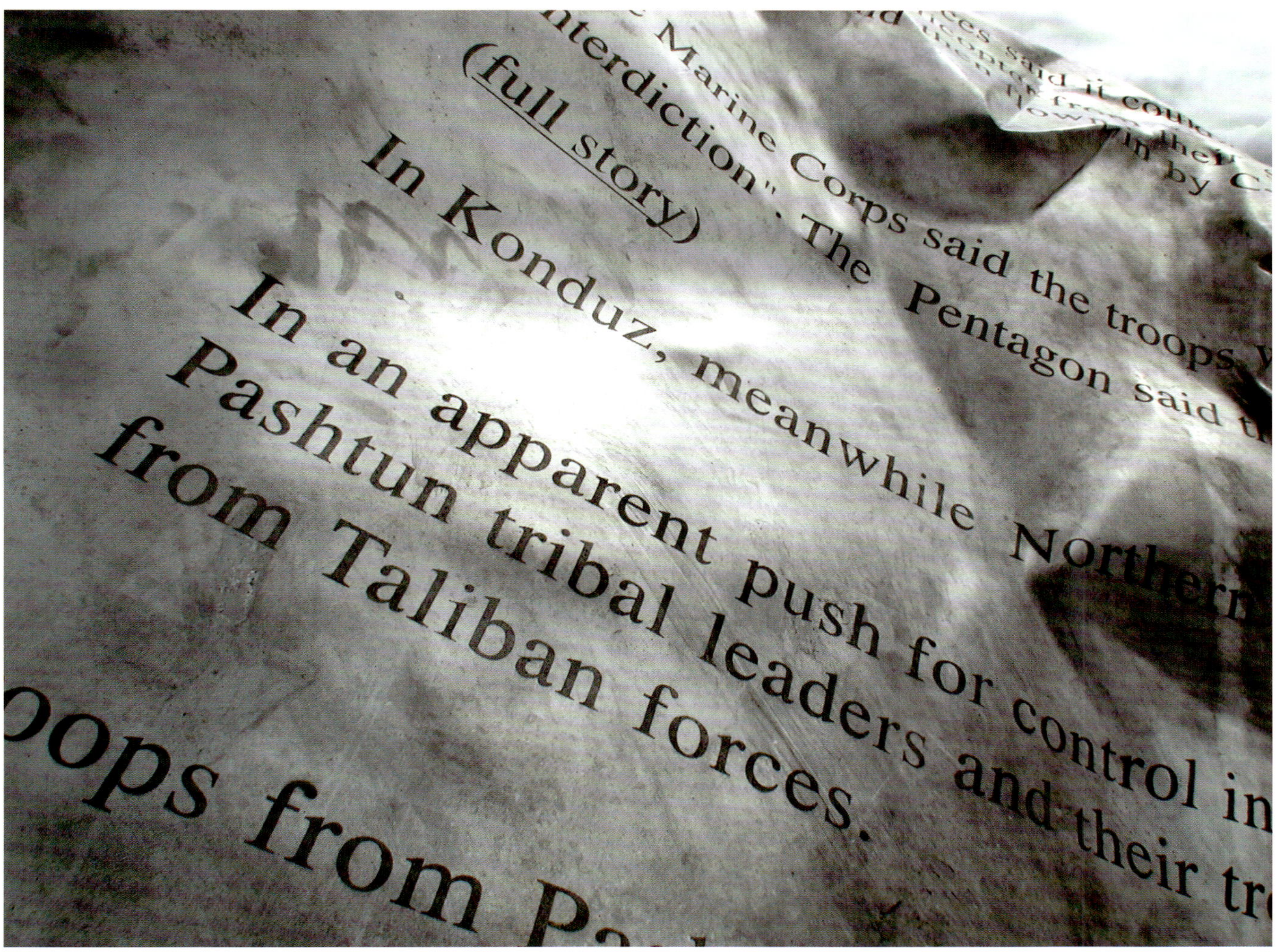

Vue et détail de l'installation (view and detail of the installation).

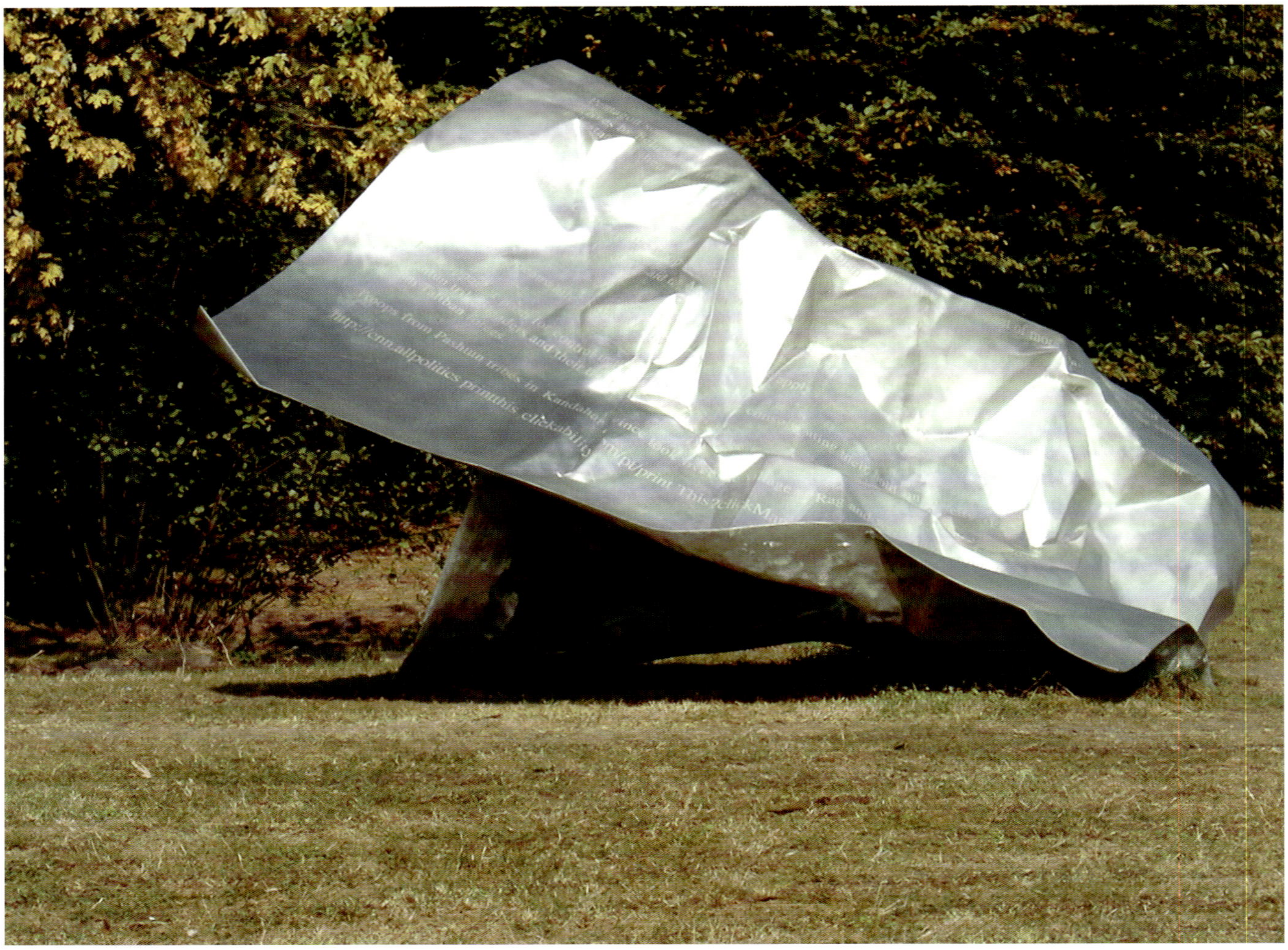

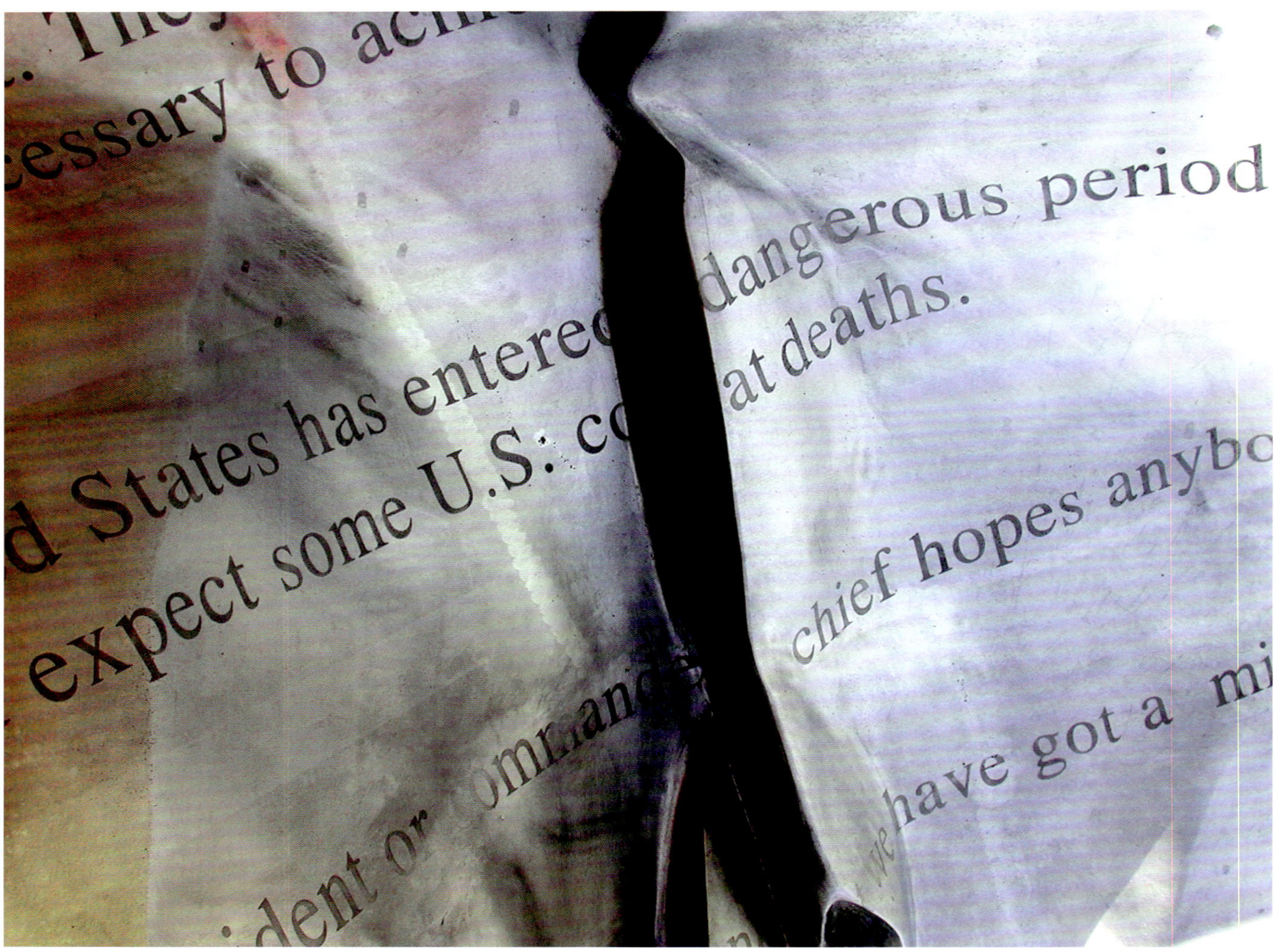

Vues et détail de l'installation (views and detail of the installation).

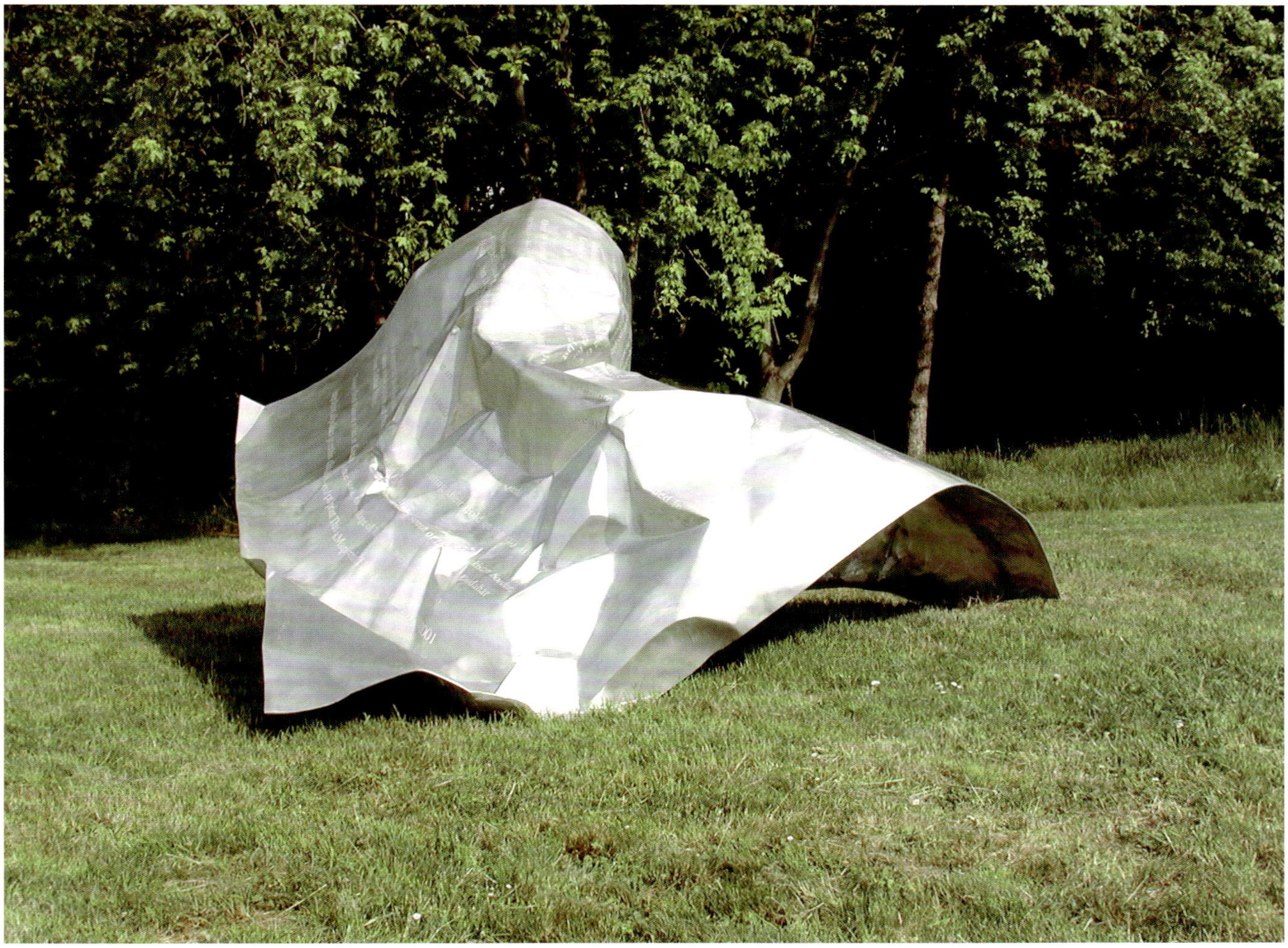

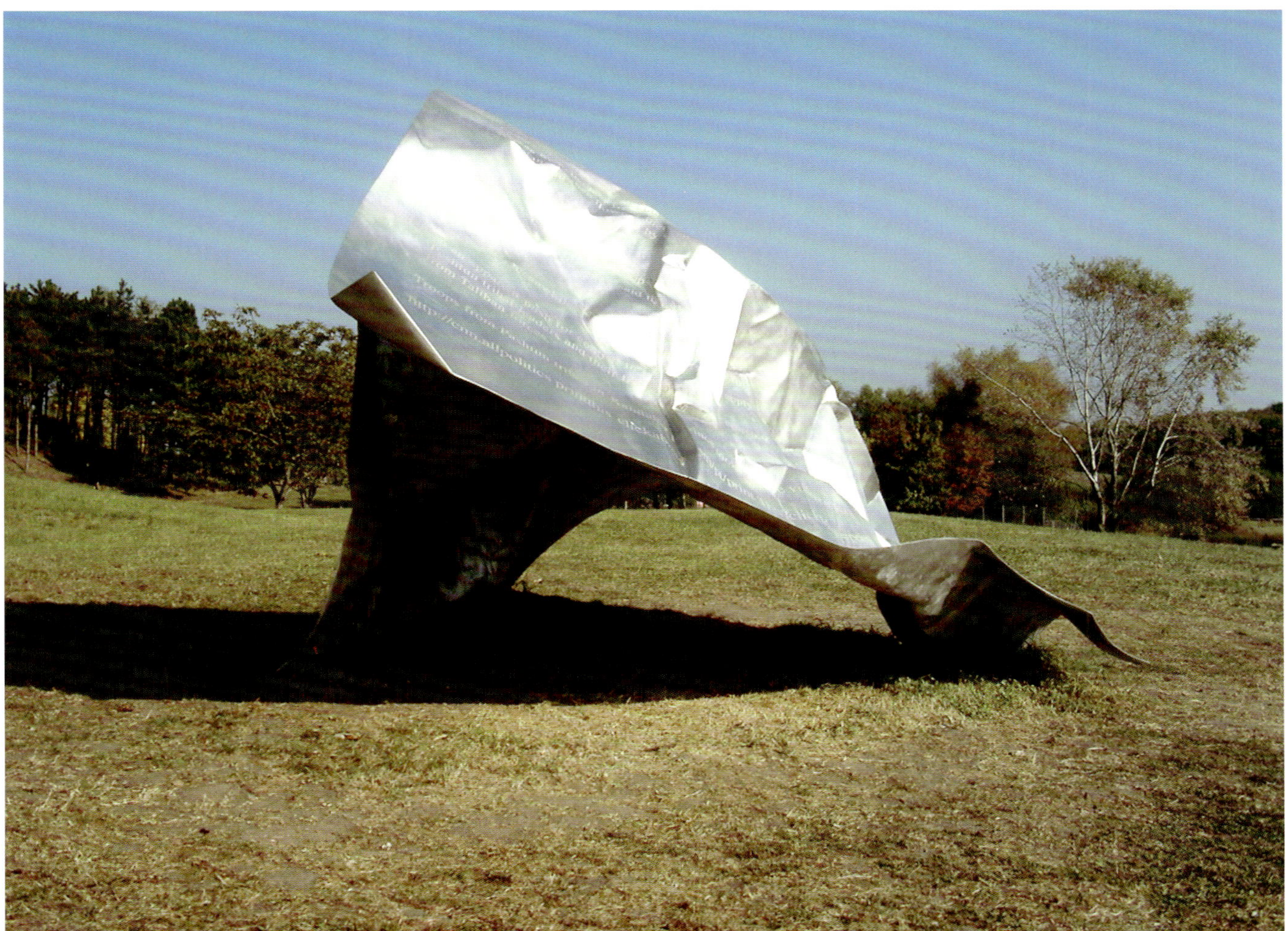

VOUS AVEZ DU FEU…

2002
Résine et acrylique (resin and acrylic)
180 x 130 x 110 cm

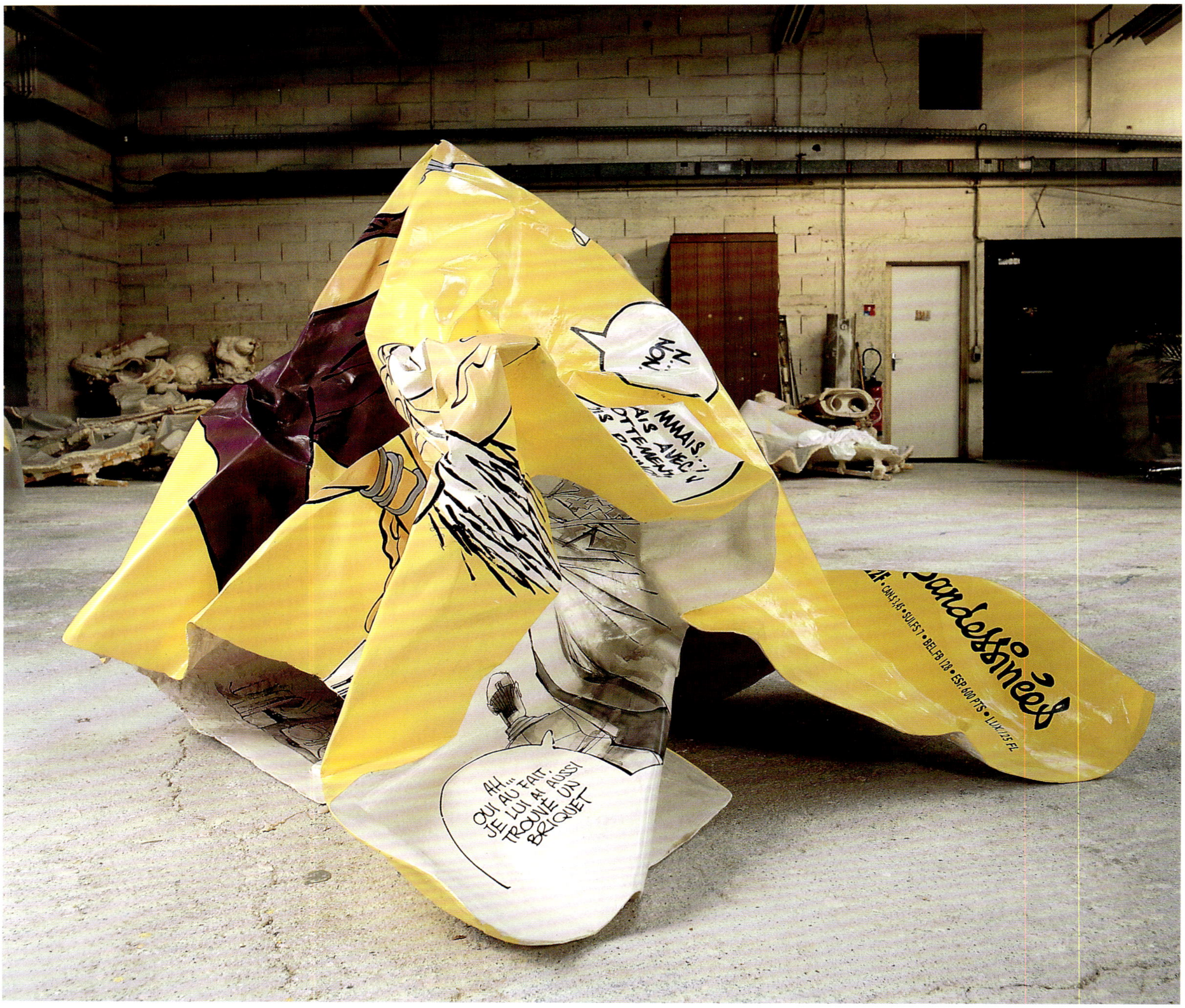

« Cette œuvre est une grande reproduction froissée d'une page du très populaire magazine satirique *Fluide glacial*, qui se passe de mains en mains, de génération en génération sans subir le moindre renouvellement. Une lecture qui a prise sur le temps de manière excessive, frôlant ainsi la stérilité. »

"This piece is a large crumpled reproduction of a page from the highly popular satirical magazine *Fluide glacial*, which is passed from hand to hand and generation to generation without being subjected to the least renewal. A reading that encroaches on time in an excessive way and thus verges on sterility."

Vues d'atelier (studio views).

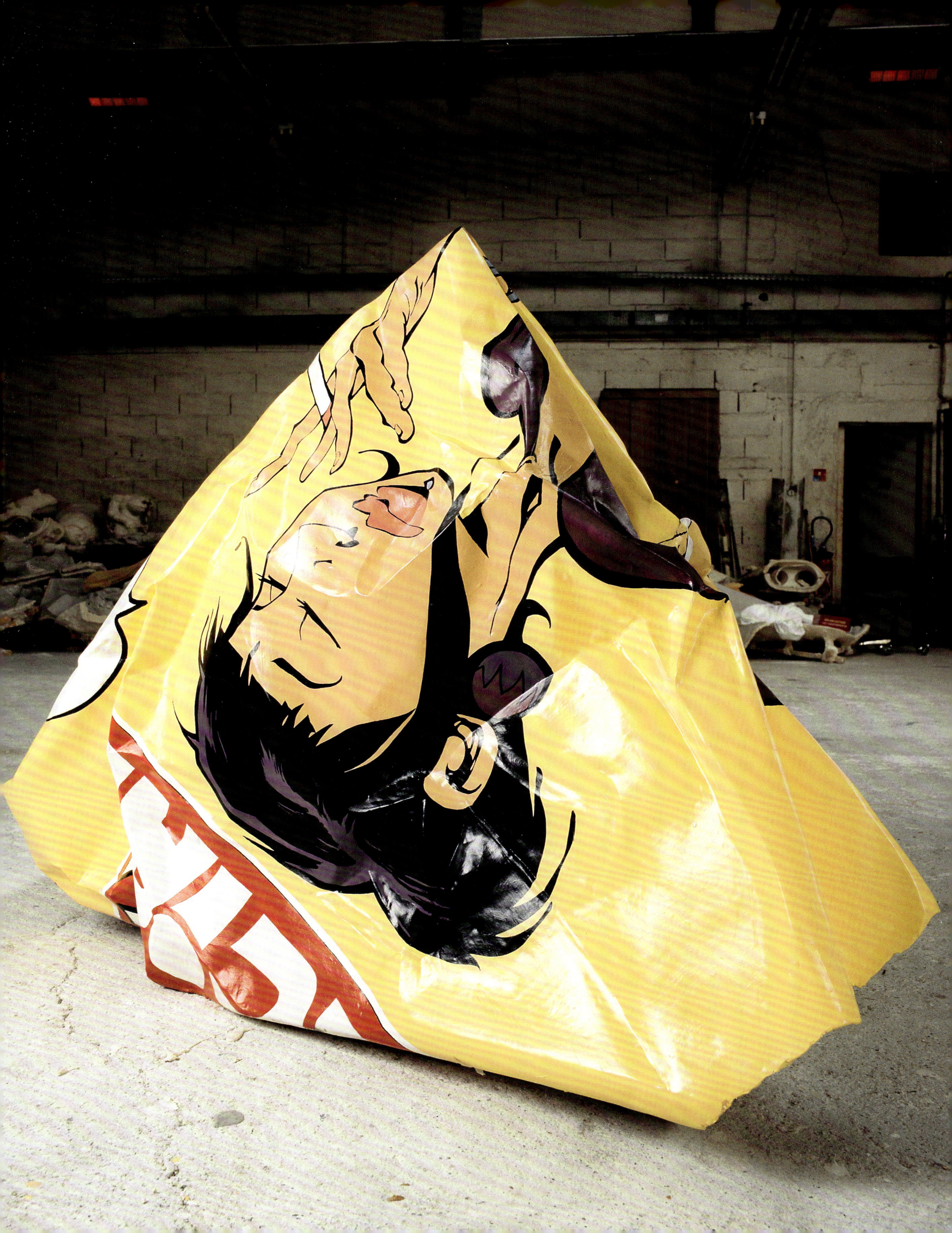

LA FOLIE

2002
Journaux (newspapers)
Superficie (surface) : 28 m²

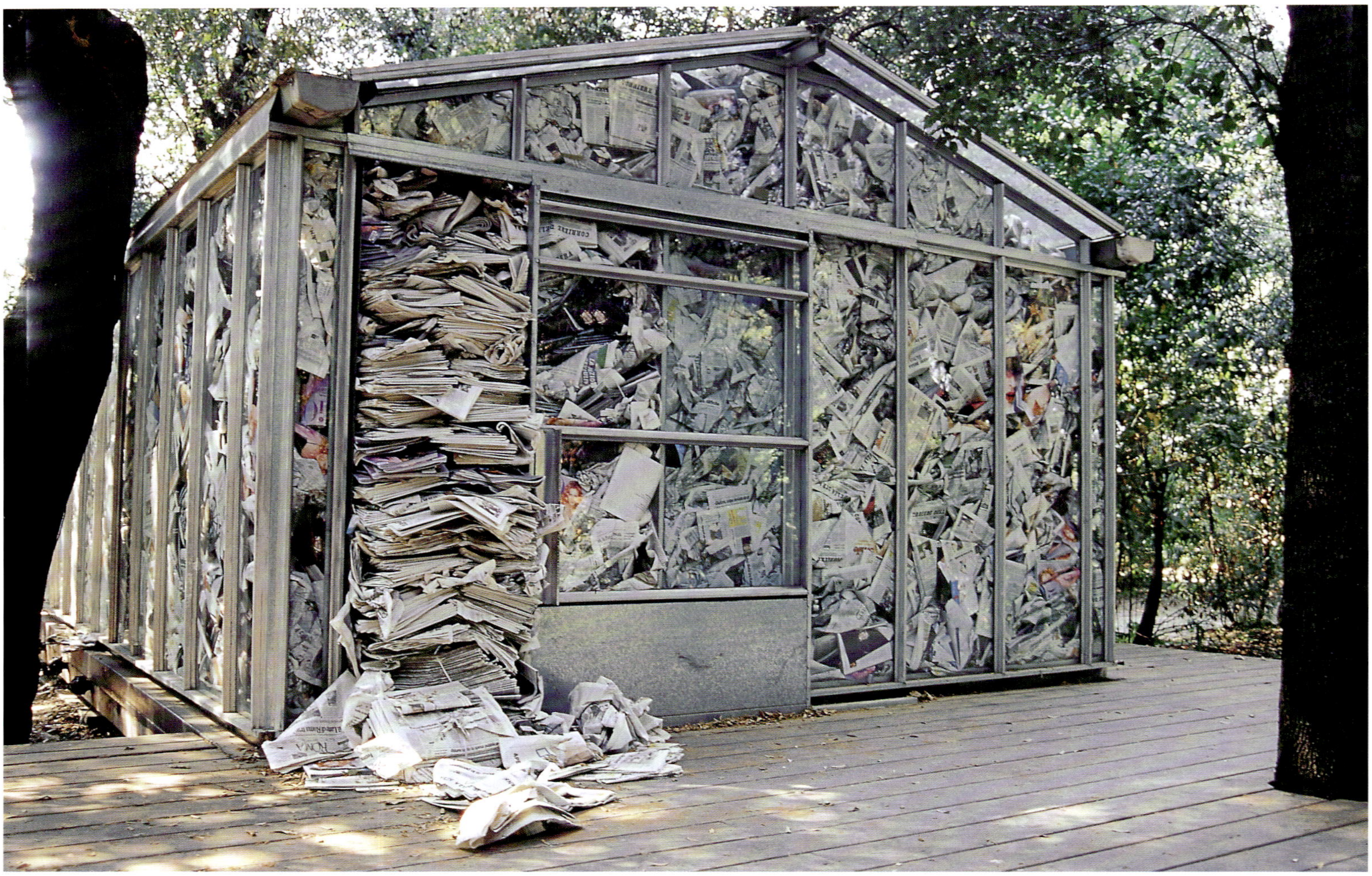

« JOUANT AVEC LE NOM DE CE BÂTIMENT CONÇU PAR UN GROUPE DE JEUNES ARCHITECTES MILANAIS POUR LA VILLA MÉDICIS – EN RÉFÉRENCE AUX FOLIES DE JARDIN DU XVIIIe SIÈCLE –, JE DÉCIDE DE REMPLIR L'ESPACE DE TONNES DE JOURNAUX, JUSQU'À LE FAIRE DÉBORDER. CETTE FOLIE DE VERRE S'APPARENTE DÉSORMAIS À UNE MAISON OÙ LES MÉDIAS SE SONT SUBSTITUÉS À L'HABITANT. CHASSÉ DE L'INTÉRIEUR, CE DERNIER SE VOIT OBLIGÉ D'ÉMIGRER. »

Vue de l'installation (view of the installation). Exposition (exhibition) *Tutto normale*, Académie de France à Rome / Villa Médicis, Rome (2002).

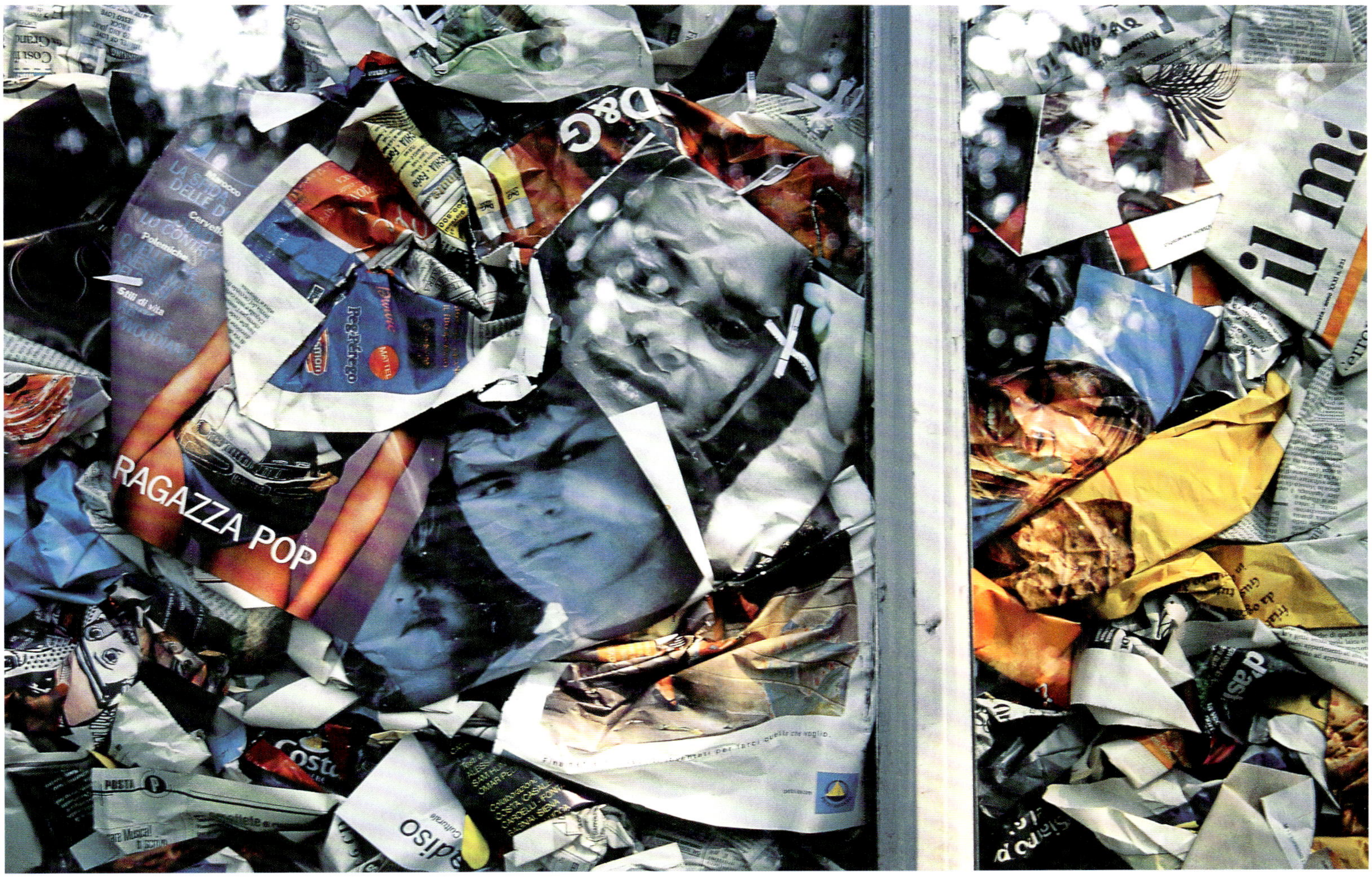

"Playing with the name of this building designed by a group of young architects from Milan for the Villa Medici (and by way of a reference to the extravagant features of 18th-century gardens), I decided to fill the space with tons of newspapers to the point of overflowing. From now on this glass extravagance can be likened to a house where the media have replaced the person who lived there. Chased out his home, the inhabitant finds himself forced to emigrate."

Détail de l'installation (detail of the installation).
Pages suivantes (next pages) : Vue de l'installation (view of the installation).

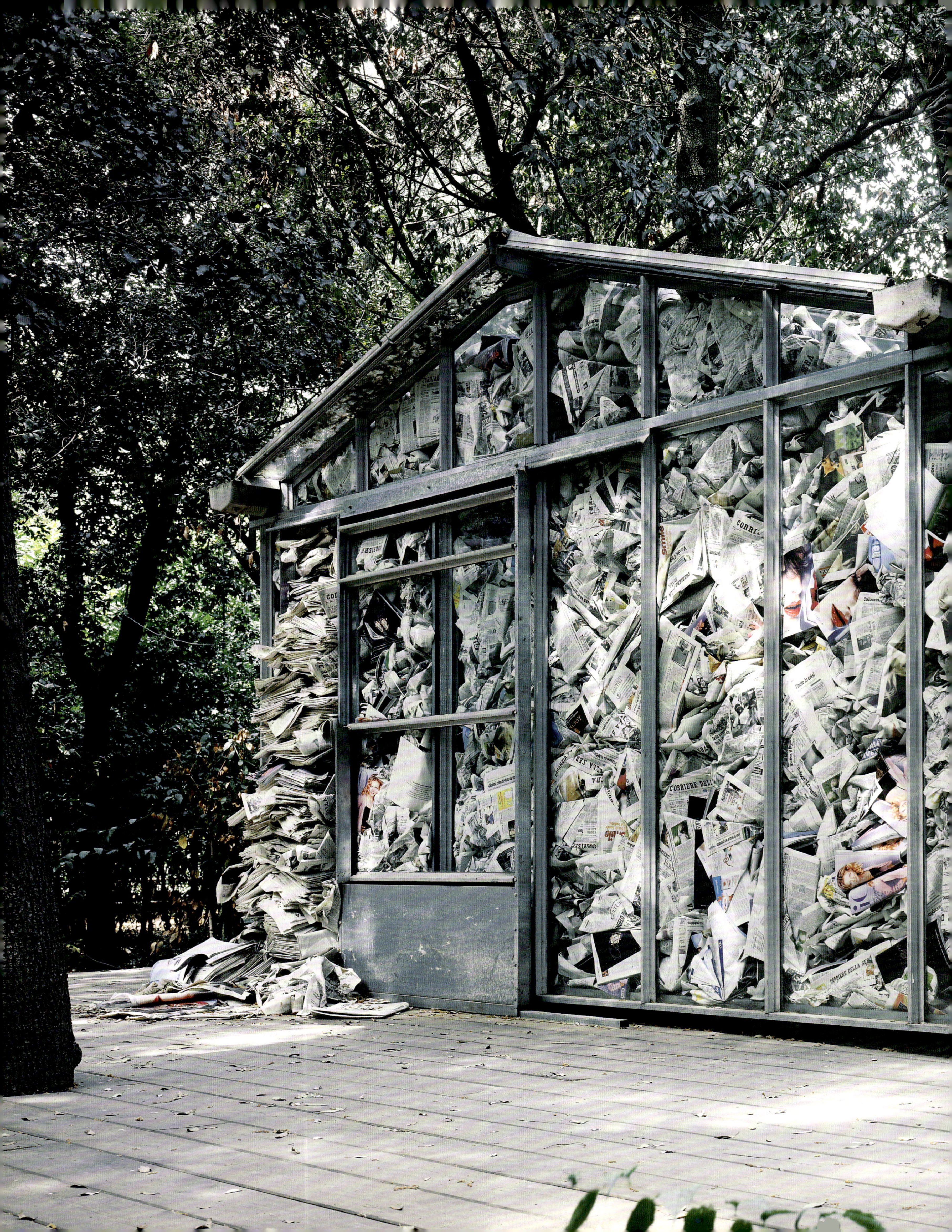

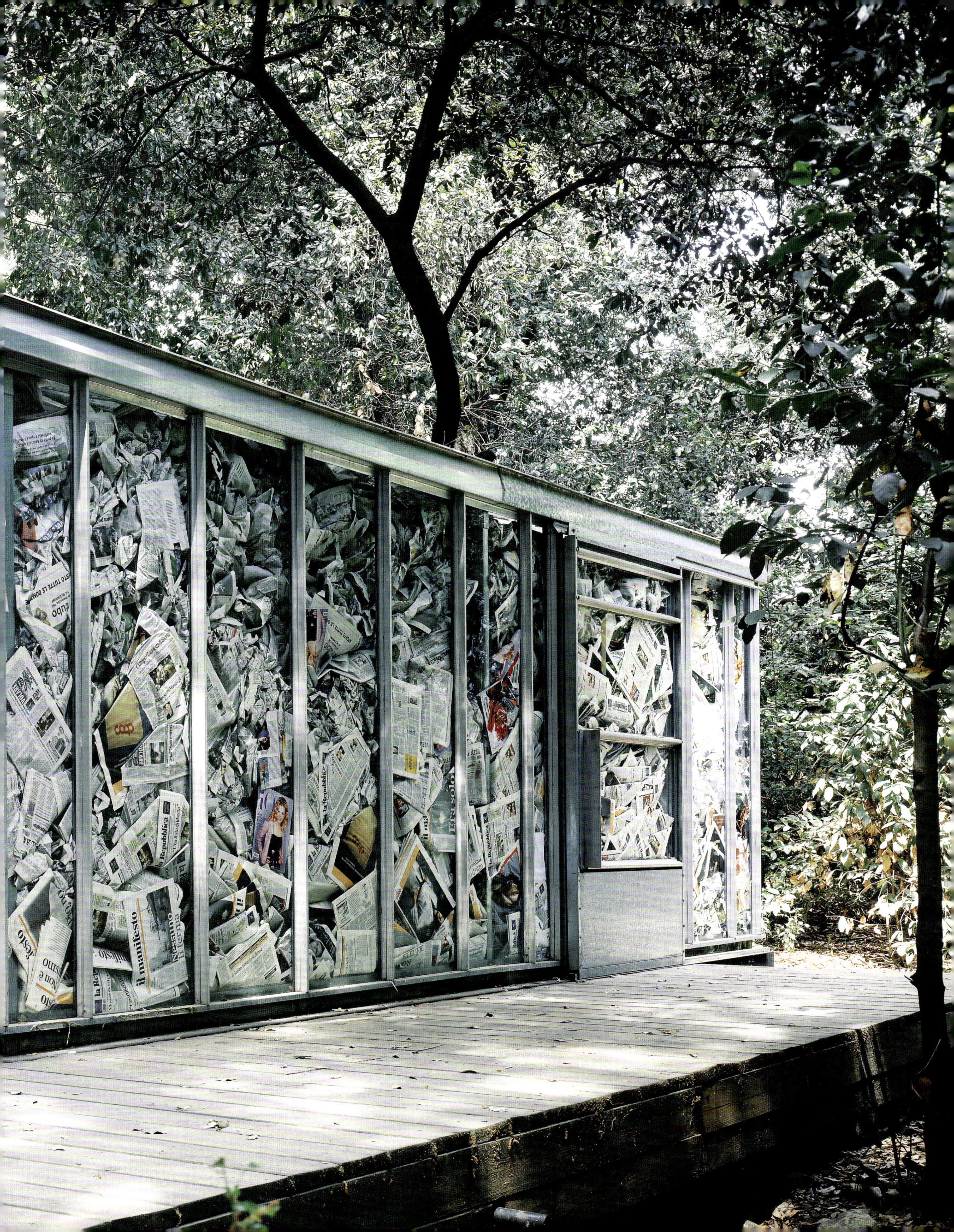
il manifesto
Repubblica

LE TAPIS DU PIETON

2002
Image impression numérique et acier inoxydable (digital print image and stainless steel)
1200 x 700 x 60 cm

« CE GRAND TAPIS, SUR LEQUEL LES SPECTATEURS PEUVENT MARCHER, REPRODUIT UNE FEUILLE DE MAGAZINE TROUVÉE DANS LA RUE, AGRANDIE À UN FORMAT MONUMENTAL. LES MÉDIAS L'ONT MISE EN PAGE PUIS DIFFUSÉE ; LES PIÉTONS, CONSOMMATEURS D'INFORMATIONS, L'ONT FOULÉE AUX PIEDS. SON ÉCRASEMENT APPARAÎT AINSI COMME UNE COPRODUCTION DES MÉDIAS ET DES CONSOMMATEURS. →

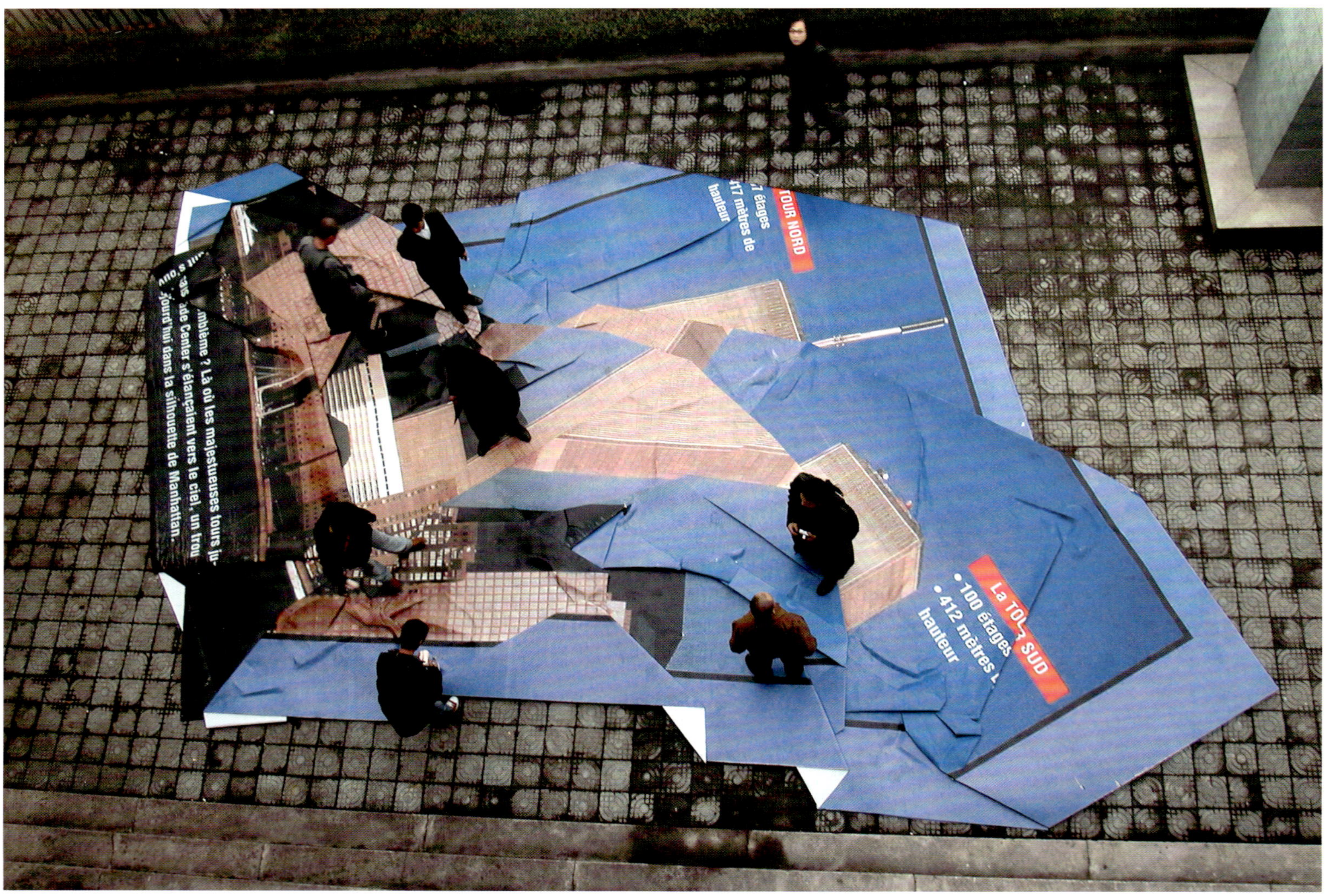

Vue de l'installation (view of the installation). Exposition (exhibition) *The First Mirage*, Suzhou Art Museum, Suzhou, Chine (2002).

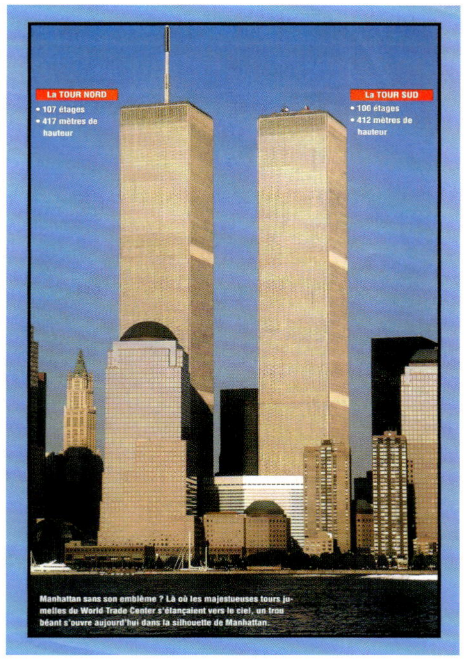

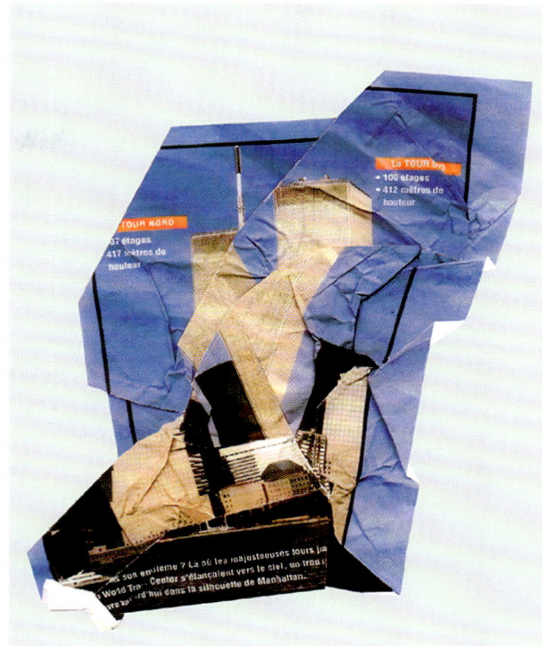

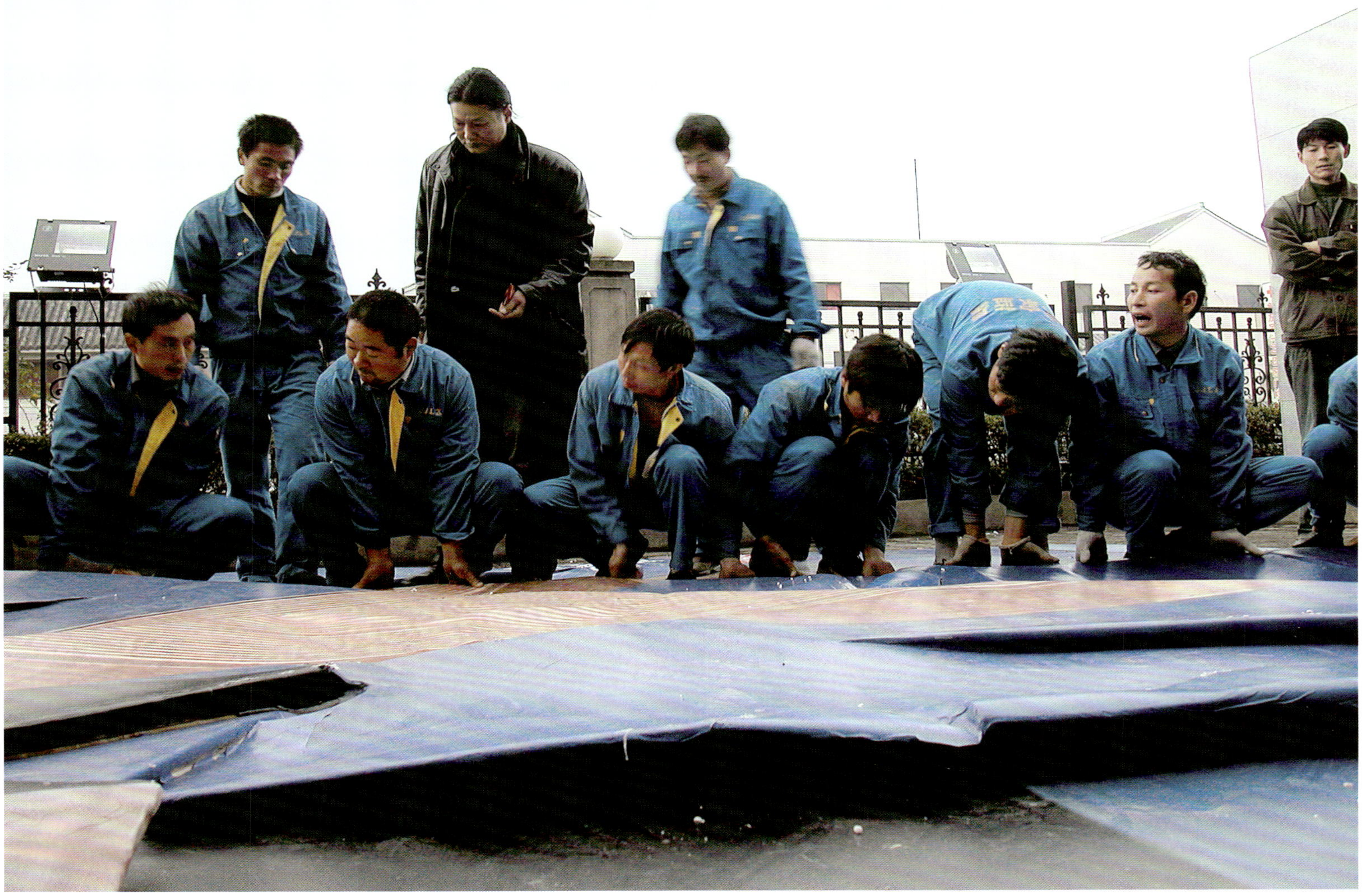

POUR CE PROJET, J'AI ADOPTÉ UN TRAITEMENT DE L'IMAGE IDENTIQUE AU TRAITEMENT DE LA RÉALITÉ PAR LES TERRORISTES.
LE BROYAGE DE L'IMAGE DES TWIN TOWERS AGIT COMME UN ÉQUIVALENT DE L'ACTE DESTRUCTEUR QUI LES FIT DISPARAÎTRE. »

Haut (top) : Documents préparatoires (preparatory documents). **Bas (bottom) :** Installation en cours (installation in progress).

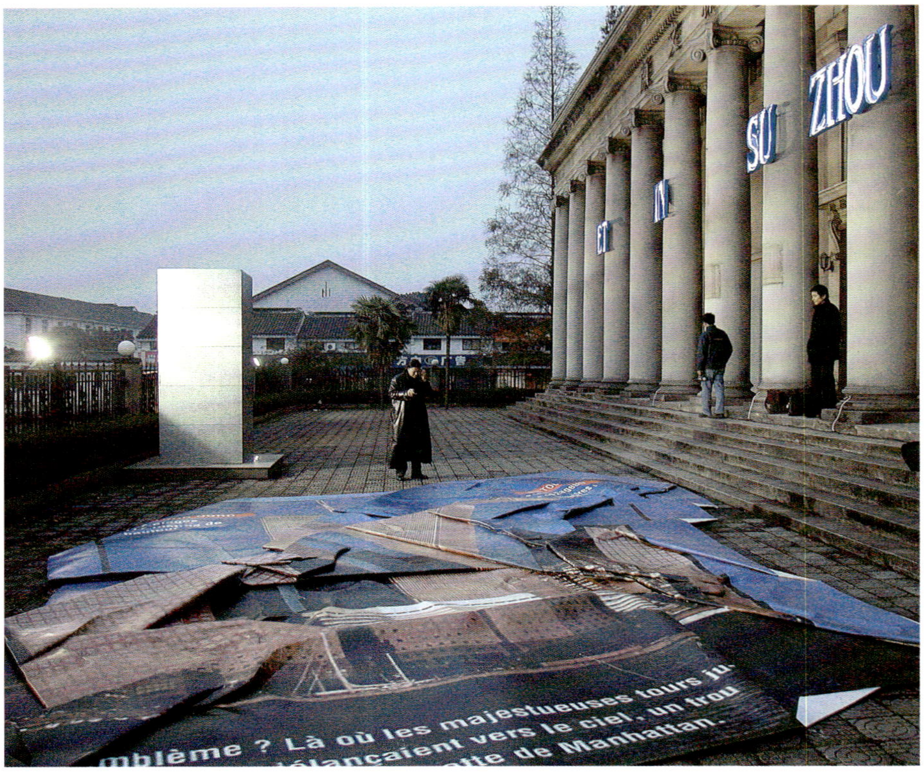

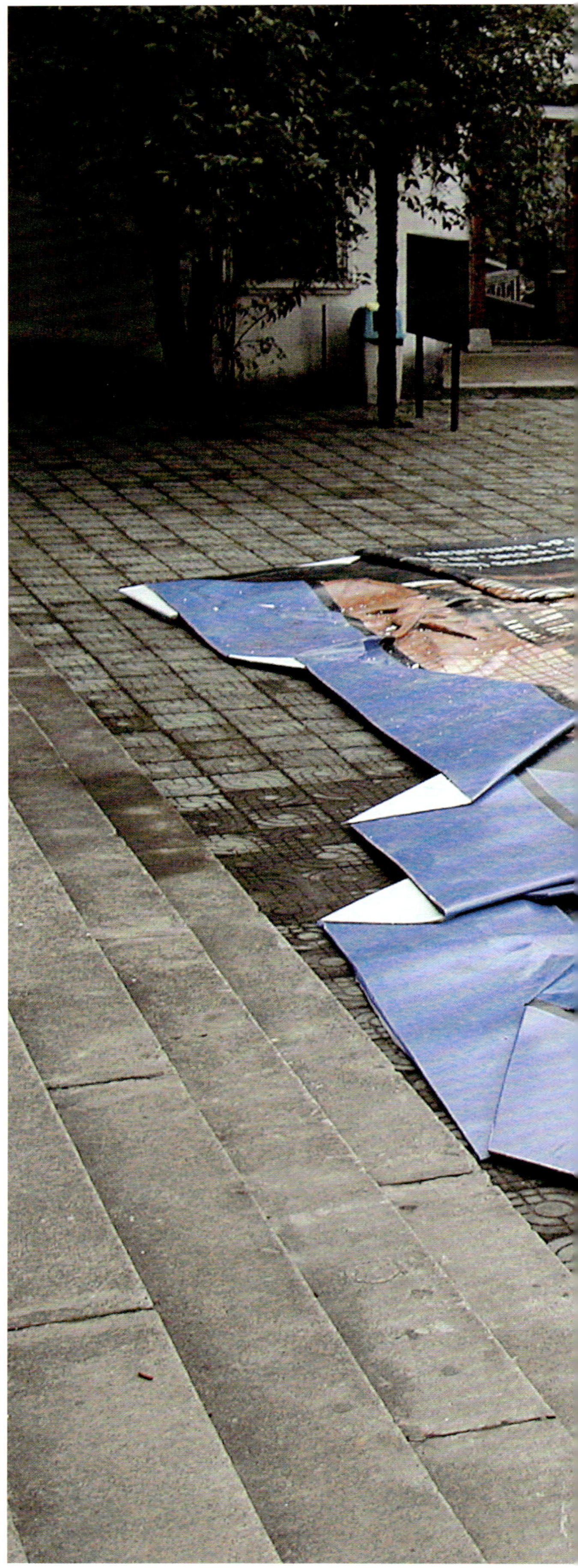

"This large carpet, which visitors to the show can freely walk on, reproduces a page from a magazine found in the street and enlarged to monumental proportions. The mass media laid out the image and distributed it; pedestrians, who are consumers of information, have trampled it. Its fate, to be crushed under foot, appears as a joint production of the media and consumers.
In this project, I adopted a treatment of the image that is identical to the terrorists' treatment of reality. The grinding down of the image of the Twin Towers serves as an equivalent of the destructive act that eliminated them."

Vues de l'installation (views of the installation). Exposition (exhibition) *The First Mirage*, Suzhou Art Museum, Suzhou, Chine (2002).

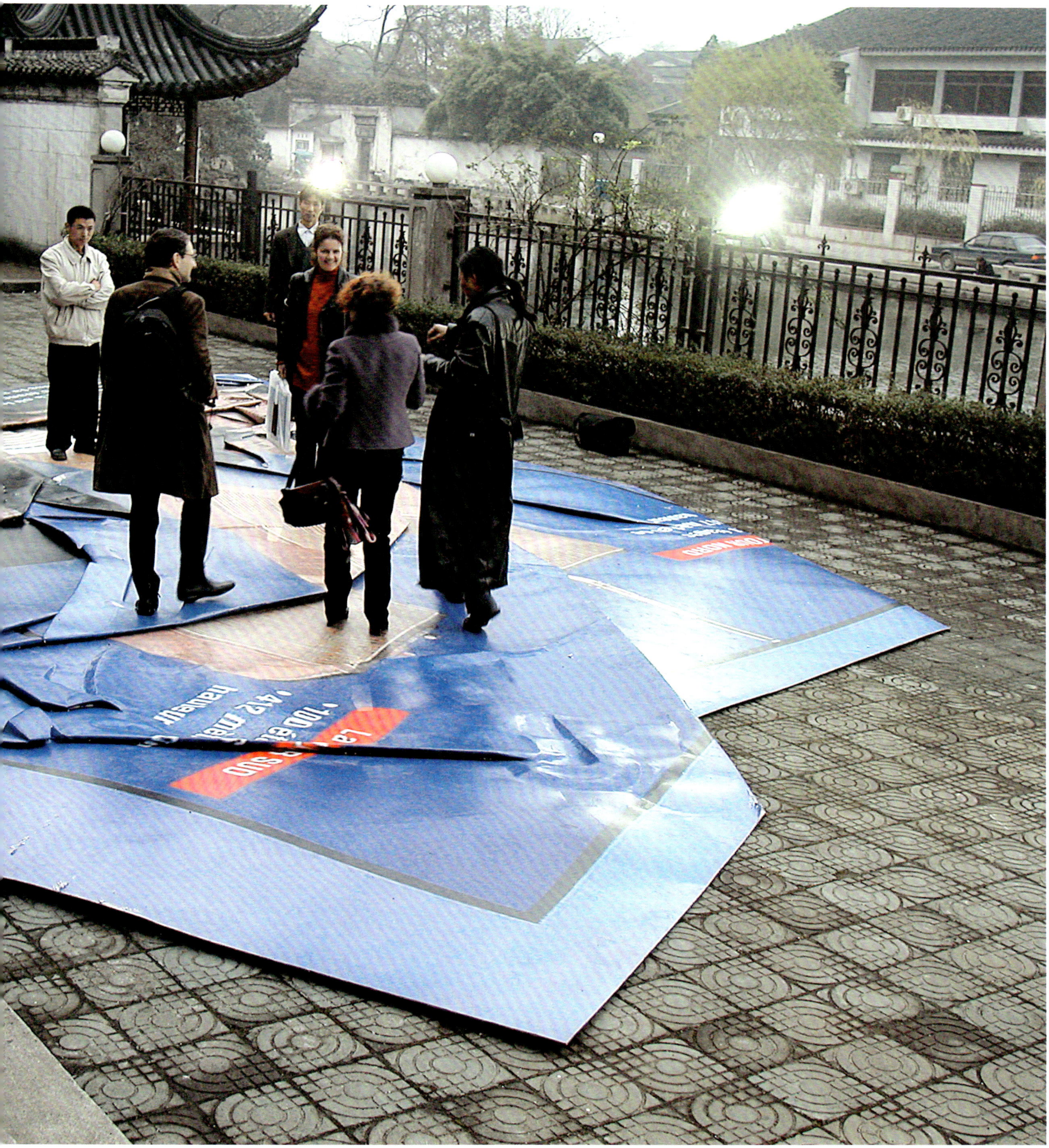

WE'RE SMOKING THEM OUT!

2002
Installation de sept sculptures (installation of 7 sculptures)
Résine et acrylique (resin and acrylic)
Dimensions variables (variable dimensions). Sculptures (hauteur / height : 12 – 220 cm)

« CE PROJET ÉVOQUE LA GÉOPOLITIQUE ACTUELLE, CE QUE L'IMAGE MANIFESTE ET RÉVÈLE D'ELLE-MÊME.
APRÈS LE 11 SEPTEMBRE 2001, SELON UN POINT DE VUE TRANSVERSAL, CETTE IMAGE DE BUSH EN PLEIN ENTRAÎNEMENT SPORTIF CONDENSE LES FRAGILITÉS ET LES BRUTALITÉS D'UNE POLITIQUE ET D'UNE CONTRE-POLITIQUE HÉGÉMONIQUES. →

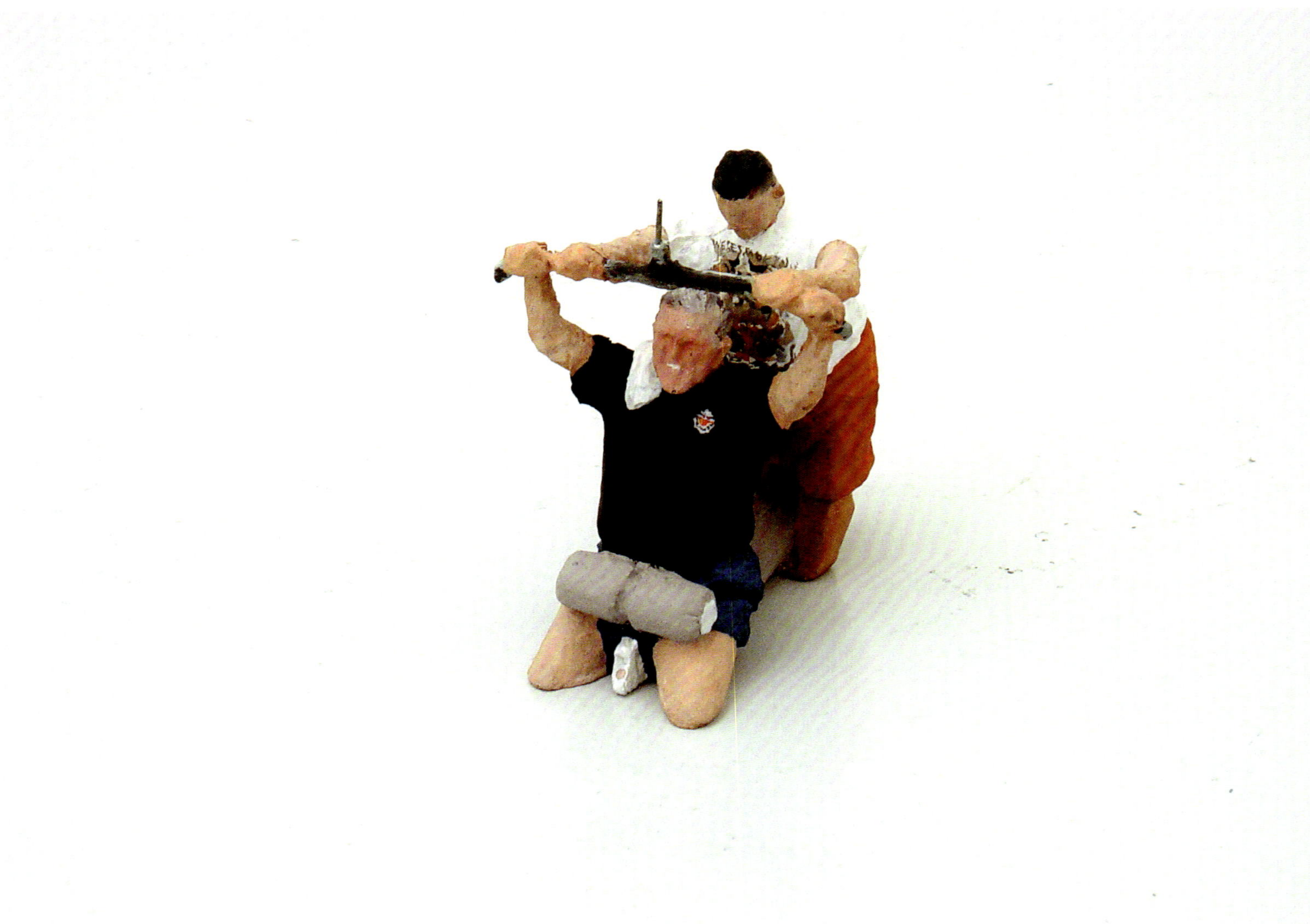

Détail de l'installation (detail of the installation). Exposition (exhibition) *Wang Du Parade #1*, La Criée, Rennes (2004).

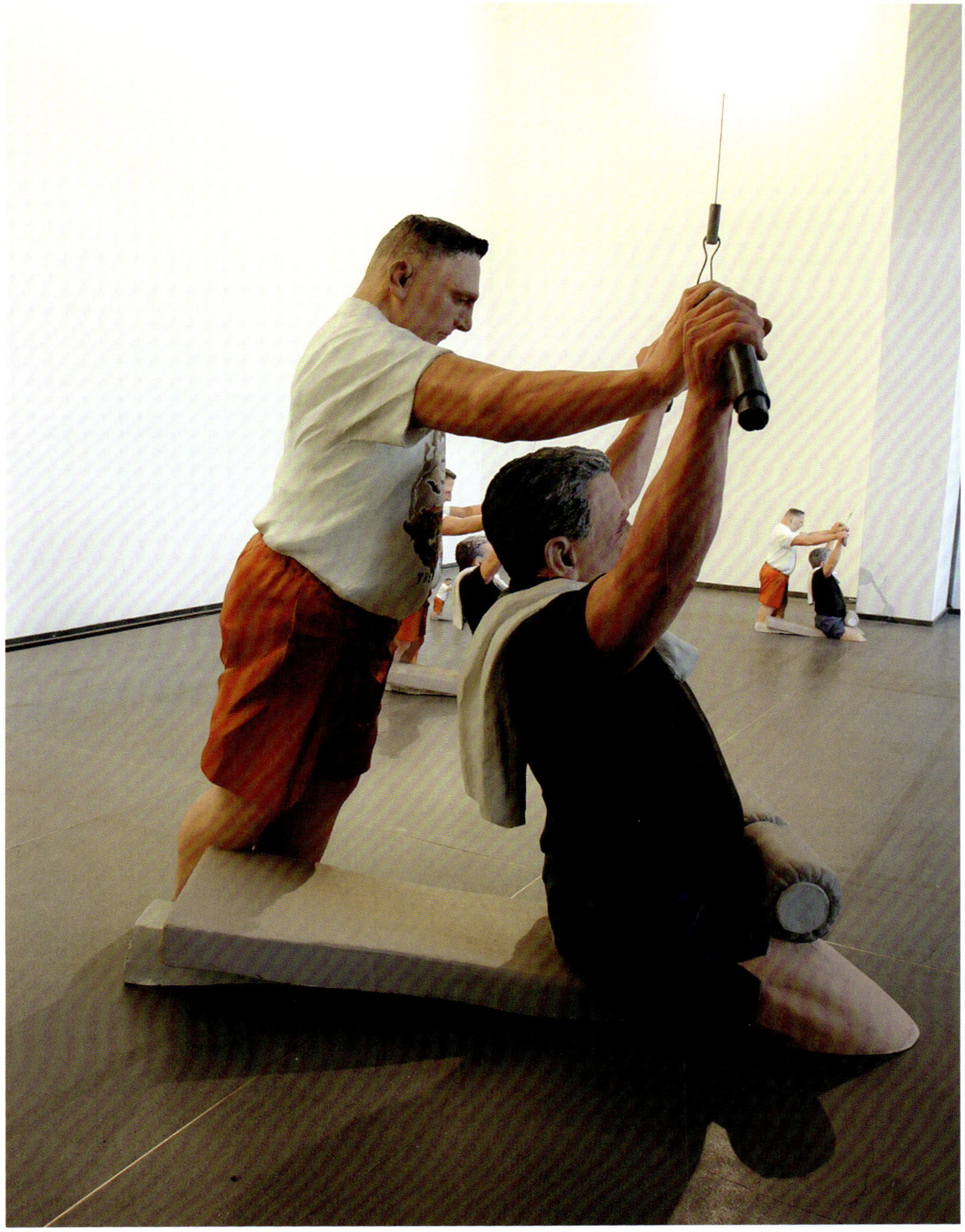

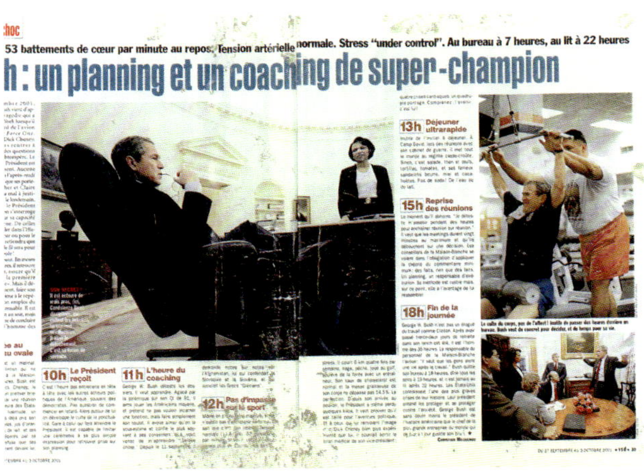

choc

53 battements de cœur par minute au repos. Tension artérielle normale. Stress "under control". Au bureau à 7 heures, au lit à 22 heures

h : un planning et un coaching de super-champion

10h Le Président reçoit

11h L'heure du coaching

12h Pas d'impasse sur le sport

13h Déjeuner ultrarapide

15h Reprise des réunions

18h Fin de la journée

CE PROJET JOUE AVEC LES DIFFÉRENTES ÉCHELLES, COMME LE FONT LES MASS MEDIA, POUR "MANIPULER LE PLUS POSSIBLE". →

Haut (top) : Vue de l'installation (view of the installation). Exposition (exhibition) *Wang Du Parade #3*, les Abattoirs, Toulouse (2004). **Bas (bottom) :** Document préparatoire (preparatory document). **Pages suivantes (next pages) :** Vue de l'installation (view of the installation). Exposition (exhibition) *Wang Du Parade #3*, les Abattoirs, Toulouse (2004).

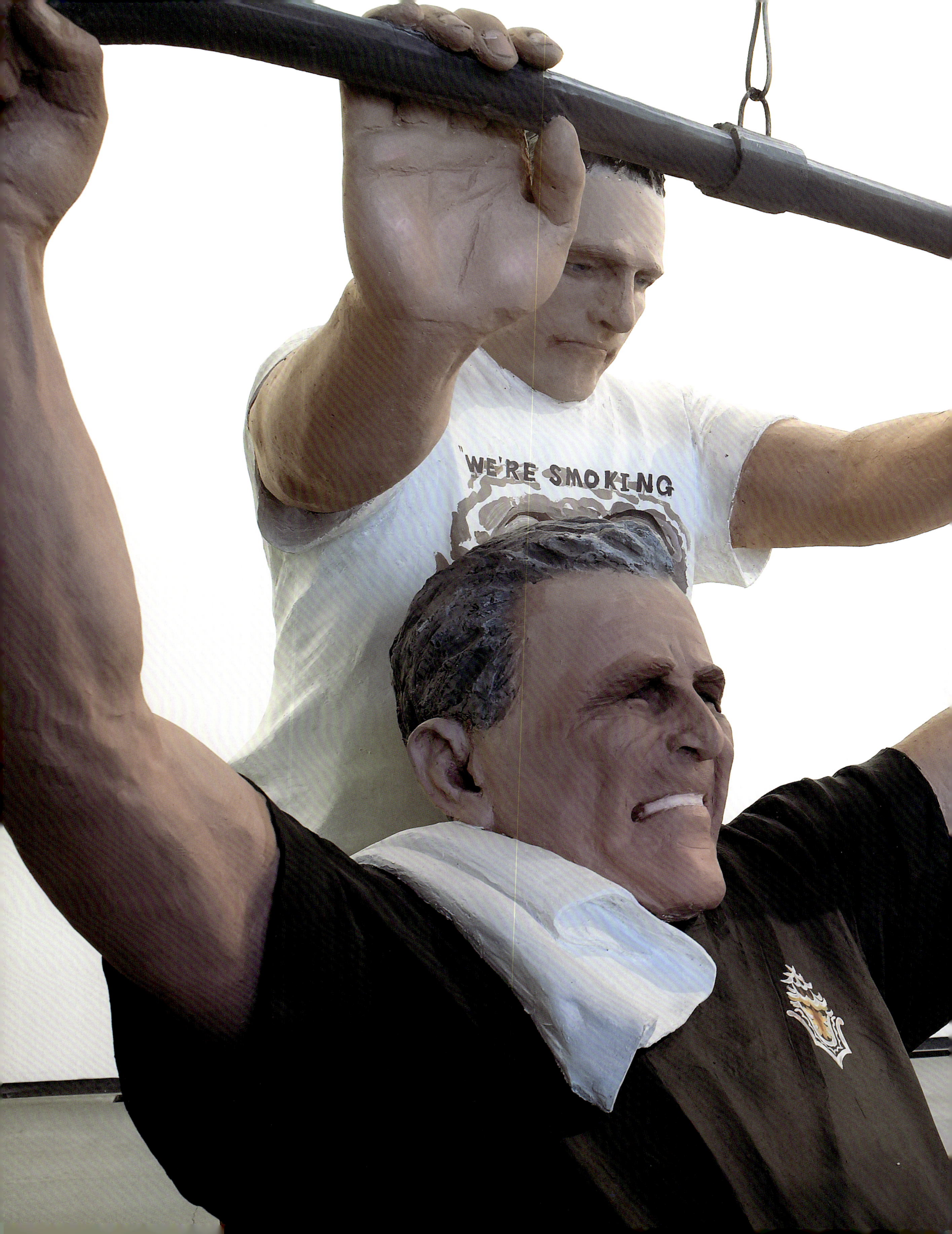
"WE'RE SMOKING

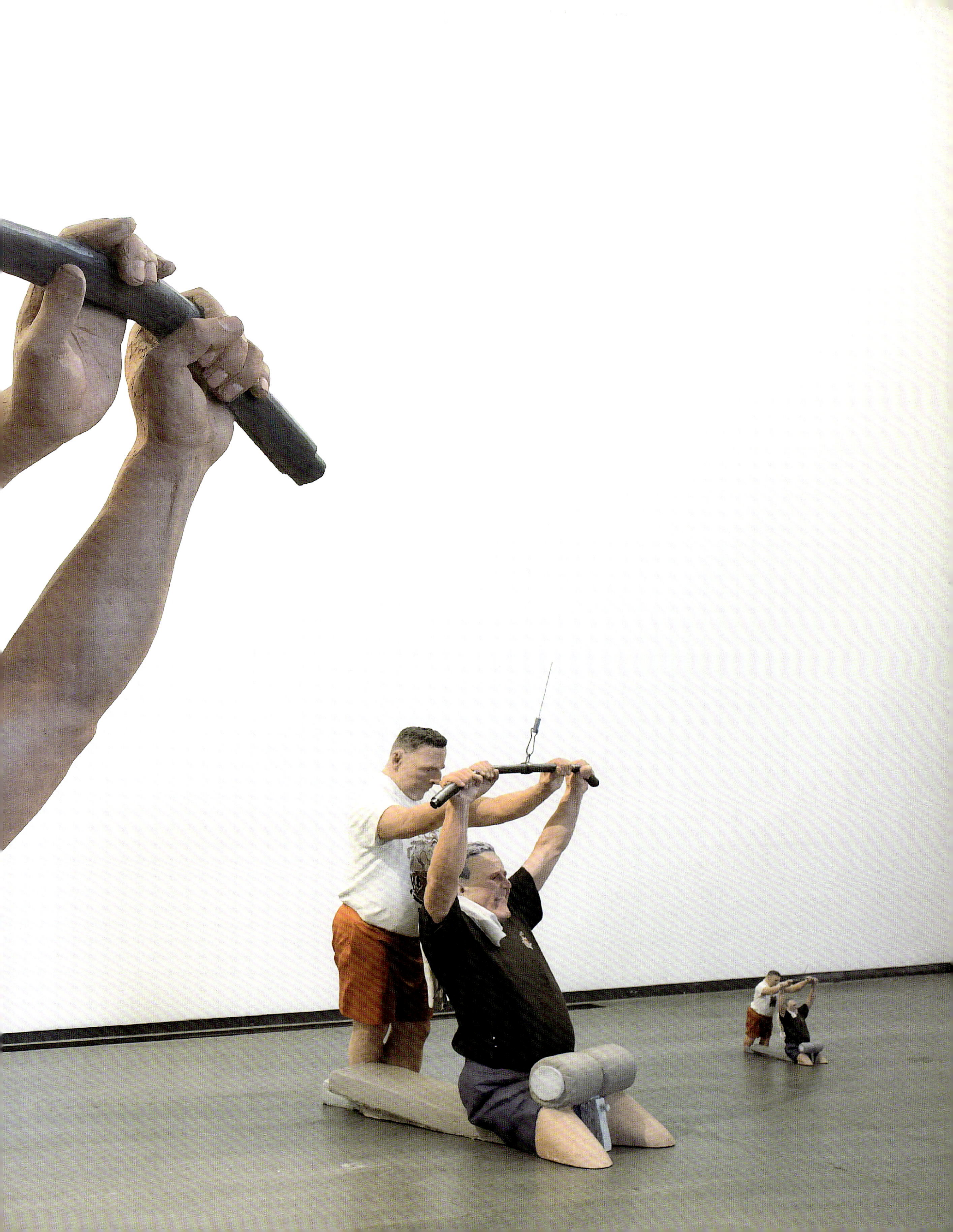

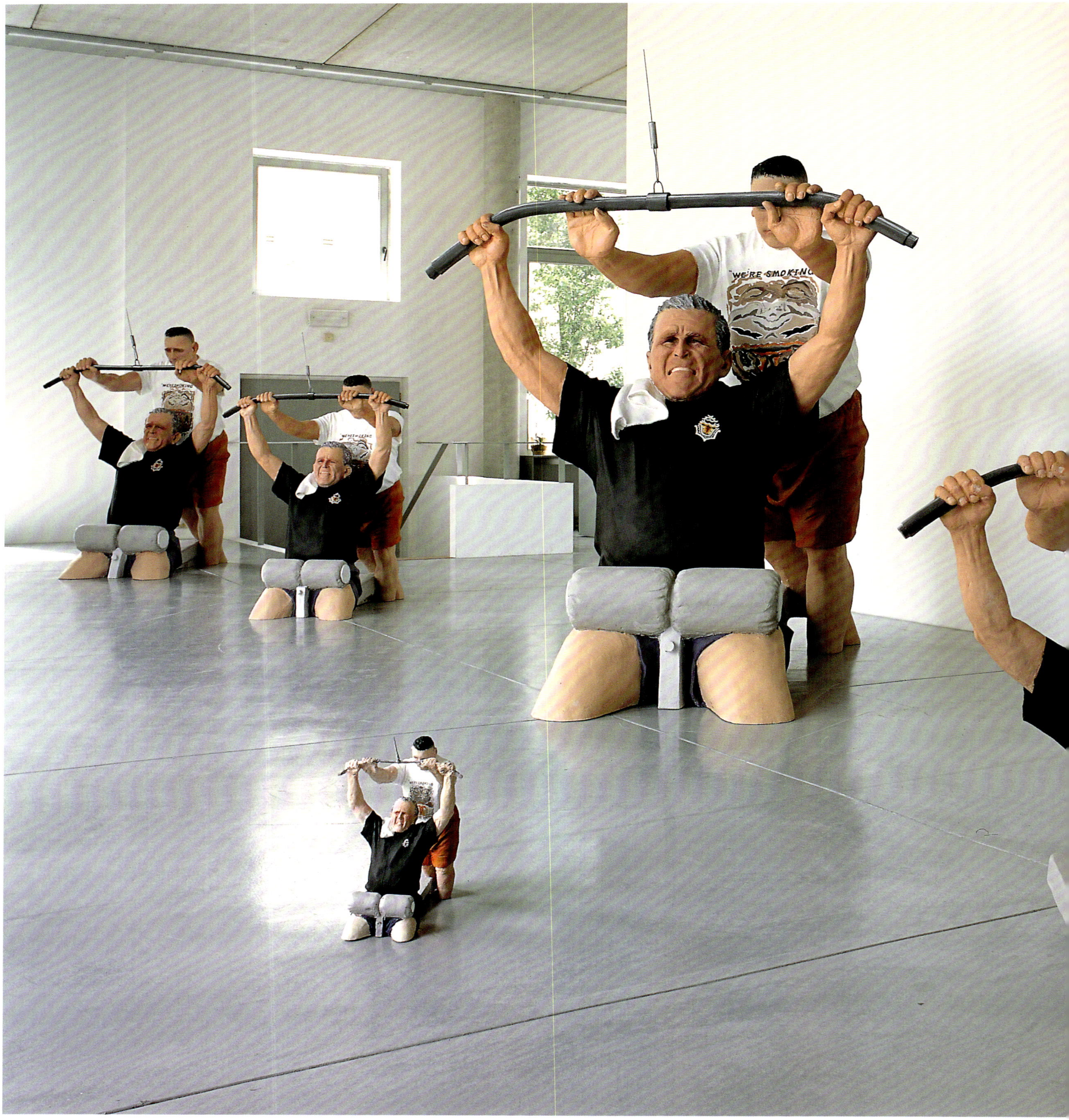

"This project evokes current geopolitics, which the image alone brings to light and lays bare. Following 11 September 2001 (from a lateral point of view), this image of Bush exercising sums up the fragility and brutality of a certain hegemonic policy and counterpolicy.
The project plays with different scales, just as the media do, in order to 'manipulate as much as possible.' Image, image, image… large and still larger, small and still smaller. The largest and the smallest possible…"

Vue d'exposition (exhibition view), galerie Baronian-Francey, Bruxelles (2002). Courtesy galerie Baronian-Francey.

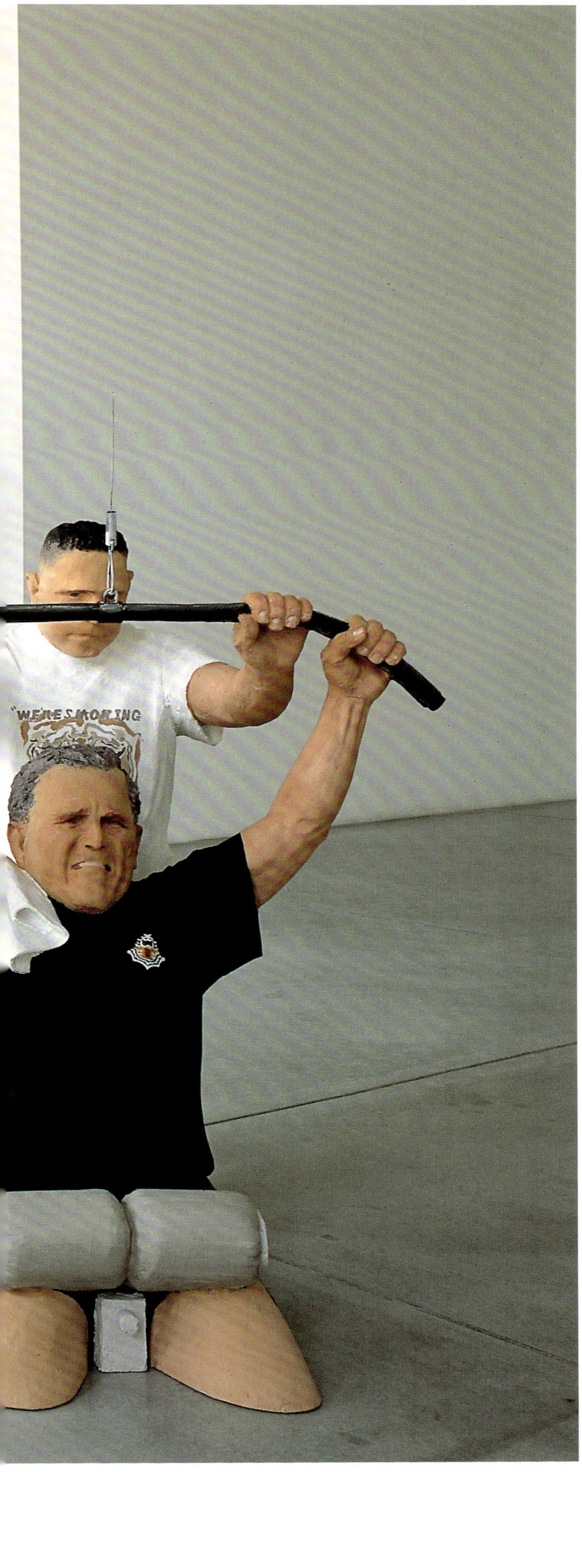

IMAGE, IMAGE, IMAGE… GRANDE ET ENCORE PLUS GRANDE, PETITE ET ENCORE PLUS PETITE. LE PLUS GRAND POSSIBLE ET LE PLUS PETIT POSSIBLE… »

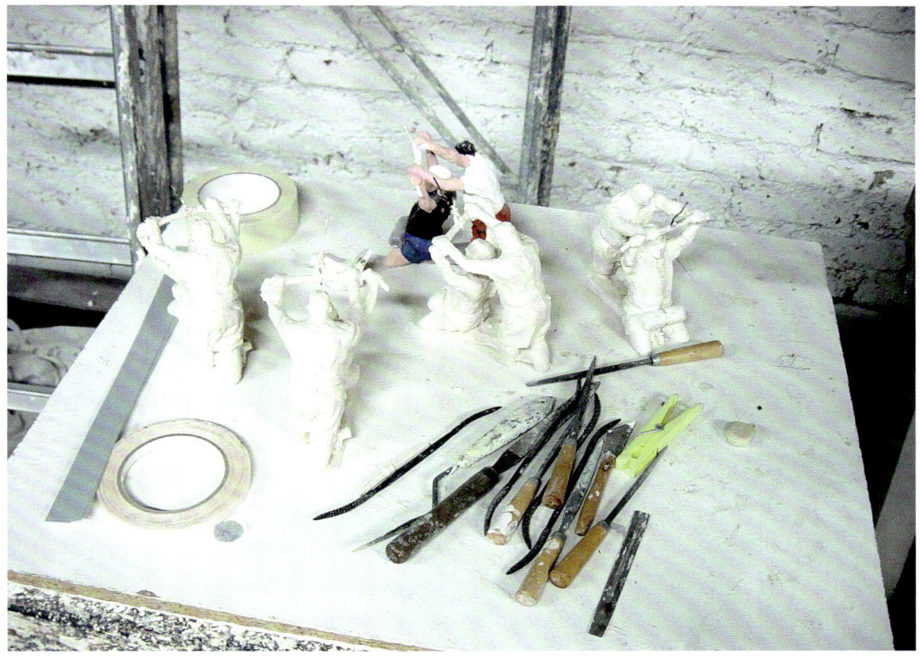

Vue d'atelier (studio view) : cinq moulages de (five casts of) *We're Smoking Them Out!*

TAPIS VOLANT

2002
Laine de Nouvelle-Zélande tissée à la main (hand-weaven wood of New Zealand)
Superficie (surface) : 100 m²

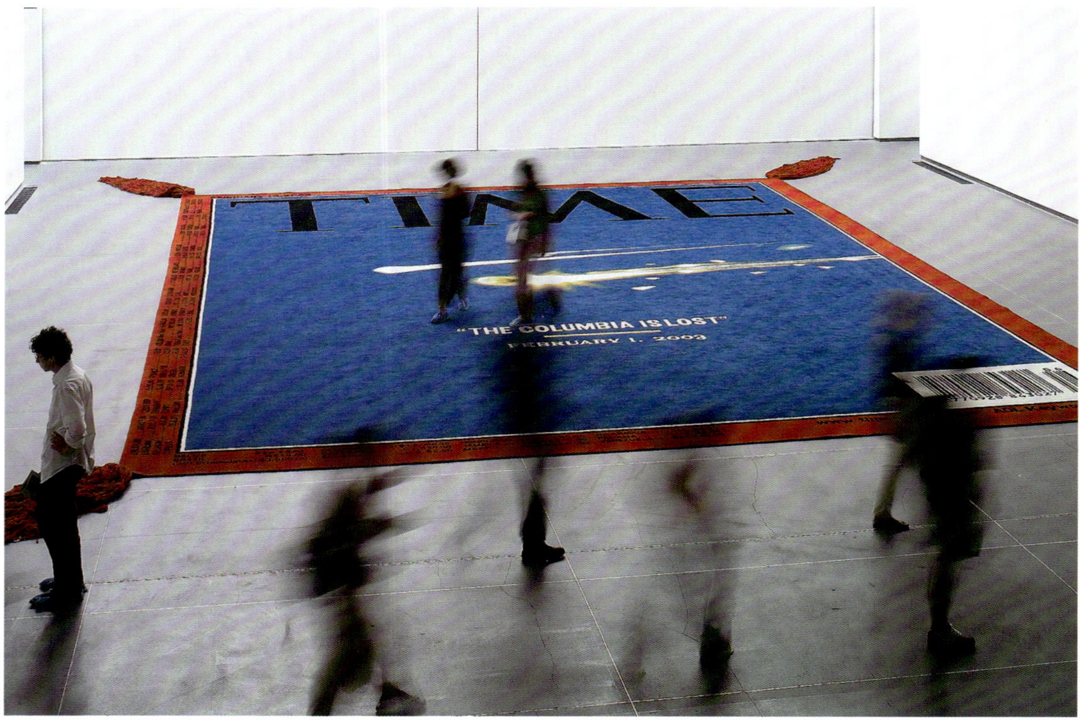

« Il est clair qu'aujourd'hui le concept de post-colonialisme renvoie à la culture, à la politique, à l'économie et aux activités militaires qui lient divers groupes de pays aux intérêts distincts, des pays qui ont été en compétition, qui se sont mutuellement infiltrés et ont abouti à toutes sortes de compromis. Le monde présente un nouveau paysage international où les sources non renouvelables d'énergie deviennent encore plus rares. Mais coloniser l'espace et se rapprocher des planètes voisines pour obtenir de nouvelles sources d'énergie est l'une des stratégies à long terme déjà déployée par plusieurs grandes puissances qui développent une recherche scientifique de pointe.
C'est là une compétition intéressante car plus intense, plus tenace et plus brutale.
La navette spatiale Columbia, qui a explosé en rentrant dans l'atmosphère, a certes frustré nos passions humaines scrupuleuses, mais a aussi renforcé notre détermination à conquérir l'espace.
Mon tapis volant s'inspire de l'explosion de la navette américaine.
Il emprunte les formes de tapis volants imaginés par Disney pour Aladin tout en utilisant une couverture de *Time*.
L'œuvre mêle des éléments de fiction scientifique, de contes de fées et de réalité avec le rêve de conquérir l'espace. »

"Clearly, the concept of postcolonialism today refers to the culture, politics, economy and military activities that unite various groups of countries with distinct interests, countries that have competed in the past and which have mutually infiltrated one another and have arrived at all kinds of compromises.
The world presents a new international landscape where sources of nonrenewable energy are becoming even rarer. Yet colonizing space and drawing closer to neighboring planets to obtain new sources of energy is one of the long-term strategies that have already been deployed by the great powers that are developing advanced scientific research.
That competition is an interesting one since it is more intense, more dogged and more brutal.
The space shuttle Columbia, which exploded while reentering the atmosphere, has certainly frustrated our scrupulous human passions, but has also reinforced our determination to conquer space.
My flying carpet is inspired by the explosion of the American shuttle.
It borrows types of flying carpets that Disney dreamed up for Aladdin, making use of a *Time* cover.
The piece combines elements borrowed from fiction, science, fairy tales and reality with the dream of conquering space."

Vue de l'installation (view of the installation). Exposition (exhibition) *Wang Du Parade #3*, les Abattoirs, Toulouse (2004).

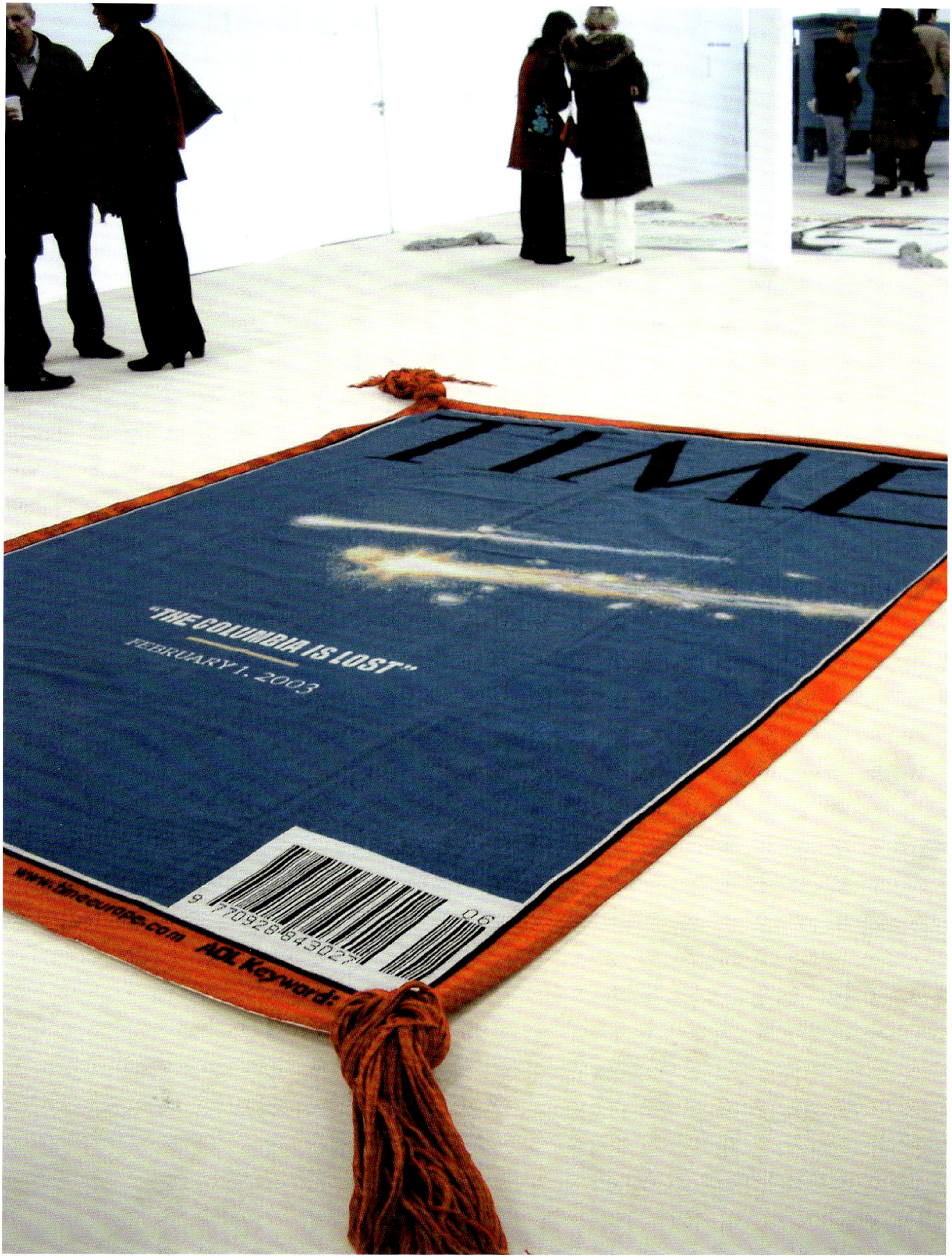

Vue de l'installation (view of the installation). Exposition *Wang Du*, galerie Roger Pailhas, Marseille (2004). Courtesy galerie Roger Pailhas.

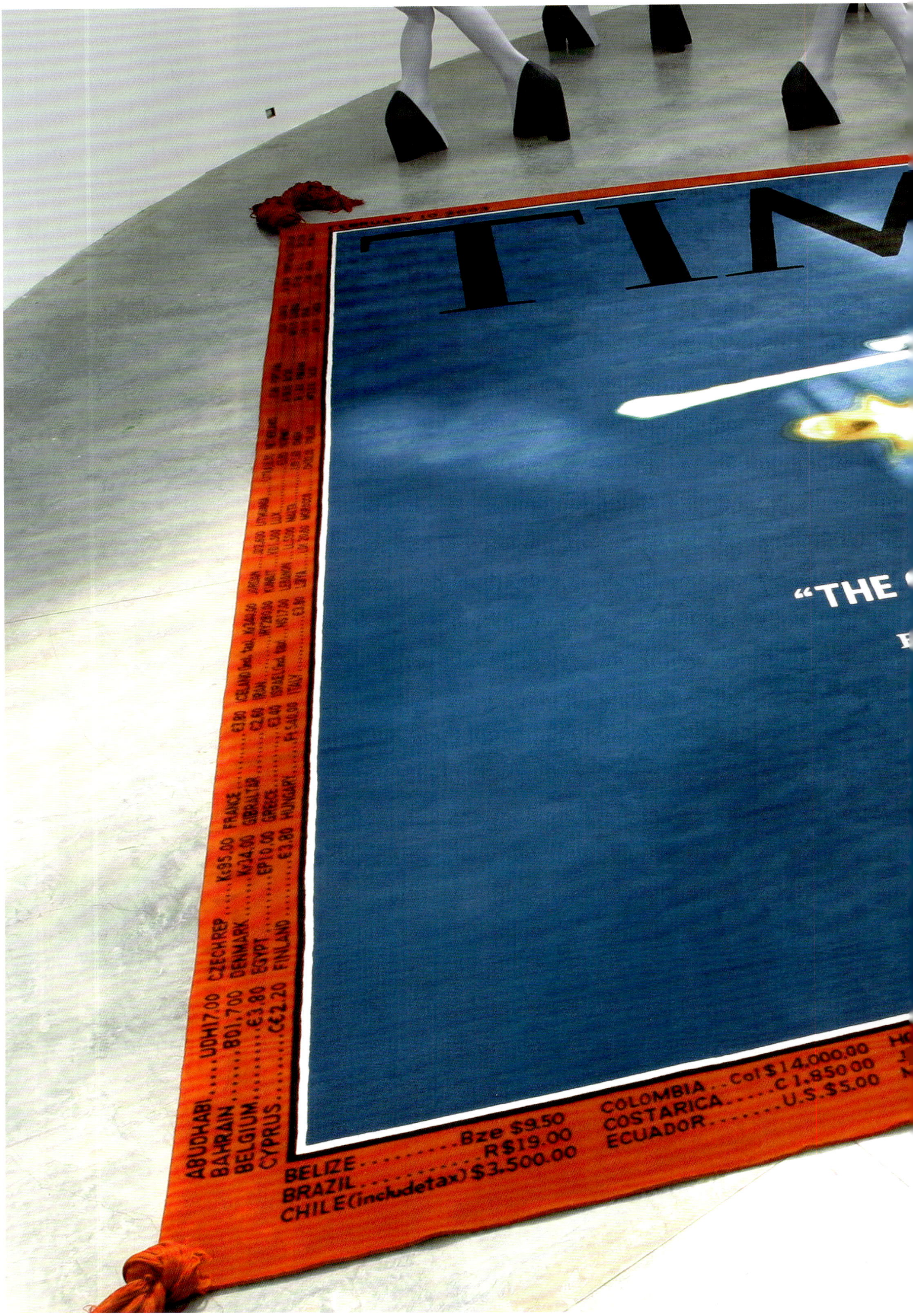

Vue de l'installation (view of the installation). Exposition (exhibition) *Wang Du Parade #4*, Palais de Tokyo, site de création contemporaine, Paris (2004).

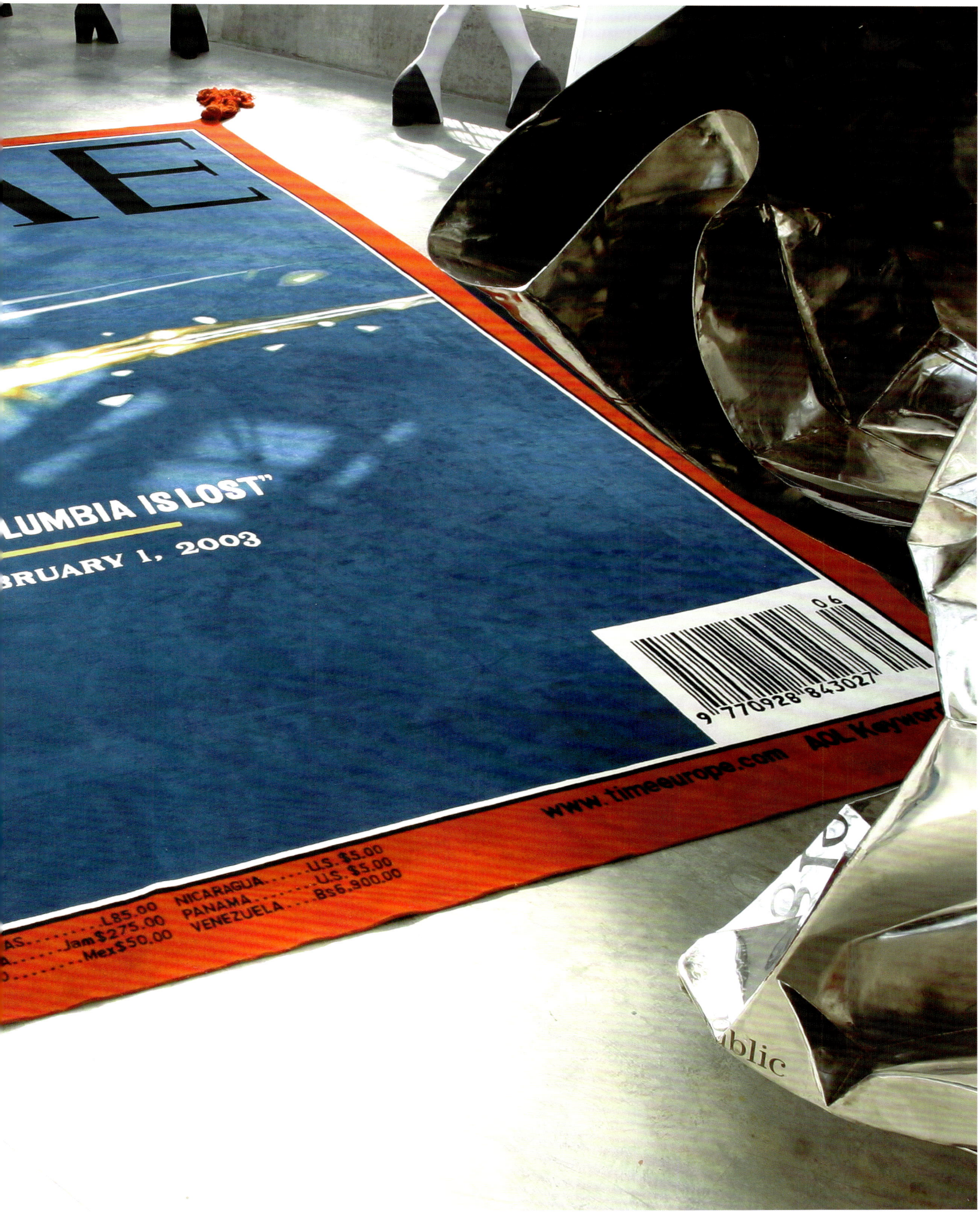
LUMBIA IS LOST"
BRUARY 1, 2003
9 770928 843027
06
www.timeeurope.com
AOL Keyword
NICARAGUA.......U.S.$5.00
PANAMA.......U.S.$5.00
VENEZUELA.....Bs6.900.00
L85.00
Jam$275.00
Mex$50.00
blic

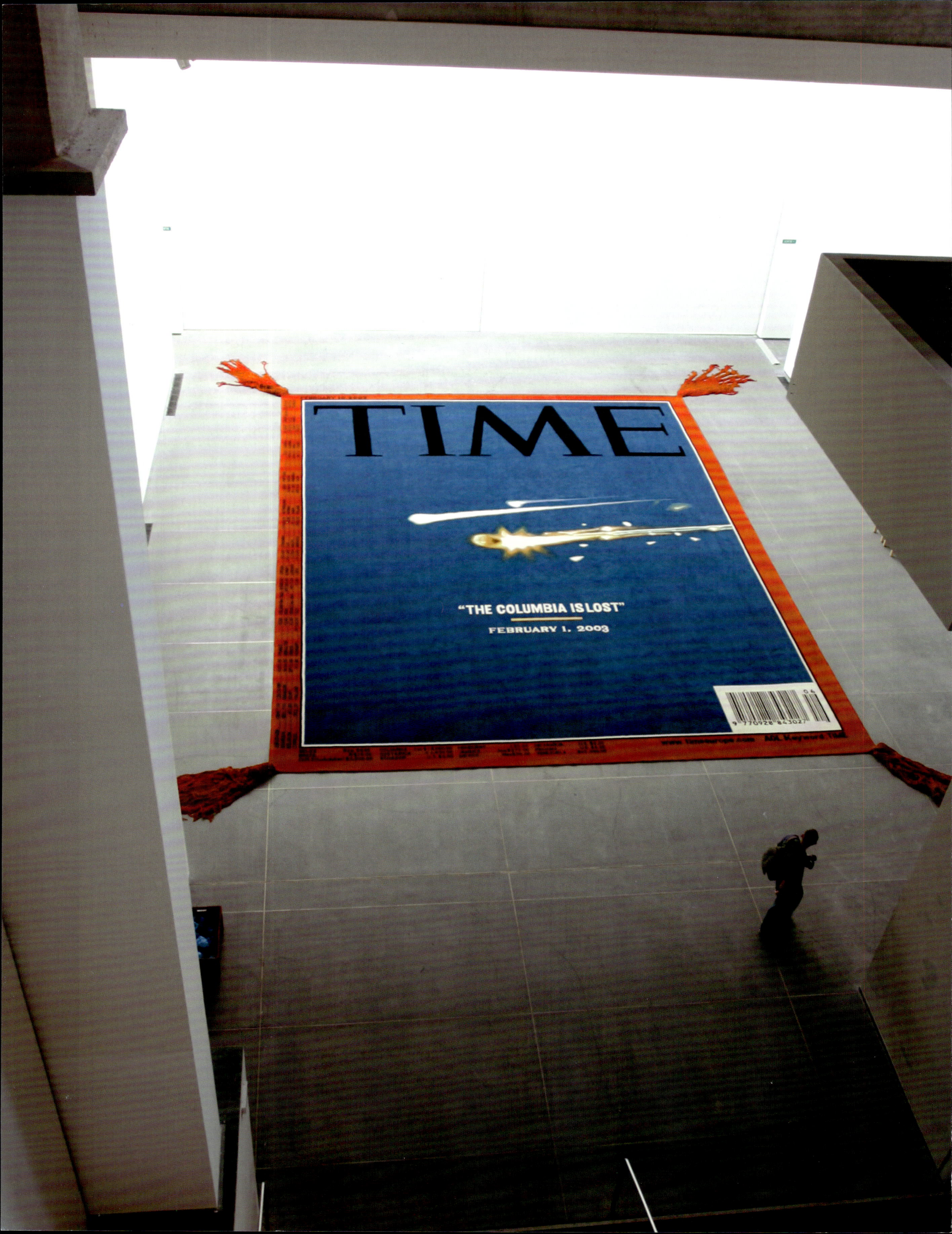

TIME
"THE COLUMBIA IS LOST"
FEBRUARY 1, 2003

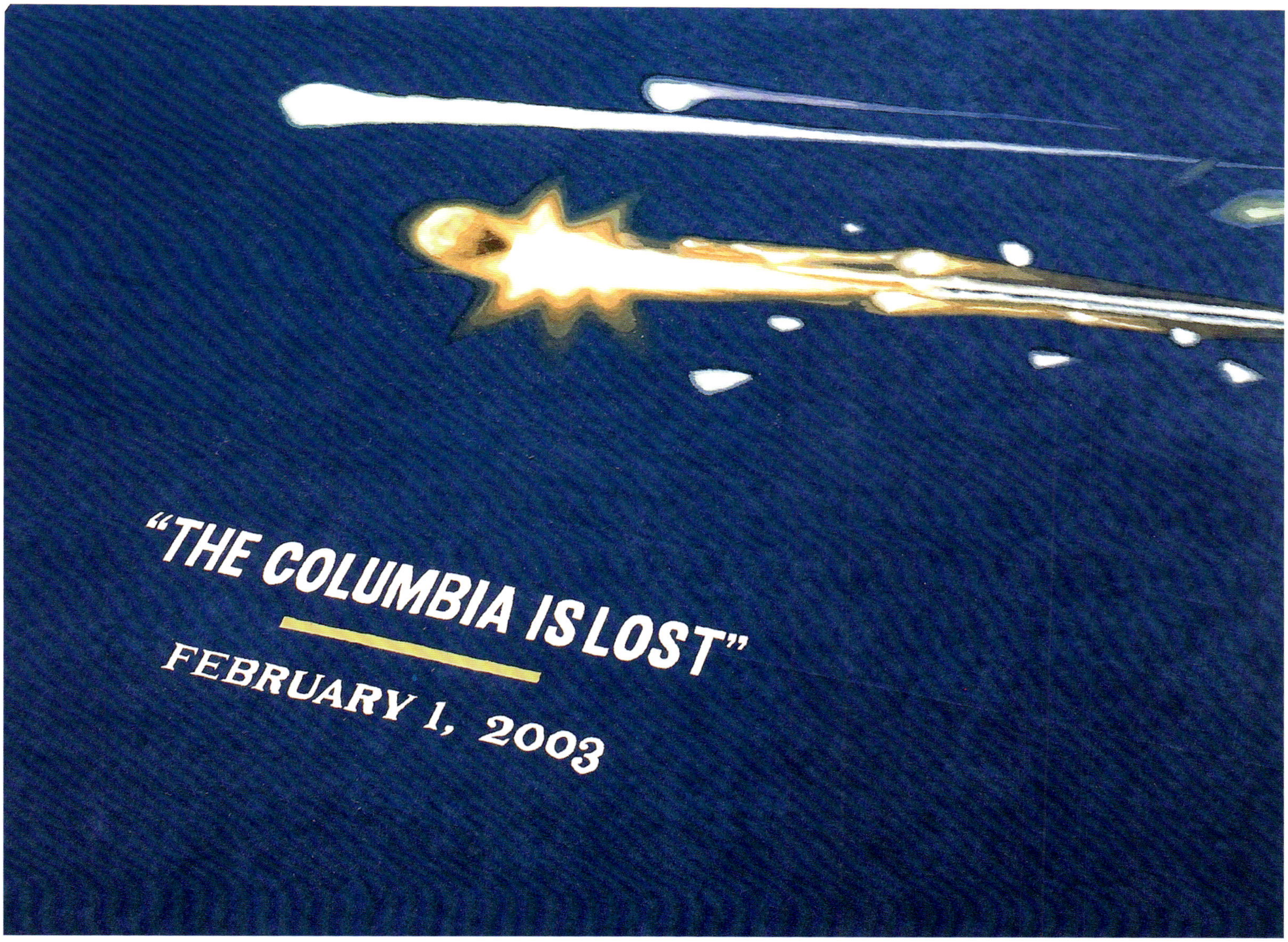

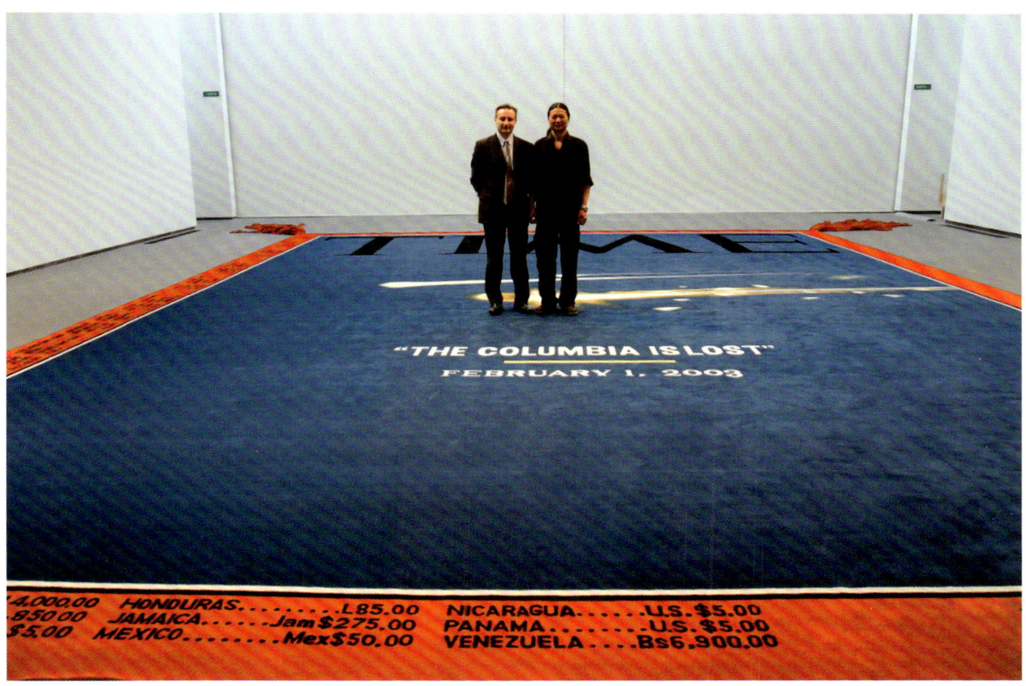

Détails de l'installation (details of the installation).

Ci-contre (opposite page) : Vue de l'installation (view of the installation). Exposition (exhibition) *Wang Du Parade #3*, les Abattoirs, Toulouse (2004).

IMAGE CÉRAMIQUE

2003
Céramique (ceramic)
160 x 130 x 25 cm

« POUR MOI, LA CÉRAMIQUE N'EST QUE L'UNE DES NOMBREUSES FORMES POSSIBLES DE L'EXPRESSION ARTISTIQUE. ELLE EST UTILISÉE POUR DES RAISONS PRAGMATIQUES ET DÉCORATIVES, CERTES, MAIS AUSSI POUR DES RAISONS D'ORDRE CONCEPTUEL, AU MÊME TITRE QUE LE CINÉMA OU LA VIDÉO. ON PEUT LA MANIPULER ET LA MODIFIER, MAIS, UNE FOIS ÉTABLIE LA RELATION COPULATIVE ENTRE LA GLAISE ET L'IDÉE, LA CÉRAMIQUE DÉGAGE UNE ÉNERGIE LATENTE EXCEPTIONNELLE. »

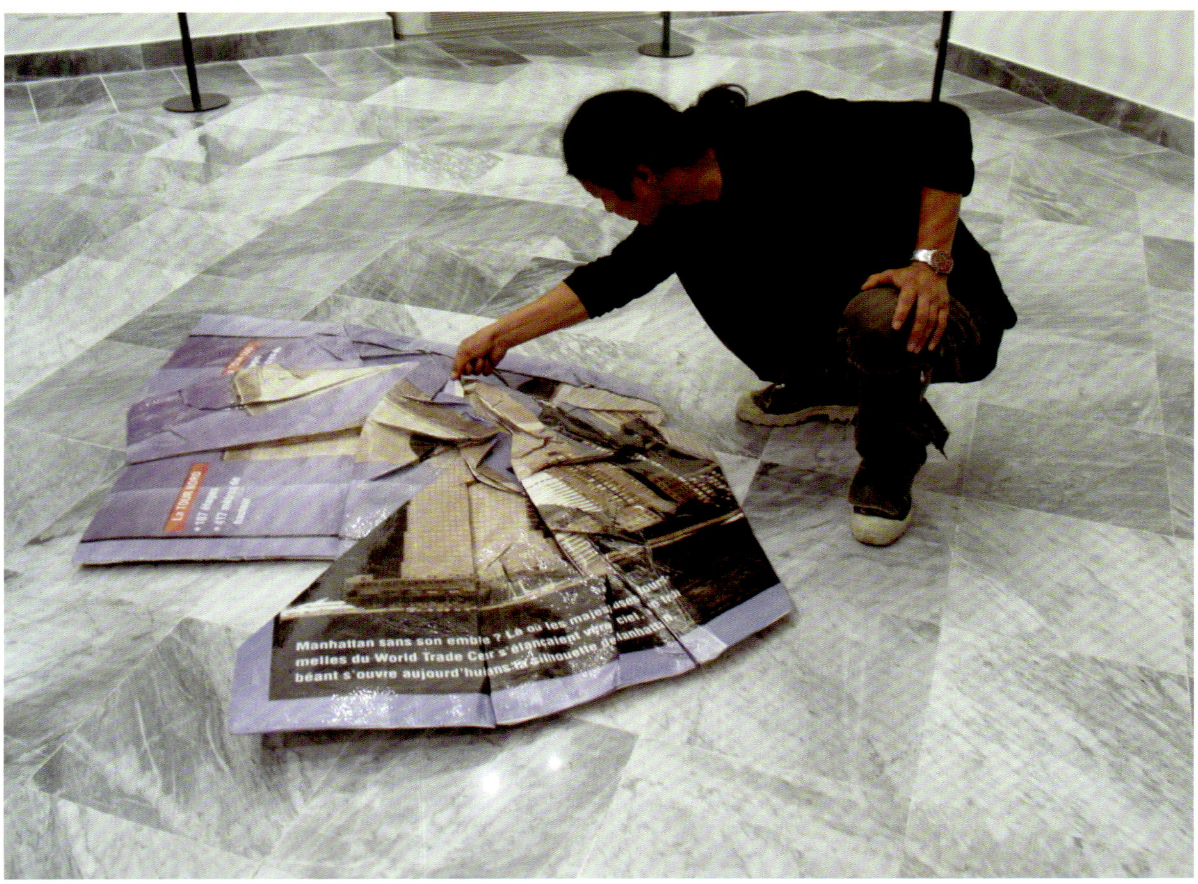

Vues de l'installation (installation views), biennale de céramique dans l'art contemporain, Savone (2003).

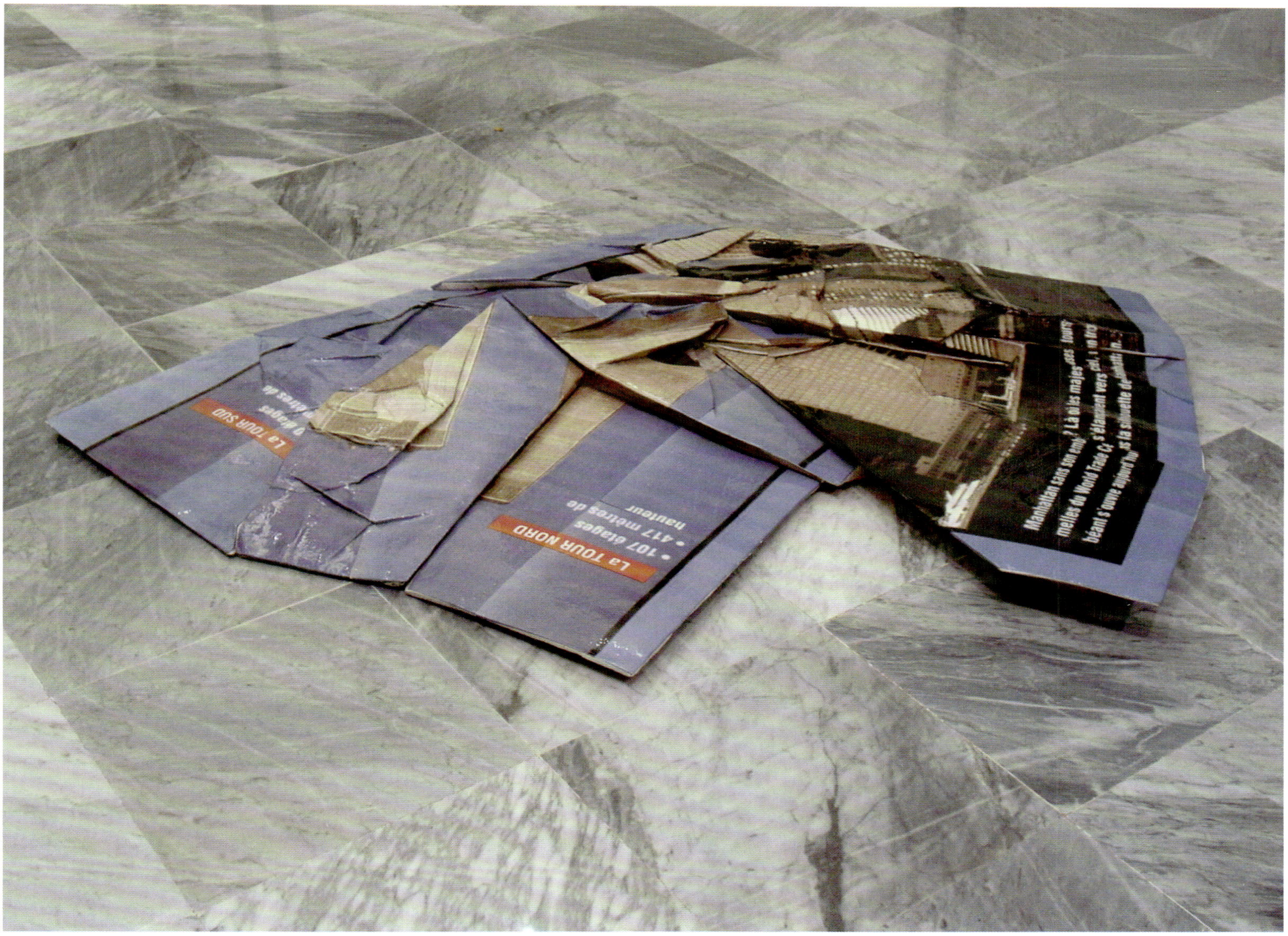

"For me, the ceramic medium is just one possible form of expression in the world of art. This is a material used not only for pragmatic motives and decoration, but also for conceptual reasons, just like video and film. You can utilize it and you can change it, but when the copulative relation has taken place between the clay and your concept, it releases its exceptional latent energy."

MAMMA MIA !

2003
Installation in situ (in situ installation)
Arte all'Arte 8 Project
Parco della Rocca, San Gimignano (Italie)

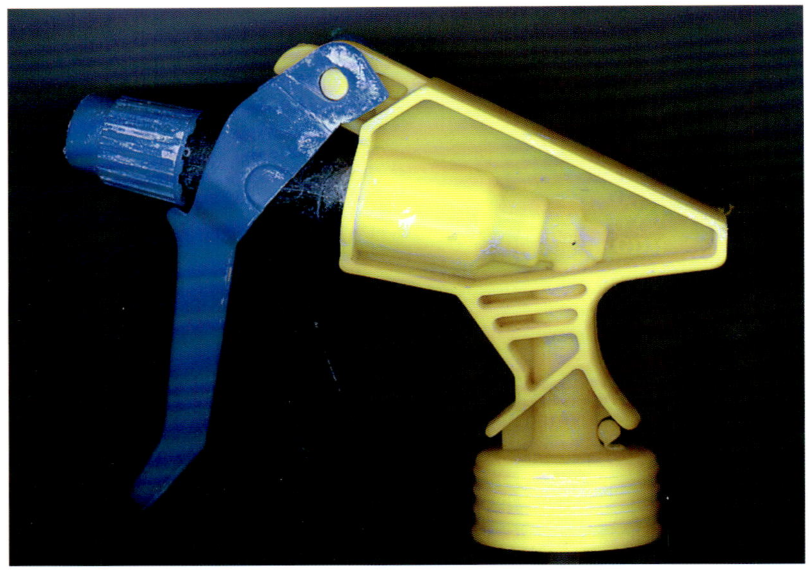

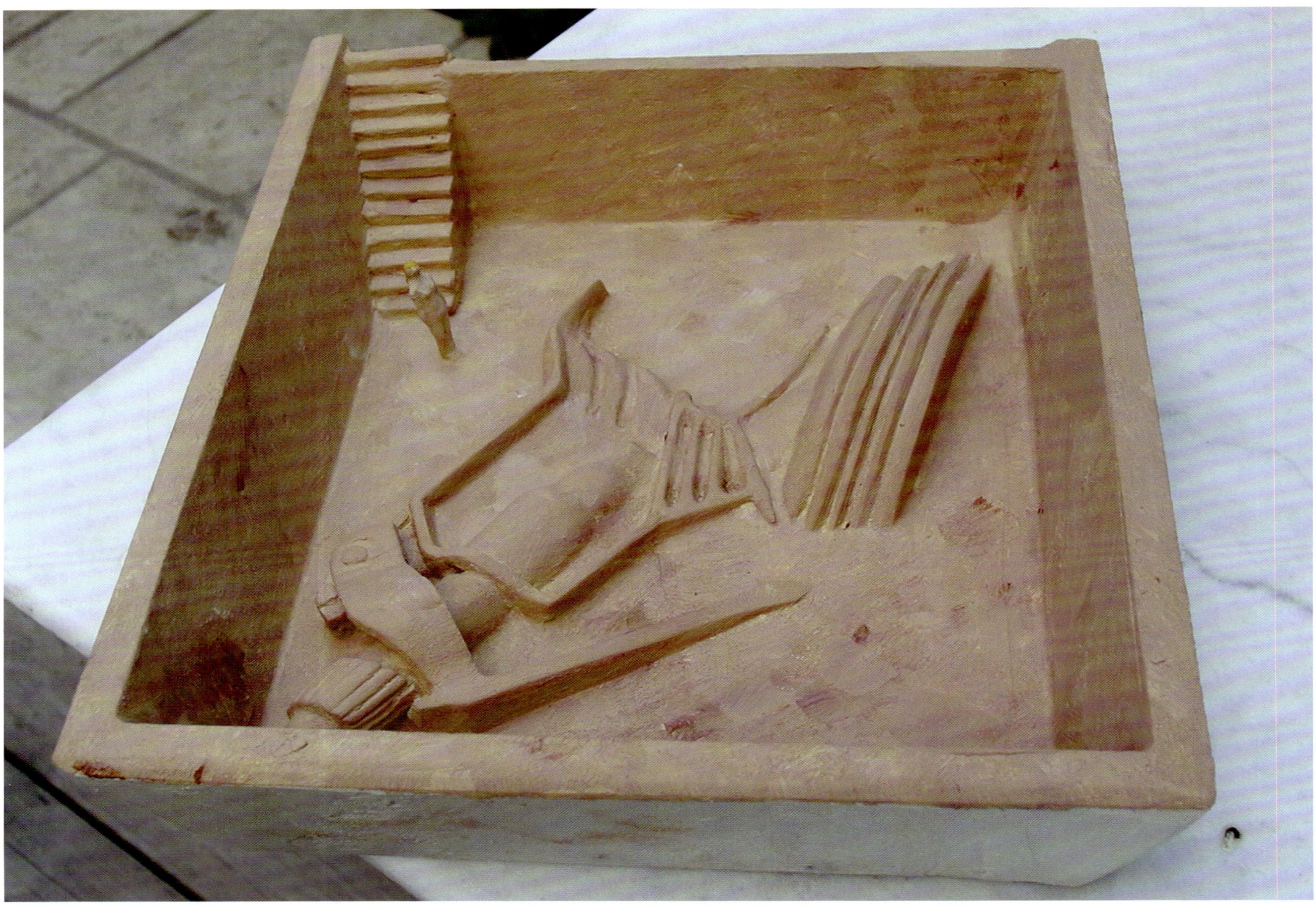

Haut (top) : Pistolet à eau à la base du projet (watering can at the root of the project). **Bas (bottom) :** Maquette préparatoire (preparatory model).

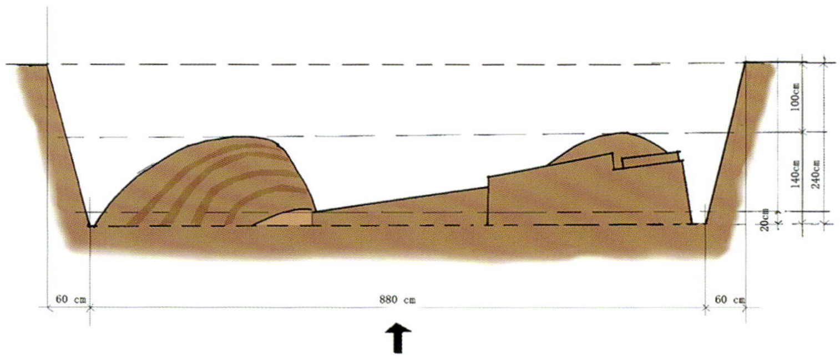

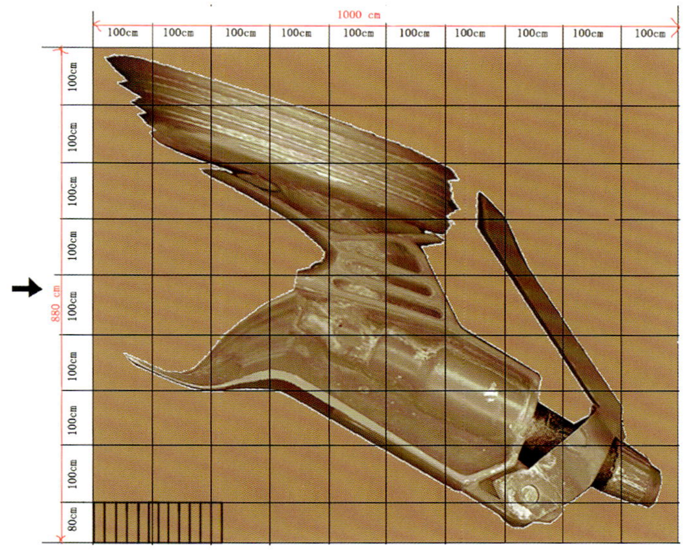

« C'est un projet autour du thème "consommer la vie".

Bien que ce monde soit de plus en plus instable et imprévisible, avec les guerres, les épidémies et les catastrophes naturelles, l'industrie du tourisme ne cesse de croître.
Les programmes et les itinéraires touristiques sont sans cesse diversifiés et renouvelés : des paysages naturels aux paysages artificiels, des patrimoines historiques – us et coutumes compris – aux destinations exotiques, en passant même par les nouveaux paysages urbains, rien n'échappe à ce processus d'industrialisation touristique.
Ce phénomène, accéléré par une médiatisation, une informatisation et une commercialisation puissantes, s'est d'ores et déjà transformé en mode de "consommer la vie".

Les divers guides touristiques aux couvertures soigneusement conçues ainsi que les outils multimédias produits à l'aide d'énormes investissements financiers, tout ceci ressemble à de simples modes d'emploi de produits de consommation. Des produits, qui, à la manière des plateaux-repas distribués dans les avions, sont vendus à des gens curieux et enthousiastes, assoiffés indifféremment de nature, d'histoire et de culture.
Soit des milliers d'années d'histoire et d'échanges culturels entre les quatre continents qui se retrouvent condensés à l'intérieur de circuits touristiques.
Chacun peut choisir celui qui lui convient : revivre, en une semaine, l'expérience merveilleuse des voyages de Marco Polo ou les périples de Christophe Colomb lors de sa découverte de l'Amérique.

Si les différentes sortes de vitamines vendues en pharmacie et les appareils de musculation disponibles dans les salles de gym témoignent de la volonté des gens d'améliorer et d'entretenir leur capacité physique, le tourisme s'apparente au désir de satisfaire leur curiosité et leur soif d'émotions, de mettre à l'épreuve leur corps et de tuer le temps.

Cette manière de "consommer la vie" illustre bien l'idée que tout dans la société contemporaine peut constituer un objet de consommation jetable.
Quand la nature, l'histoire, la culture et la réalité sont transformées au cours de voyages en de simples objets souvenirs, alors le corps et l'esprit des voyageurs deviennent également des produits de consommation jetables.
Et après, quelle autre alternative à cela ?

Mamma Mia! est un projet de site touristique artificiel conçu sur la base de cette réflexion. Bien que le prototype soit un simple pistolet à eau abandonné dans la nature, celui-ci, une fois intégré dans un programme touristique, devient immédiatement un trésor, étonnant et incroyable, doté d'une immense valeur à l'instar des vieux monuments culturels et historiques. »

"This is a project about 'consuming life.'

Today, tourism is increasingly developing and indeed booming despite the fact that the world's fate is increasingly in the balance, with wars, diseases and natural catastrophes.
The contents and routes for tourism are now becoming even more diverse and innovative. Everything, from natural landscapes to artificial ones, from historic heritage and folk culture to exotic places, even emerging contemporary cityscapes, is being made into a tourist site.
This phenomenon has been prompted by the power of mediaization, informationization and commercialization. It is already being turned into a form of 'consuming life.'

The various kinds of tourist guides with beautifully designed covers as well as multimedia tools requiring massive investments, all this looks like mere instructions for use of consumer goods. They are distributed to a curious and passionate mass like airliner fast foods, mixing up nature, history and culture. Thousands of years of historic changes and cultural differences between different continents are now being condensed into various tourist itineraries. Any of them can be easily selected according to the tourist's feelings. We can enjoy within a week the wonderful experience of Marco Polo's long treks or Columbus's risky adventure that led to the discovery of the new American continent.

If various kinds of vitamin pills in the pharmacy and the different machines in gymnastics are the biological choice of human beings to obtain more nutrients and better health, then tourism represents a more synthetic choice of satisfying people's curiosity, desire for thrills, strong bodily experiences and need to kill time.
The 'consuming life' mode is a summing up of the idea that everything in contemporary society can be consumed once and for all.

When nature, history, culture and reality have all become simply souvenir objects along the tourist circuit, our bodies and minds are also consumed, once and for all. What then will be the alternative to this?

Mamma Mia! was conceived in light of the above thoughts. It aims to design an artificial tourist spot from scratch. Its original form is a discarded watering can. However, once it is made part of tourism, it becomes a surprising and incredible object of discovery. It would be as priceless as cultural remains consumed by time, derived from remote history."

Dessins préparatoires (preparatory drawings).
Pages suivantes (next pages) : Image numérique pour l'affiche du projet (digital image for the poster of the project).

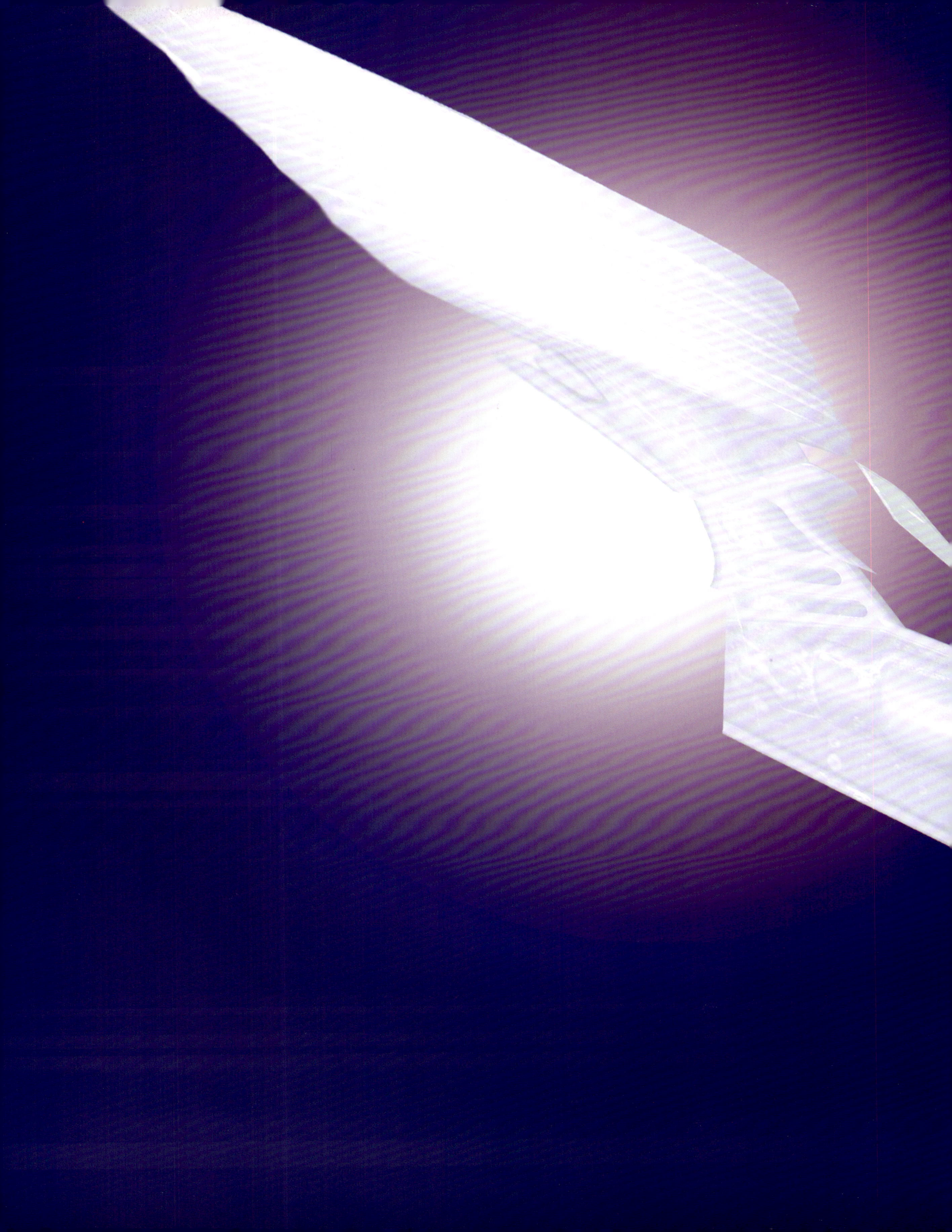

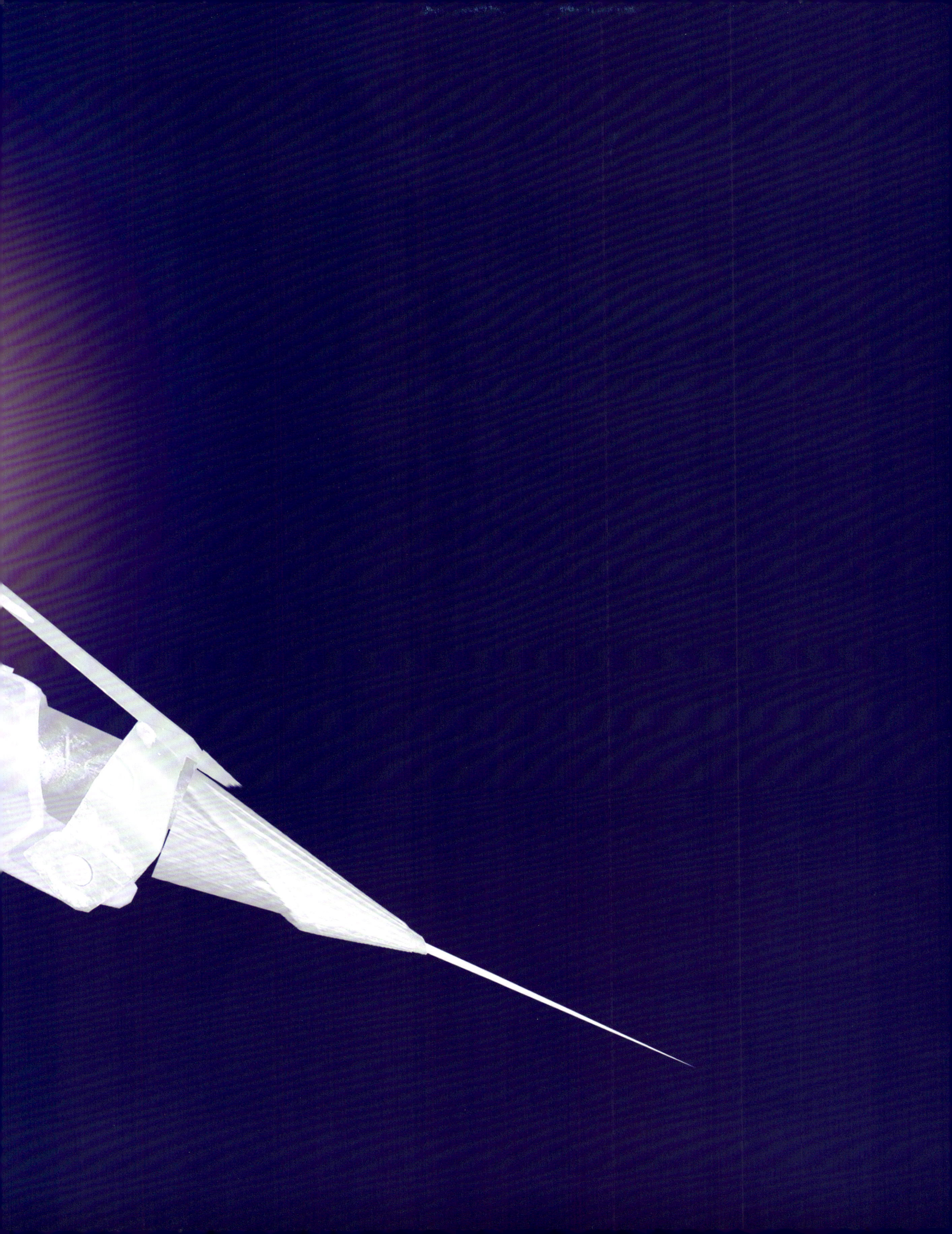

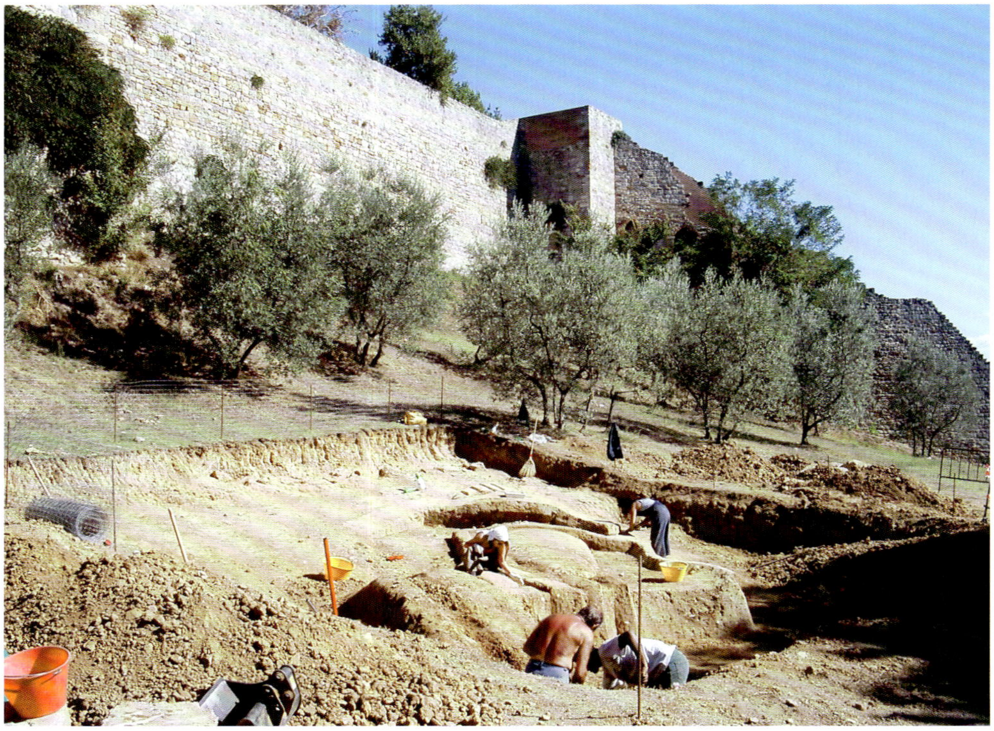
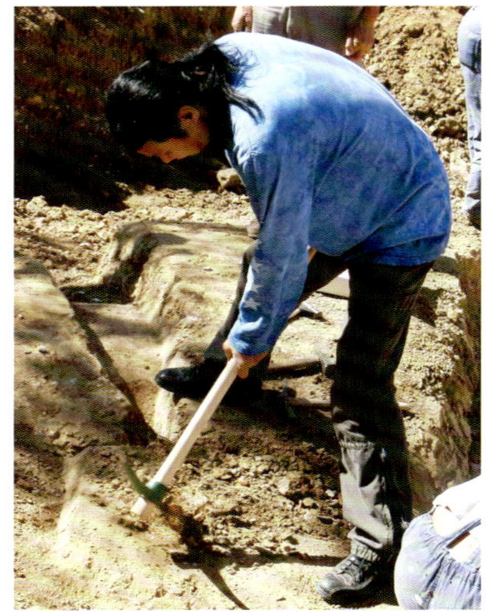
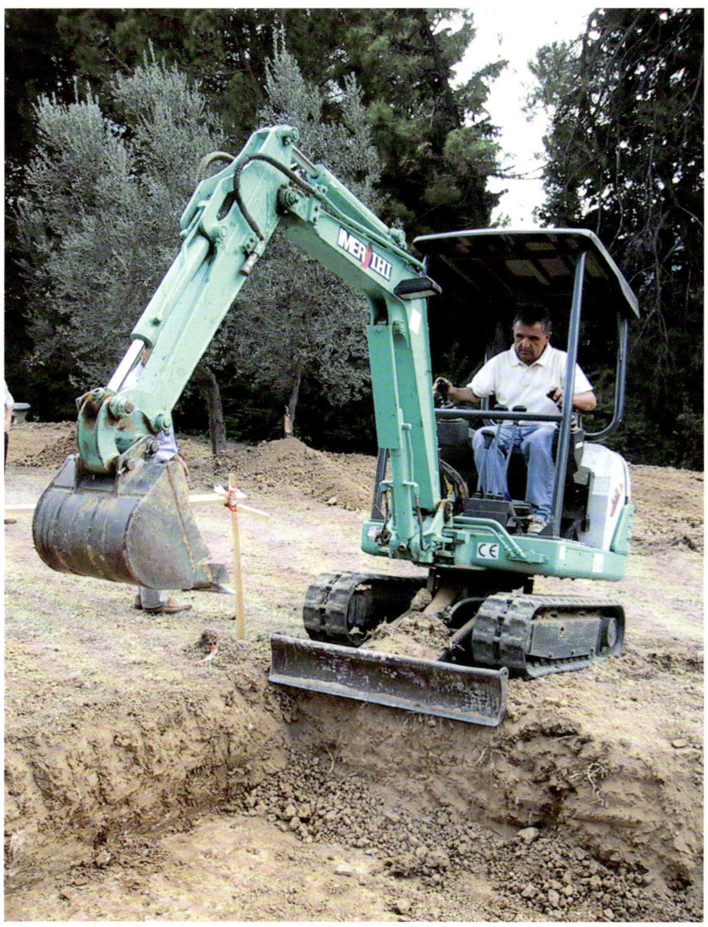
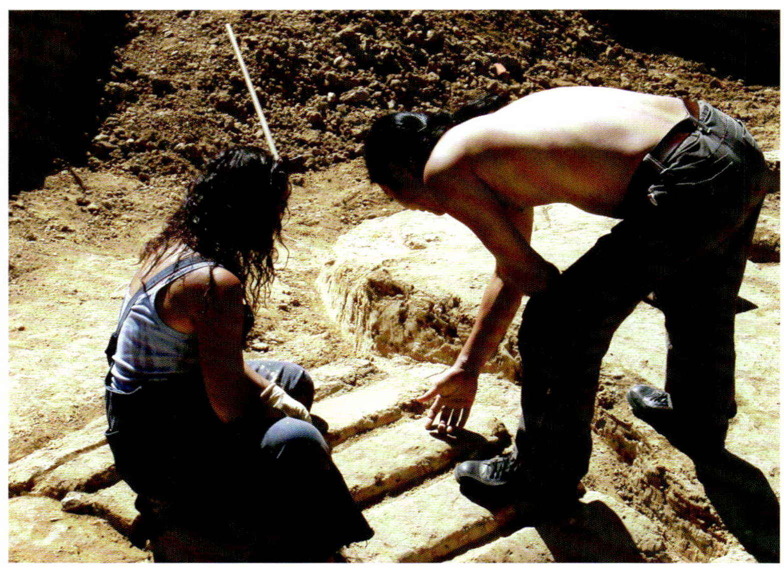
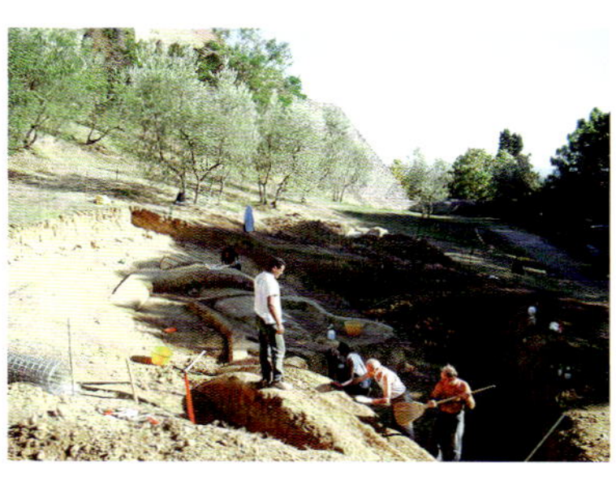
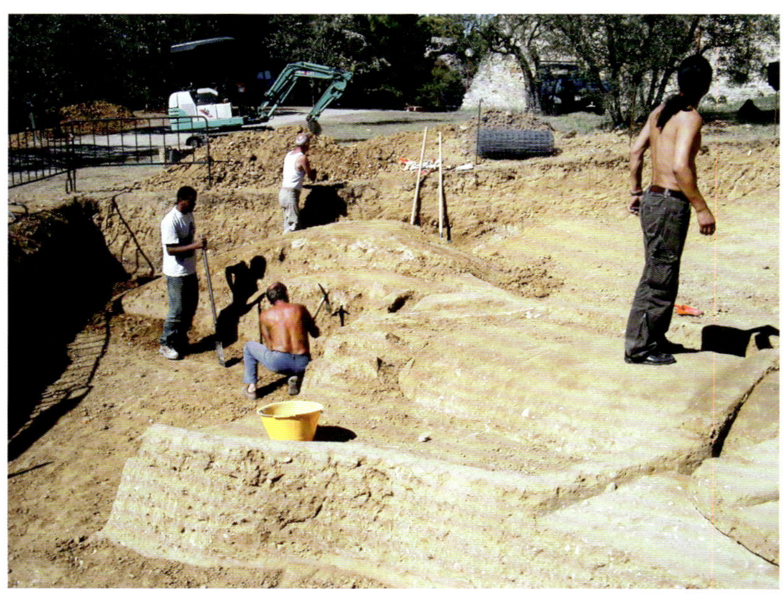

Vues du projet en cours (views of the project in progress).

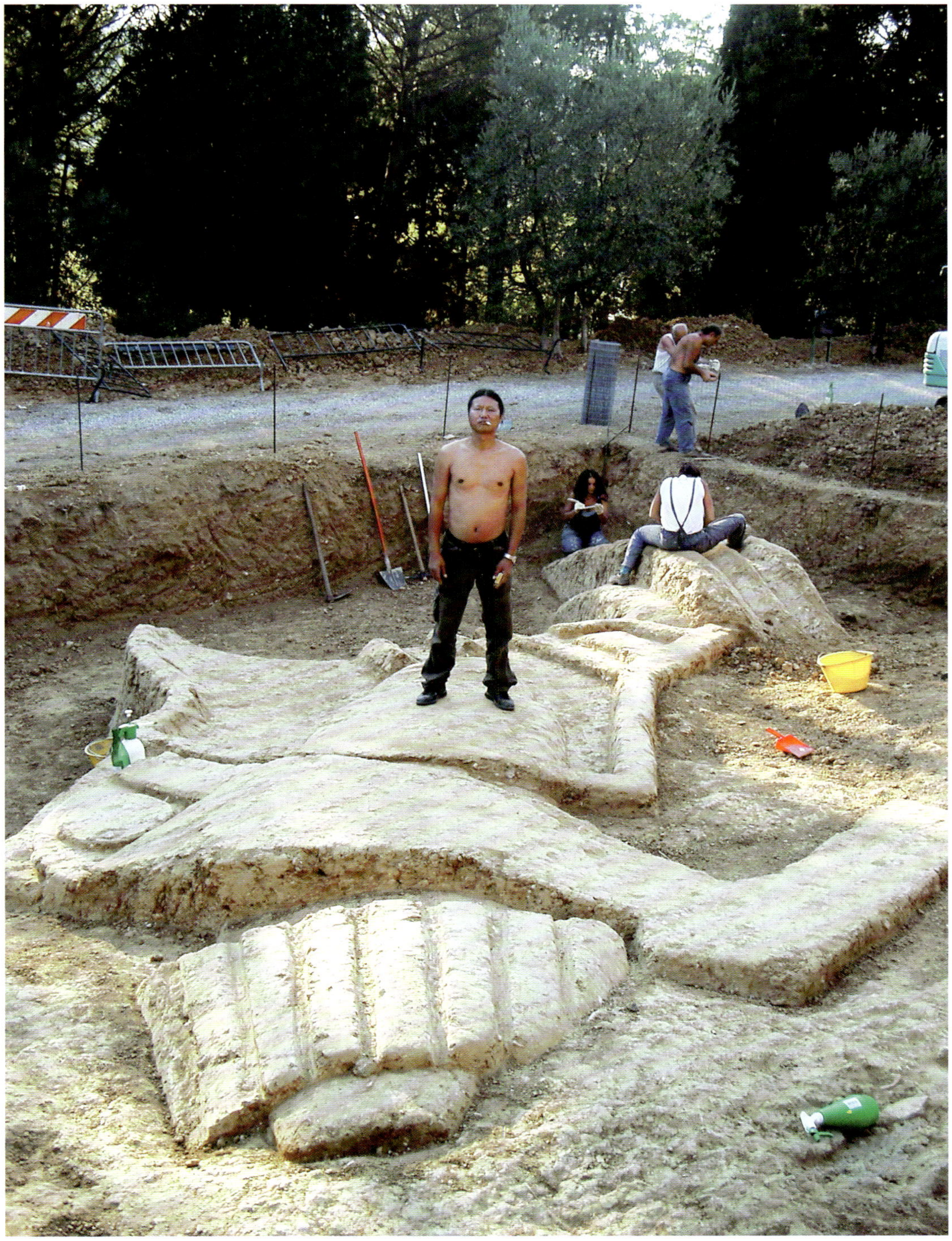

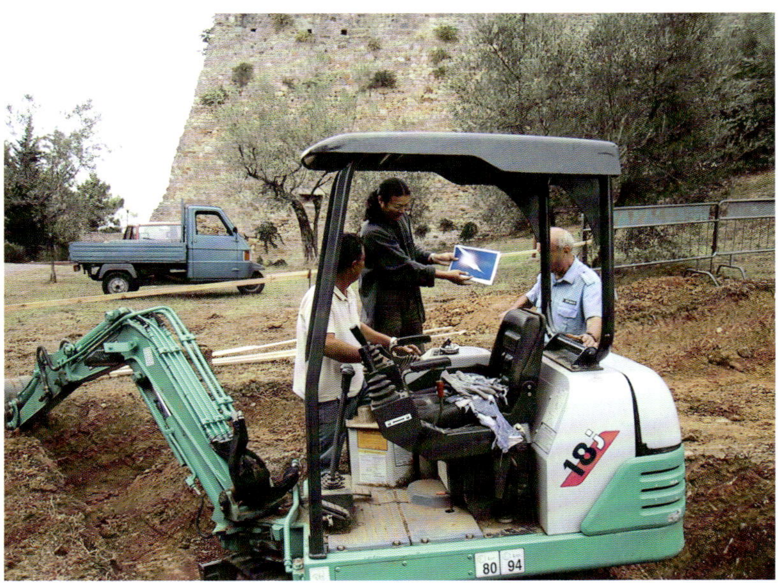

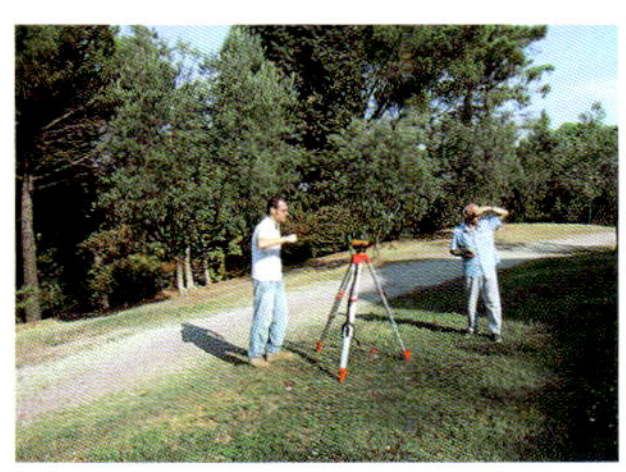

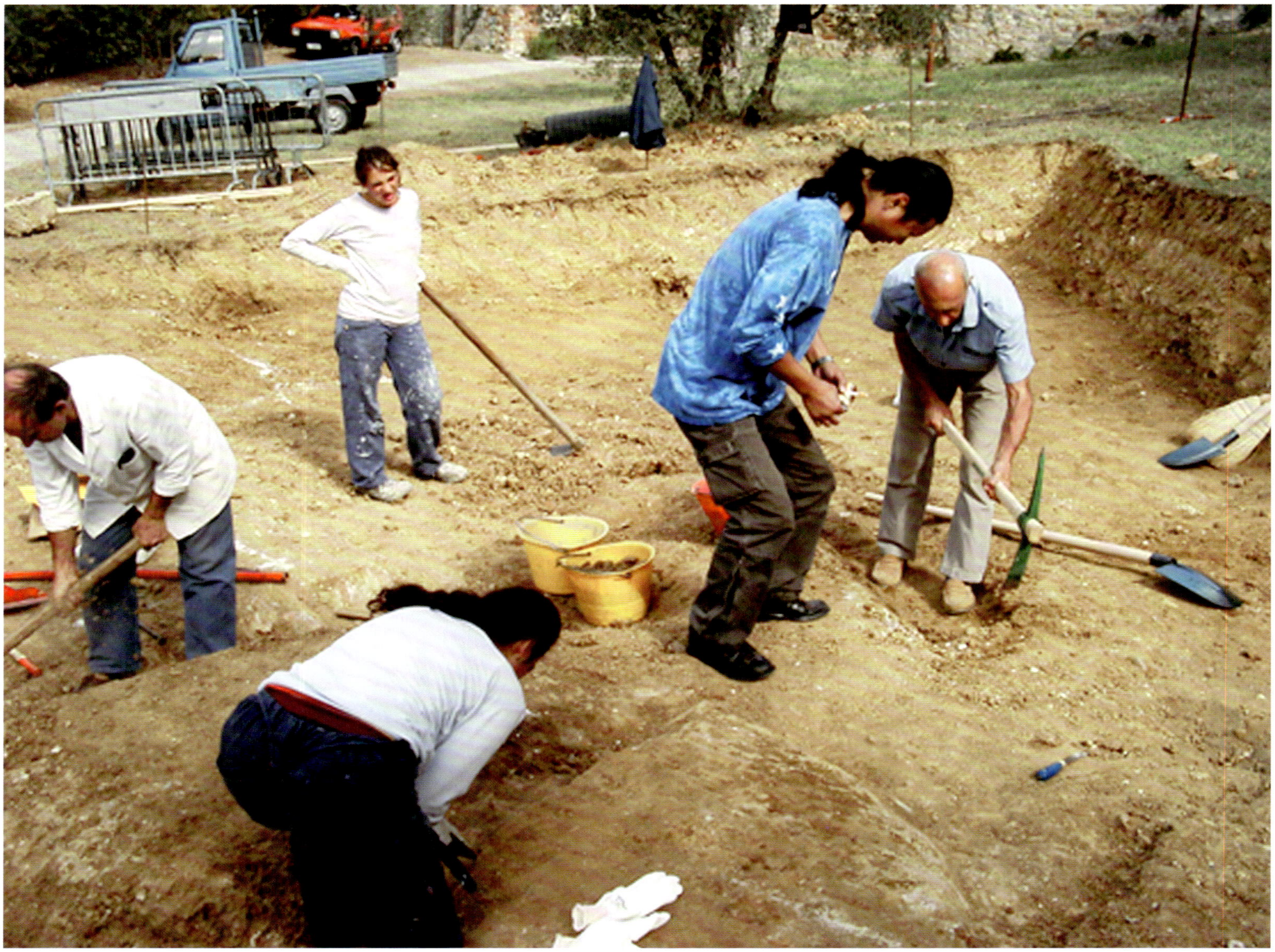

Vue du projet en cours (view of the project in progress).

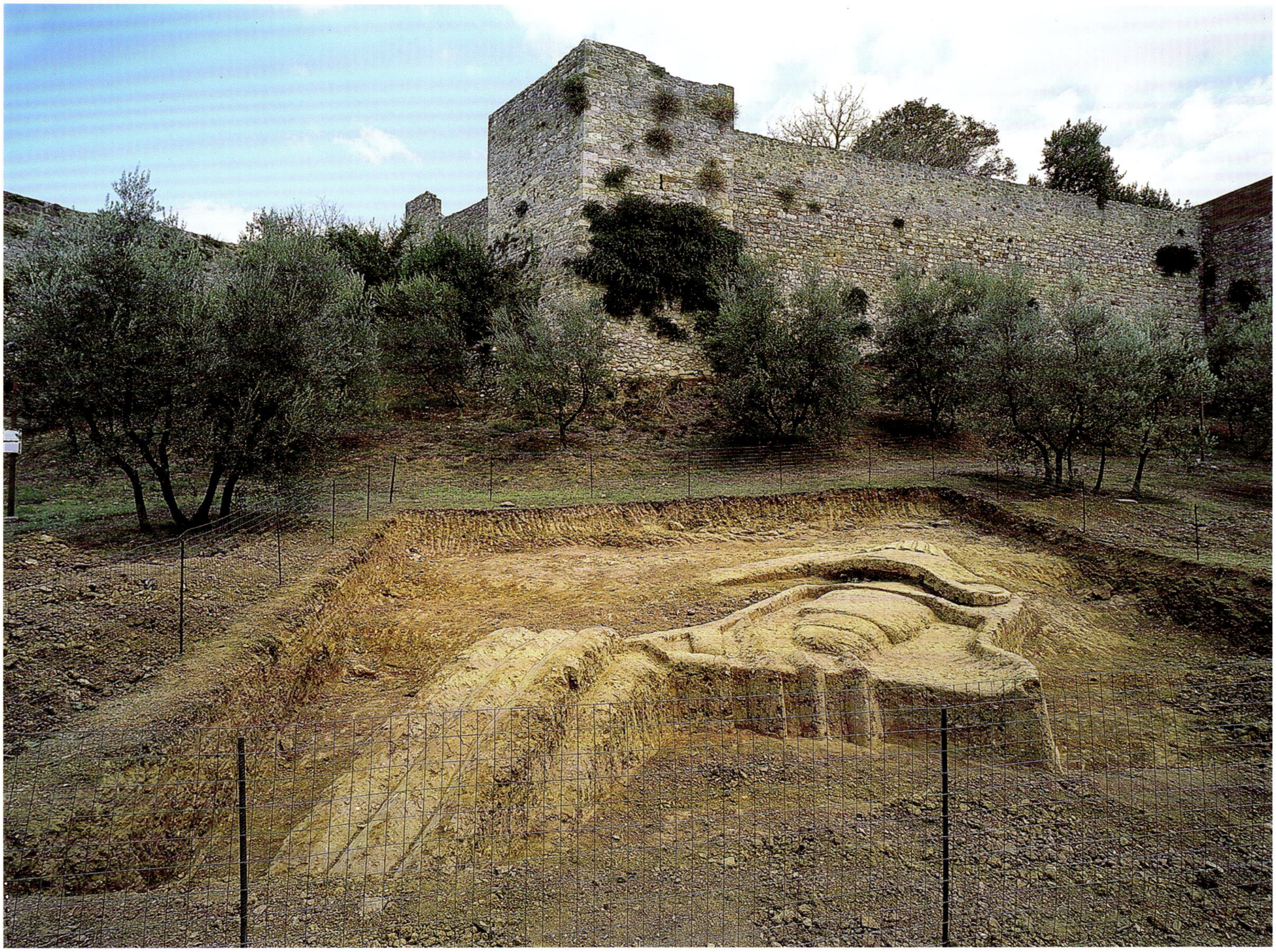

Vue de l'installation in situ (view of the in situ installation). Courtesy Associazione Arte Continua, San Gimignano.

THE BUSINESS

2003
Résine et acrylique (resin and acrylic)
118 x 168 x 150 cm

« AVEC *THE BUSINESS* JE PORTE UNE RÉFLEXION SUR LES RÉELS ENJEUX DE LA GUERRE EN IRAK. SUR CETTE BOULE, UN ARTICLE DE MAI 2003 EXPOSANT LE PROJET DE GEORGE W. BUSH DE DÉVELOPPER LES ÉCHANGES COMMERCIAUX AVEC LE PROCHE-ORIENT, TÉMOIGNE DES MOTIVATIONS AVANT TOUT ÉCONOMIQUES DE CETTE GUERRE. »

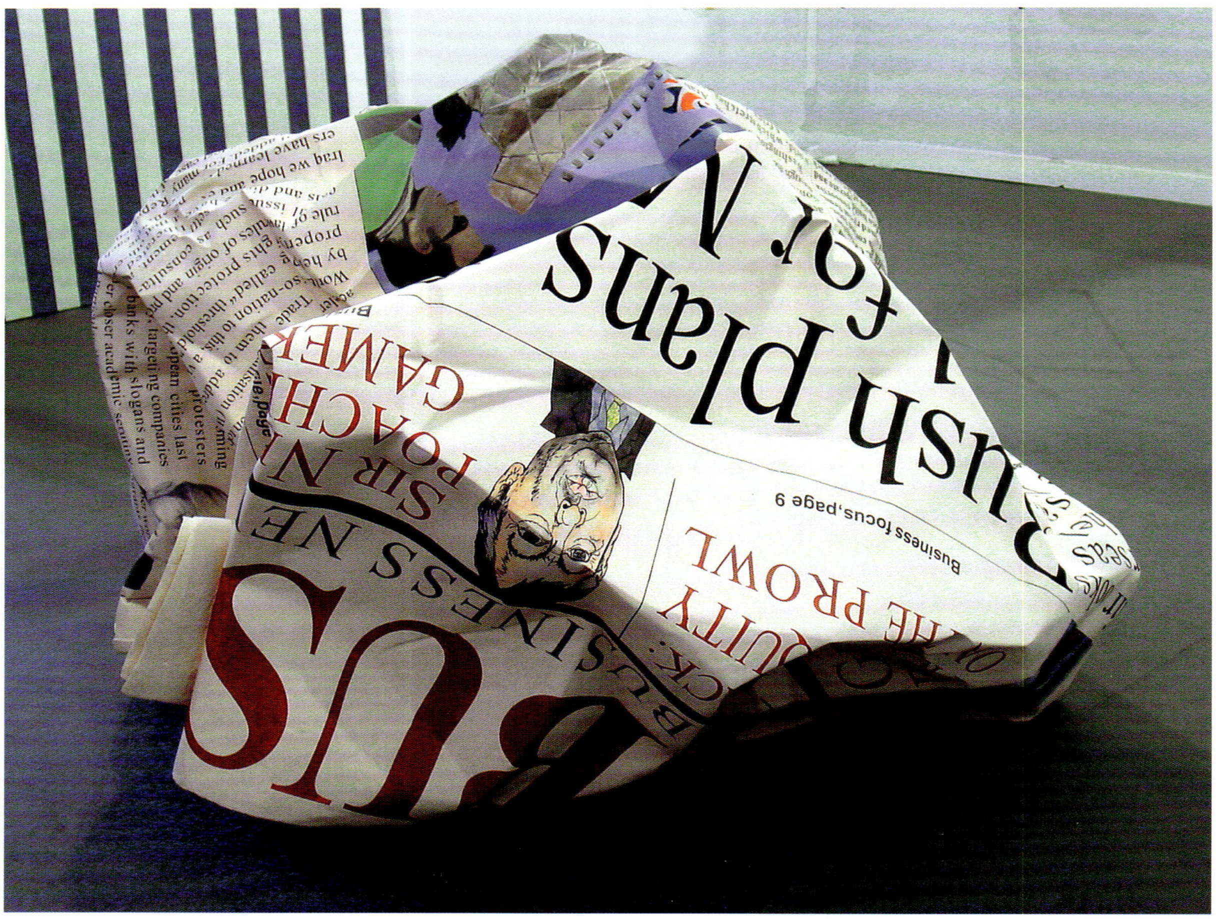

"With *The Business* I was thinking about the real issues involved in the war in Irak. On this balled-up sheet of paper, an article from May 2003 laying out George W. Bush's project to develop commercial exchanges with the Middle East exposes the economic motivations above all of the conflict."

Vue de l'installation (view of the installation), stand (booth) galerie Baronian-Francey, FIAC, Paris (2003).

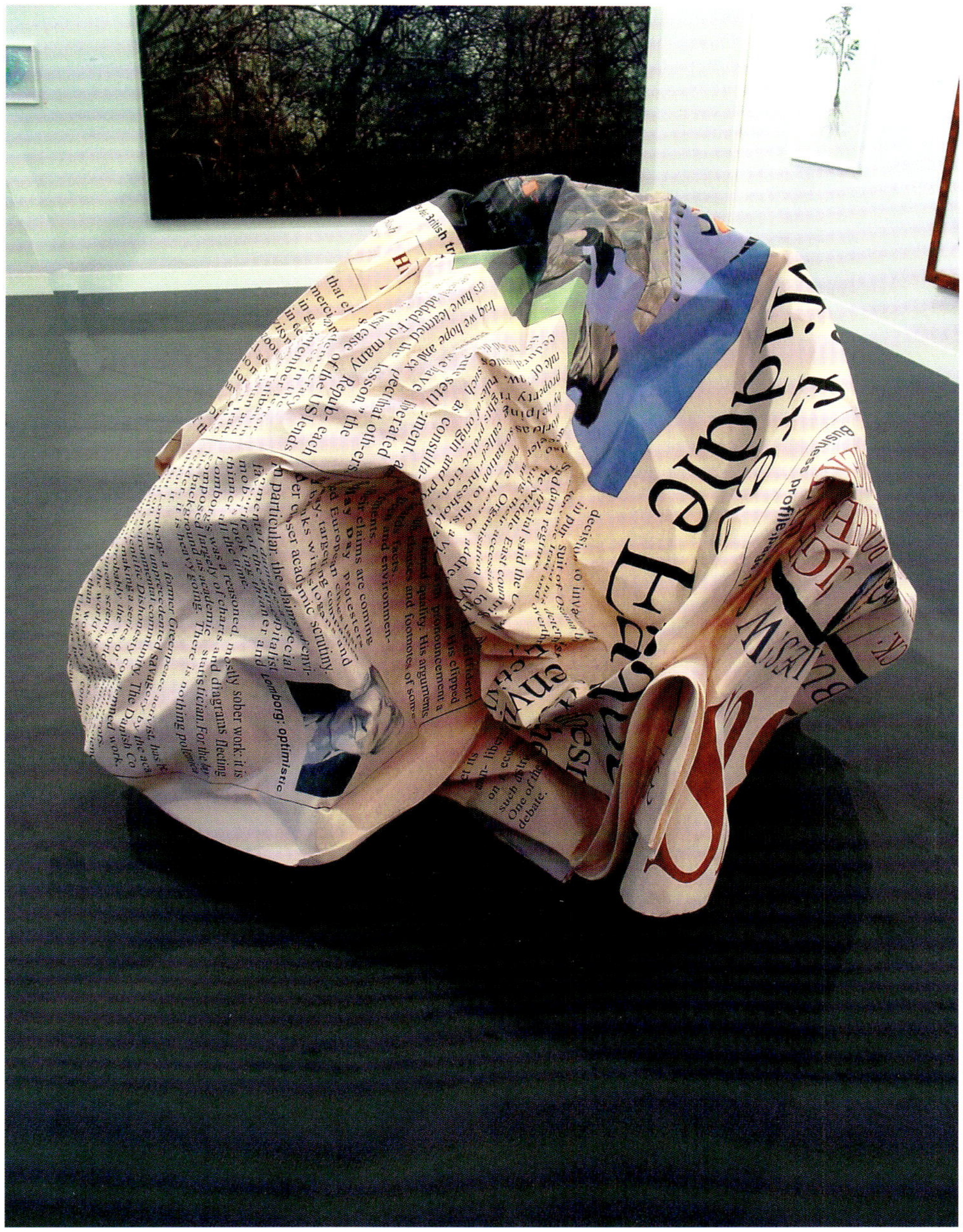

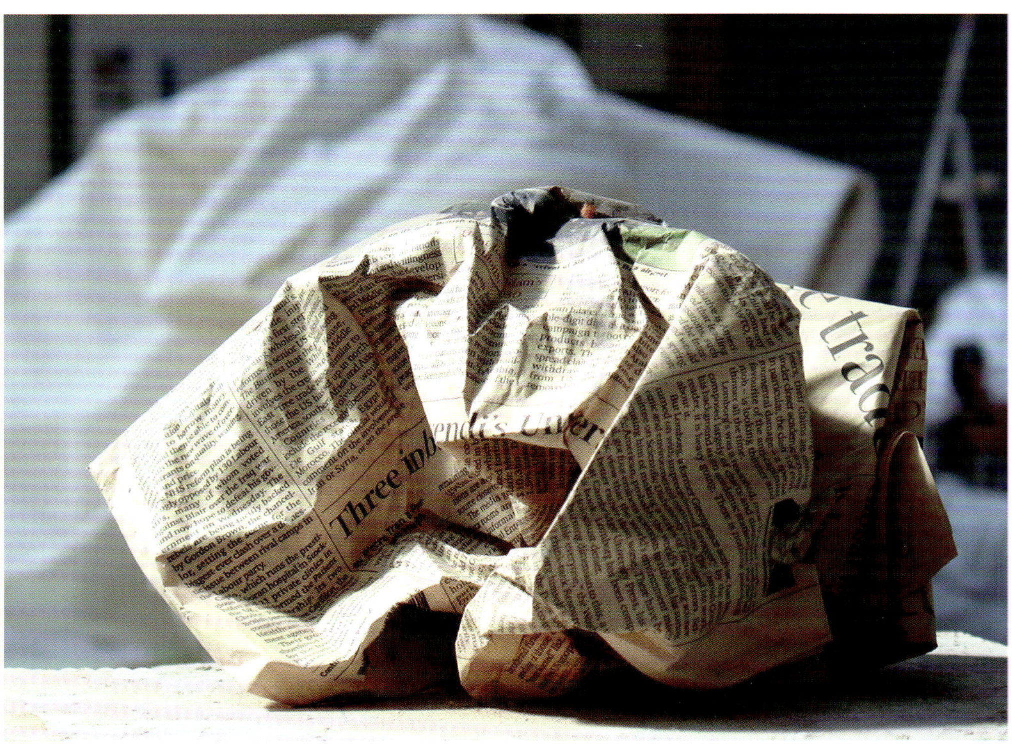

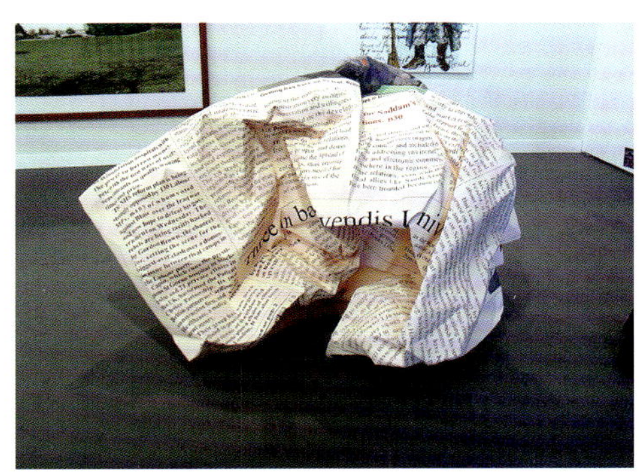

Haut et bas à droite (top & bottom right) : Vues de l'installation (views of the installation), stand (booth) galerie Baronian-Francey, FIAC, Paris (2003).
Bas à gauche (bottom left) : Maquette préparatoire (preparatory model).

SELF SOUVENIR

2003
Journaux, fruits et légumes (newspapers, fruits and vegetables)
250 x 100 x 175 cm

« Aujourd'hui, l' "agence de voyages" semble être devenue le plus rentable des systèmes de supermarché. Elle a su s'implanter aux quatre coins de la planète pour consommer l'histoire, la culture, les coutumes et les conditions de vie du moindre territoire, ainsi que l'existence du consommateur lui-même. Ce projet utilise des matériaux particuliers, tels que des fruits ou des légumes, pour sculpter des images tirées des médias locaux et reproduire les souvenirs de voyage que le touriste mange ou rapporte chez lui.
C'est là, au fond, une analyse de la culture touristique actuelle. »

"Today the 'travel agency' seems like the most profitable supermarket system. It has worked its way into every corner of the earth, consuming the history, culture, conditions and customs of every place, as well as the life of the consumer himself. This project makes use of special materials like fruits, vegetables and so on; sculpting them into images drawn from the local media, it reproduces travel-souvenir images that a tourist might eat or take away with him. It is in fact an analysis of current tourist culture."

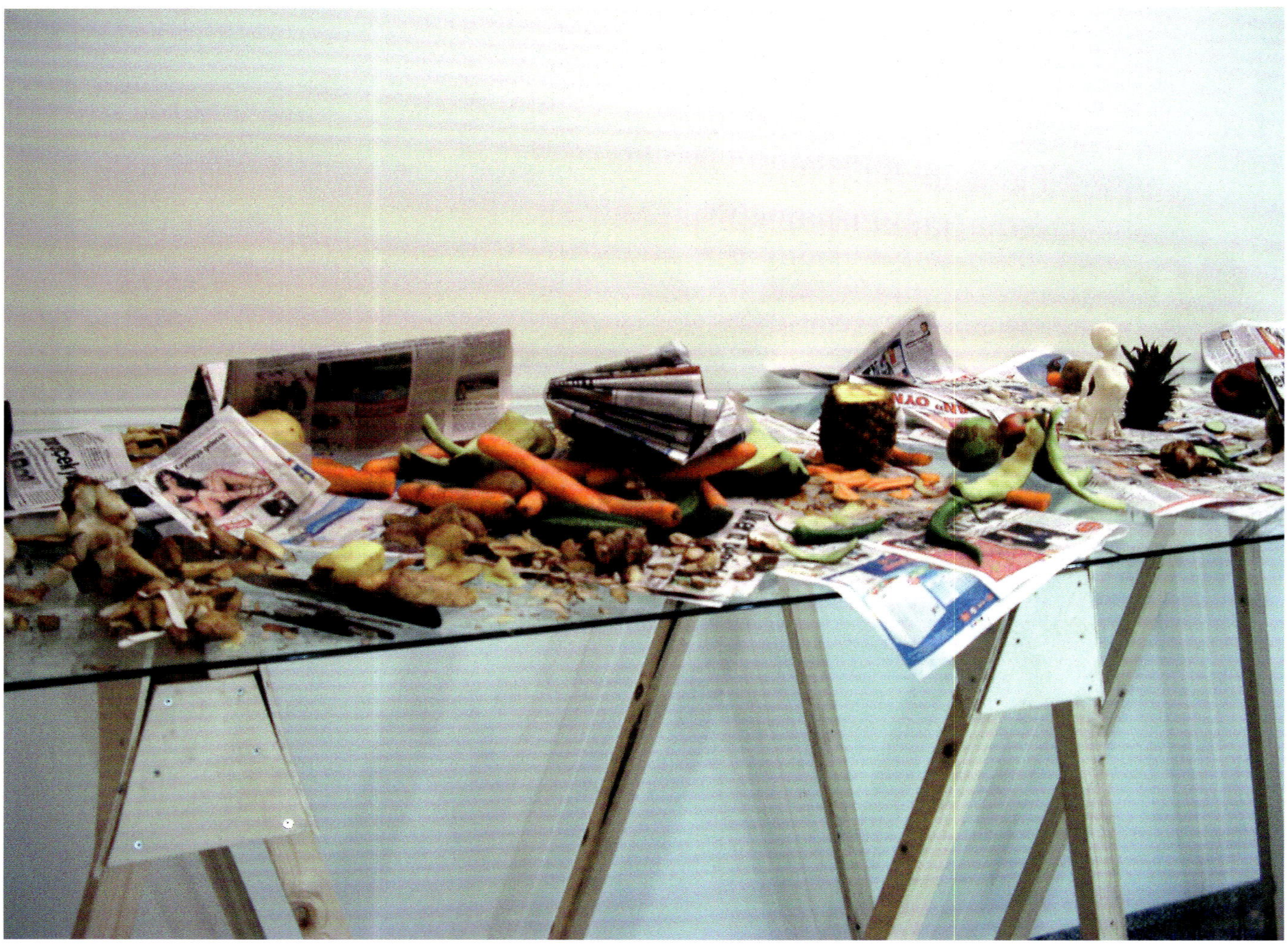

Vue de l'installation (view of the installation), Borusan Art Gallery, Istanbul (2004).

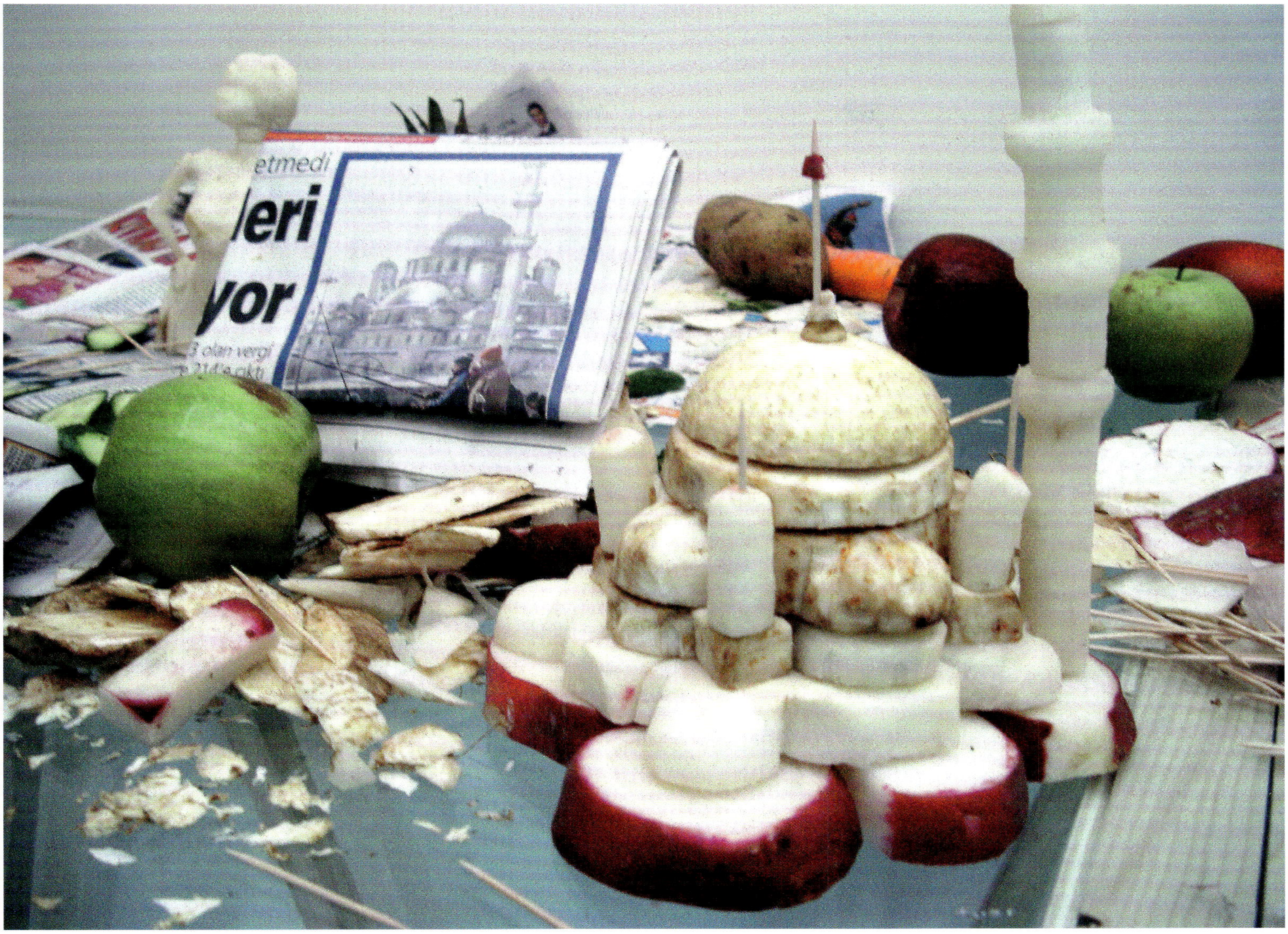

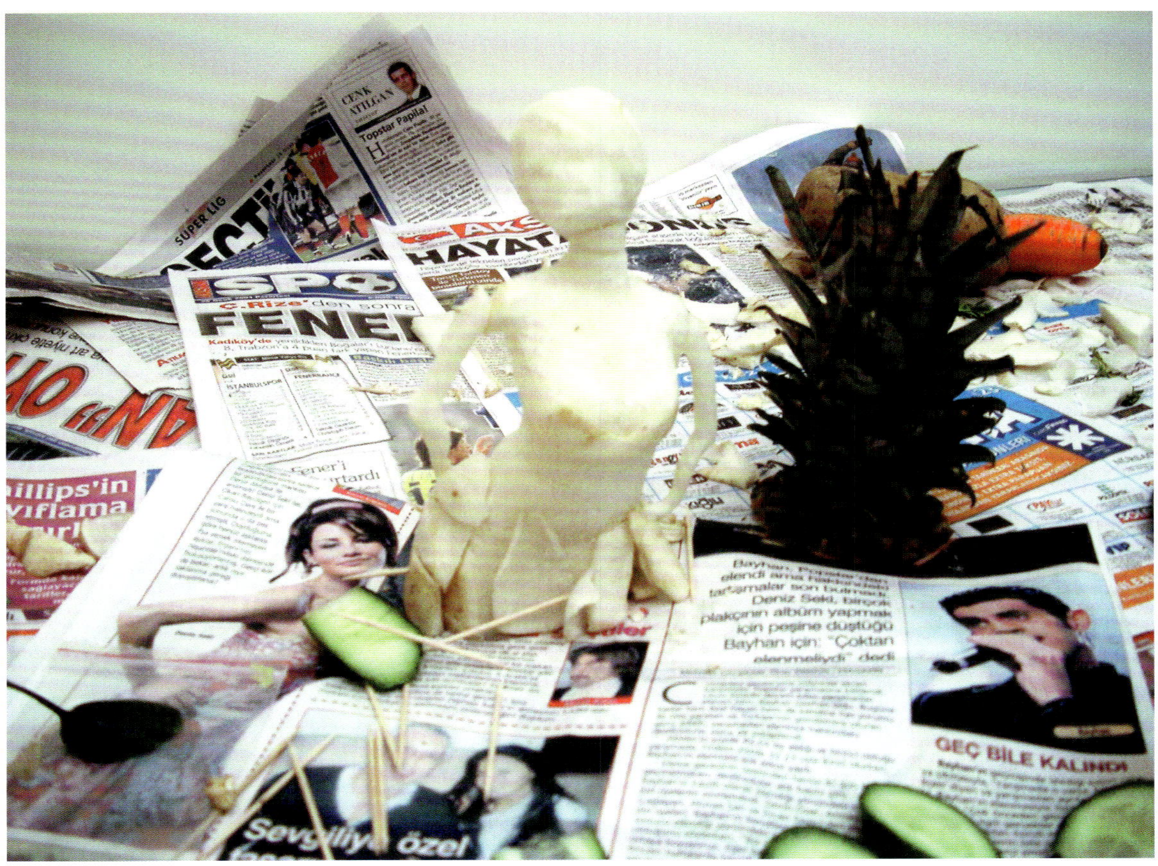

Détails de l'installation (details of the installation).

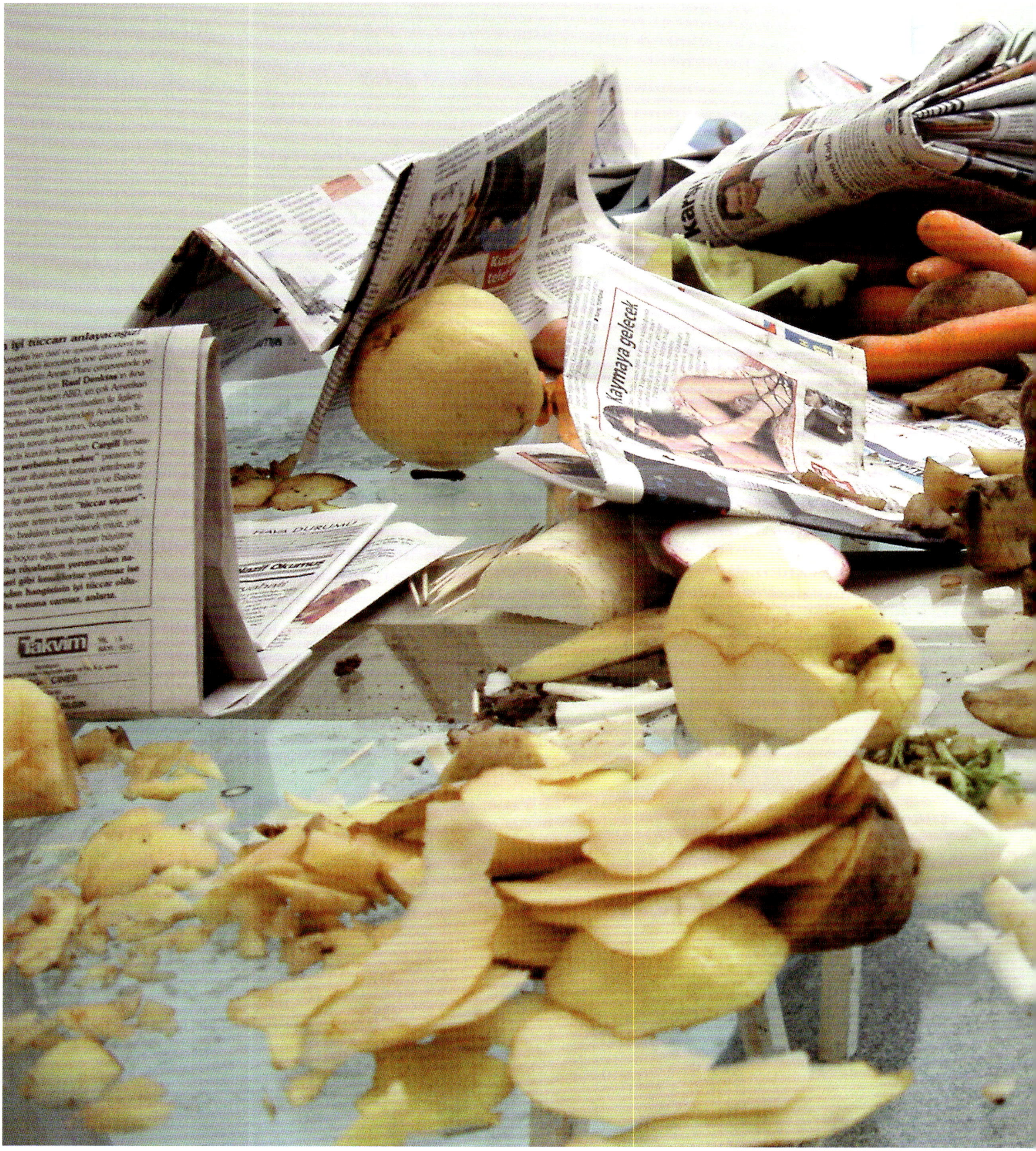

Détail de l'installation (detail of the installation).

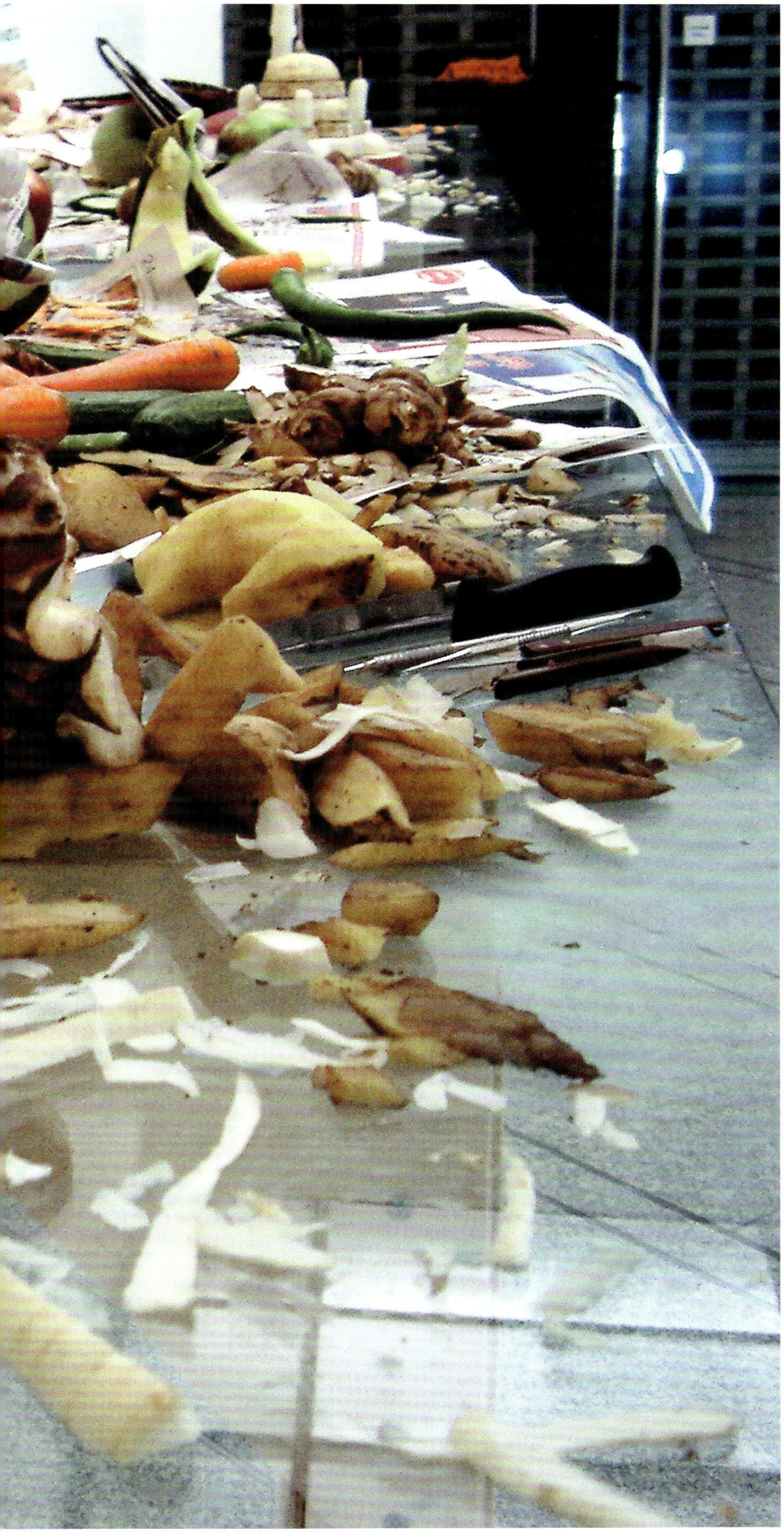

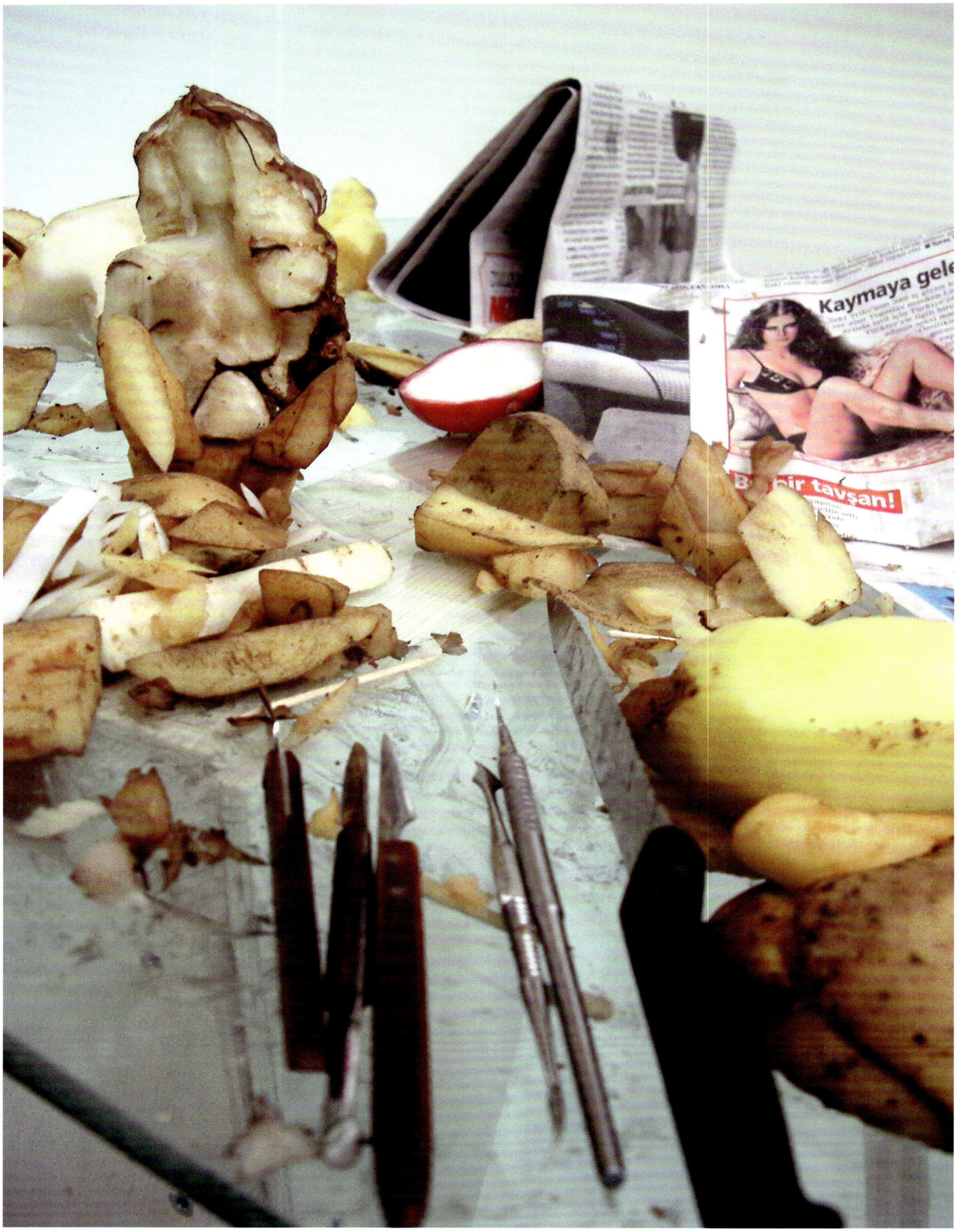

Détails de l'installation (details of the installation).

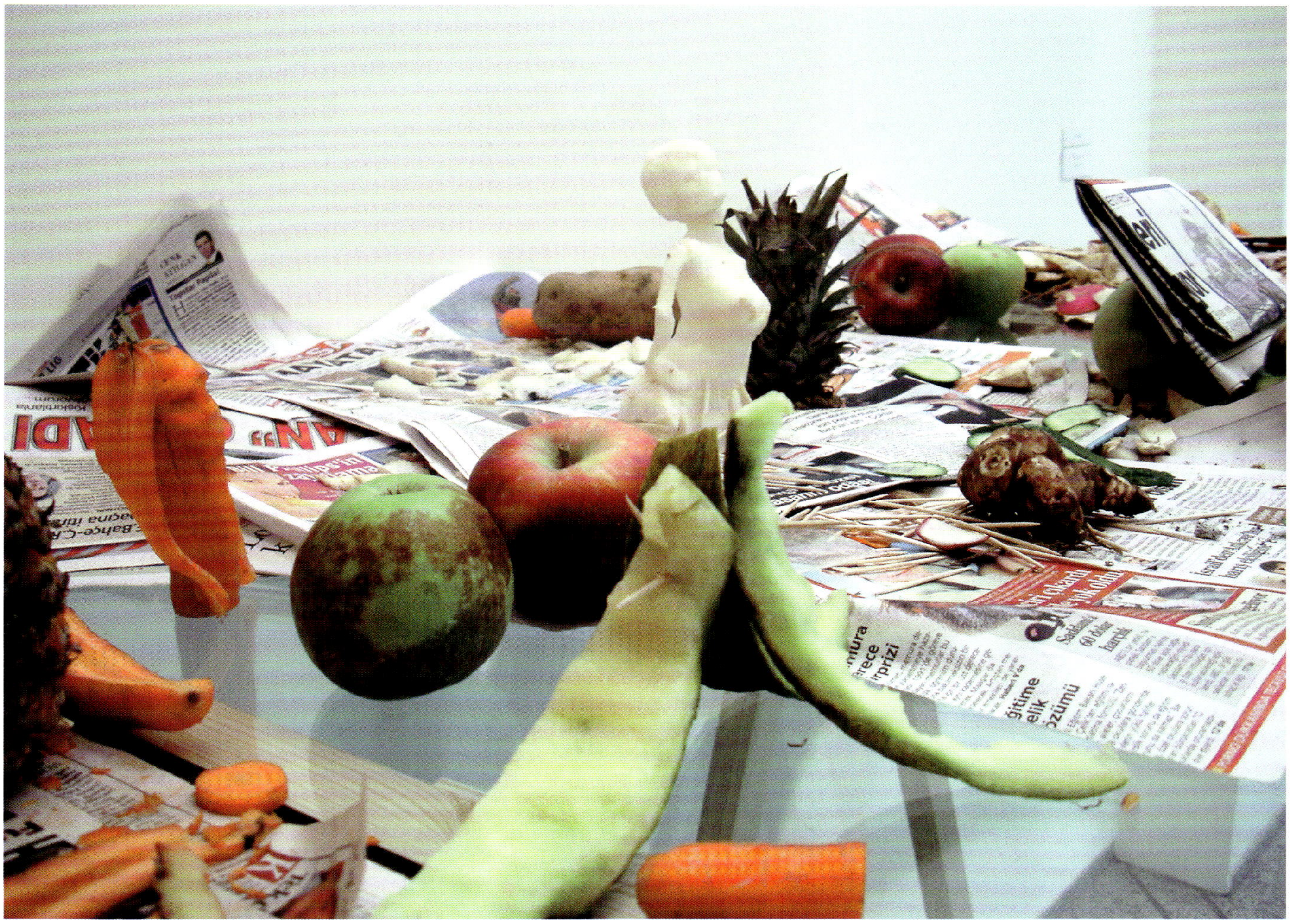

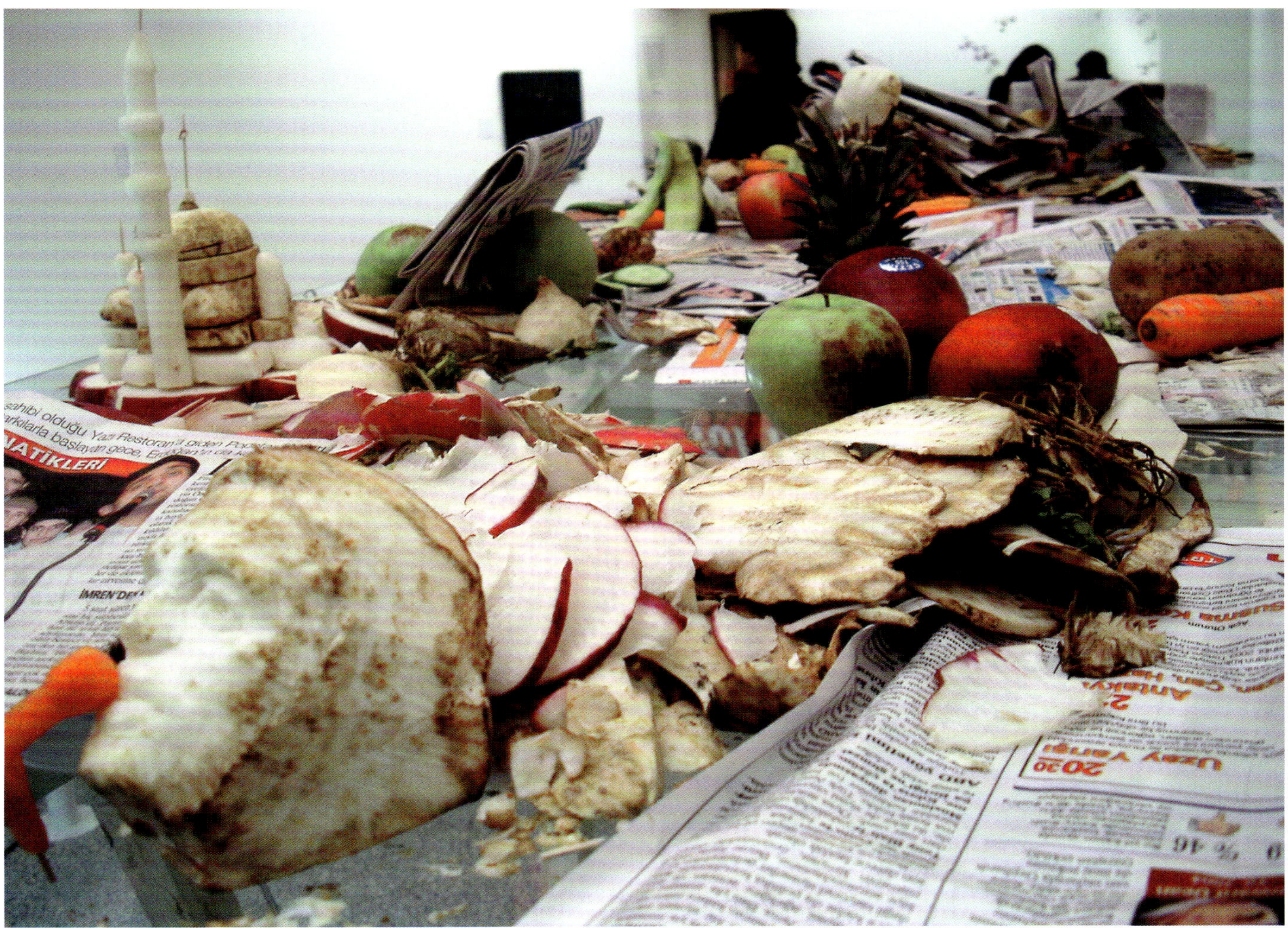

Wang Du
Vie d'un agitateur éclairé
— Aurélie Voltz

Wang Du est de ceux qui ne regardent pas l'Histoire se dérouler devant leurs yeux mais y participent. Symbolisant l'ouverture de la Chine, la vie de Wang Du suit les soubresauts de l'histoire de son pays, particulièrement agité lors du demi-siècle écoulé : après une enfance et une adolescence imprégnées par la Révolution culturelle, il devient le brillant animateur d'un salon à l'heure de la libéralisation, orateur inspiré lors du soulèvement de Tiananmen, avant de quitter son pays pour tout recommencer et trouver un point d'ancrage à sa carrière artistique. Une vie sous le signe de l'engagement et de l'intuition qui bat son plein aujourd'hui.

Wang Du est né en 1956 à Wuhan, capitale de la province du Hubei, au centre de la Chine orientale. Les reliefs qui ferment au sud la plaine de Wuhan recèlent diverses ressources minérales qui ont fait du Hubei un des plus anciens foyers industriels de la Chine.
Les mines, on en trouve à peu près partout autour de Wuhan, et c'est dans cet environnement que Wang Du va grandir. Alors qu'il a six ans, ses parents s'installent dans des logements sociaux alloués par l'État aux ouvriers, à proximité des mines. Il vit pour ainsi dire à « flanc de colline » de ces mines à ciel ouvert, que ses parents s'emploient à creuser pendant plusieurs décennies. La vie de famille s'organise ainsi au sein d'une communauté de mineurs.

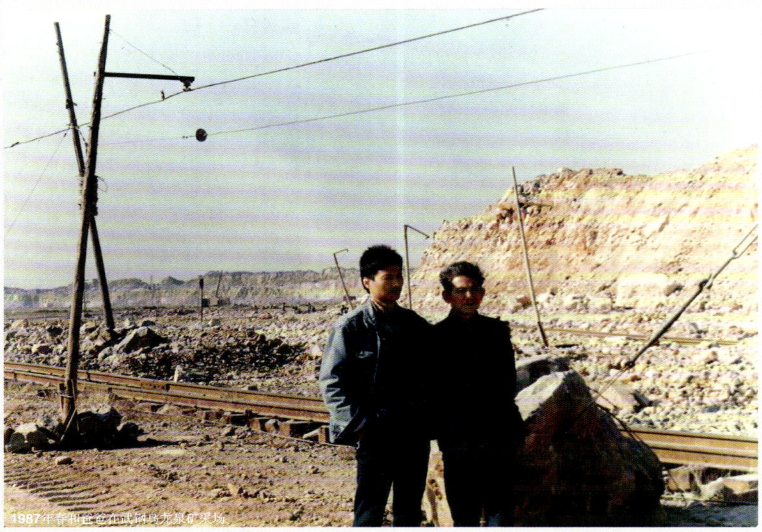

Des appartements meublés spacieux, une école et des services sociaux, des salaires modestes mais corrects permettent de garder les ouvriers sur place, les rendant dépendants d'un confort relatif mais toutefois précieux à cette époque. Wang Du grandit dans ce milieu minier, destiné, comme chaque enfant, à y travailler dès l'adolescence. Comme s'il s'efforçait de contrer un destin plus que tracé, il se réfugie dès le plus jeune âge dans la lecture et dessine beaucoup, rêvant déjà de devenir un grand peintre. C'est au contact de trois petits livres – qu'une institutrice attentive à ses penchants artistiques lui a donnés – que Wang Du débute son apprentissage du dessin : ces manuels illustrés, enseignant le croquis, la nature morte et la peinture, constituent la base de ce qui va devenir la force de Wang Du, une technique imparable qui, plus tard, mise au service de ses caricatures propagandistes, lui permet de s'en dégager avant les autres et de sortir clairement du lot.

Il a neuf ans, en 1966, lorsque commence la Révolution culturelle. L'école est suspendue pendant un an et l'enseignement supérieur ne reprendra que cinq ans plus tard. Les étudiants et les élèves sont alors organisés en gardes rouges, endoctrinés, manipulés, lancés dans une lutte pour une purification idéologique par voie d'affiches et de manifestations : la chasse aux « révisionnistes » est fatale à la quasi-totalité des intellectuels, artistes et créateurs chinois. Jusqu'en 1976, à la mort de Mao, toutes les écoles, du primaire au niveau universitaire, dispenseront dorénavant un enseignement centré sur la Révolution culturelle, basé sur la diffusion d'une propagande à outrance, formant dès le plus jeune âge les esprits en ceux de bons camarades communistes. Cette

Wang Du
The Life of an Enlightened Agitator
— Aurélie Voltz

Wang Du is one of those people who, rather than watching history being made before their eyes, take an active part in it. Reflecting the opening of China, Wang Du's own life has followed the upheavals that have shaken his country in the course of an especially troubling period over the past half century. After a childhood and adolescence steeped in the Cultural Revolution, he became the brilliant leader of a salon during the years of China's liberalization and an inspired public speaker during the Tiananmen uprising, before leaving his native country to begin over entirely from scratch in search of a sure foothold for his artistic career. It is a life where two themes have predominated, i.e., political commitment and intuition, both of which are now at the height of their powers.

Wang Du was born in 1956 in Wuhan, the capital of Hubei province in eastern China. The highlands that bar the Wuhan plain to the south are rich in mineral resources, which have made Hubei one of China's oldest industrial centers.
Mines are found more or less everywhere around Wuhan, and it was in this milieu that Wang Du was to grow up. When he was 6, his parents settled in a housing project near the mines that the state provided to its workers. He lived as it were "right on the edge" of the open-pit mines that his parents devoted several decades of their lives to digging. Family life was thus organized as an integral part of a miners' community. A spacious furnished apartment, a school and social services, and modest but adequate salaries enabled Wuhan to keep workers in the region, making them dependent on a relative comfort that was nonetheless invaluable in those days. Wang Du was reared in a miners' community, destined like every child to work the mines from adolescence on. As if trying to counter a fate that had already been all too clearly traced out for him, he took refuge at a very young age in reading and began making lots of drawings, dreaming of becoming a great painter. The artist started learning how to draw through his contact with three small books he was given by a teacher who was alert to the boy's artistic bent. These three illustrated manuals, which taught sketching, still life and painting, form the basis of what was to become Wang Du's strong point, a matchless technique which, when later put to work in his propaganda-oriented caricatures, would enable him to break free before other Chinese artists and clearly set himself apart.

In 1966, when he was 9 years old, the Cultural Revolution began. School was suspended for a year and university education would only resume five years after that. Students and teachers were organized at this time into Red Guard units, indoctrinated, manipulated and thrown into a struggle for ideological purification via posters and parades. The hunt for "revisionists" proved fatal to nearly all of China's intellectuals, artists and creative people. Until 1976, the year of Mao's death, every school, from the very first year to university level, was to offer instruction centered on the Cultural Revolution and founded on spreading an extreme type of propaganda, molding minds from the earliest age into good communist comrades. Wang Du well recalls this conquest of the individual conscience; he regretted that traditional Chinese literature was no longer being taught, nor even mathematics for that matter. Swept up by the crowd, he took part in the parades and used his talents as a draftsman to caricature members of the moderate government such as Deng Xiaoping and Liu Shaoqi. Posters were distributed or posted in the streets. Equipped with sketchbooks every day, Wang Du depicted the movements of the masses, the exaggerated expressions of the Red Guards and all the great utopian-minded fervor of the early years of the Cultural Revolution. For him, propaganda was a subject to be studied, and already as an adolescent he was aware that his caricatures, although effective and useful to the regime, were worthless as art strictly speaking. Indeed, Wang Du has saved nothing from that prolific output, judging that it contains absolutely nothing personal in artistic terms. On the other hand, was he developing work of an individual character at home? In answer to this question, Wang Du points out that nothing else existed in people's minds then, no art for oneself, no art for art's sake. Only sketches, portraits done in order to train yourself and constantly improve the caricatures. No other form of art, except traditional Chinese painting, was imaginable in those days. Until the early 1980s, the country was hermetically sealed off and nothing filtered in from the West as far as art, culture, history and politics are concerned. *Art Press: Workers, Peasants, Soldiers*, which had some 30 pages printed on low-quality paper, would publish the best caricatures, strip cartoons or posters from the street. It was the only specialized publication and the sole reference for Wang Du and other artists in terms of art reviews at the time. Promoting total commitment among artists and the military, the Maoist regime strove to burnish its imagery by providing people with the tools for its production, i.e., industrial quantities of paper, pigments, canvases, brushes and oil paint. Wang Du took advantage of these materials—then prohibitively expensive—to develop his own art.

Wang Du et son père dans les mines de Wuhan en 1987 (Wang Du and his father in the mines of Wuhan in 1987).

conquête des pensées, Wang Du s'en souvient, il regrette alors que la littérature traditionnelle chinoise ne s'enseigne plus, ni les mathématiques d'ailleurs. Emporté par la masse, il participe aux défilés et exerce ses talents de dessinateur en réalisant des caricatures des membres du gouvernement modéré, Deng Xiaoping et Liu Shaoqi : les affiches sont distribuées ou placardées dans les rues. Quotidiennement muni de carnets de croquis, il dépeint aussi les mouvements de foules, les expressions engagées des gardes rouges et tout le grand élan chargé d'utopie de ces premières années de la Révolution culturelle. La propagande est pour lui un sujet d'étude, et dès l'adolescence, Wang Du prend conscience que ses caricatures, si elles sont efficaces et servent le régime, n'ont pas de valeur artistique à proprement parler. Il n'a d'ailleurs rien gardé de toute cette production foisonnante, estimant qu'elle n'avait absolument rien de personnel. Développait-il par ailleurs, à la maison, un travail individuel ? À cette question, Wang Du répond qu'il n'existait rien d'autre dans les consciences d'alors, pas d'art pour soi, pas d'art pour l'art. Mais des croquis, des portraits afin de s'entraîner et d'améliorer toujours plus les caricatures. Aucune autre forme d'art, hormis la peinture chinoise traditionnelle, n'est imaginable à l'époque : jusqu'au début des années quatre-vingt, le pays est hermétiquement fermé, rien ne filtre en matière d'art ou de culture, d'histoire et de politique du côté de l'Occident. La *Presse de l'art : ouvriers, paysans, militaires*, d'une trentaine de pages imprimées sur du mauvais papier, publie les meilleures caricatures, bandes dessinées ou affiches trouvées dans la rue. C'est le seul journal spécialisé et l'unique référence pour Wang Du et les artistes en terme de revue d'art. Le régime maoïste, qui prône un investissement total des milieux artistiques et militaires, s'emploie à soigner son imagerie en fournissant au peuple les outils de sa propre production, à savoir le papier, les couleurs, les toiles, les pinceaux, la peinture à l'huile dans des quantités industrielles. Wang Du profite de ces matériaux – inabordables à l'époque – pour développer sa pratique.

À l'âge de qunize ans, comme toute la jeunesse communiste et selon le programme de Mao, Wang Du est envoyé à la campagne pour expérimenter la vraie vie, celle des paysans. Les campagnes sont posées en modèles par le Grand Timonier, il y a développé des bases révolutionnaires, y a centré tout l'appareil du Parti communiste chinois, faisant assumer à la paysannerie les responsabilités principales, au détriment du prolétariat industriel. Les paysans pauvres, autrefois marginalisés, sont transformés en porte-voix. La collectivisation de l'agriculture est mise en place de manière radicale dès 1958 sous forme de coopératives. De la même manière que l'on déporte des millions d'intellectuels dans les campagnes pour « y être rééduqués par les paysans pauvres », les jeunes sont priés d'aider les paysans dans leurs tâches quotidiennes, et si possible jusqu'à l'épuisement. Wang Du raconte que, physiquement, son corps trop jeune, pourtant robuste, lâche très vite, devenant ainsi incapable de travailler. Il est bientôt renvoyé et, aux côtés d'autres camarades, erre une année durant, peinant à se nourrir et à survivre.

À son retour, en 1972, Wang Du rentre à l'usine et devient donc fonctionnaire. Alors que son père travaille aux fours, il trouve un emploi de conducteur de machine, il creuse et extrait le minerai pour le déposer dans les wagons acheminés ensuite aux fours. Il reçoit une formation professionnelle de deux ans auprès d'un maître. C'est un métier honorable et bien moins dangereux et fatigant que celui des mineurs traditionnels. Il emporte tous les jours à la mine deux sacs avec lui : dans le premier, ses outils, dans le deuxième, des carnets de croquis, qu'il n'abandonne jamais. Il prend beaucoup de temps pour dessiner et chaque mois, trois carnets sont remplis de portraits de mineurs, d'amis, de collègues qu'il fait poser pendant des heures, chez lui. Menant ainsi de front son métier et sa passion, Wang Du est très respecté par les dirigeants de l'usine qui l'emploient bientôt comme graphiste au siège de l'entreprise, alors à la tête d'une dizaine de mines, de quarante usines et de quatre cent mille ouvriers. Il devient responsable de la signalétique et de la ligne visuelle de la société, réalise des affiches, des panneaux, des murs peints officiels, en hommage à l'usine et à ses travailleurs. Il intègre peu à peu « l'Institut », le département culturel que chaque entreprise développe pour des missions de propagande et qui forme à cette fin un certain nombre de jeunes amateurs. C'est alors la seule formation artistique existante, les écoles des beaux-arts étant déjà fermées depuis dix ans. Chaque année, « l'Institut » rassemble, dans le cadre d'une exposition, les meilleurs ouvriers amateurs invités à réaliser des œuvres autour d'un sujet précis. Wang Du est choisi par son usine en 1976 et expose quatre peintures réalisées sur le thème « Hommage à Mao ». Il devient l'assistant d'un maître responsable du département artistique et donne ses premiers cours aux plus jeunes. Cet emploi est une porte ouverte sur l'extérieur, il rencontre d'autres amateurs, d'anciens diplômés d'écoles des beaux-arts d'une génération antérieure, en qui Wang Du trouve des modèles spirituels. Il passe ainsi cinq ans au sein de ce département.

At 15, like all members of the Communist Youth and in accordance with Mao's program, Wang Du was sent out into the fields to experience "real life," that of China's peasants. China's rural areas were raised to the status of a model by the Great Helmsman, who developed revolutionary bases and centered the entire apparatus of the Chinese Communist Party there, placing the country's main responsibilities on the shoulders of the peasantry at the expense of the industrial proletariat. Once marginalized, the rural poor were now transformed into spokesmen for the regime. Collectivization of agriculture was radically introduced in 1958 in the form of cooperatives. Just as millions of intellectuals were deported to the countryside "to be reeducated there by poor peasants," young people were asked to help farmers in their day-to-day work—if possible to the point of exhaustion. Wang Du tells how his body, robust but still too young at the time, quickly gave out and left him physically unable to work. He was soon sent away and, along with other comrades, spent an entire year wandering around, struggling to feed himself and survive.

After his return in 1972, the artist joined a factory, becoming a bureaucrat. While his father worked in the furnaces, Wang Du found employment as a machine operator, digging out minerals, which were loaded into wagons and rolled to the furnaces. He completed a two-year course of professional training under a master of the trade. It was a respectable job, much less dangerous and tiring than traditional miners' work. Everyday he carried two bags with him to the mine, one with his tools and the other with sketchbooks, which he never abandoned. He devoted a lot of time to drawing and each month filled three sketchbooks with portraits of miners, friends and colleagues whom he had pose for hours at a time in his home. Occupied with both his work and his one ruling passion, Wang Du was highly respected by the directors of the factory, who soon took him on as a graphic artist within the enterprise, which comprised some ten mines, 40 factories and 400,000 workers in those days. He was put in charge of signage and the company's visual look, producing posters, signs and official murals in homage to the factory and its labourers. Gradually he became a part of the "Institute," the cultural department that each company developed for its propaganda assignments and which trained a number of young amateurs to that end. This was in fact the only artistic training that existed then, China's art schools having been shut for ten years by this time. Each year the "Institute" brought together the best amateur practitioners among the workers as part of an exhibition for which they were invited to create works based on a specific subject. Wang Du was chosen for his factory in 1976 and showed four paintings on the theme of "Homage to Mao." He became the assistant of a master artist and head of the art department, and taught his first classes to younger amateurs. This job proved to be a door to the outer world; he met other art lovers, former art-school graduates from an earlier generation in whom Wang Du saw his spiritual models. He spent five years this way in the department

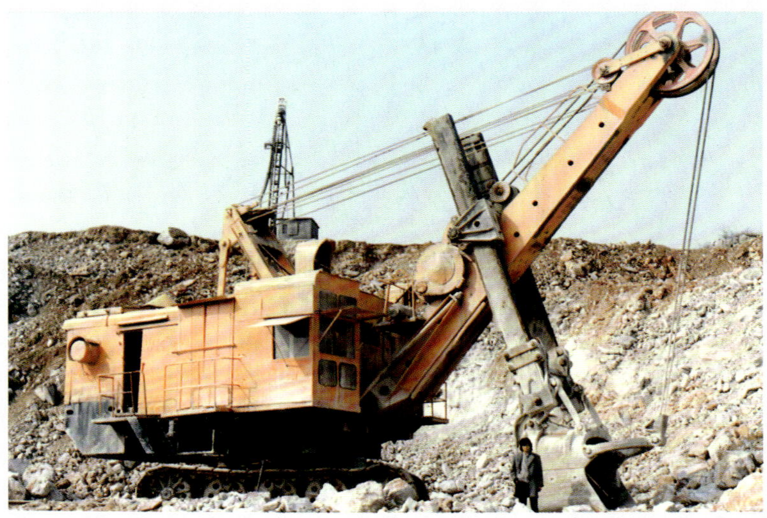

In 1976 the death of Mao put an end to the Cultural Revolution. Yet "de-Maoization" and reform of the communist system were not immediate and would only really take effect in the early 1980s. After 20 years of indoctrination, you don't change people's way of thinking overnight. Wang Du speaks of a "communist nostalgia" that was present in everyone's mind. One result of the liberalization that was launched in 1977 was the reopening of the fine-arts schools. Wang Du was finally able to take the entrance exam, which was the only hope of getting out of the mines for him —and he did so against the wishes of his father, who thought his son's professional situation was quite satisfying and wanted to see him remain at the factory's headquarters. In 1978 Wang Du tried his luck. The competitive examinations proved particularly difficult, with one week of testing and only 50 people accepted out of five thousand candidates. The program consisted of official art of course, whose formula since the 1930s involved a mix of two values, namely, romanticism and realism, and any student who transgressed these values was

Wang Du dans les mines à ciel ouvert de Wuhan (Wang Du in the open-pit mines of Wuhan).

En 1976, la mort de Mao met fin à la Révolution Culturelle. Mais la « démaoïsation » et la réforme du système communiste prendront du temps, ils ne seront effectifs qu'au début des années quatre-vingt. Après plus de vingt ans d'endoctrinement, on ne change pas les mentalités du jour au lendemain : Wang Du parle d'une « nostalgie communiste », présente dans tous les esprits. La libéralisation culturelle mise en œuvre dès 1977 a pour effet la réouverture des écoles des beaux-arts. Wang Du peut enfin passer l'examen d'entrée, c'est pour lui l'unique espoir de sortir de la mine, et ceci contre l'avis de son père, qui estime sa situation professionnelle très satisfaisante et souhaite le voir rester au siège de l'usine. En 1978, il tente sa chance. Le concours s'avère particulièrement difficile : une semaine d'examens et seules cinquante personnes sont retenues sur cinq mille candidats. Au programme, l'art officiel bien sûr, qui a pour recette depuis les années trente la combinaison de deux courants, le romantisme et le réalisme. Tout étudiant qui transgresse ces valeurs est considéré comme anti-révolutionnaire. Wang Du n'est pas sélectionné. Il apprend par la suite que son casier judiciaire lui a joué des tours : il avait été sanctionné quelques années plus tôt pour s'être violemment battu lors de son séjour difficile à la campagne, et le gouvernement n'oublie pas. Découragé, il attend trois ans avant de repasser le concours. Un certain Monsieur Ji, professeur aux beaux-arts de Canton, se déplace jusqu'à Wuhan en 1981 et auditionne des élèves pour son école. Meilleur candidat selon lui, Monsieur Ji insiste pour prendre Wang Du à ses côtés qui vit là le tournant de sa vie et accomplit son rêve. Cette école semblait enfin lui promettre un nouvel avenir.

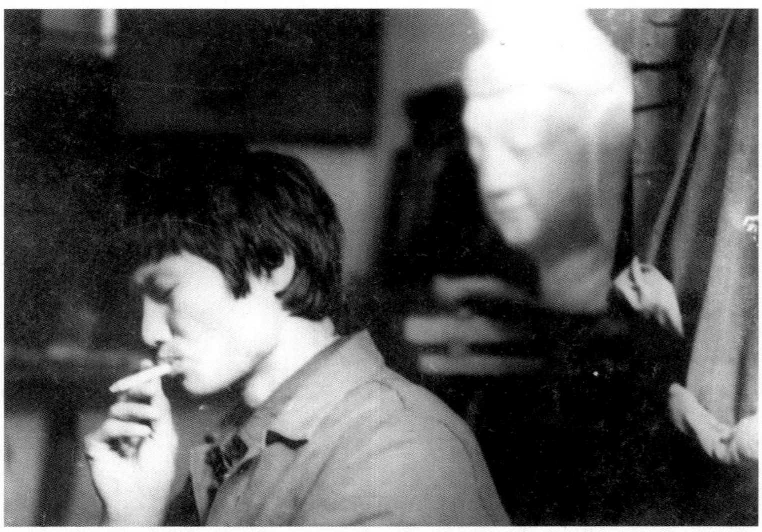

Quand Wang Du rentre en première année de l'école des beaux-arts de Canton, il est assez découragé par le niveau. Il faut dire qu'il a quelques années d'avance sur ses camarades, une technique du dessin très au point et une expérience professionnelle que d'autres n'ont pas. Il s'élève contre la pédagogie très conservatrice et des conflits d'autorité avec les professeurs lui sont reprochés, au point que l'école lui refusera à terme son diplôme. Ses rapports avec Monsieur Ji, qui continue à le soutenir et voit en lui un agitateur éclairé, restent empreints d'une amitié forte et durable. Wang Du choisit de travailler dans le département de sculpture : il ne connaît que trop la peinture, dont les ateliers sont encore plus classiques et académiques. Il passe beaucoup de temps à la bibliothèque, où il découvre l'art moderne et post-moderne. Mais c'est à Hong Kong qu'il aperçoit pour la première fois, en 1983, des œuvres contemporaines occidentales dans des catalogues d'expositions et des magazines. Wang Du, comme tous les étudiants sortis de l'école des beaux-arts, perçoit le retard des arts plastiques en Chine, il veut résolument en finir avec le romantisme/réalisme proféré par le gouvernement depuis trop longtemps. Les étudiants se réunissent, forment des collectifs, organisent des expositions, créent une force d'opposition massive à l'art officiel.

Si l'école des beaux-arts de Canton n'a pas offert de carrière à Wang Du, c'est néanmoins grâce au directeur du département des sculptures qu'il obtient un poste de professeur de dessin dans le département de recherche de l'Institute of Architecture à la Polytechnic University of China. Parallèlement à ce poste qu'il occupe jusqu'en 1990, Wang Du crée en 1986 « le salon des artistes du sud de la Chine ». Cette association a pour but de mettre à jour les travaux de chercheurs, d'universitaires, dans des domaines aussi variés que le cinéma, la philosophie, la littérature, la physique occidentale, beaucoup plus développés que les arts plastiques par exemple, car bien moins contrôlés par le pouvoir communiste pendant la Révolution Culturelle. Le salon est né du désir d'en savoir

considered antirevolutionary. Wang Du was not selected and would later learn that his police record had played against him. He had indeed been cited a few years earlier for a violent altercation during his difficult time in the countryside and the government does not forget. Discouraged, he would wait three more years before taking the exams once again. A certain Mr. Ji, a professor of fine arts from Guangzhou, travelled as far as Wuhan in 1981 and tested students for his school. Wang Du was the best candidate in his view and Mr. Ji insisted on taking him along. Wang Du experienced a turning point in his life and made his dream a reality. The school in Guangzhou finally seemed to hold out the promise of a new future.

When he began his first year at Guangzhou's school of fine arts, he was fairly discouraged by the level of instruction. He was, it must be said, several years older than his classmates and possessed both a drawing technique that was already well along and a professional experience that others lacked. He rebelled against the extremely conservative teaching methods and was criticized for problems with authority vis-à-vis the school's professors, to such an extent in fact that the school would eventually refuse to grant him a diploma. Nevertheless, his relationship with Mr. Ji, who never stopped defending him and saw in his protégé an enlightened agitator, remained stamped by an enduring friendship. Wang Du chose to work in the sculpture department. He was already too familiar with painting, whose studios continued to be more classic and academic than anything else. He spent a great deal of time in the library, where he discovered modern and postmodern art. But it was in Hong Kong that he saw for the first time, in 1983, contemporary artworks from the West in exhibition catalogues and magazines.

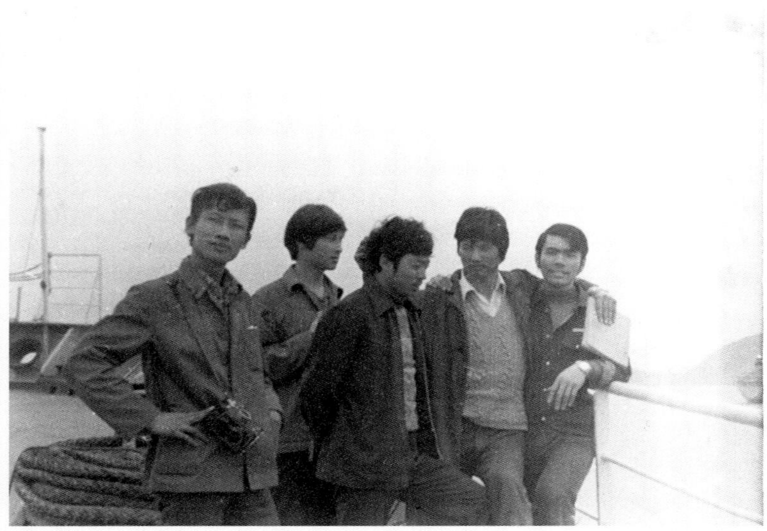

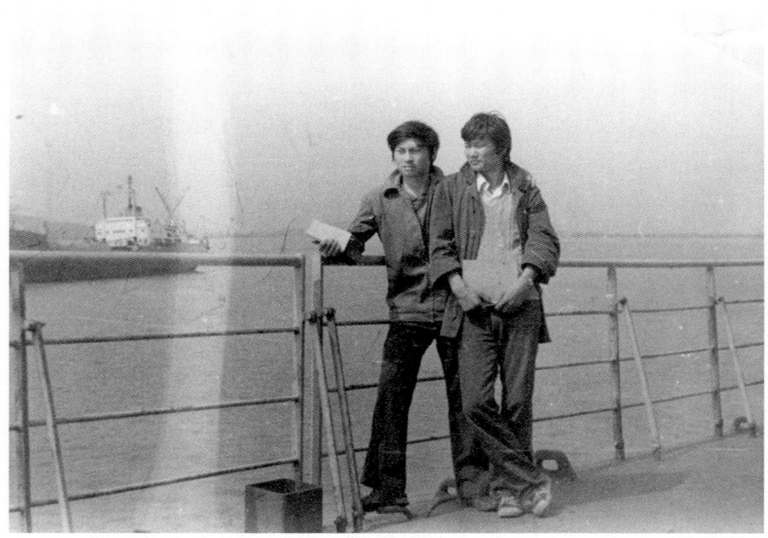

Like all students coming out of the fine-arts school, Wang Du perceived the backwardness of the plastic arts in China. He wanted to put an end once and for all to the romanticism-realism that had been decreed by the government for too long. Students met, formed collectives, mounted shows and created a force for opposing official art with a single united voice.

Although Guangzhou's art school didn't offer Wang Du a career, thanks to the director of the sculpture department he did obtain a position as a professor of drawing in the research department of the Institute of Architecture at the Polytechnic University

Gauche (left) : Wang Du étudiant à l'école des beaux-arts de Canton (Wang Du, student at Guangzhou's school of fine arts).
Droite (right) : Wang Du et ses camarades en première année à l'école des beaux-arts de Canton (Wang Du and his classmates in his first year at Guangzhou's school of fine arts).

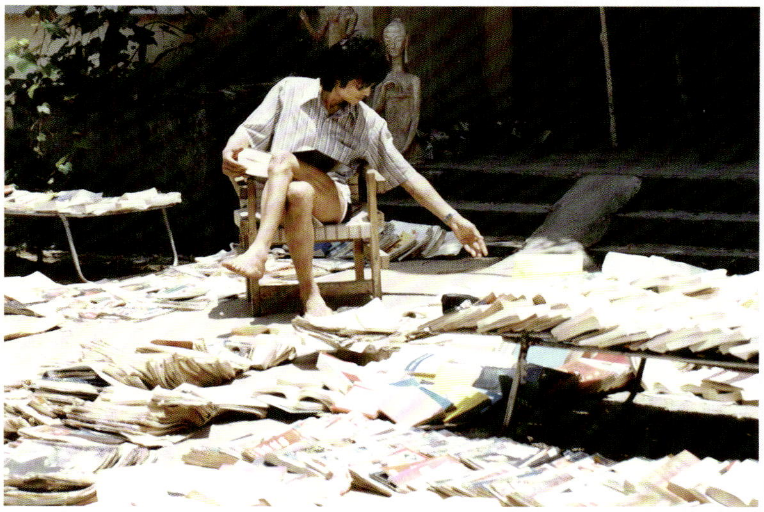

plus, de s'ouvrir, d'arrêter le virus de la propagande actif depuis vingt ans, de faire table rase, et surtout de croire en de nouvelles valeurs. C'est avec fermeté et détermination que Wang Du met en place cette association. Un après-midi par mois, il invite un chercheur à donner une conférence dans la bibliothèque nationale de Canton, dont le directeur prête gracieusement les lieux. Le salon se fait connaître par la distribution au public de tracts et de brochures retranscrivant les conférences. Accueillant jusqu'à trois cents personnes, le salon devient le point de rencontre de tout le milieu culturel cantonnais. Pour le faire rayonner, Wang Du se démène pour trouver les plus brillants chercheurs, il frappe à la porte de chacun d'entre eux, lit leurs textes, se documente, gagne leur confiance. Les rencontres et les échanges renouvelés finissent par les convaincre de venir débattre à la bibliothèque. Il crée ainsi une dynamique : peu à peu les universitaires le contactent d'eux-mêmes, lui proposant leurs travaux. Les conférences, suivies d'un débat animé par Wang Du, sont porteuses de propos contestataires, d'idéologies nouvelles et de questions existentielles. Les langues se délient, on y dit ce qu'on pense, enfin. Mais il est encore un peu tôt pour une totale liberté de parole : un policier en civil, qui semblait être un fidèle étudiant, est mandaté par le département de sécurité. Sous prétexte que l'association n'a pas de statut officiel – il aurait été d'ailleurs impossible de la créer en la déclarant –, elle est dissoute en 1987.

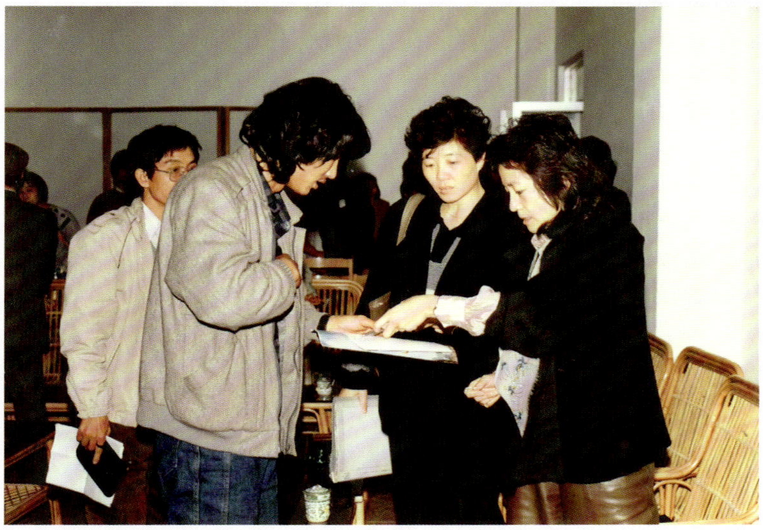

Si le salon n'a existé que pendant un an, il a permis à Wang Du d'affirmer une position forte au sein de la scène culturelle de Canton mais aussi dans son travail personnel, qui prend une forme pour le moins inattendue. En 1986, il est invité pour la première fois à une exposition collective à Canton. Il présente une performance, forme radicalement nouvelle en Chine, et décide ainsi de rompre avec toutes les pratiques et sujets académiques en vigueur jusque-là. Dans une ancienne salle de conférence abandonnée, Wang Du fait intervenir une vingtaine de danseurs, le corps vêtu de blanc, et le visage immaculé. Il fournit aux danseurs un répertoire de mouvements destinés à être utilisés dans une chorégraphie improvisée. Il développe une mise en scène imposante, peint le décor, ajuste les lumières, et compose la musique lui-même. La performance a lieu quatre fois par jour, pendant une trentaine de minutes. Les danseurs, dont les corps deviennent des sculptures, évoluent sur des rythmes étranges, alter-

of China. Besides his activities at this post, which he held until 1990, Wang Du created "The Salon of Artists of Southern China" in 1986. The aim of this association was to bring to light the research of academics in fields as varied as cinema, philosophy, literature and Western physics, all of which were much more developed than, for example, the plastic arts since they were far less controlled by the communist authorities during the Cultural Revolution. The salon was born of the impulse to do several things, to know more, open up, halt the propaganda virus that was still rampant after 20 years, make a clean sweep of things and above all put faith in new values. With perseverance and determination Wang Du managed to make the association a reality. One afternoon each month, he would invite a researcher to give a talk at Guangzhou's national library, whose director kindly allowed the association to meet there. The salon made a name for itself with tracts and brochures transcribing the talks, which were distributed to the public. Drawing up to 300 people, it became the meeting place of the entire cultural milieu of Guangzhou. To spread its influence, Wang Du went to great lengths to discover the most brilliant researchers; he knocked on the door of each and every one of them, read their texts, gathered information and won their trust. The repeated meetings and exchanges eventually bore fruit and convinced these intellectuals to come to the library to debate. He created a dynamic in this way. Gradually, academics began to contact Wang Du themselves, offering their work. The talks, followed by a debate chaired by Wang Du, gave rise to dissent, new ideologies and existential questions. Tongues were loosened. People finally began to speak their minds. But it was still a little early for complete freedom of speech: A plain-clothes policeman, passing for a loyal student, was dispatched to the meetings by the security department. Under the pretext that the association had no official standing—it would have been impossible to create one had it in fact been declared, moreover—it was dissolved in 1987.

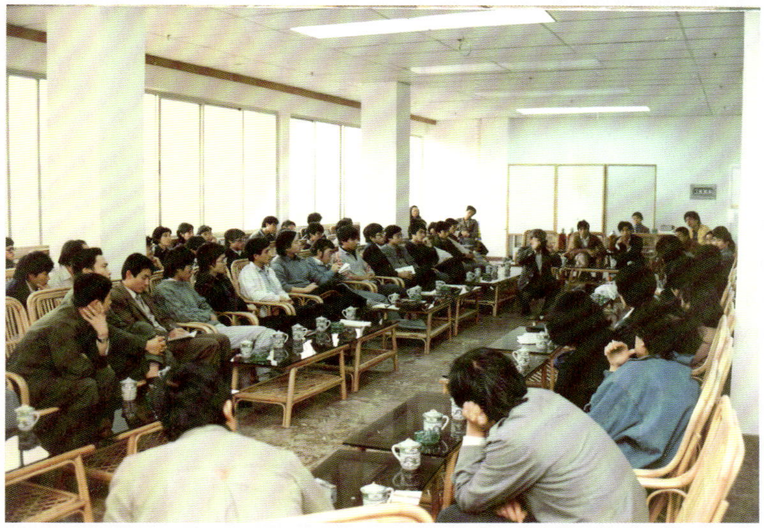

While the salon was only to exist for a year, it enabled Wang Du to assume a position of power in Guangzhou's cultural scene as well as with regard to his personal work, which now took an unexpected turn, to say the least. In 1986 he was invited for the first time to participate in a group show in Guangzhou. He presented a performance, a radically new art form in China, deciding to brake with all of the academic practices and subjects used until then. In an old abandoned conference room, Wang Du brought together some 20 dancers dressed in white, their faces spotless. He provided the dancers with a repertory of movements they were to execute in an improvised choreography. He developed an imposing mise en scène, painted the set, adjusted the lighting and composed the music himself. The performance was given four times a day for 30 minutes. The dancers, whose bodies became pieces of sculpture, moved to strange rhythms that alternated between plodding along and playing out at a fast pace. The large audience, both shocked and bewildered, were hard pressed to characterize this original artistic event. Wang Du soon had to repay serious expenses incurred while preparing the exhibition. As the first pieces of sculpture in public spaces were seeing the light of day, he too dreamt of carrying out a commission. Through a friend, he met and offered his services to the director of a large interior-decorating firm located in the luxurious Garden Hotel. Because he couldn't legally commission artworks for his company, the director offered to create a department of culture within his business and place at the artist's disposal what he would need, an office, a staff and the equivalent of 25,000 euros. Wang Du left his university post under the benevolent gaze of the director, who was eager for him to succeed. He promised to return a year later with a budget to construct a studio. Actually it was to be two years before he came back. At the Garden Hotel, Wang Du created a "center for design, environment and art." He travelled extensively throughout China, visited construction sites and offered clients who were refurbishing their interiors to integrate paintings into the redesign work. After six months, he had to change the direction of his department, which didn't suit clients' needs, for they remained cool to the

Haut à gauche(top left) : Wang Du en (in) 1985, enseignant à (professor in) l'Institute of Architecture de la (at the) Polytechnic University of China à Canton (in Guangzhou). **Bas à gauche(bottom left) & droite (right) :** Wang Du en (in) 1987 lors d'une des conférences qu'il organise mensuellement (at one of the monthly talks he organized).

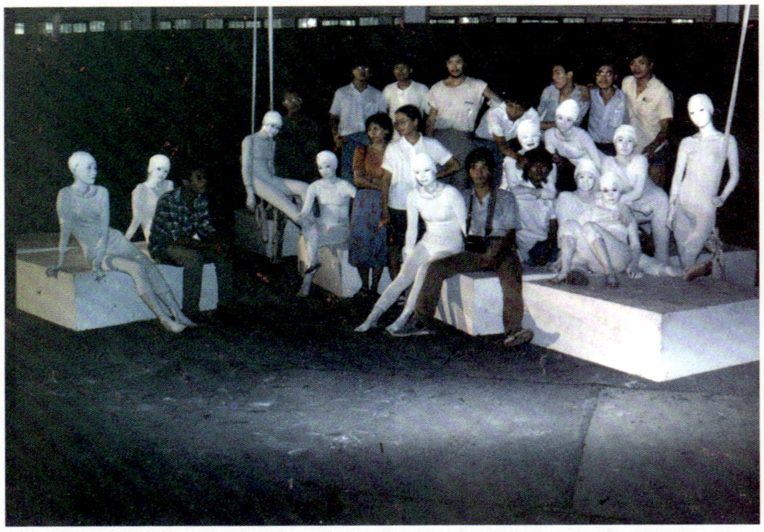

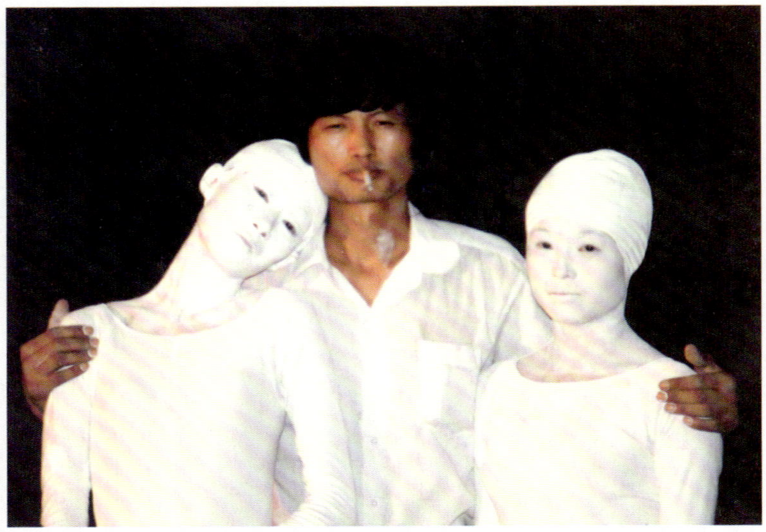

nant longueurs et accélérations. L'assistance, en nombre, à la fois choquée et déconcertée, peine à qualifier cette intervention artistique inédite.
Wang Du doit bientôt rembourser des frais importants, occasionnés par la préparation de cette exposition. Alors que les premières sculptures voient le jour dans l'espace public, il rêve lui aussi de répondre à une commande. Par l'intermédiaire d'un ami, il rencontre le directeur d'une grande entreprise de décor intérieur, logée dans le luxueux hôtel Garden, à qui il propose ses services. Le directeur, ne pouvant légalement faire réaliser des œuvres pour sa société, lui propose de créer un département culturel dans son entreprise et de mettre à sa disposition des moyens : un bureau, du personnel et l'équivalent de 25 000 euros. Wang Du quitte son poste à l'université sous le regard compréhensif du directeur désireux de le voir réussir, et promet de revenir un an plus tard avec un budget pour construire un atelier. Il ne reviendra en réalité que deux ans plus tard. À l'hôtel Garden, Wang Du crée le « centre de design, environnement et art ». Il voyage beaucoup à travers la Chine, se rend sur les chantiers et propose aux clients réaménageant leur intérieur d'y intégrer des peintures. Au bout de six mois, il doit changer l'orientation de son département qui ne convient pas aux besoins des clients réticents à l'idée de dépenser plus pour quelques peintures. Il obtient un chantier dans la province de Hubei, la construction d'une discothèque. Il réduit tellement les coûts qu'il empoche la moitié du budget. Puis enchaîne cinq ou six autres chantiers. En 1988, il a assez d'argent pour rembourser ses dettes et quitte l'entreprise pour rentrer à l'université.
Au printemps 1989, les manifestations d'étudiants, amorcées à Pékin, s'étendent à Canton. Elles ont lieu devant l'entrée du siège provincial du gouvernement.
Après une décollectivisation des campagnes et une ouverture vers le monde extérieur, la Chine bénéficie, surtout depuis 1983 d'un essor économique et commercial sans précédent. Deng Xiaoping, « modernisateur autoritaire », dans sa course à la réforme, constate bientôt l'inadaptation de son pays qu'il attribue à la lourdeur de l'appareil d'État. Les réformes accélérées occasionnent des dérapages inquiétants. Les étudiants, rejoints par les fonctionnaires, les journalistes et les ouvriers, dénoncent la corruption des dirigeants et les phénomènes de népotisme aggravés depuis Mao. Sous la gouverne de Li Pong, qui occupe alors le poste de Premier ministre, Wang Du se souvient d'un contexte social particulièrement catastrophique : l'ouverture de la Chine se limite au seul plan économique, le pays reste très contrôlé et fermé culturellement, les prix augmentent alors que les salaires baissent, bref, le niveau de vie des Chinois est au plus bas alors même que le pays s'enrichit. Si Zhao Ziyang, Secrétaire général, soutient le soulèvement étudiant, Deng Xiaoping le qualifie de « conspiration anti-révolutionnaire », envoyant bientôt les militaires nettoyer la place de Tiananmen, sous les caméras du monde entier. Cette répression militaire, en juin 1989, retransmise sur les télévisions de Hong Kong et à la radio, met en état de choc tout le pays. Wang Du décide de rejoindre les manifestations organisées sur le champ à Canton et prend la parole devant trois cent mille personnes. Les étudiants le nomment « conseiller général d'association d'étudiants » malgré lui, ce qui lui vaudra plus tard quelques chefs d'accusation. Tous les discours sont alors enregistrés par la police. Très vite, l'état de siège est déclaré et les autorités arrêtent les étudiants les plus brillants. Un avis de recherche est placardé dans les gares, les ports et les hôtels avec le portrait de Wang Du. Une amie française, qui a de bonnes relations avec les chefs de province, l'aide à se cacher. Pendant trois mois, il occupe sous un faux nom un appartement dans une résidence pour officiers à la retraite. En septembre 1989, il se marie avec une journaliste française qu'il connaît depuis un an, avec le dessein d'immigrer rapidement en France. Alors qu'il retourne à l'université

idea of spending more money for a few paintings. He found a construction site in Hubei province, a proposed discotheque, and reduced costs so much that he was able to pocket half the budget. Then he followed up with five or six additional construction sites. In 1988 he had enough money to pay off his debts and left the company to return to the university.
In the spring of 1989, student protest marches, begun in Beijing, spread to Guangzhou. They were conducted before the entrance to the seat of the provincial government.
Following decollectivization of the countryside and China's opening up to the outside world, the country enjoyed an unprecedented economic and commercial boom, especially starting in 1983. The "authoritative modernizer" Deng Xiaoping, in his rush to reform things, soon saw that his country was not adapted to the changes because of the cumbersomeness of the state apparatus. The hastened reforms gave rise to some disturbing missteps. Joined by bureaucrats, journalists and workers, students denounced the corruption of China's rulers and instances of nepotism that had grown worse since Mao. Wang Du recalls a social context that was especially catastrophic, under the guidance of Li Pong, who then occupied the Prime Minister's post. The opening of China was only taking place in terms of the economy; the country remained very much under guard and culturally closed off, prices were climbing while salaries were decreasing, and the living standard of the Chinese was at its lowest point whereas the country itself was growing rich. While Zhao Ziyang, the General Secretary, supported the student uprising, Deng Xiaoping characterized it as "an antirevolutionary conspiracy," soon sending in troops to clear Tiananmen Square before the cameras of the entire world. This military repression in June 1989, broadcast on television in Hong Kong and on the radio, sent the entire country into a state of shock. Wang Du decided to join the protests that had immediately sprung up in Guangzhou and spoke before 300,000 people. The students named him the "student association's general advisor" against his will, which would later earn him several police charges. All of the speeches were recorded by the security apparatus. Very quickly a state of siege was declared and the authorities rounded up the most brilliant students. Wanted posters with Wang Du's portrait were plastered in train stations, ports and hotels. A French friend, a woman who was on good terms with the province heads, helped to hide him. For three months, he lived under a false name, occupying an apartment in a residence for retired military officers. In September 1989, he married a French journalist he had known for a year, with the intention of quickly immigrating to France. When he returned to the university to resume his classes at the start of the academic year, he was summoned to the security department and subsequently led off to plain-clothes policemen. He now faced nine months in prison.

Wang Du tells how he was "stacked," from September 1989 to June 1990, with some ten other detainees like an object in a minuscule cell (10 m^2) in unhealthy conditions. Interrogations took place at night, a form of torture in itself. He denied all involvement in the Tiananmen events, despite the documents and recordings in the hands of the police. Without legal representation, Wang Du awaited his trial. He was released nine months later along with several other students and was declared a "non-criminal" by the court.

In August 1990, Wang Du left for Paris with his wife. Physically quite weakened after his time in prison and unable to speak a word of French, he struggled to make himself a part of the community and adapt to his new country. He soon went back to China, however, to remain by his dying father's bedside, then returned to France psychologically even more weakened. In 1991 he obtained a divorce and was living temporarily in a friend's studio. He was learning French now and living without a penny to his name. It was then that he met Chen Zhen, who told him about his own experience and advised him to do portraits and sketches in the street. Until 1997 Wang Du thus spent his summer

Wang Du et les danseurs lors de la performance en 1986 (Wang Du and the dancers during the performance in 1986).

pour reprendre les cours à la rentrée, il est convoqué au département de sécurité puis conduit vers des policiers en civil. Neuf mois de prison l'attendent.

De septembre 1989 à juin 1990, Wang Du raconte qu'il est « stocké » avec une dizaine d'autres détenus comme un objet dans une cellule minuscule (10 m^2), dans des conditions insalubres. Les interrogatoires ont lieu la nuit, constituant par-là même une forme de torture. Il nie toute implication dans les événements de Tiananmen malgré les documents et les enregistrements aux mains de la police. Sans avocat, Wang Du attend son procès, il est libéré neuf mois plus tard en même temps que d'autres étudiants, proclamé par le parquet « non criminel ».

En août 1990, Wang Du part à Paris avec sa femme. Physiquement très affaibli après son séjour en prison, ne parlant pas un mot de français, il peine à s'intégrer et à s'adapter à ce nouveau pays. Il retourne en Chine pour demeurer auprès de son père mourant puis revient en France encore plus affaibli psychologiquement. En 1991, il divorce et loge provisoirement dans l'atelier d'un ami. Il apprend le français mais vit sans argent. Il rencontre alors Chen Zhen, qui lui parle de sa propre expérience et lui conseille de tirer le portrait et de faire des croquis dans la rue. Jusqu'en 1997, Wang Du passera ainsi ses mois d'été à Notre-Dame et à la Tour Eiffel pour gagner sa vie. Les parents de son ex-femme l'introduisent dans le milieu culturel parisien, il fait la connaissance d'une galeriste d'art moderne, rue Jacob, par l'intermédiaire de laquelle il obtient gracieusement un appartement dans le 17e arrondissement. Ce logement est le bien personnel de Madame Boyon, alors conseiller culturel à la Mairie de Paris. Puis toujours grâce à elle, il obtient trois mois plus tard, en 1992, un atelier-logement dans le 15e arrondissement. Avec cet atelier, Wang Du se sent enfin chez lui, il retrouve l'énergie et l'envie de travailler. Il fréquente assidûment la librairie du musée d'Art moderne de la Ville de Paris, se renseigne sur l'état des beaux-arts, se documente beaucoup sur toutes les pratiques de l'art contemporain. Il se lie d'amitié avec d'autres artistes chinois qui s'installent à Paris : Huang Yong Ping, Yan-Pei Ming et bien sûr Chen Zhen... Ils forment ensemble une petite communauté très soudée.

Il retrouve Hou Hanru, alors tout jeune critique d'art, qui développe avec sa femme Evelyne Jouanno des expositions dans leur appartement parisien. En 1994, ces derniers proposent à Wang Du de faire une petite exposition à la galerie Anne de Villepoix, le temps d'un week-end, alors que la galeriste est entre deux accrochages. Les conditions sont un peu précaires mais c'est la première exposition personnelle de Wang Du à Paris. Il présente dix-huit sculptures sur socles, prémices de tout son travail actuel. Reproduisant en trois dimensions des images issues de magazines, les sculptures, en plâtre peint, illustrent des faits divers. Parmi elles, la toute première réalisée est le buste d'une femme, conservateur au musée du Louvre, tirée d'un quotidien taiwanais.

C'est le premier travail que Wang Du montre depuis huit ans. Comment est-il passé de la performance à une sculpture précise, finie, déterminée ? À cette question, Wang Du répond qu'il est plutôt passé de la performance à l'installation. L'installation n'étant pas un but en soi mais un processus de travail, un moyen pour véhiculer ses propos et ce au travers d'images. Car ce ne sont pas des images elles-mêmes mais de leur codification qu'il s'agit. Ce qu'il présente en 1994 est le résultat de recherches, de pensées, de cheminements vers d'autres formes. Depuis l'école des beaux-arts, il ne supporte plus la sculpture. Il ne souhaite pas en créer de nouvelles mais recadrer et redimensionner des éléments dans un dispositif plus global. Une fois son mode de pensée défini, il lui restait à trouver la forme. Les sculptures de Wang Du sont en quelque sorte un mode d'expiation qui lui a permis de tout recommencer : il récupère la technique académique détestée et abandonnée depuis longtemps pour la mettre au service d'une autre démarche, d'une autre idéologie, qui dénonce le jeu des médias par un processus de retournement pervers.

Depuis lors les expositions s'enchaînent en France comme à l'étranger et il trouve ainsi une reconnaissance internationale. En 2000, son installation dans une ancienne usine à Alfortville, où les immenses moulages peuvent enfin se mesurer à l'espace, procure à Wang Du d'idéales conditions de travail, et contribue sans aucun doute à l'avènement d'une production à la hauteur ses désirs.

months at Notre Dame and the Eiffel Tower earning a living. The parents of his ex-wife introduced him to Paris's cultural milieu, where he made the acquaintance of the owner of a modern art gallery along rue Jacob. Through his kind assistance, Wang Du obtained an apartment in the 17th arrondissement, the personal property of Mme. Boyon, the then cultural advisor to the City of Paris. Three months later, in 1992, thanks to her, Wang Du found a live-in studio in the 15th arrondissement. With this atelier, the artist finally felt at home and rediscovered the energy and the desire to work. He was a fixture at the library of the Musée d'Art Moderne de la Ville de Paris, reading up on the state of the fine arts and doing a great deal of research into the full range of forms of contemporary artmaking. He befriended other Chinese artists who had settled in Paris, Huang Yong Ping, Yan-Pei Ming and of course Chen Zhen. Together they formed a close-knit community.

He also renewed contact with Hou Hanru, then a very young art critic, who mounted shows with his wife Evelyne Jouanno in their Paris apartment. In 1994 the couple invited Wang Du to put together a small exhibition at the Anne de Villepoix Gallery, where Evelyne Jouanno was working, over a quick weekend while the gallery was between shows. The conditions were a bit makeshift, but it was the first solo show by Wang Du in Paris. He exhibited 18 sculptures on pedestals, harbingers of all his current work. Reproducing magazine images in three dimensions, the painted-plaster works were illustrations of various minor news items. The very first of these that the artist produced was a bust representing a woman, a curator at the Louvre. The image was taken from a Taiwanese daily.

This was the first work Wang Du had shown in eight years. How did he shift from performance to sculpture that is precise, complete, determined? Wang Du's answer is that in fact he went from performance to installation. The latter is not an aim in itself but rather a working process, a way to convey his message and to do so through images, for it is not the images themselves but their codification that is involved here. What he showed in 1994 was the result of research, reflection and development towards other forms. From his days in fine-arts school, he could no longer abide sculpture. He doesn't want to create new sculptures, but rather to reframe and rescale elements in a more global mechanism. Once he had settled upon his mental approach, all that remained for him to do was to find the right form. In a way, Wang Du's sculptures are a form of atonement that allows him to begin all over again. That is, he rehabilitates the detested academic technique he had abandoned for so many years in order to put it to work in another approach, another ideology that denounces the media game through a process of perverse recycling.

Since then, exhibitions have followed one after another both in France and abroad, earning Wang Du international recognition. In 2000 he set up in a former factory in Alfortville, where his immense casts at last measured up to the entire exhibition space. The situation provided him with ideal working conditions and clearly contributed to the advent of an artistic output that is commensurate with Wang Du's aspirations.

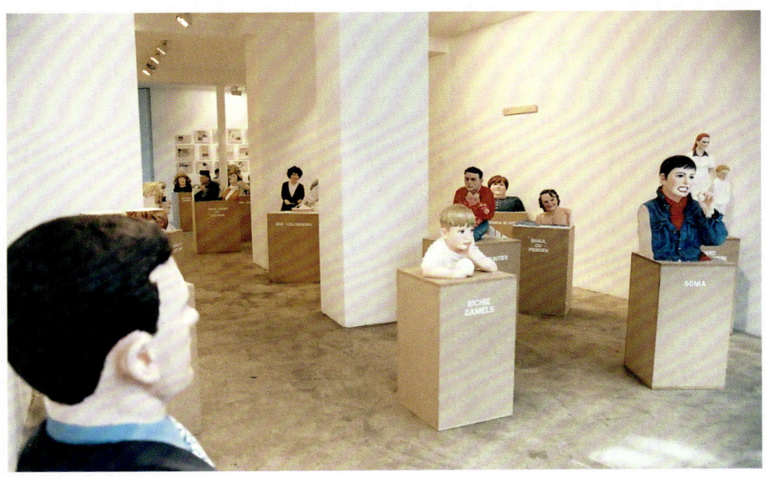

Relique, 1994. Vue de l'installation (view of the installation), galerie Anne de Villepoix, Paris (1994).

LE MONDE EST PARTOUT

2004
Résine et acrylique (resin and acrylic)
250 x 200 x 90 cm

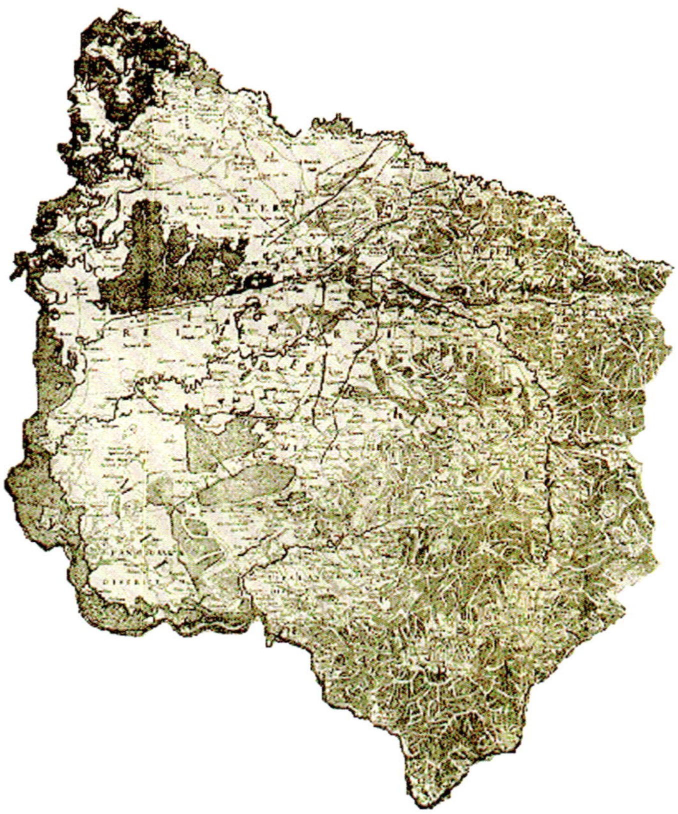

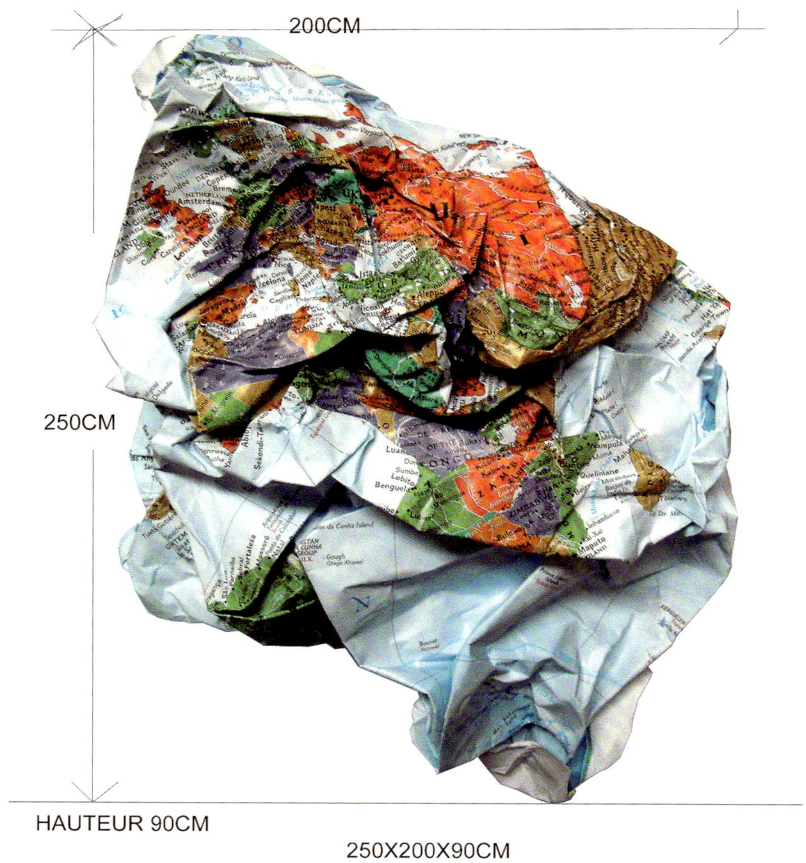

« En réponse à une commande publique au sujet de la "Lorraine, terre de brassage et d'immigration", j'utilise une anecdote historique concernant le Banat, région d'Europe centrale, où immigrèrent au XVIIIe siècle des Lorrains fuyant des situations de crises économiques. Rayée de la carte en tant que telle, la région, aujourd'hui partagée entre la Roumanie, la Serbie et la Hongrie, est reproduite à l'échelle mondiale : la carte du monde est froissée en se calquant sur les frontières de cette ancienne province, raccordant ainsi le local à l'universel. Ce gigantesque planisphère semble se rétracter sur lui-même. Il raccourcit les distances, fait se rejoindre les noms de villes et de pays, imbrique les montagnes dans les océans et offre la possibilité d'embrasser le monde d'un seul regard. »

"In response to a public art commission on the theme of 'Lorraine, land of diversity and immigration,' I turned to a minor historical fact concerning Banat, a region of Central Europe that witnessed in the 18th century a wave of immigration by natives of Lorraine who were fleeing their own economic difficulties. Erased from the map as such, the region is divided today between Romania, Serbia and Hungary. I had it reproduced on a world scale. This world map is crumpled, exactly copying the borders of the former province and thus connecting the local and the universal. This gigantic planisphere seems to be withdrawing into itself. It shortens distances, brings together the names of towns and countries, makes mountains overlap oceans, and offers us the chance to take in the world at a glance."

Document préparatoire (preparatory document).

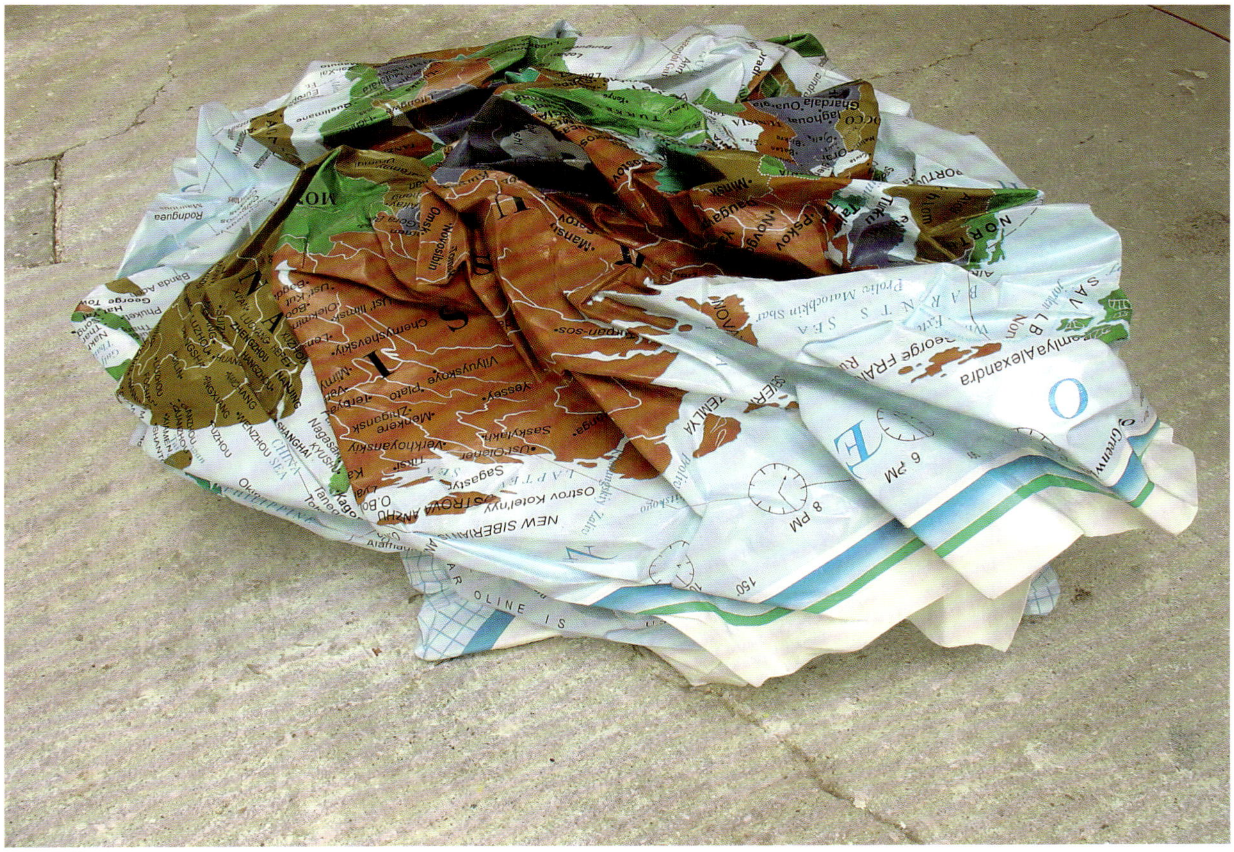

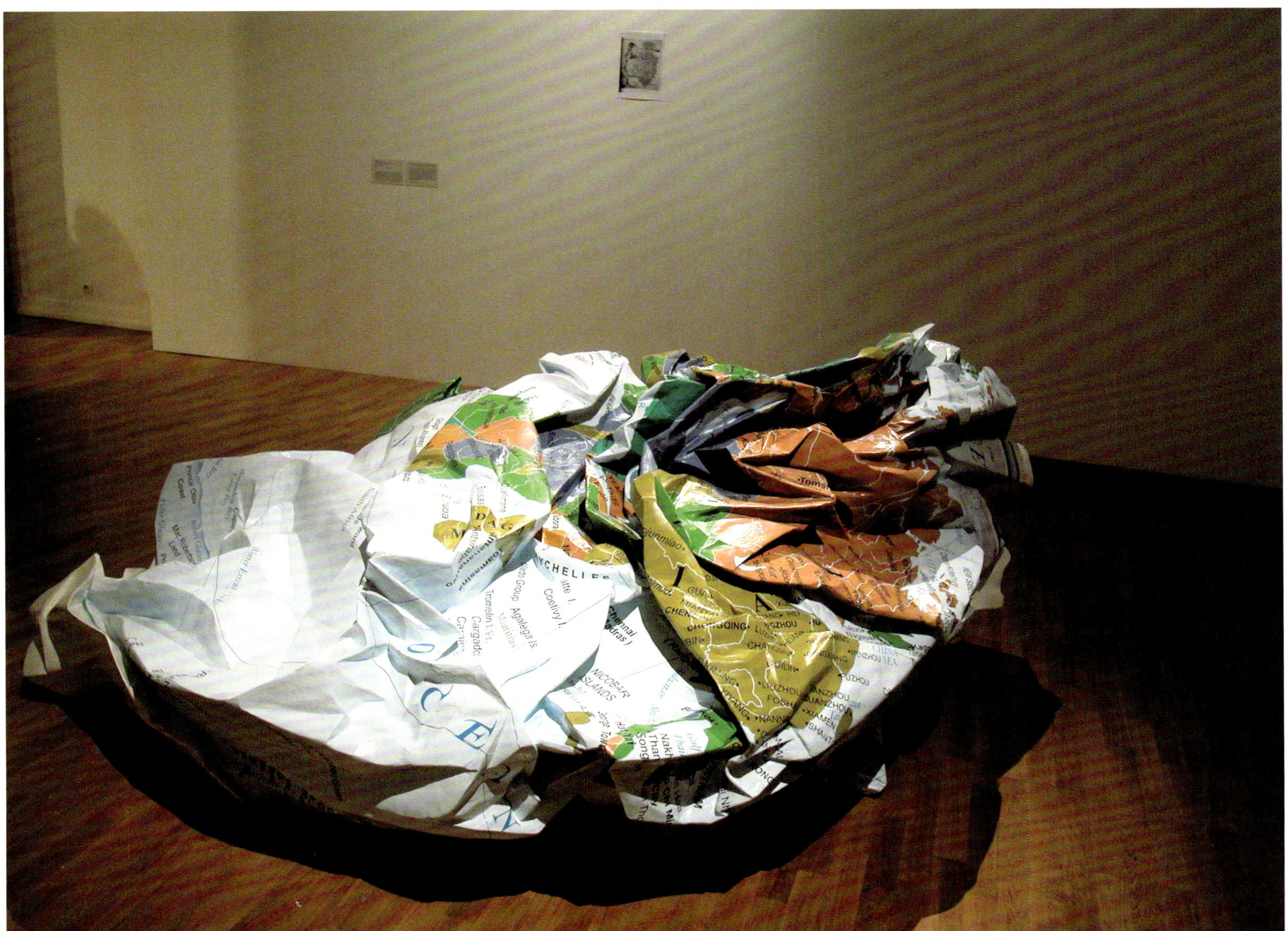

Haut (top) : Vue d'atelier (studio view). **Bas (bottom) :** Vue de l'installation (view of the installation).
Exposition (exhibition) *De la Lorraine. Lorraine, terre de brassage et d'immigration*, musée des Beaux-Arts, Metz (2004).

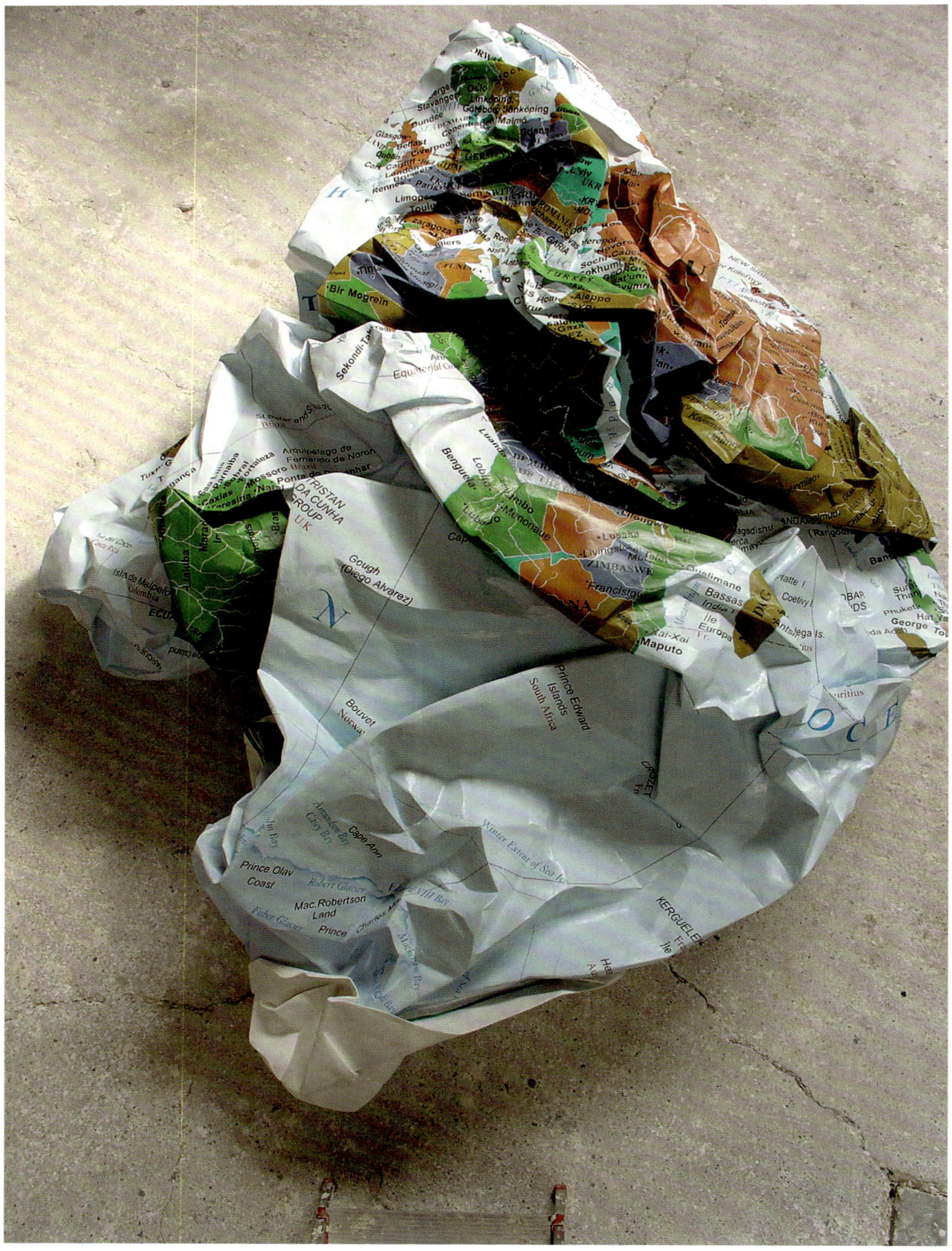

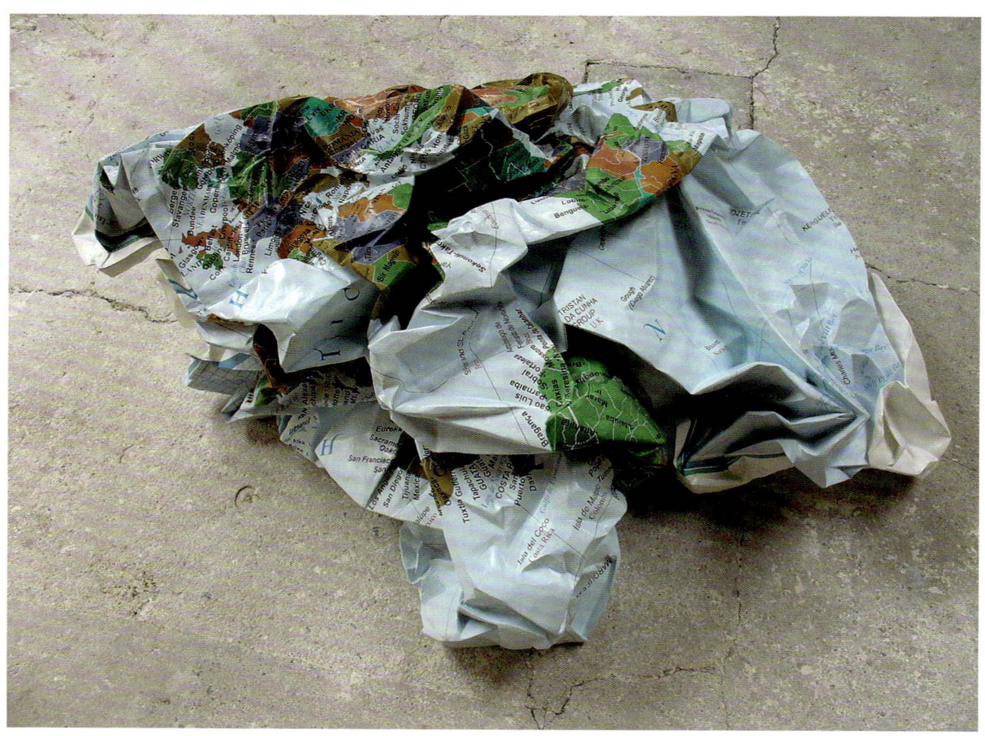

Vues d’atelier (studio views).

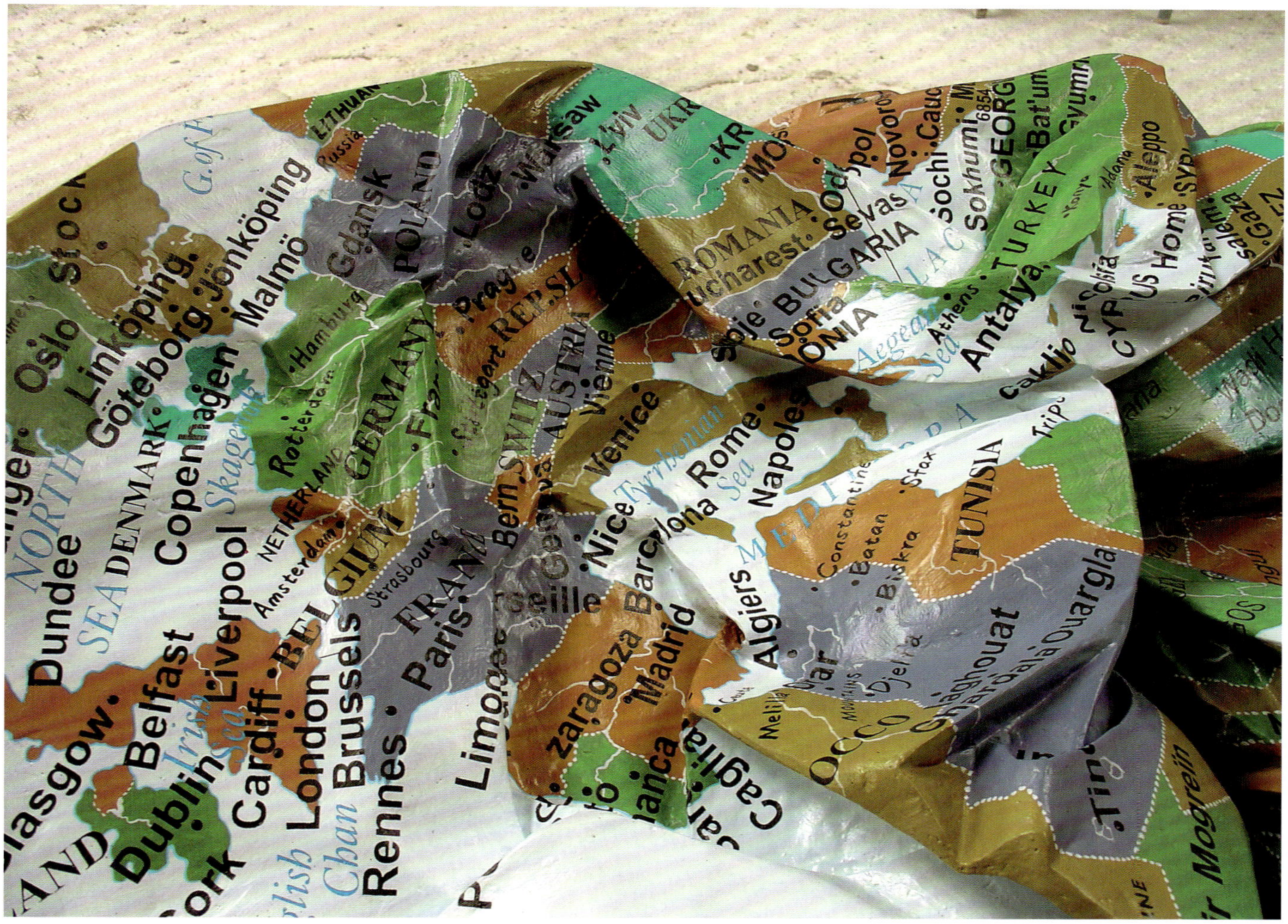

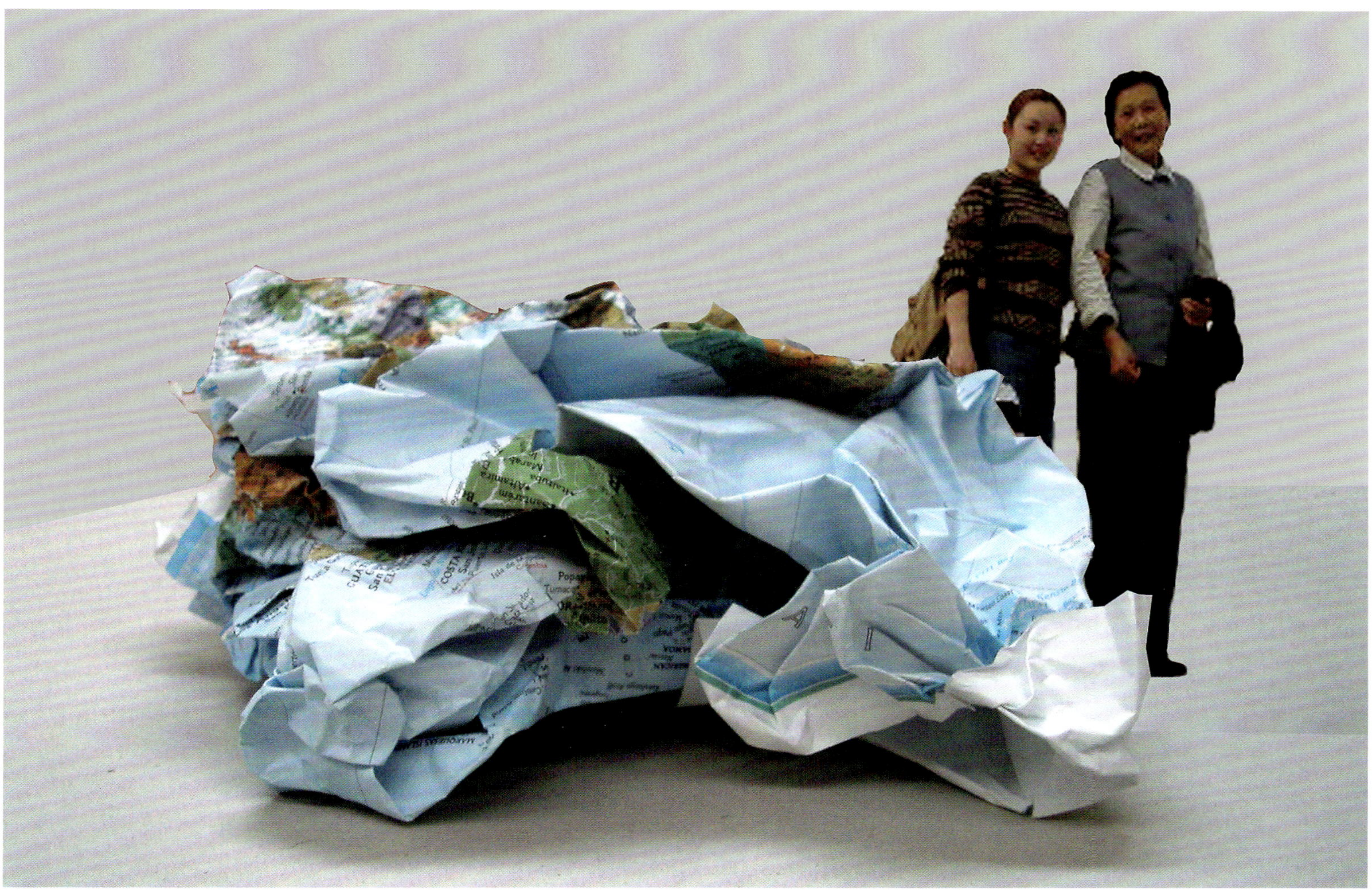

Haut (top) : Détail de l'installation (detail of the installation).
Bas (bottom) : Maquette préparatoire (preparatory model).

WORLD MARKETS

2004
Acier inoxydable (stainless steel)
520 x 900 x 500 cm

« *WORLD MARKETS* EST UNE BOULE DE JOURNAL AGRANDIE ET FAITE EN ACIER INOXYDABLE. LISIBLES ET ILLISIBLES, LES IMAGES ET LES INFORMATIONS QUI Y FIGURENT, SONT À LA FOIS DES DÉCHETS D'INFORMATIONS ET LE REFLET RÉTROSPECTIF DE LA RÉALITÉ. »

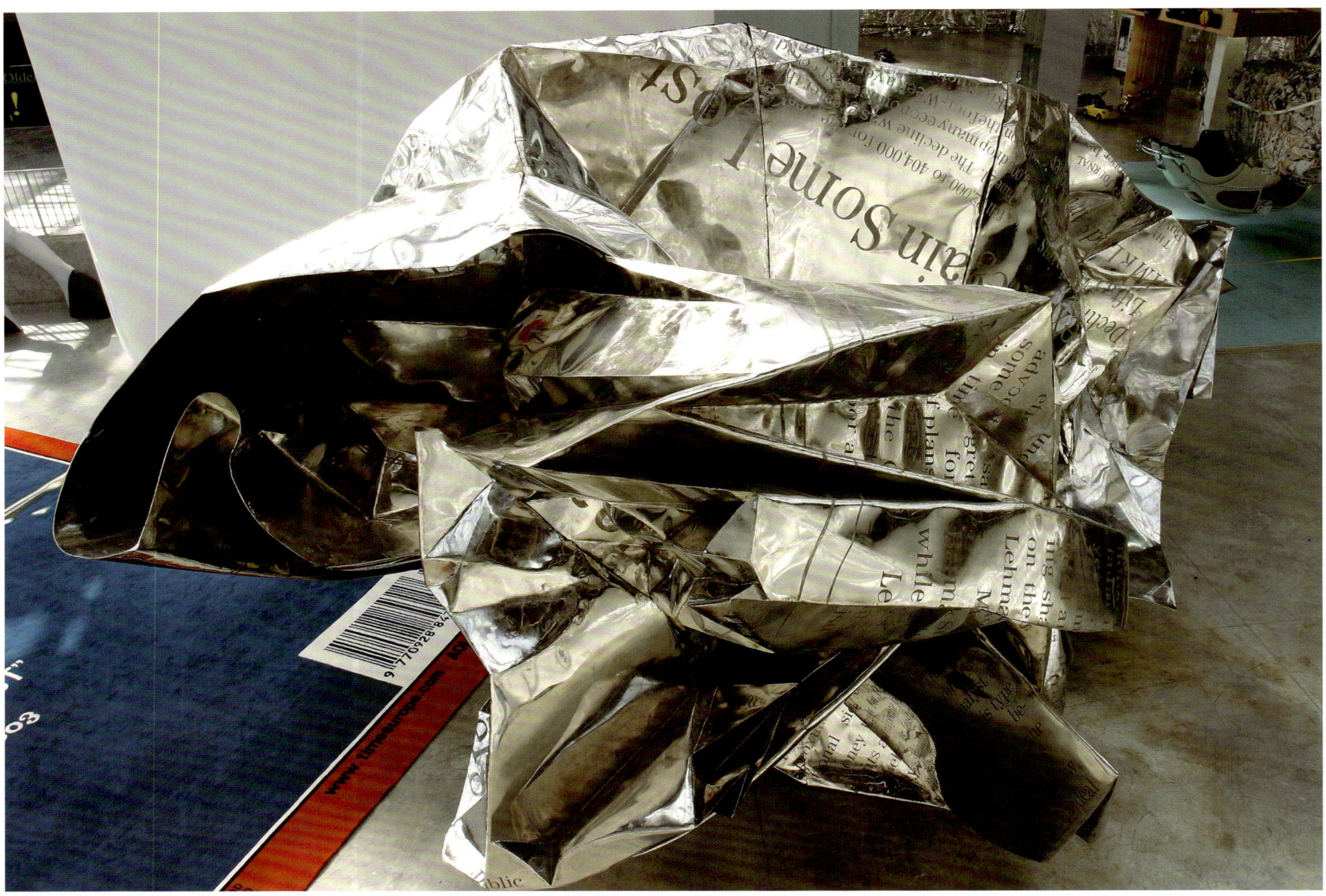

Vue de l'installation (view of the installation). Exposition (exhibition) *Wang Du Parade #4*, Palais de Tokyo, site de création contemporaine, Paris (2004). Courtesy galerie Laurent Godin, Paris. **Ci-contre et pages suivantes (opposite & next pages) :** Vues de l'installation (views of the installation). Exposition (exhibition) *Wang Du Parade #3*, les Abattoirs, Toulouse (2004). Courtesy galerie Laurent Godin, Paris.

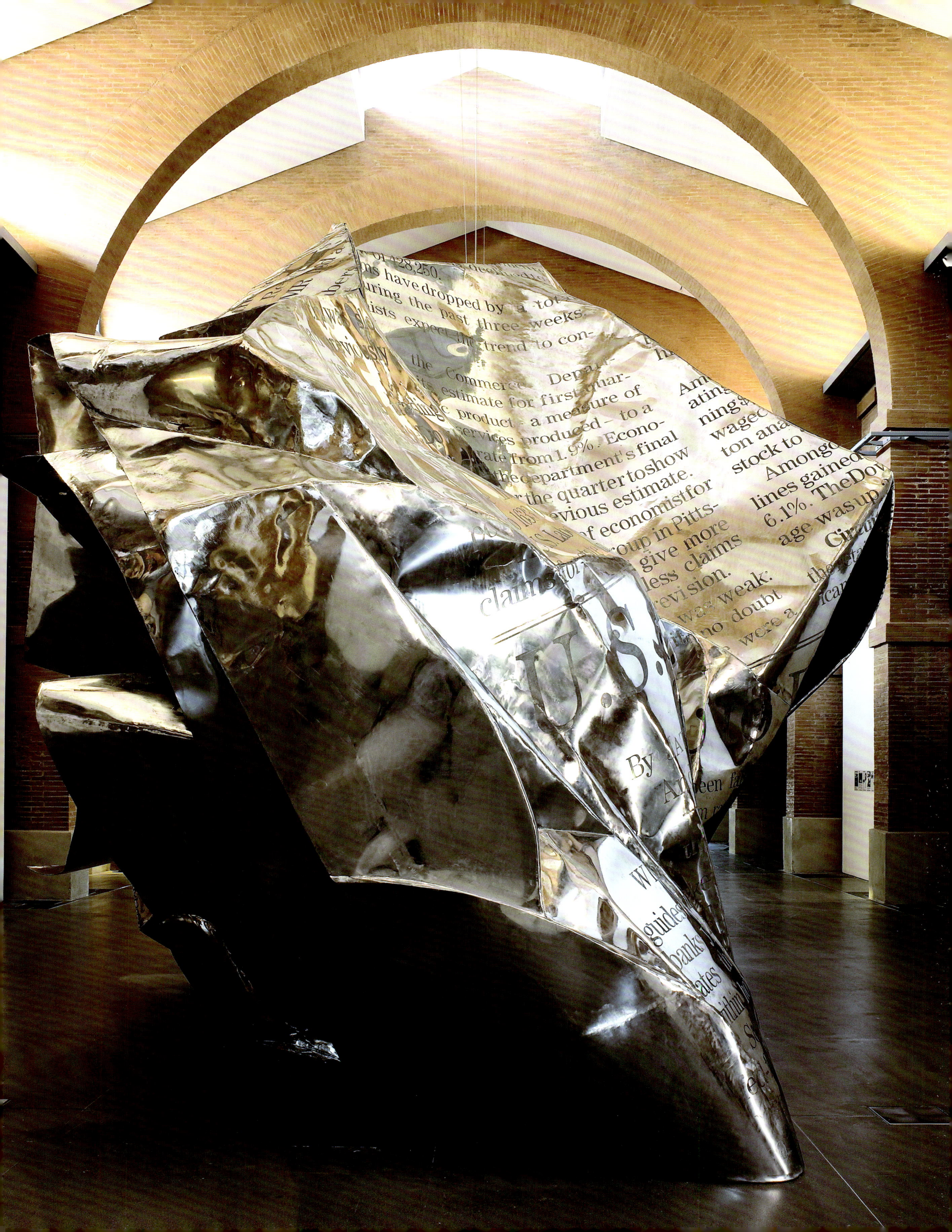
have dropped by a
the past three weeks.
trend to con-
the Commerce Depar-
estimate for first quar-
product - a measure of
services produced - to a
rate from 1.9%. Econo-
department's final
the quarter to show
evious estimate.
of economists for
roup in Pitts-
give more
less claims
revision.
was weak.
no doubt
were a
ating
ning
wage
ton ana
stock to
Among
lines gained
6.1%. The Do
age was up
claims
U.S.
By
guides
banks
rates

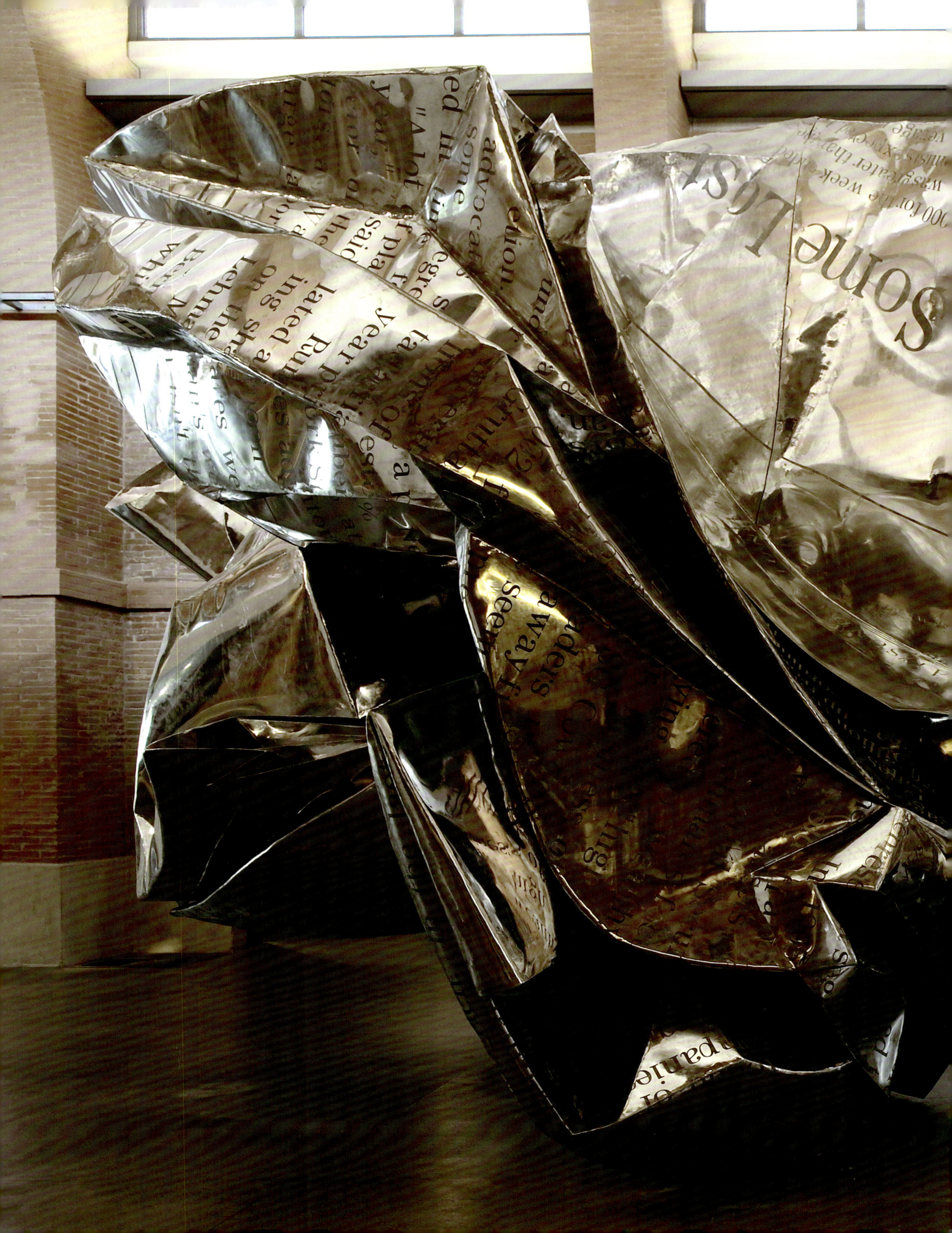

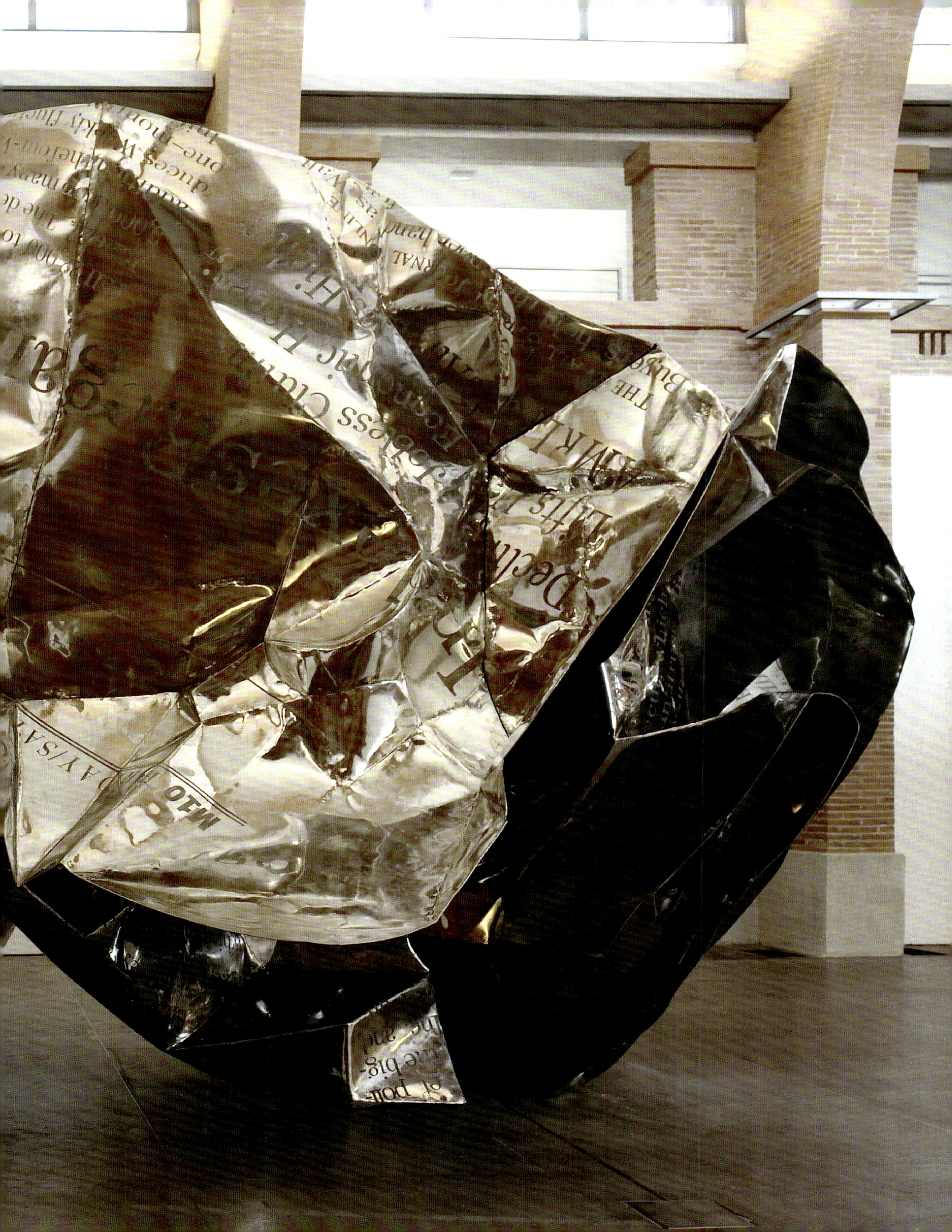

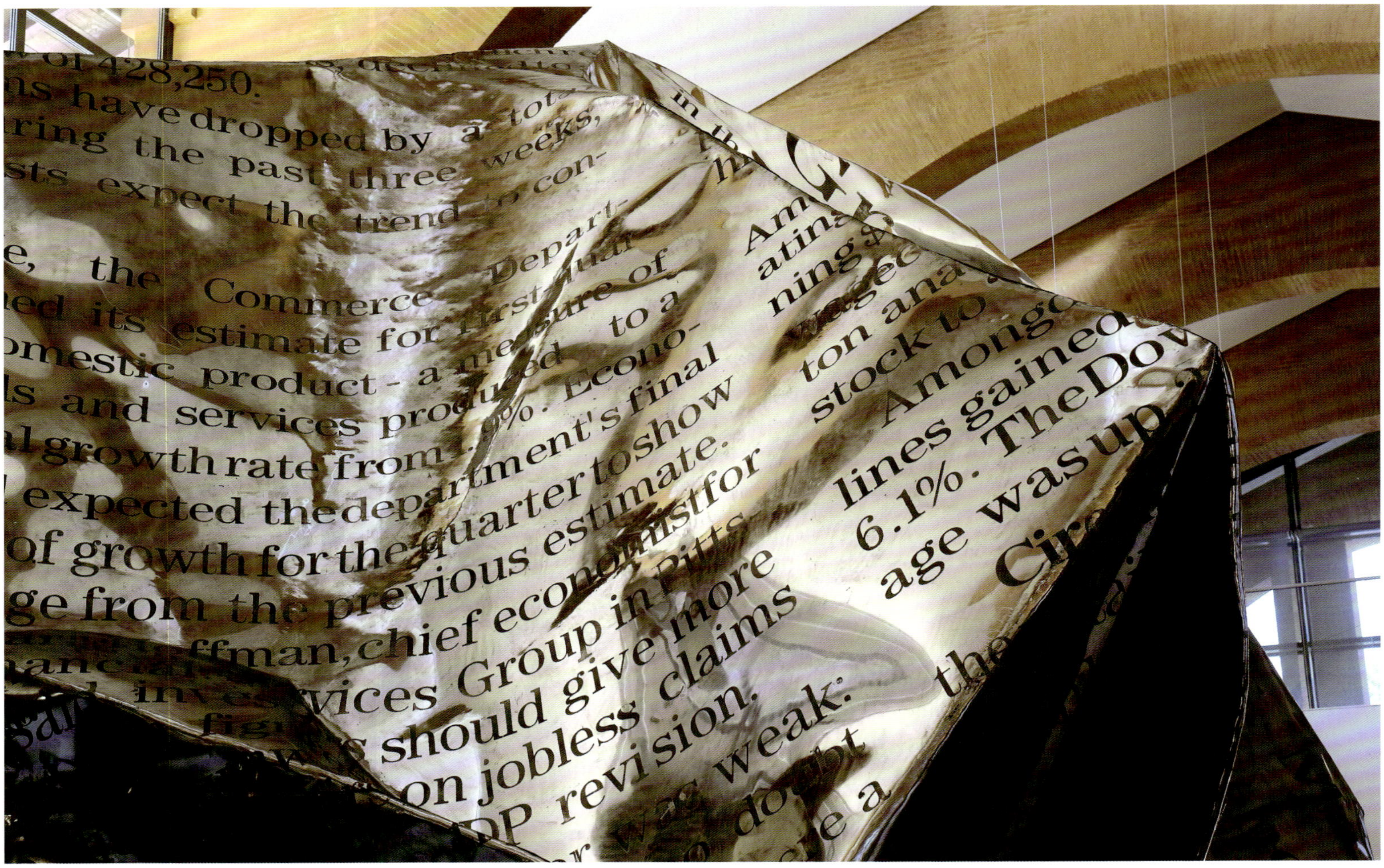

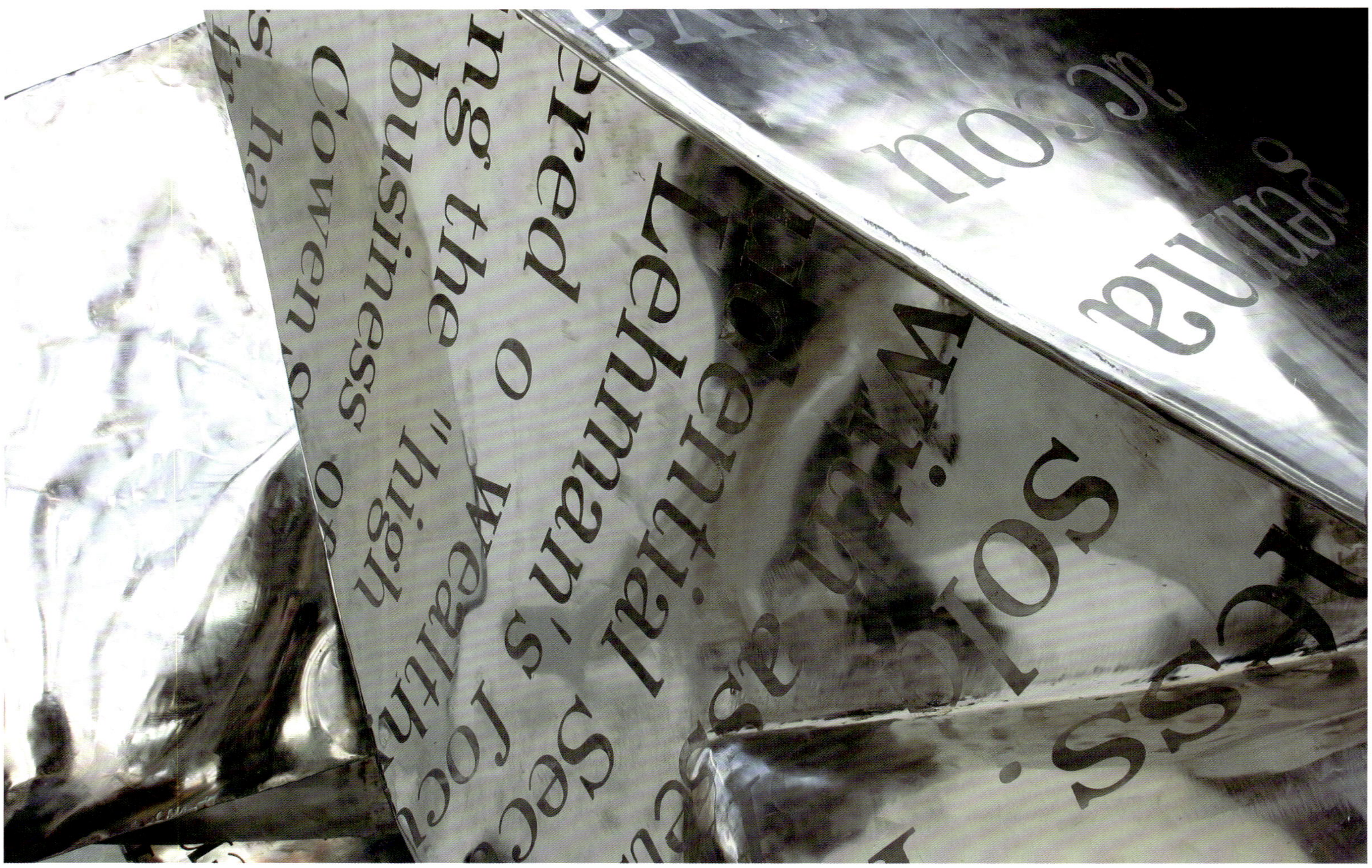

Haut (top) : Détail de l'installation (detail of the installation). Exposition (exhibition) *Wang Du Parade #3*, les Abattoirs, Toulouse (2004). Courtesy galerie Laurent Godin, Paris. **Bas et ci-contre (bottom and opposite page) :** Vue de l'installation (view of the installation). Exposition (exhibition) *Wang Du Parade #4*, Palais de Tokyo, site de création contemporaine, Paris (2004). Courtesy galerie Laurent Godin, Paris.

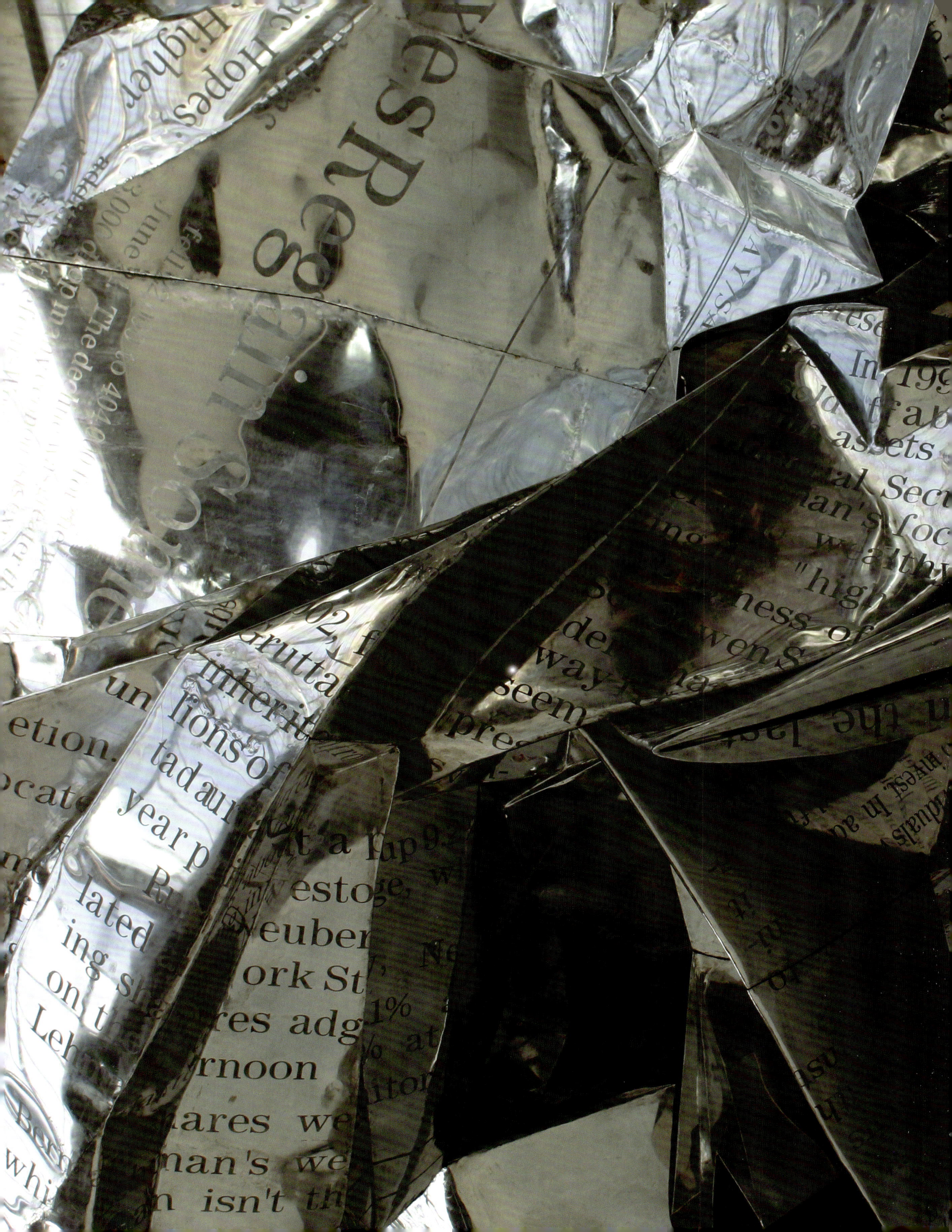
Hopes
Higher
esReg
In 199
assets
etion.
year p
lated
ork St
res adg
rnoon
ares we
man's we
isn't th

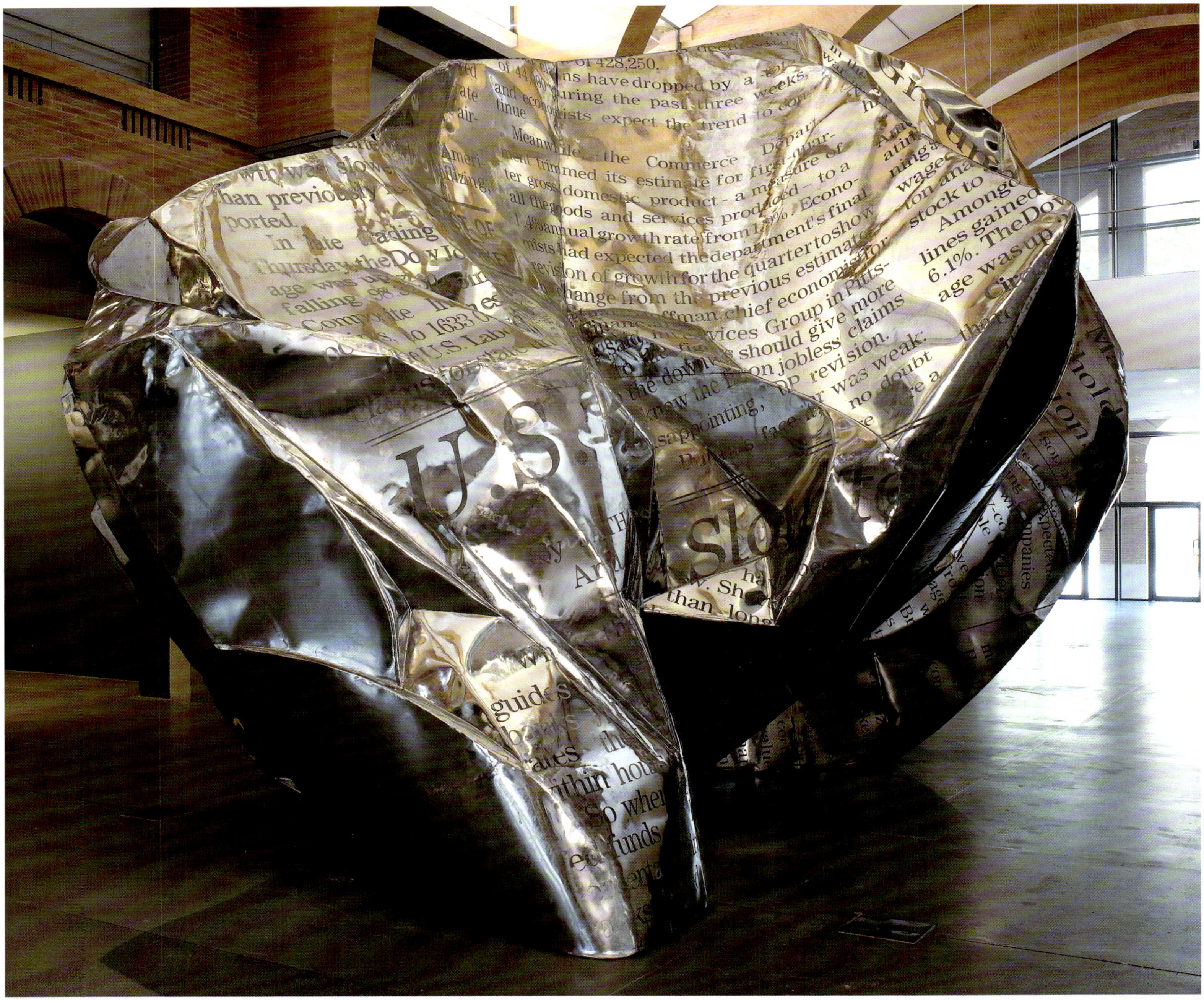

"*World Markets* is an enlarged balled-up newspaper cast in stainless steel. Legible and illegible, the images and the news contained there are both scraps of information and a retrospective reflection of reality."

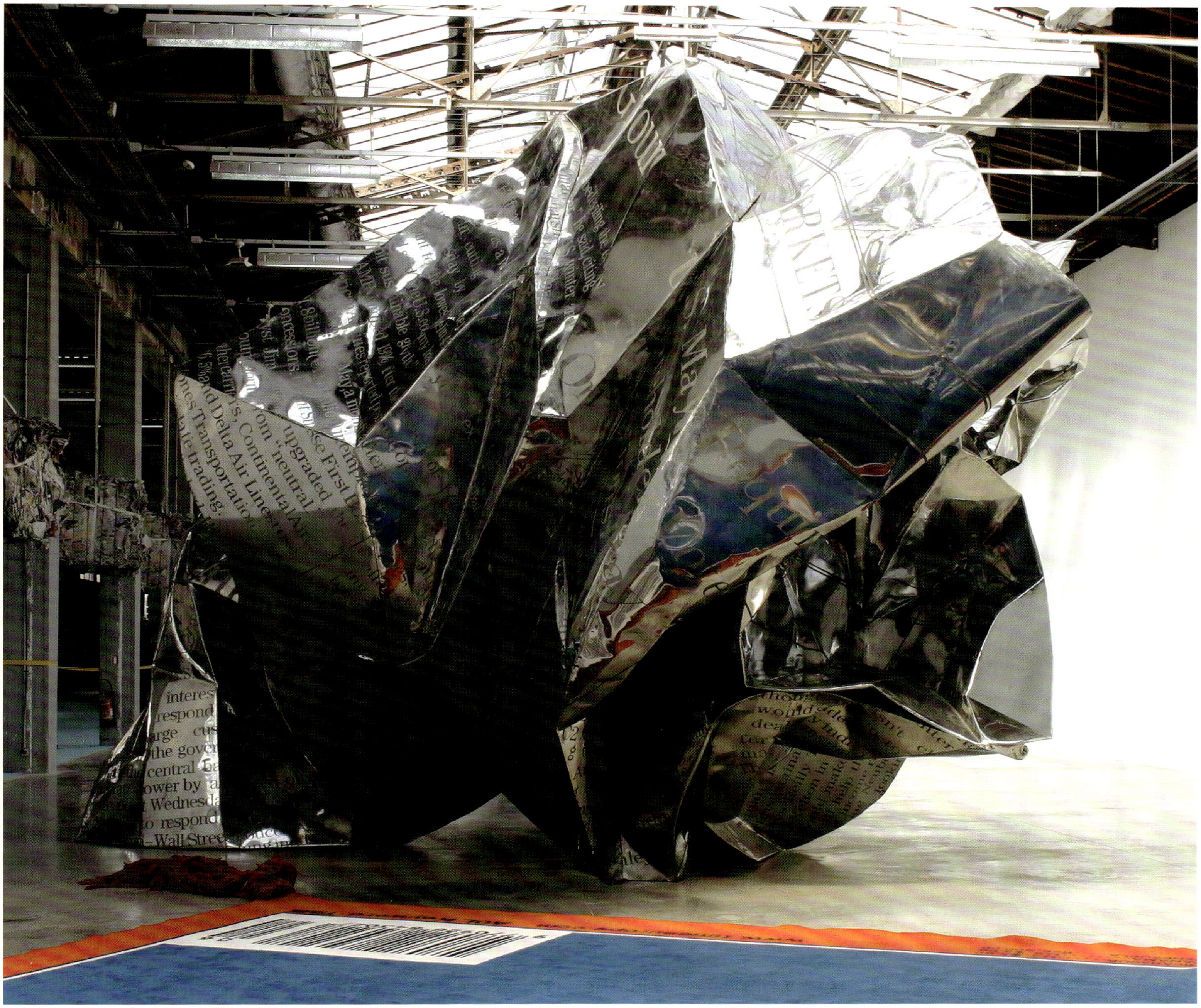

Vue de l'installation (view of the installation). Exposition (exhibition) *Wang Du Parade #4*, Palais de Tokyo, site de création contemporaine, Paris (2004). Courtesy galerie Laurent Godin, Paris. **Ci-contre (opposite page) :** Vue de l'installation (view of the installation). Exposition (exhibition) *Wang Du Parade #3*, les Abattoirs, Toulouse (2004). Courtesy galerie Laurent Godin, Paris.

JE SUIS LA REALITE

2004
Installation in situ (in situ installation)
400 x 300 cm

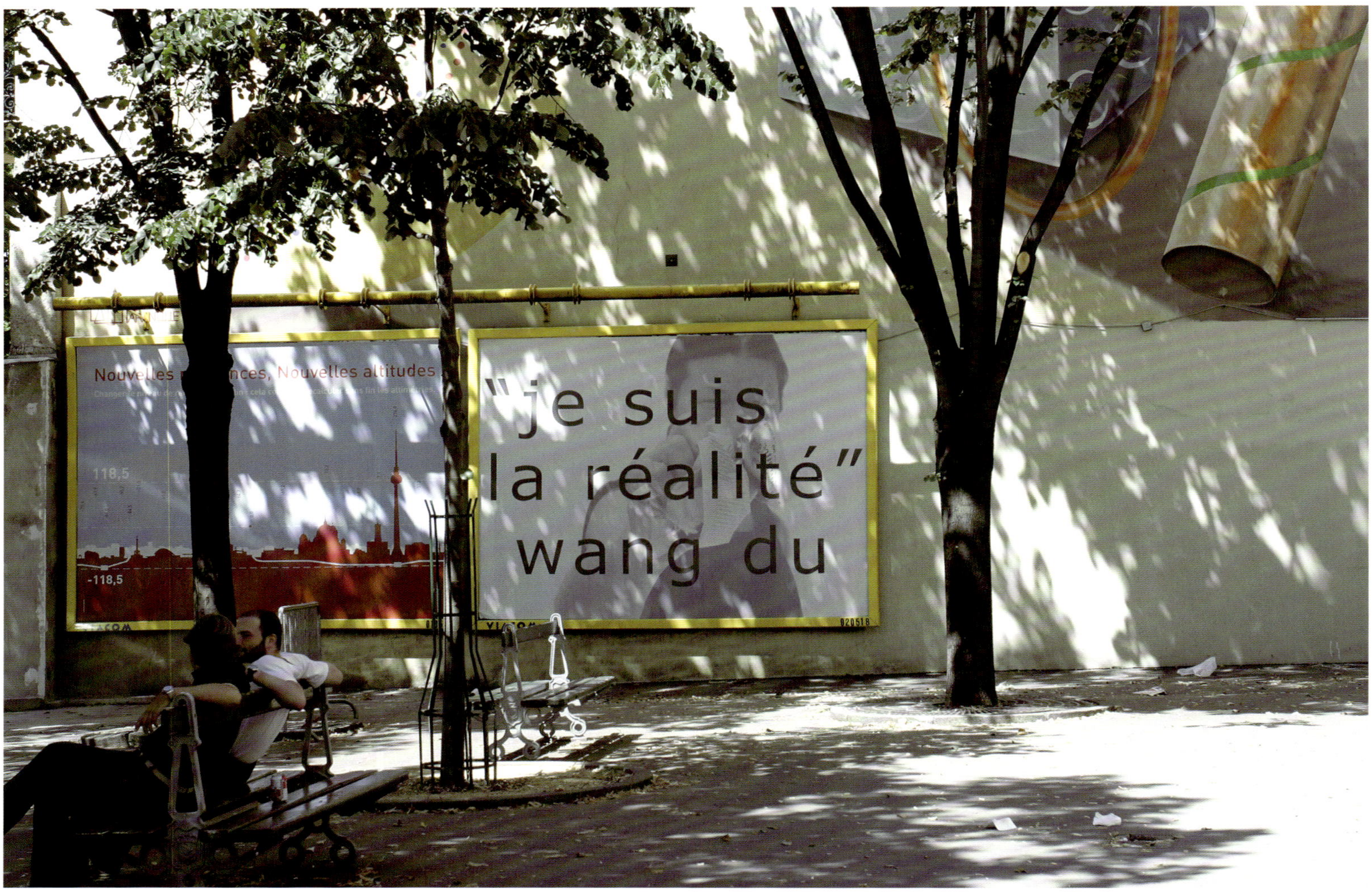

« *Je suis la réalité* répond à une invitation de MPG Art à un projet d'exposition dans la rue. Comme pour les dix-neuf autres artistes participants, trois cents affiches me sont librement allouées pour être ensuite placardées dans plusieurs villes de France. C'est pour moi l'occasion de m'insérer dans l'espace urbain, dans le réel et le quotidien.
Derrière la phrase en gros caractères qui résonne comme un slogan – *"Je suis la réalité" wang du* –, en image de fond, je froisse une boule de papier journal, le poing tendu en direction du spectateur-passant. »

"Je suis la réalité (I am reality) is my response to an invitation by MPG Art to take part in a street exhibition. As with the other 19 participating artists, I was given three hundred posters that were to be stuck up in several French cities. For me, it was the chance to insert myself in urban space, reality and daily life. Behind the phrase in large print, which resonates like a slogan, *'Je suis la réalité' wang du*, the poster features a background image of me crumpling a ball of newspaper, my fist raised toward the passing viewer."

Vue de l'installation (view of the installation), boulevard du Temple, Paris.
Ci-contre (opposite page) : Vue de l'installation (view of the installation), rue de Ménilmontant, Paris.
Pages suivantes (next pages) : Image pour l'affiche du projet (image for the poster of the project).

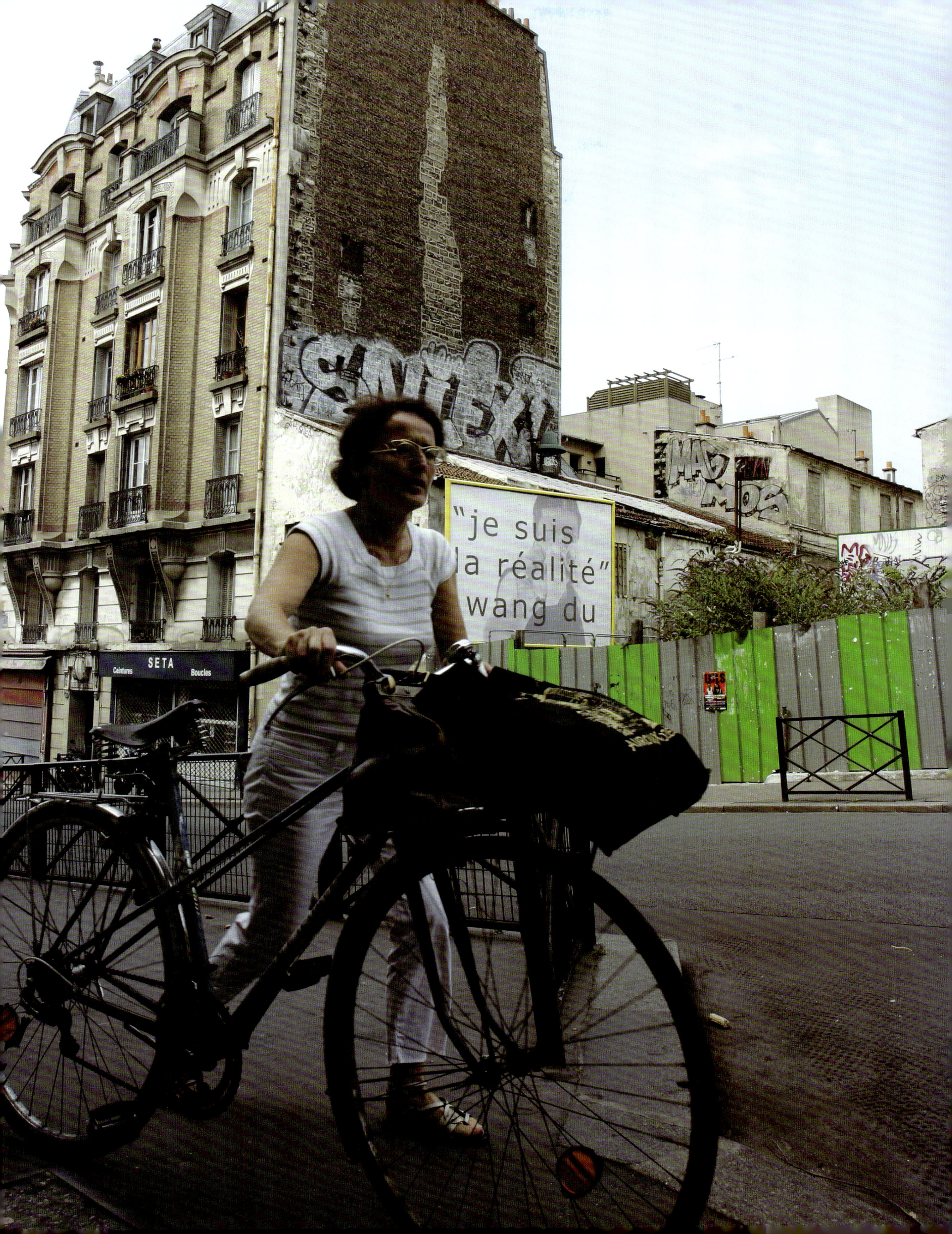
"je suis
la réalité"
wang du
SETA
Ceintures
Boucles

"je s

la ré

wan

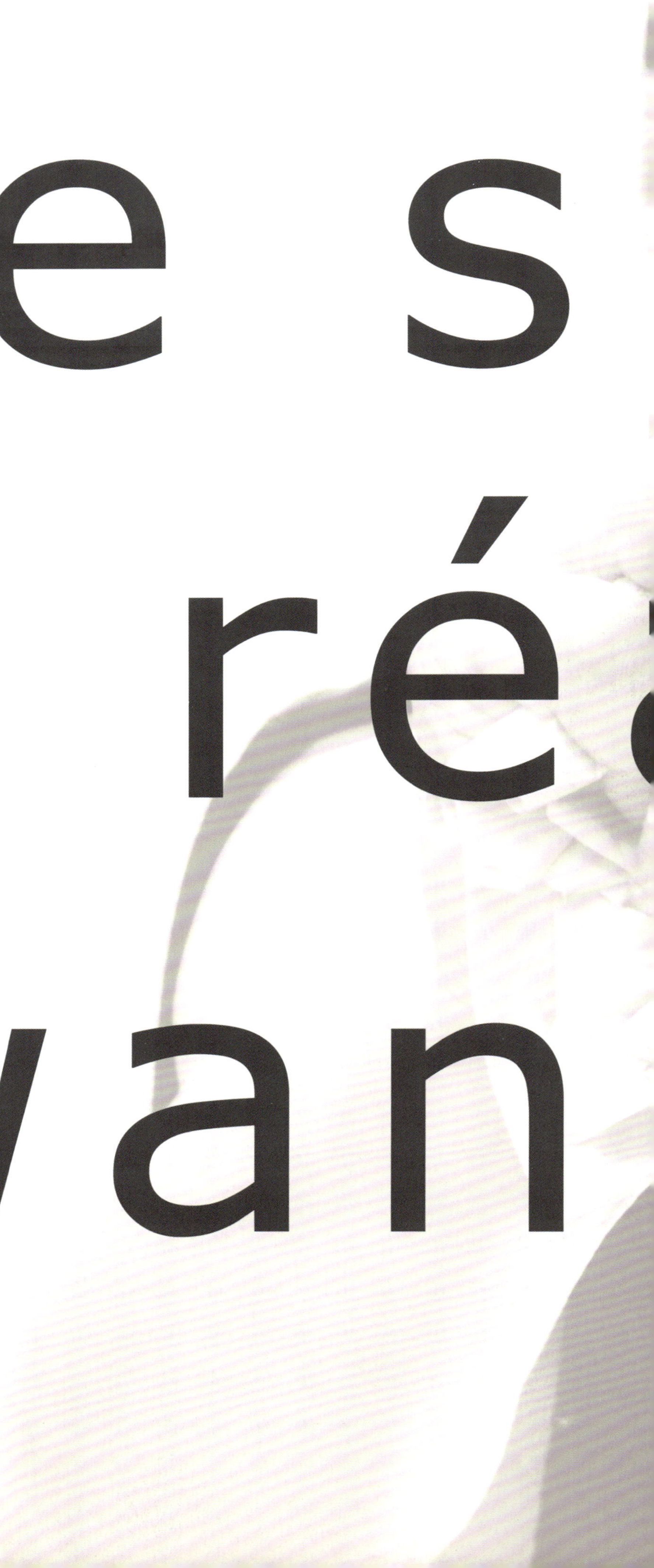

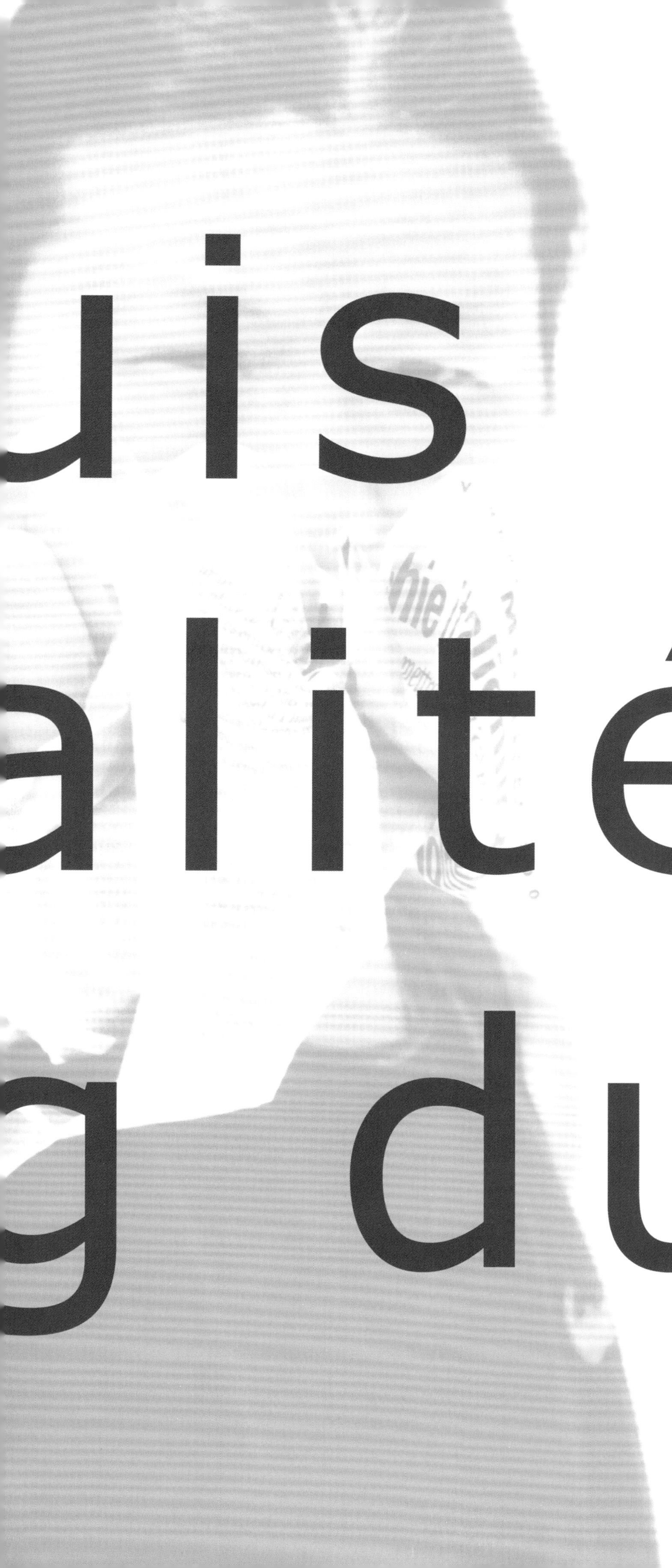

uis

alité"

g du

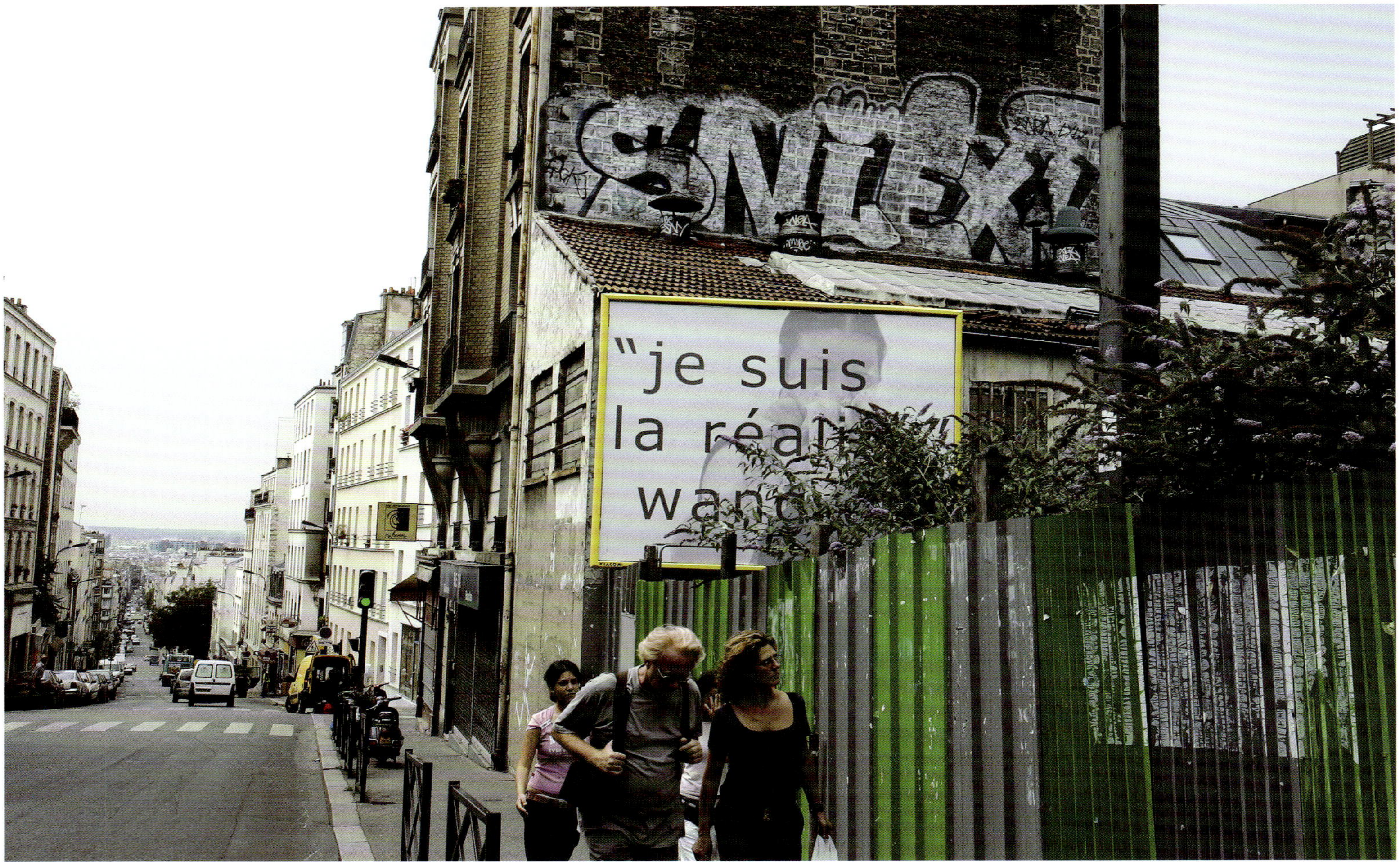

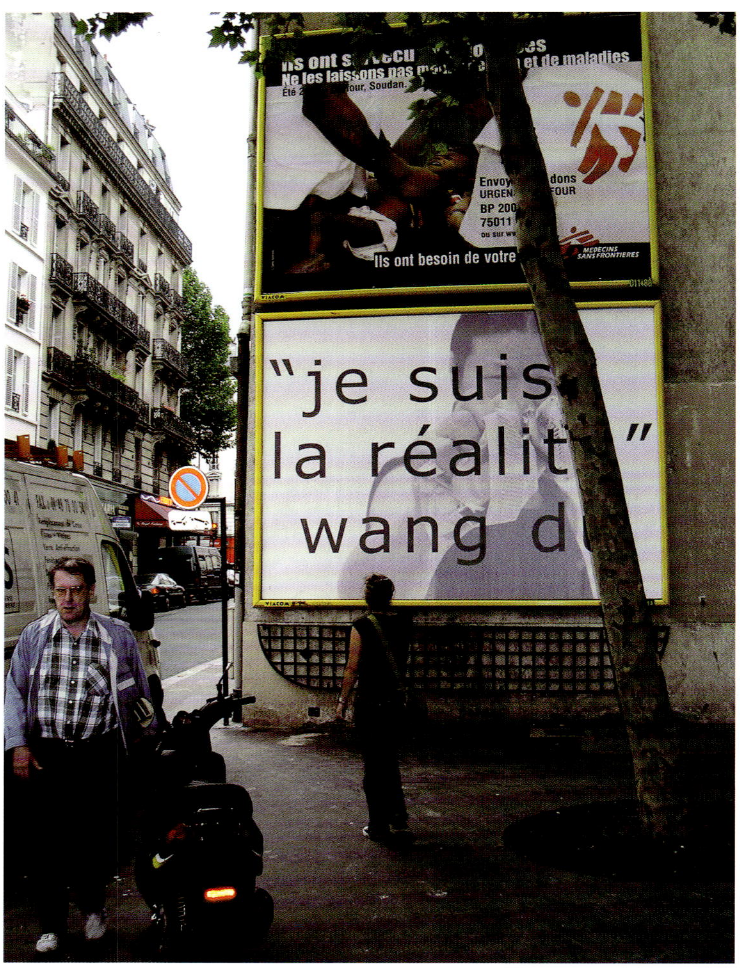

Haut (top) : Vue de l'installation (view of the installation), rue de Ménilmontant, Paris.
Bas (bottom) : Vue de l'installation (view of the installation), rue de Rochechouart, Paris.
Ci-contre, haut (opposite page, top) : Vue de l'installation (view of the installation), rue du Dessous-des-Berges, Paris.
Ci-contre, bas (opposite page, bottom) : Vue de l'installation (view of the installation), rue de la Chapelle, Paris.

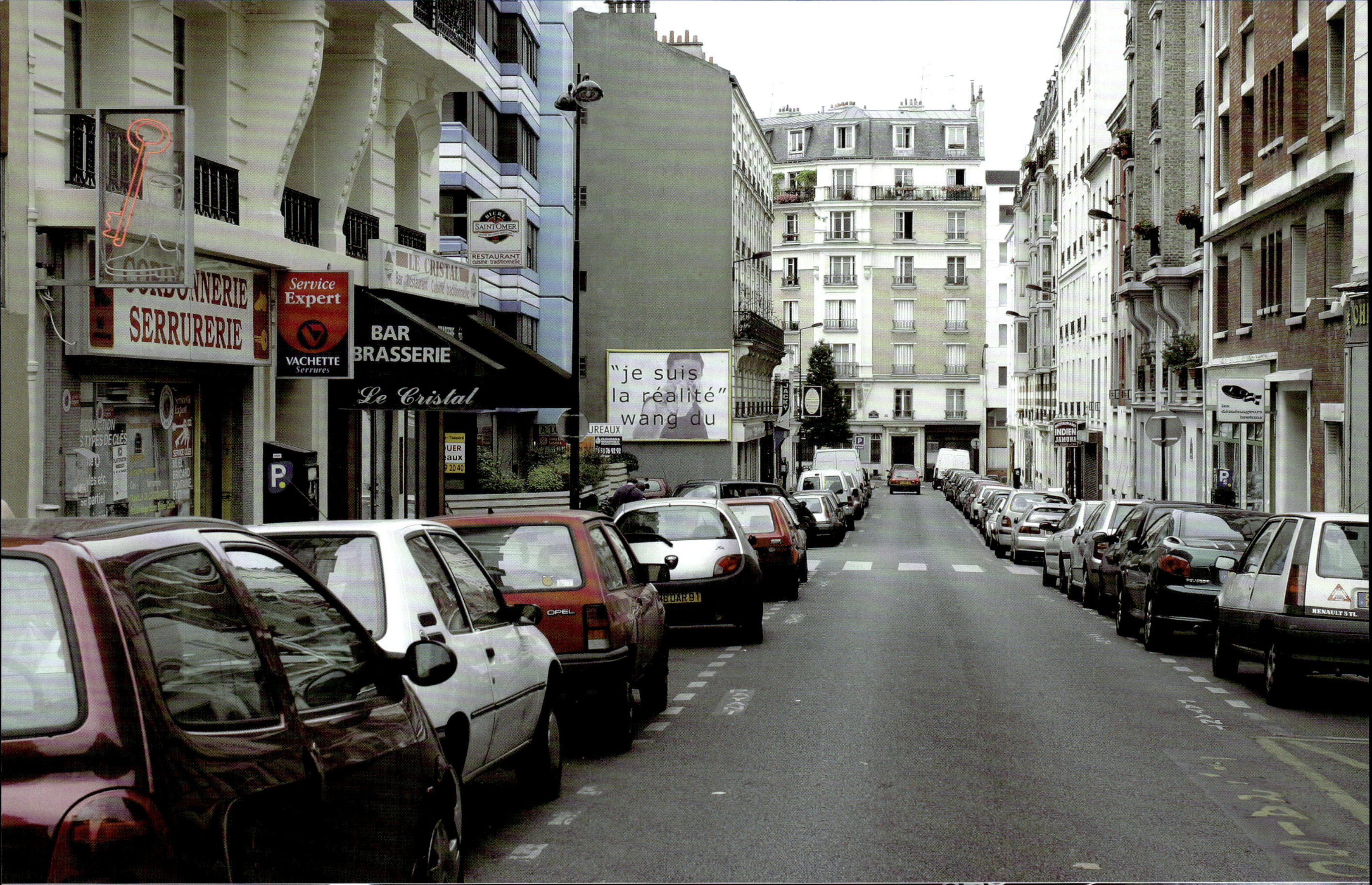
SERRURERIE
Service Expert
VACHETTE
BAR
BRASSERIE
Le Cristal
RESTAURANT
"je suis
la réalité"
wang du
OPEL

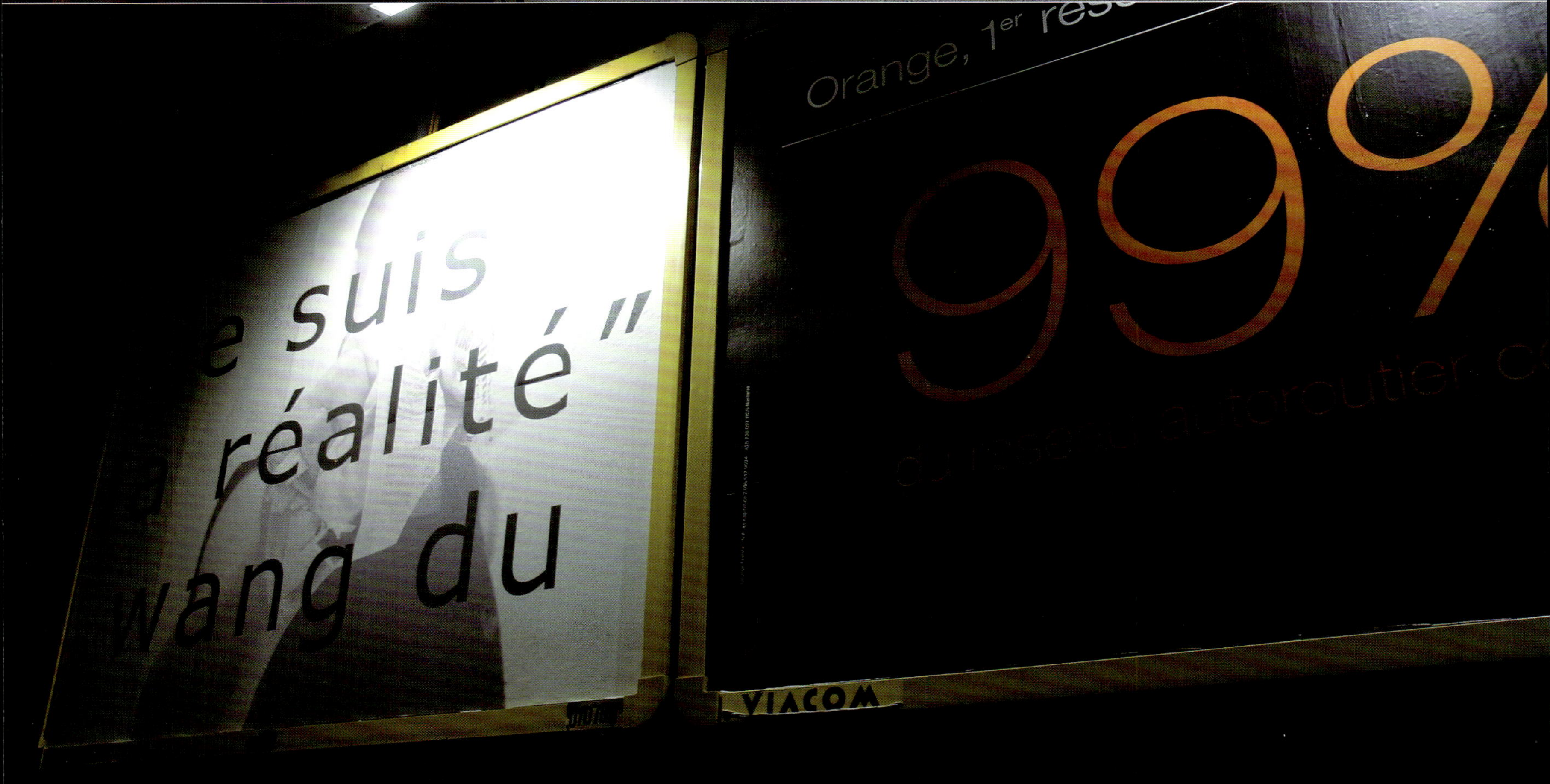
e suis
réalité"
wang du
Orange, 1er
99
VIACOM

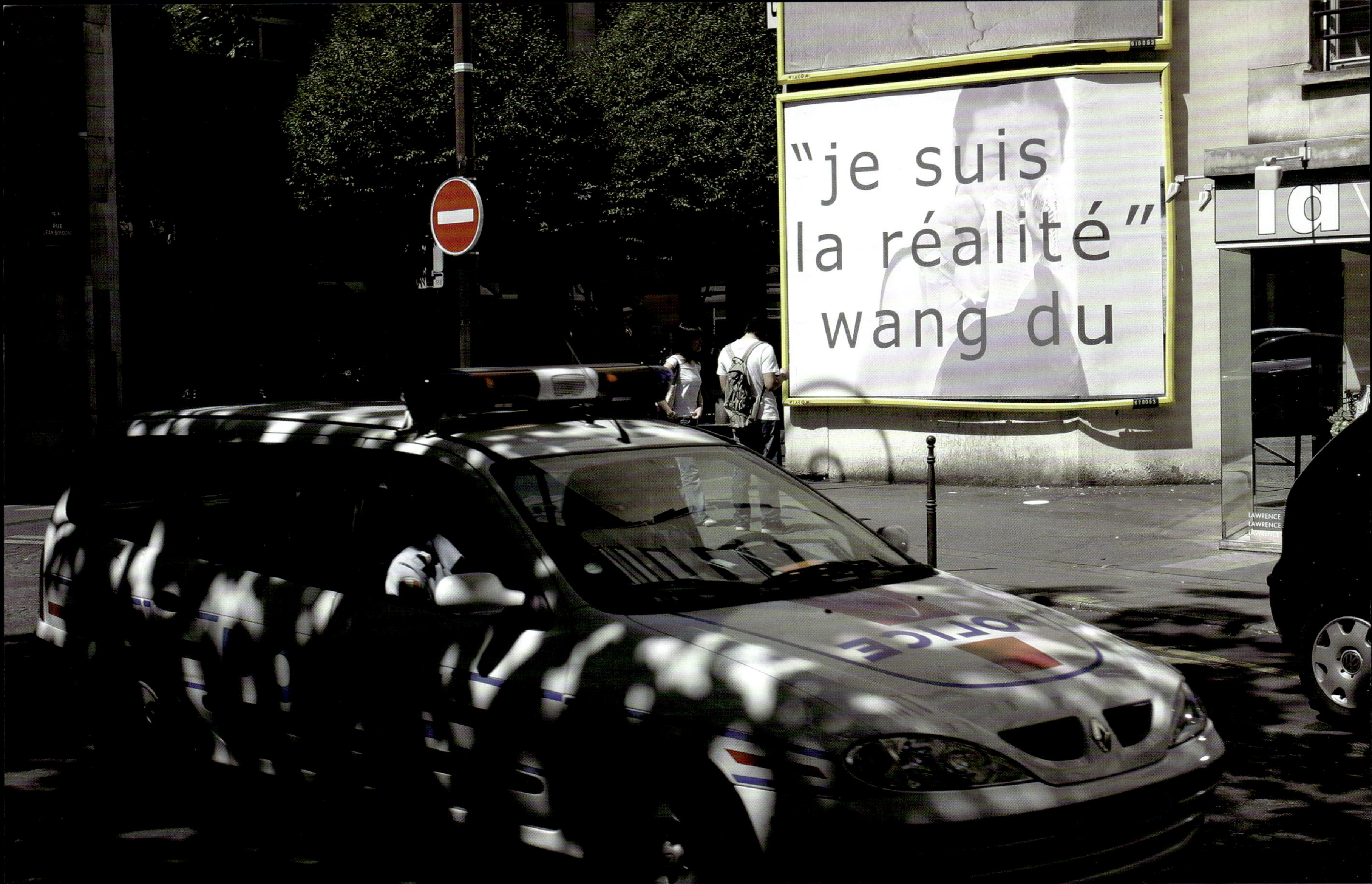
“je suis
la réalité”
wang du

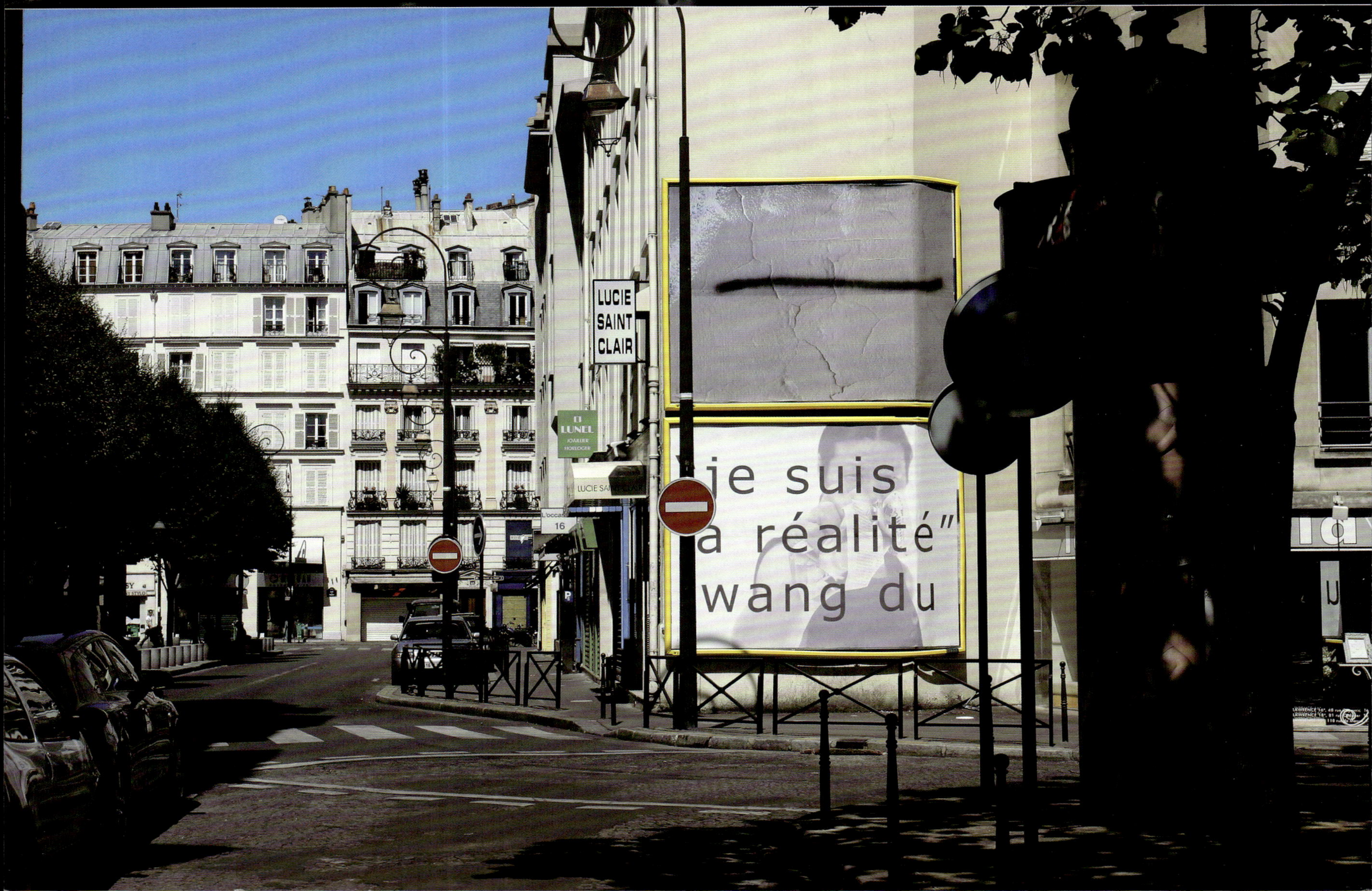
LUCIE
SAINT
CLAIR
je suis
a réalité”
wang du

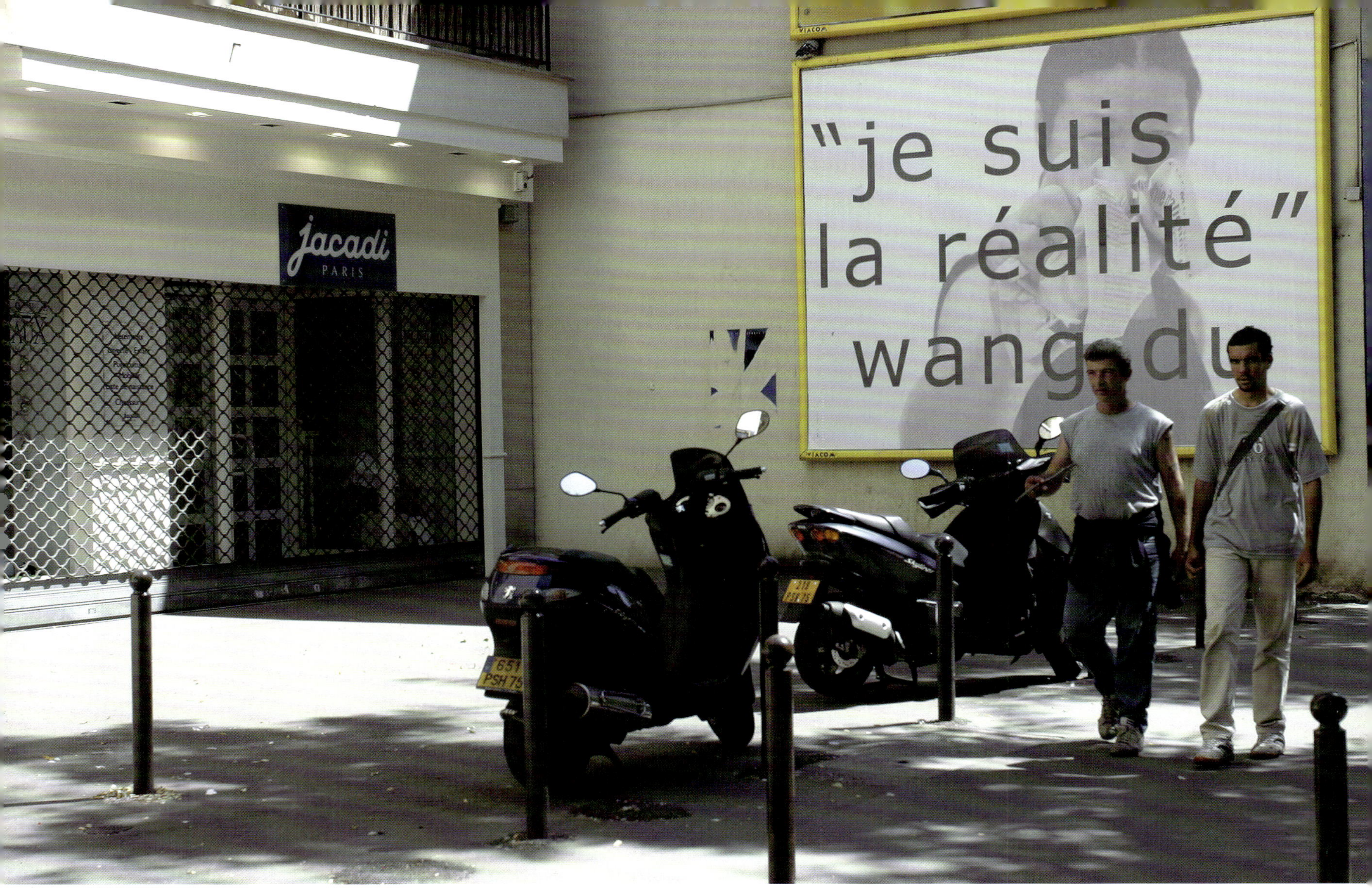

Vue de l'installation (view of the installation), rue d'Alésia, Paris.
Ci-contre (opposite page) : Vues de l'installation (views of the installation), rue Jean Bologne, Paris.

LE TUNNEL D'ESPACE-TEMPS

2004
Acier, journaux et téléviseurs (steel, newspapers and TV sets)
Longueur (length) : 3 000 cm, diamètre (diameter) : 260 cm

« Les médias sont-ils les nerfs de la réalité ? Sont-ils la conscience de chaque individu ? Ou le cerveau du monde ?

Grâce à leur omniprésence et avec leur pouvoir absolu et leur capacité d'infiltration, les médias manipulent et influencent la société ainsi que la pensée et le comportement des gens à tous niveaux : de l'achat d'une brosse à dents adéquate à l'opinion sur une guerre, du voyage aux élections, du trafic de drogue au marché des changes, du commerce à la politique, de la mafia à la société civile, de l'éducation aux affaires militaires, de l'économie à la politique, de la culture et des arts au sport, des sciences naturelles à l'idéologie, etc.

Des centaines de chaînes de télévision diffusées par des satellites couvrant des dizaines de zones géographiques, des informations, des magazines et des journaux qui couvrent le ciel et la terre, des radios qui diffusent des programmes 24 heures sur 24, ainsi qu'Internet qui s'accélère dans son développement, tout ceci ressemble à un tunnel d'espace-temps de science-fiction. En suivant ses mouvements péristaltiques, dans un même espace, on peut voir le bombardement aérien sur Bagdad qui ressemble à un jeu électronique et, dans les rues de New York, l'enthousiasme des Américains pour la guerre, on peut voir les fans japonais de Madonna en état de transe et les cadavres des intégristes dans les rues en Indonésie, on peut voir l'inondation de l'Amazonie et l'entrée du vaisseau spatial chinois dans le cosmos, on peut voir des Africains victimes de la famine et maigres comme des clous et le paysage bucolique des lieux de vacances de la famille royale britannique… Dans un même espace, on peut entendre que la justice et les intérêts sont confondus, que la guerre et la politique sont liées, que la démocratie et l'économie sont mélangées, que la nature humaine et le marché sont indistincts, que les recherches scientifiques et les obsessions des êtres humains sont synchroniques…

Dans cette époque d'informatisation et de médiatisation globale, la réalité ressemble à une recette de médecine chinoise, tandis que nous sommes comme des singes enfermés dans les cages d'un laboratoire, en attendant de se faire injecter différentes bactéries ou d'être transformé génétiquement.

Nous sommes en même temps des consommateurs de médias et des objets consommés par les médias.

Comment redéfinir cette réalité médiatisée pour trouver un environnement écologique fluide, c'est la base de réflexion de ce projet. »

"Are the media the sinews of reality? Are they each individual's conscience? The world's brain?

Thanks to their ubiquity and with their absolute power and capacity to infiltrate, the media manipulate and influence society as well as the thought and behavior of people from every walk of life. From the purchase of a suitable toothbrush to an opinion on a war, from travel to elections, from drug trafficking to the foreign exchange market, from trade to politics, the mafia to civil society, education to military matters, the economy to politics, culture and the arts to sports, natural sciences to ideology, etc.

Hundreds of television channels broadcast by satellites covering dozens of geographic zones, information, magazines and newspapers covering heaven and earth, radios broadcasting programs 24 hours a day, along with the Internet, whose development is growing by leaps and bounds—all of this looks like a space-time tunnel from science fiction. By following its peristaltic movements, we can see in one and the same space the aerial bombardment of Baghdad, which looks like an electronic game, and in the streets of New York the enthusiasm of Americans for the war; we can see Madonna's Japanese fans in a trance and the bodies of fundamentalists in the streets of Indonesia; we can see flooding of the Amazon and China's spacecraft entering space; we can see African victims of famine who are as thin as rakes and the bucolic landscape that graces the holiday spot of Britain's royal family… In one and the same space, we can hear that justice and people's particular interests are merged, that war and politics are linked, that democracy and the economy are mixed up together, that human nature and the market are indistinct, that scientific research and the obsessions of human beings are synchronic…

In this age of computerized information and global media coverage, reality resembles a recipe from Chinese medicine, whereas we are like monkeys shut up in laboratory cages, waiting to be injected with different bacteria or modified genetically.

We are at once consumers of the media and objects consumed by the media.

How to redefine this media-influenced reality in order to find a fluid ecological environment is the intellectual foundation of this project."

Ci-contre et pages suivantes (opposite and next pages) : Vues de l'installation (views of the installation). Exposition (exhibition) *Wang Du Parade #4*, Palais de Tokyo, site de création contemporaine, Paris (2004).

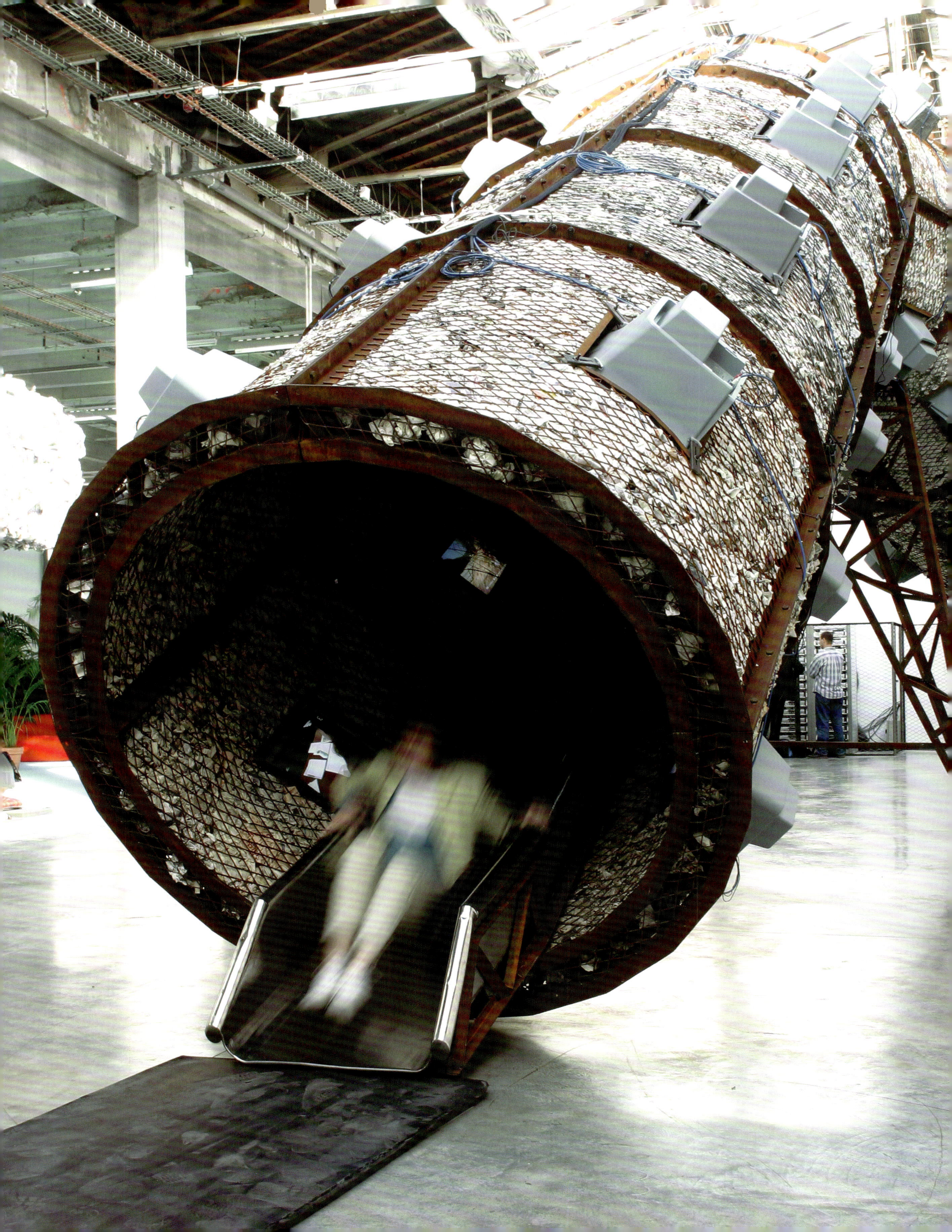

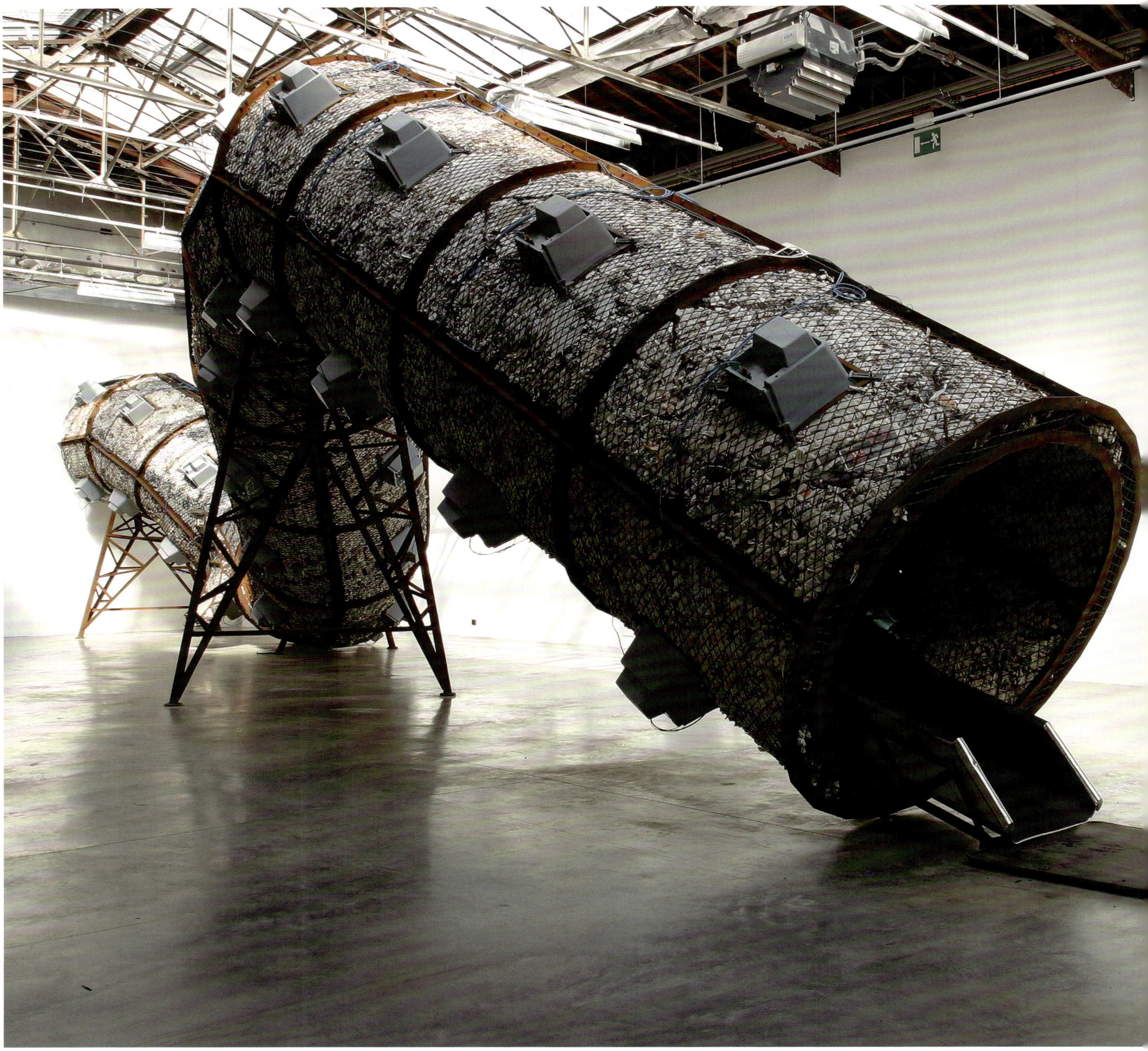

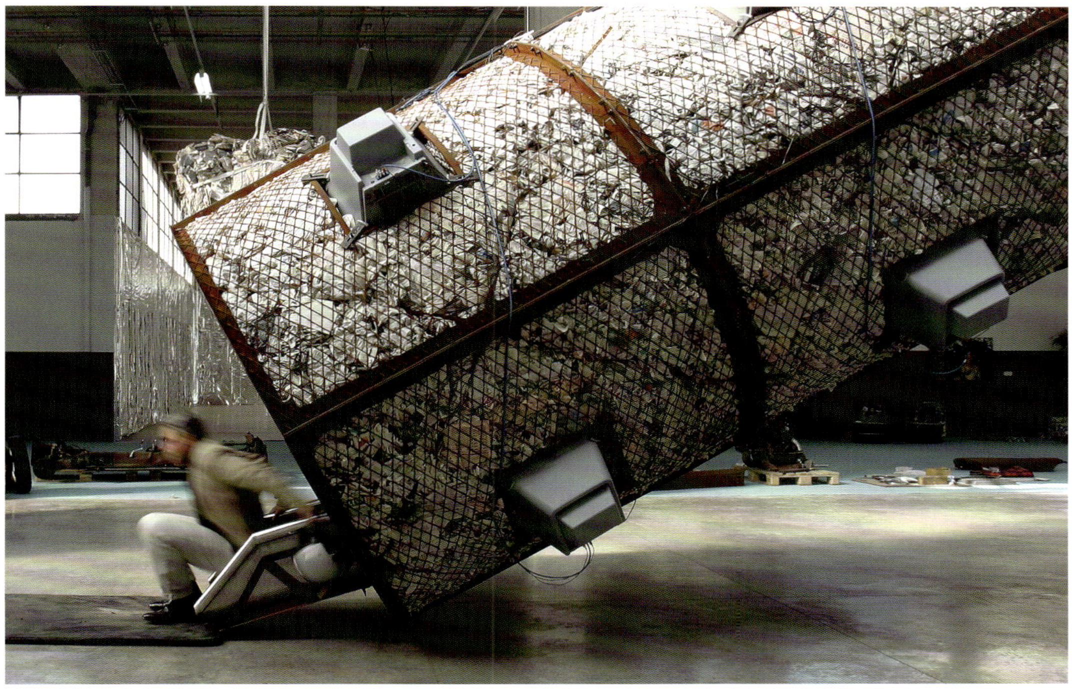

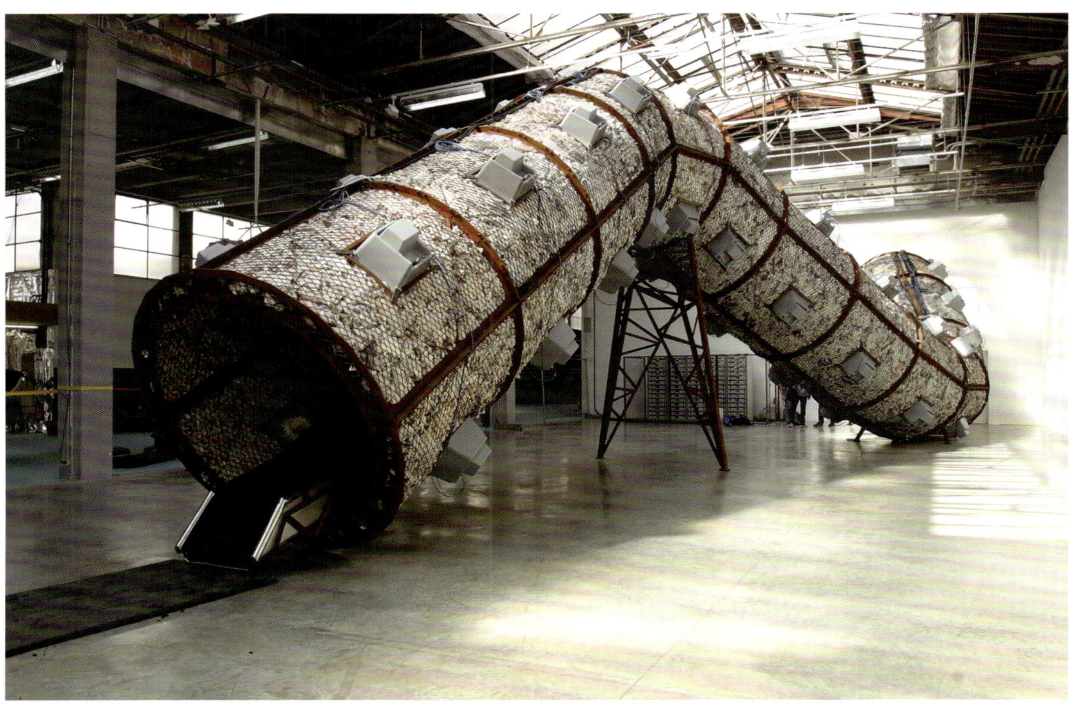

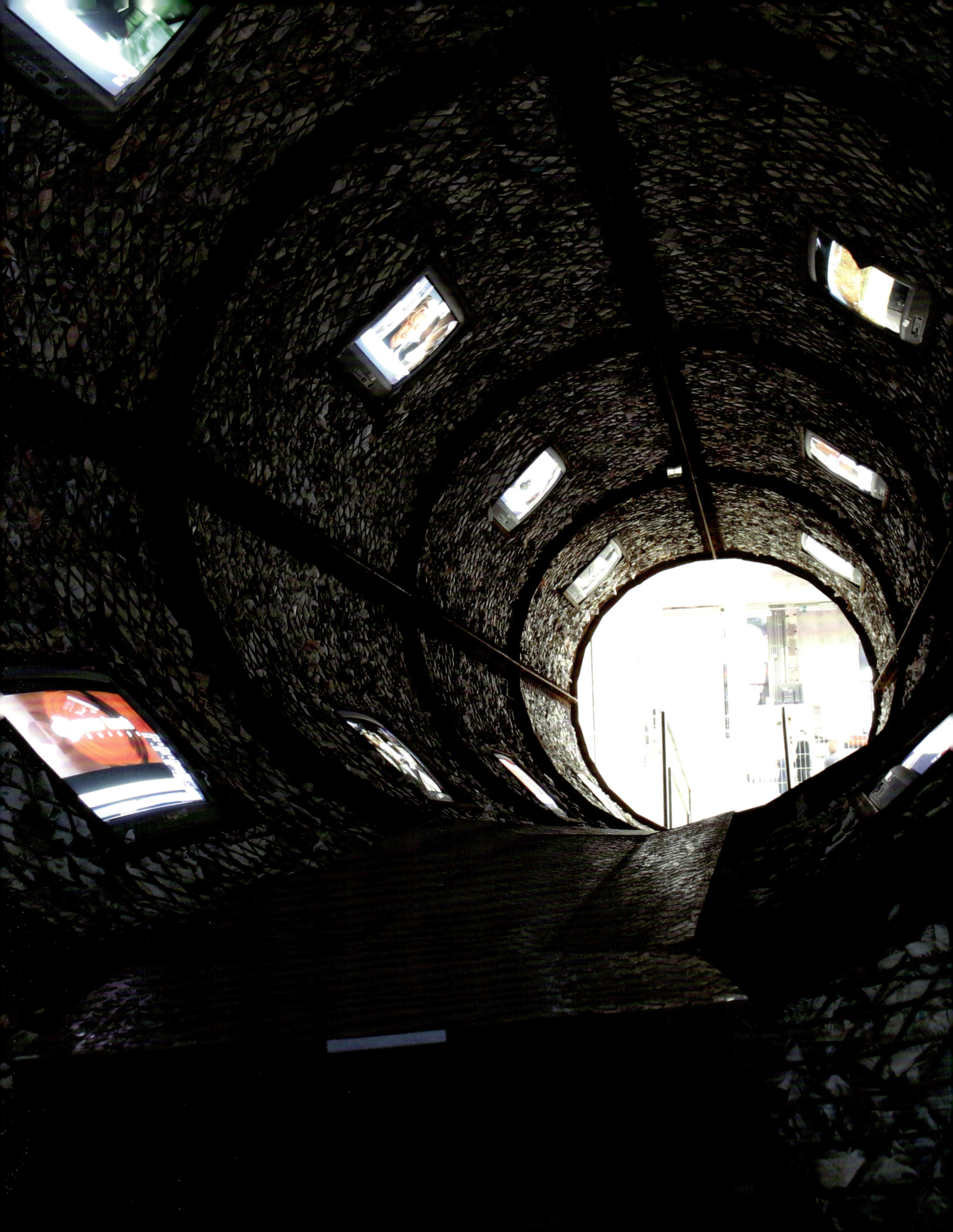

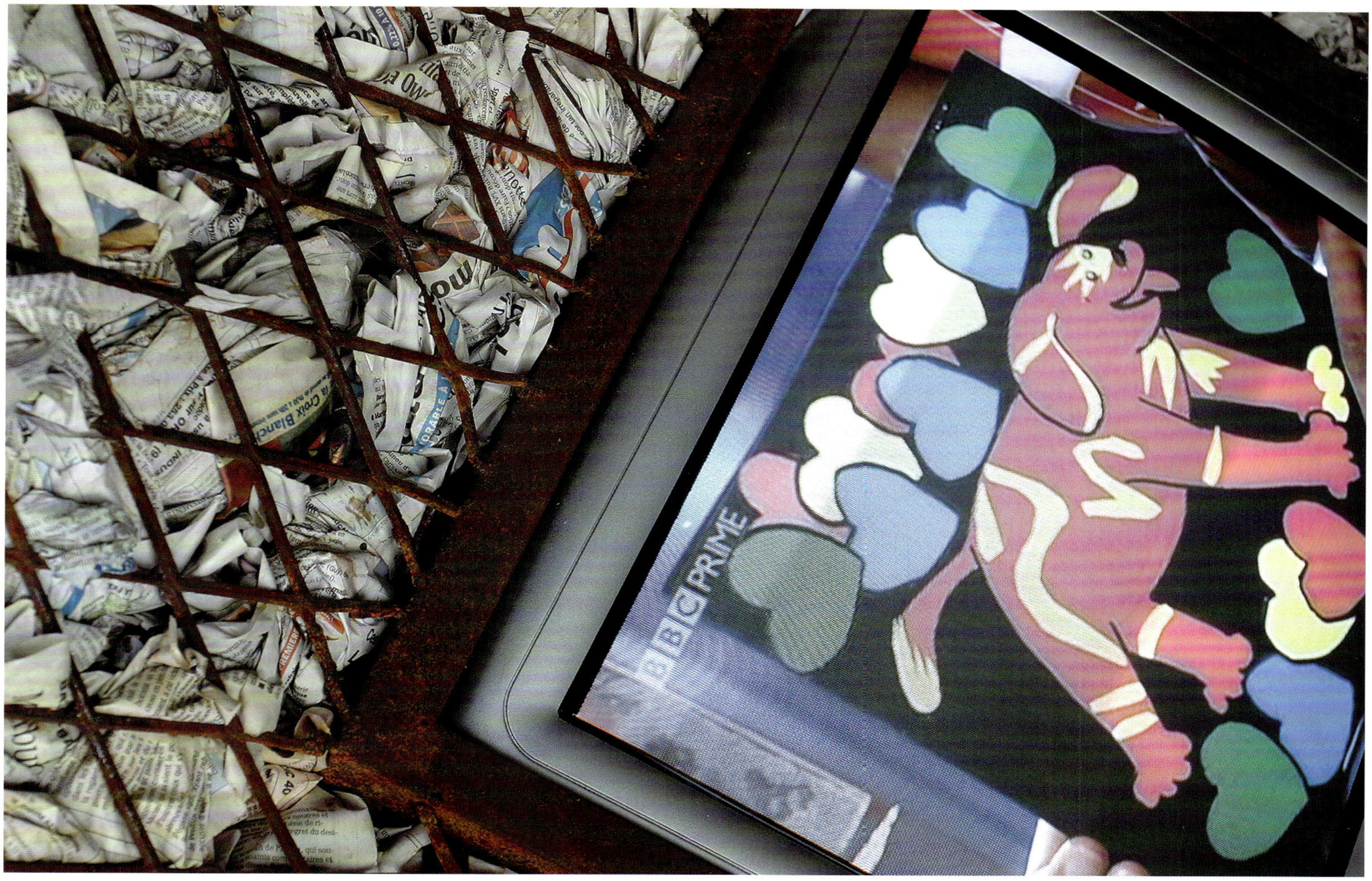

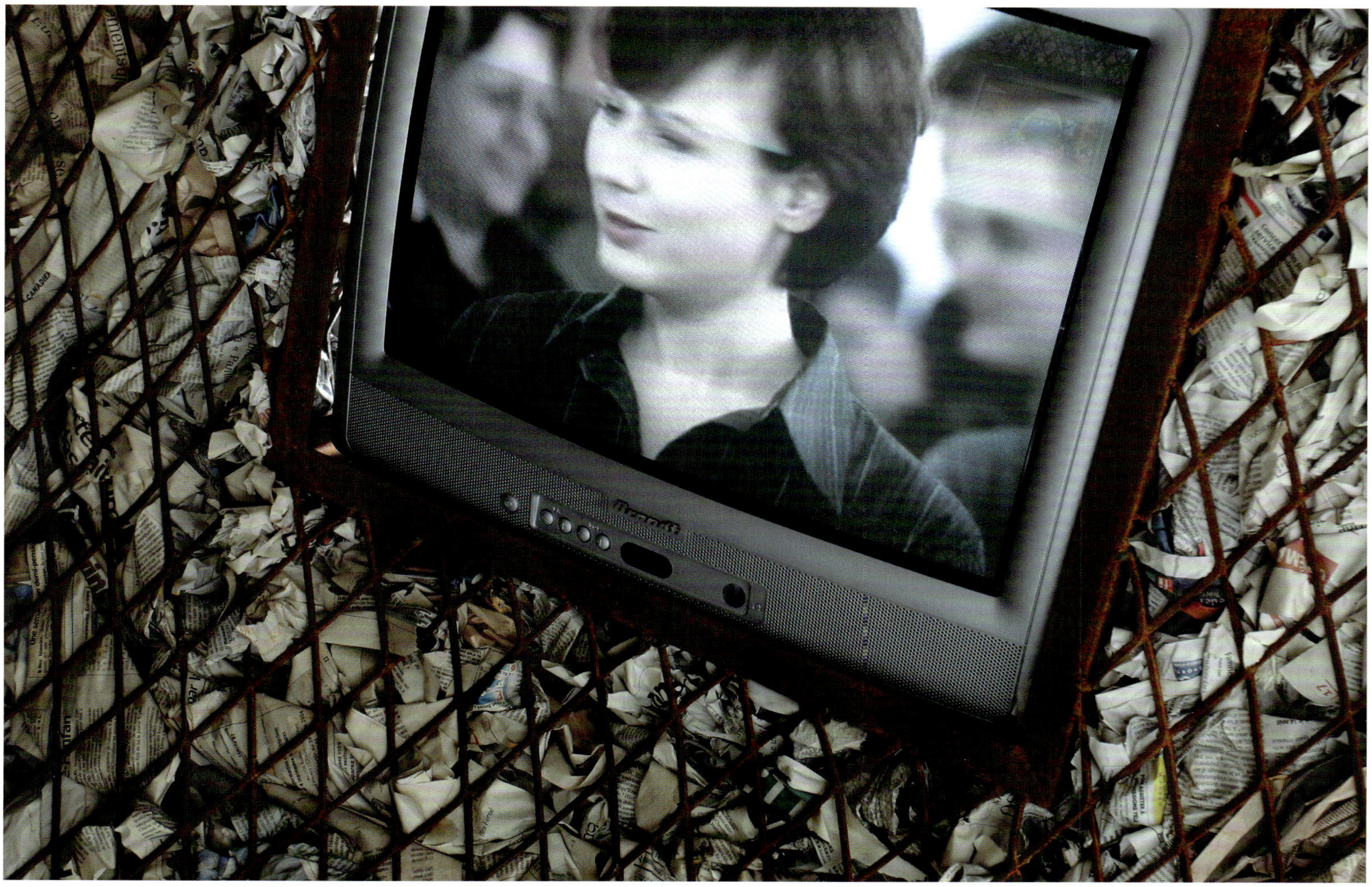

Vue et détails de l'installation (view and details of the installation). Exposition (exhibition) *Wang Du Parade #4*, Palais de Tokyo, site de création contemporaine, Paris (2004).

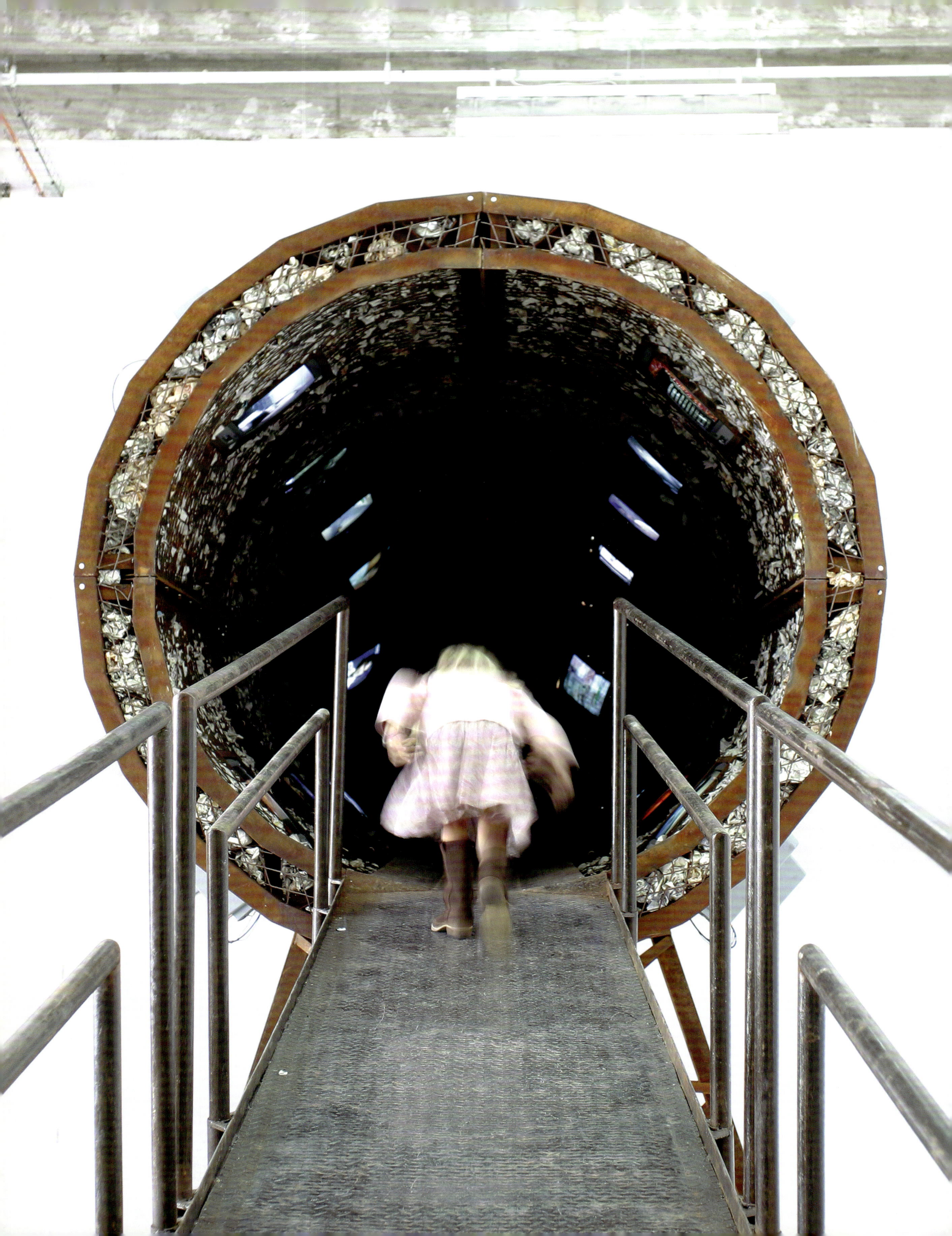

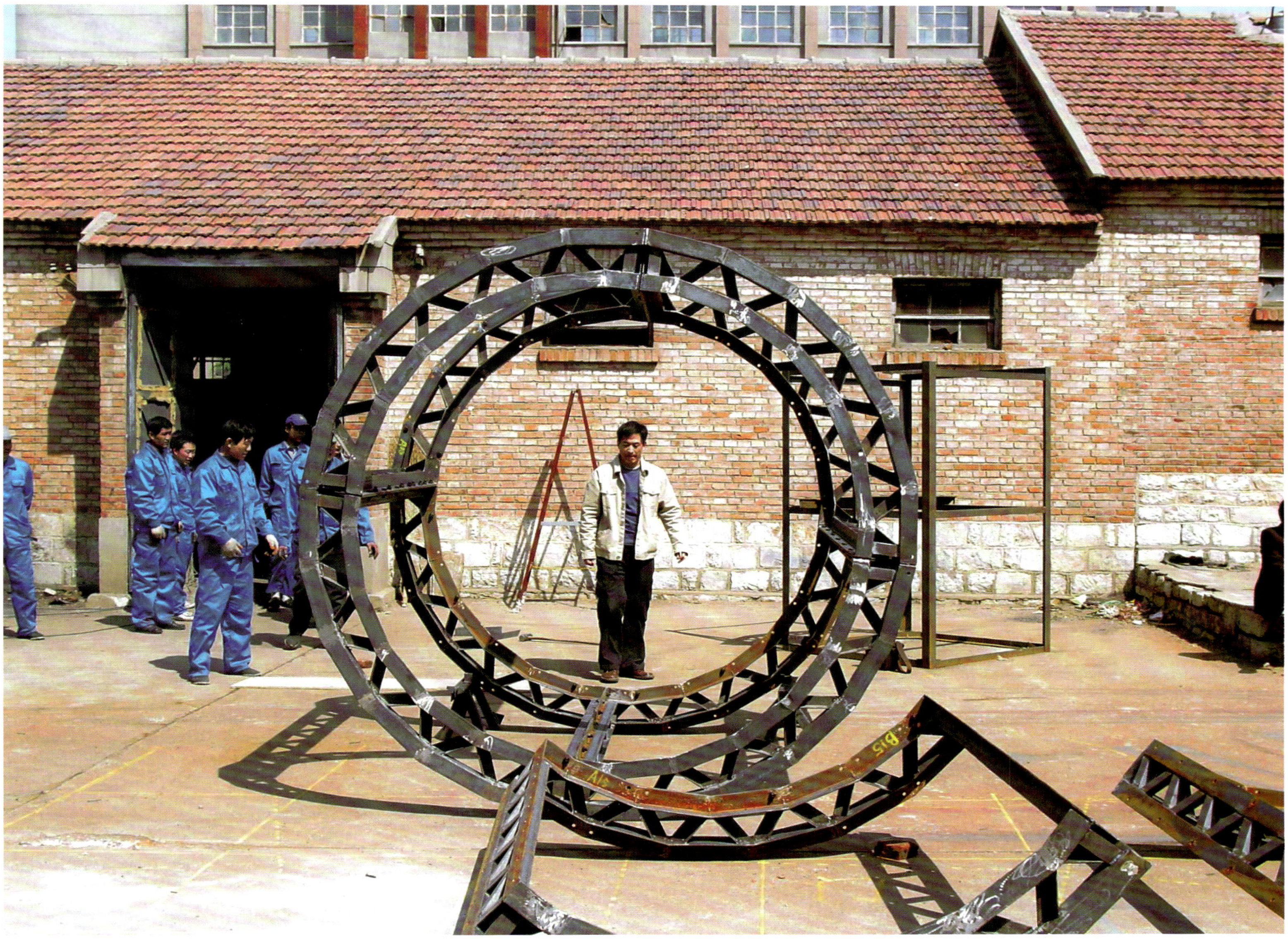

Fabrication de l'œuvre à l'usine de (production of the work at the factory of) Linqu, Chine (2004). **Ci-contre (opposite page) :** Vue de l'installation (view of the installation). Exposition (exhibition) *Wang Du Parade #4*, Palais de Tokyo, site de création contemporaine, Paris (2004).

ENTER!

2004
Installation de huit sculptures (installation of 8 sculptures)
Résine, acrylique et image impression numérique (resin, acrylic and digital print image)
Dimensions variables, sculptures (hauteur / height : 260 cm)

« EN REPRODUISANT LA PAGE D'ACCUEIL D'UN SITE WEB ÉROTIQUE JAPONAIS, JE DONNE LA POSSIBILITÉ AU SPECTATEUR DE NAVIGUER PHYSIQUEMENT DANS UN MONDE D'HABITUDE VIRTUEL ET IMPALPABLE.
SI LA PAGE EST REPRÉSENTÉE EN GRAND SUR LE MUR, LA SILHOUETTE FÉMININE EST LAISSÉE EN RÉSERVE, COMME POUR SIGNIFIER LA PORTE D'ENTRÉE VERS UN MONDE IRRÉEL. CETTE MÊME FORME, PLEINE CETTE-FOIS, SE RETROUVE DÉMULTIPLIÉE EN 3-D DANS L'ESPACE D'EXPOSITION. LA TÊTE À HAUTEUR DES FESSES DE CES GIGANTESQUES CLONES FÉMININS AUX JAMBES INTERMINABLES, ON VISITE CET ENVIRONNEMENT SURRÉALISTE COMME SI L'ON S'INSÉRAIT DANS UNE PAGE INTERNET. »

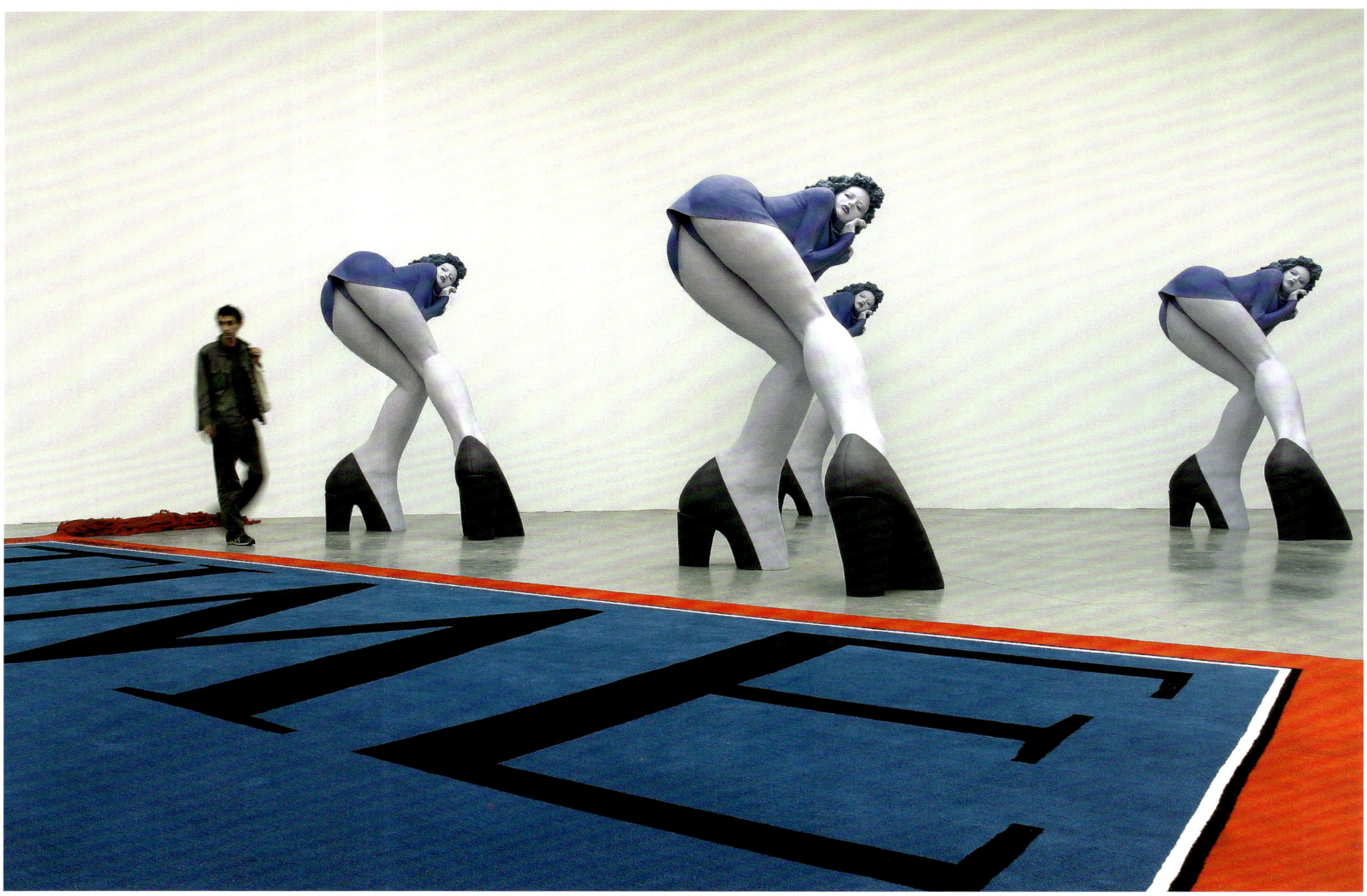

Vue de l'installation (view of the installation). Exposition (exhibition) *Wang Du Parade #4*, Palais de Tokyo, site de création contemporaine, Paris (2004).
Courtesy galerie Baronian-Francey, Bruxelles & galerie Laurent Godin, Paris.

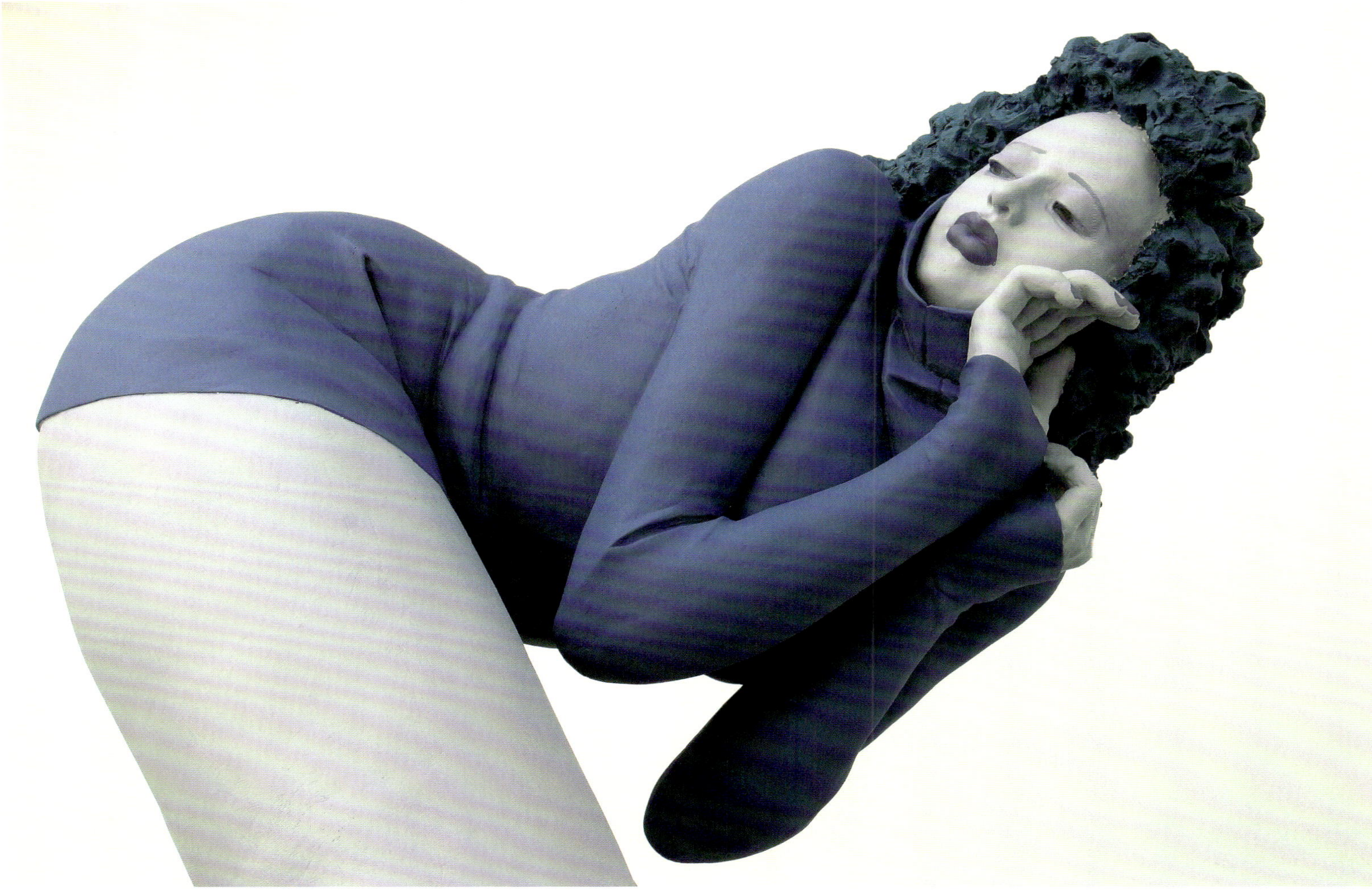

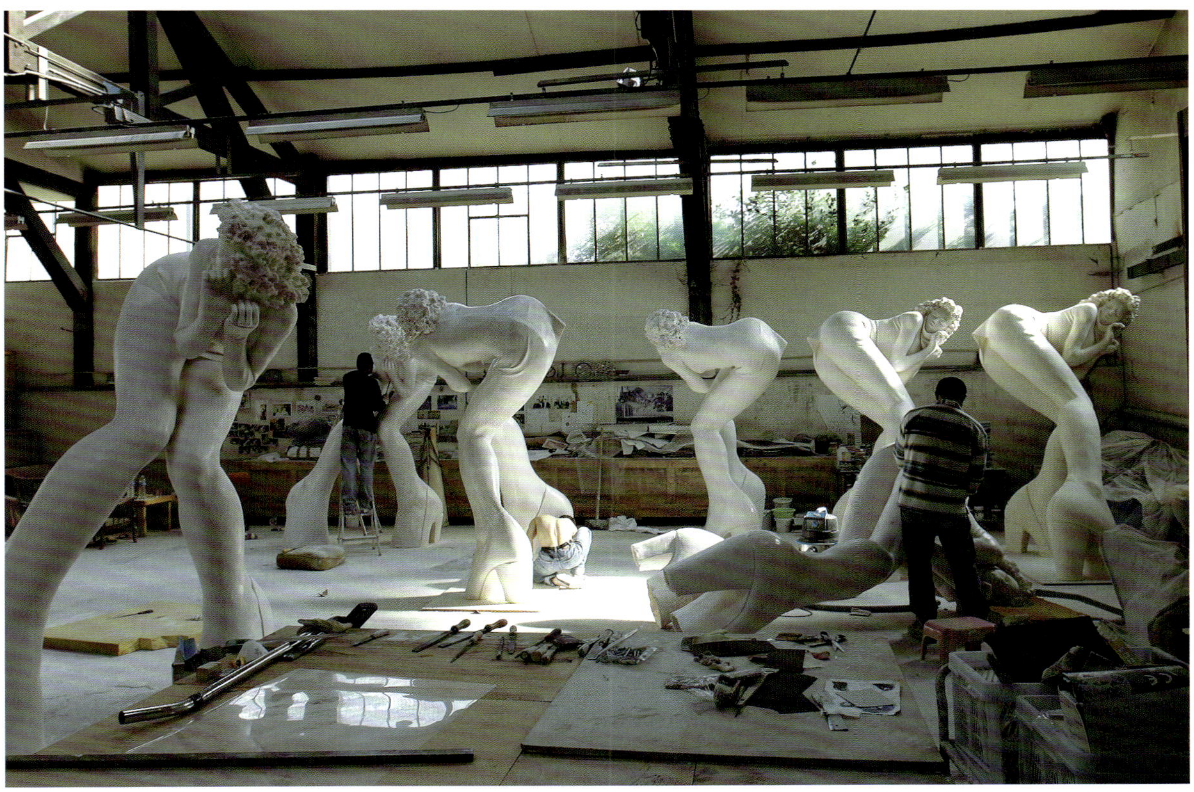

Haut (top) : Détail de l'installation (detail of the installation). Exposition (exhibition) *Wang Du Parade #4*, Palais de Tokyo, site de création contemporaine, Paris (2004). Courtesy galerie Baronian-Francey, Bruxelles & galerie Laurent Godin, Paris. **Bas (bottom) :** Vue d'atelier (studio view).

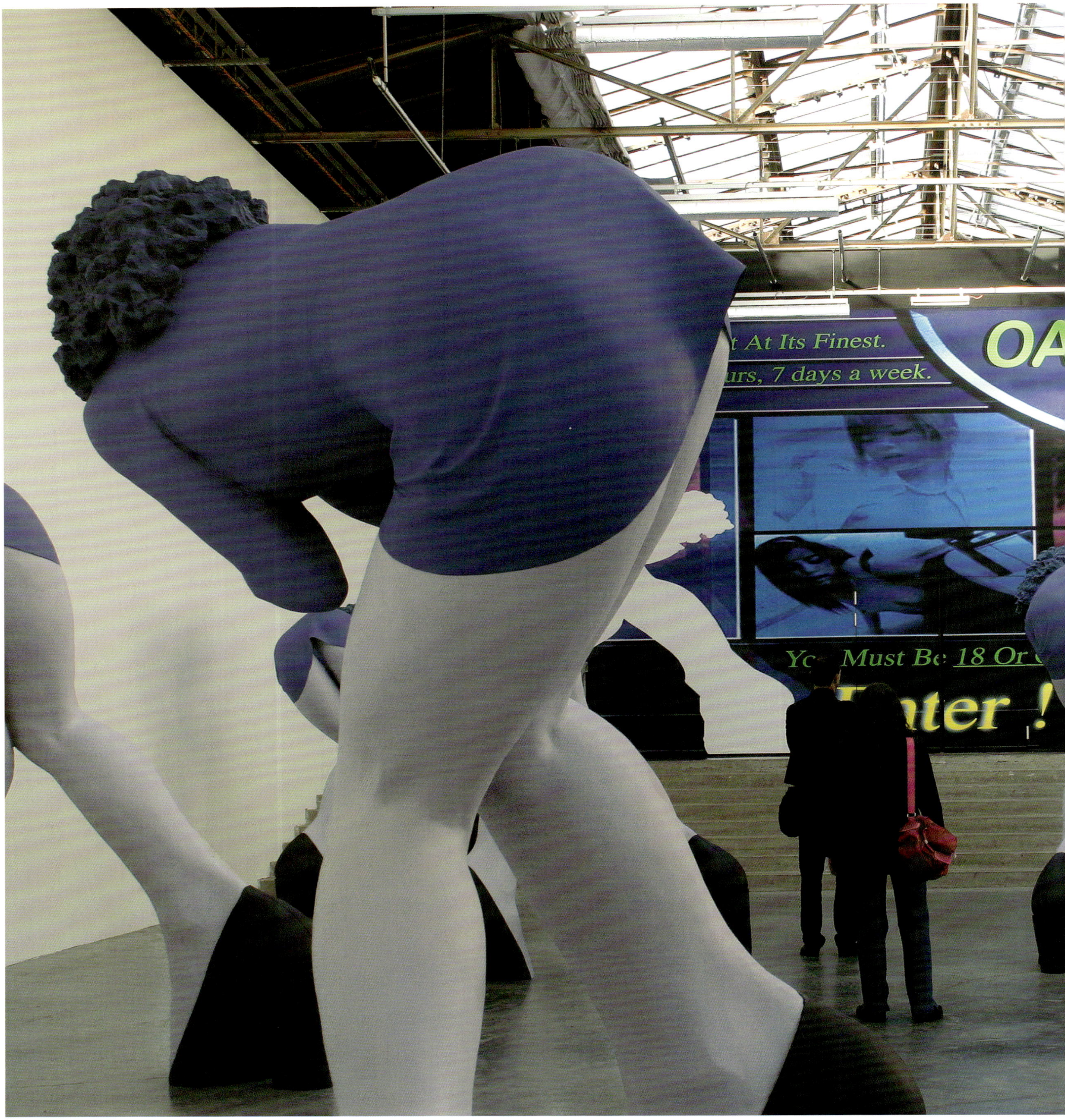

"By reproducing the homepage of an erotic Japanese website, I'm offering viewers the chance to physically navigate a normally impalpable virtual universe.
While the page is represented in an enlarged format on the wall, the silhouette of the woman has been blocked out as if to suggest the way into an unreal world. The same form, filled in now, is repeated in 3-D in the exhibition space. With the backsides of these gigantic cloned long-legged females right at eyelevel, visitors come into this surrealist environment as if they were inserting themselves into a webpage."

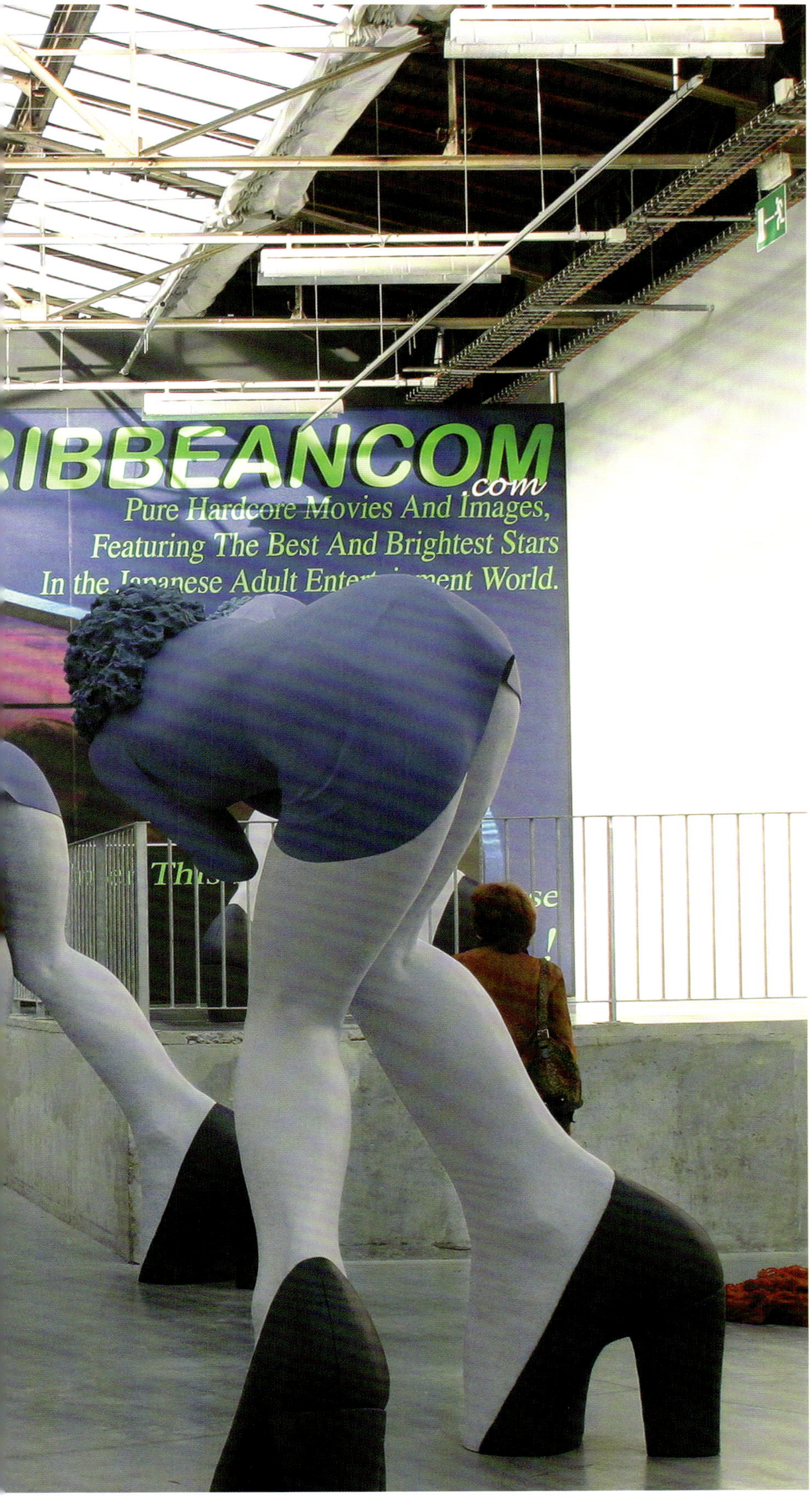

Vue de l'installation (view of the installation). Exposition (exhibition) *Wang Du Parade #4*, Palais de Tokyo, site de création contemporaine, Paris (2004). Courtesy galerie Baronian-Francey, Bruxelles & galerie Laurent Godin, Paris.

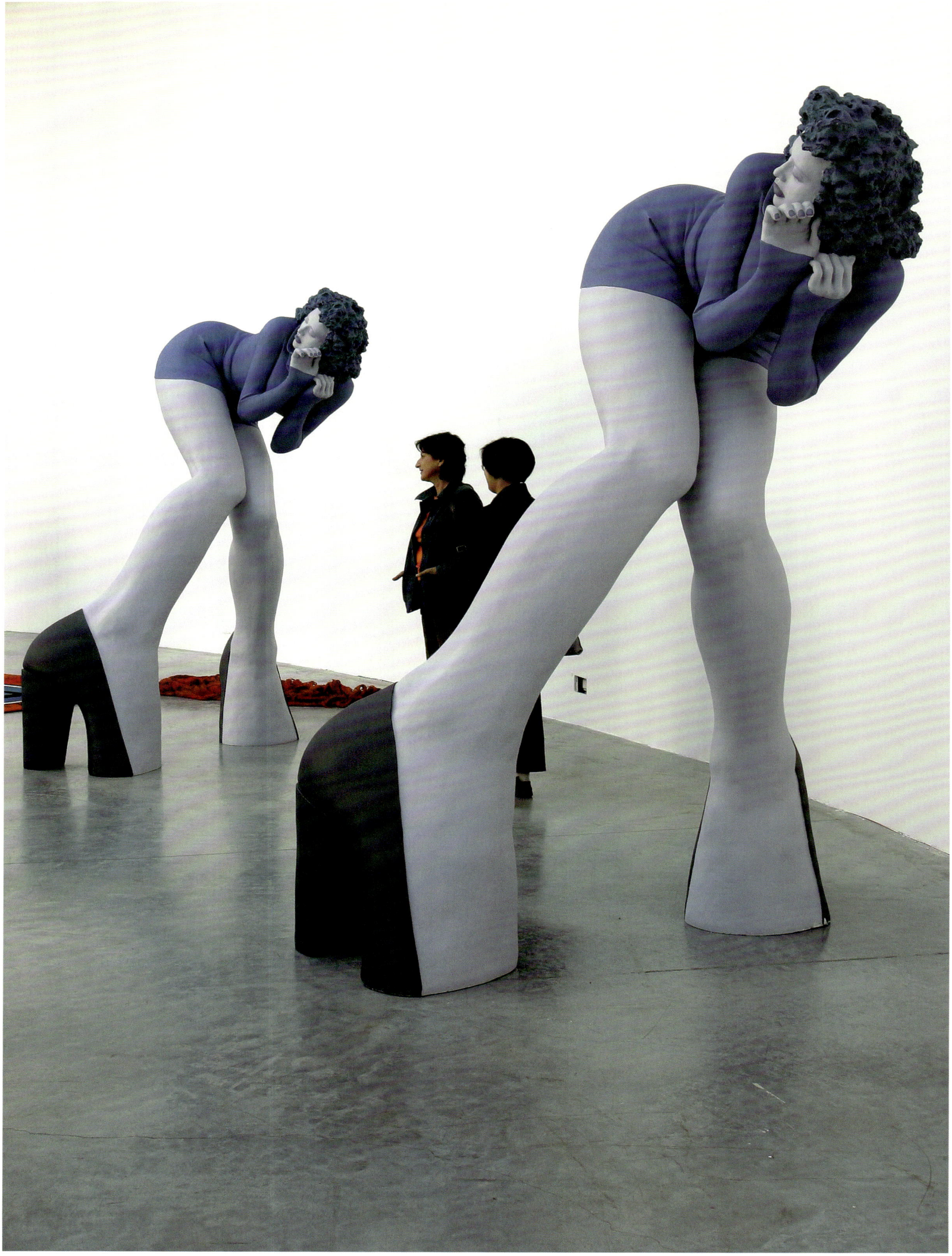

Vues de l'installation (views of the installation). Exposition (exhibition) *Wang Du Parade #4*, Palais de Tokyo, site de création contemporaine, Paris (2004). Courtesy galerie Baronian-Francey, Bruxelles & galerie Laurent Godin, Paris.

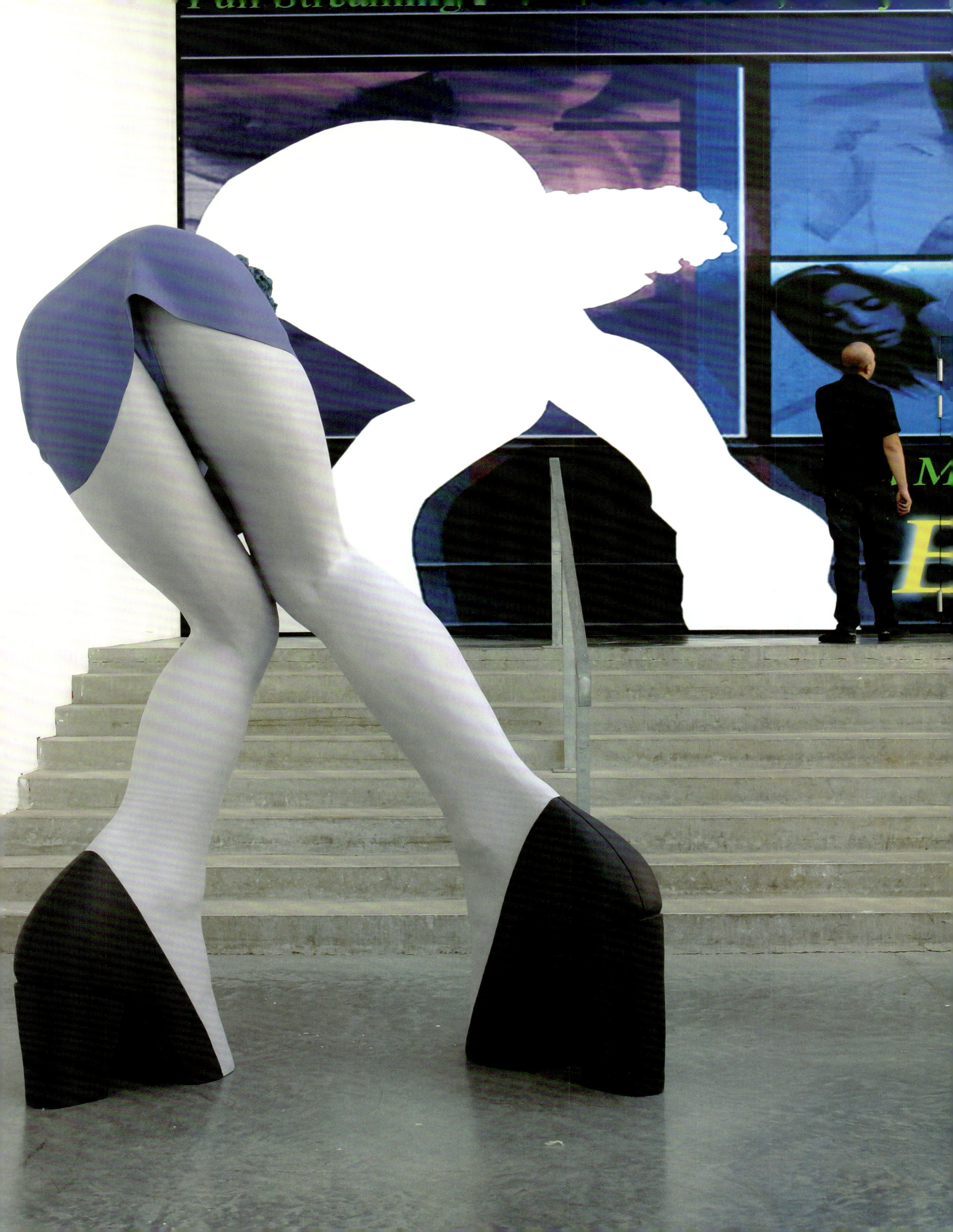

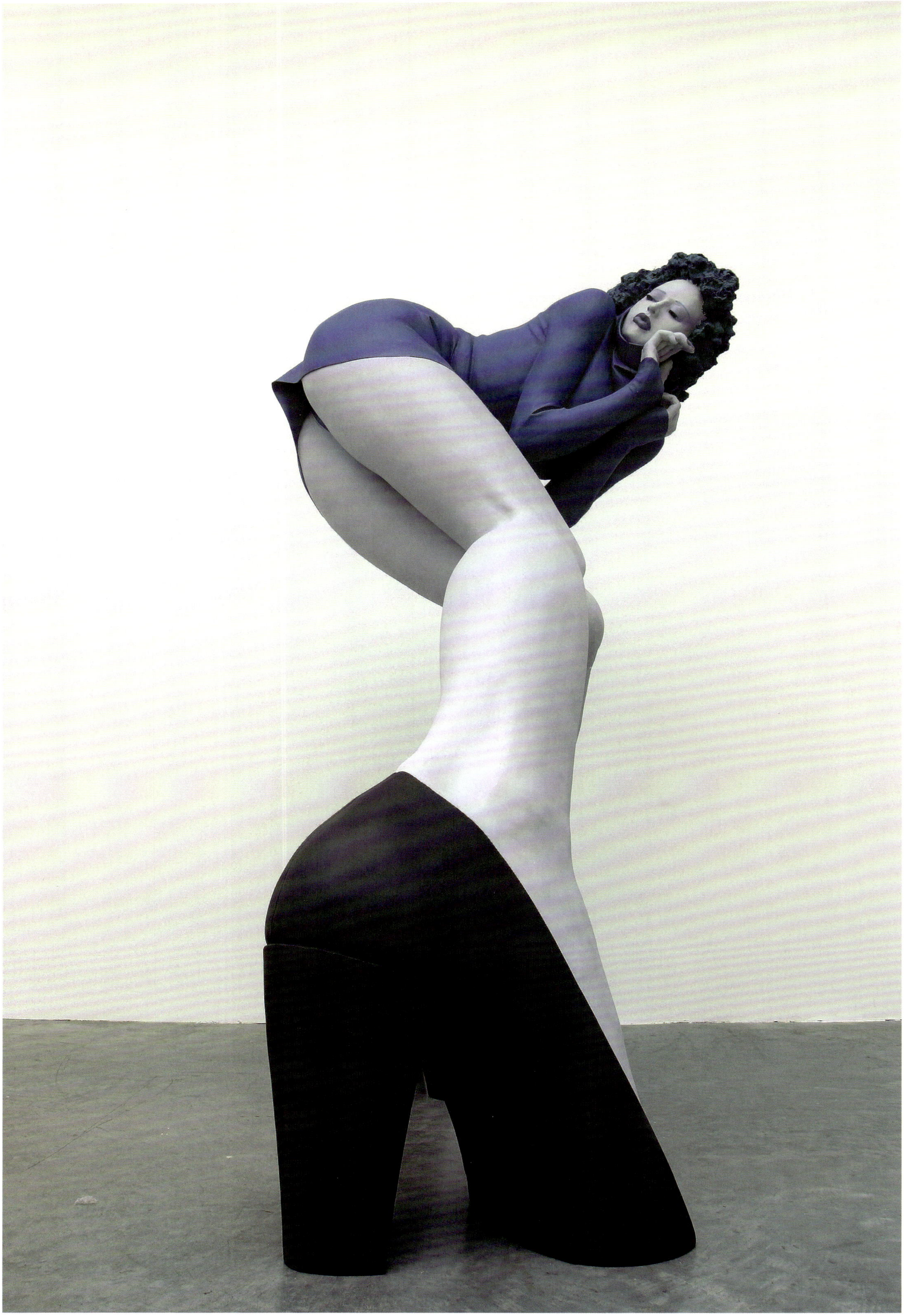

Vue de l'installation (view of the installation). Exposition (exhibition) *Wang Du Parade #4*, Palais de Tokyo, site de création contemporaine, Paris (2004).
Courtesy galerie Baronian-Francey, Bruxelles & galerie Laurent Godin, Paris.

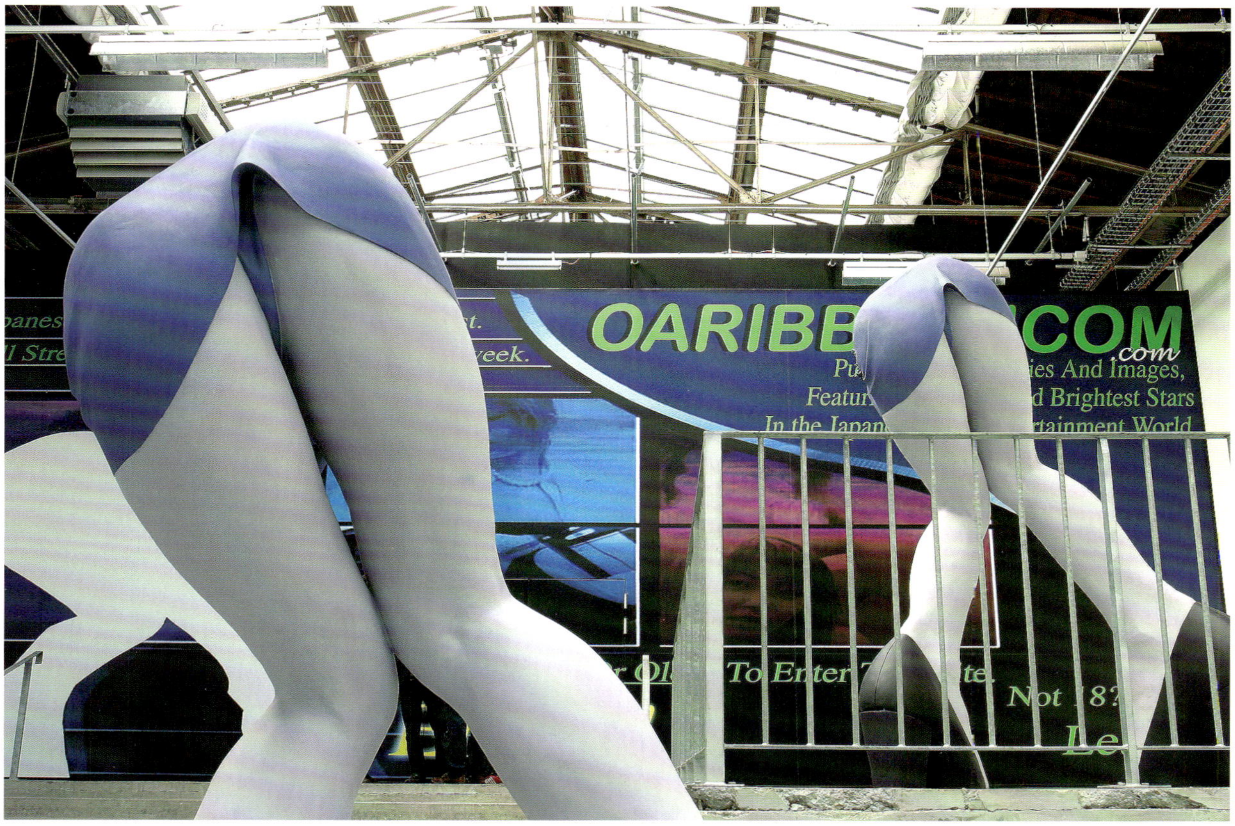

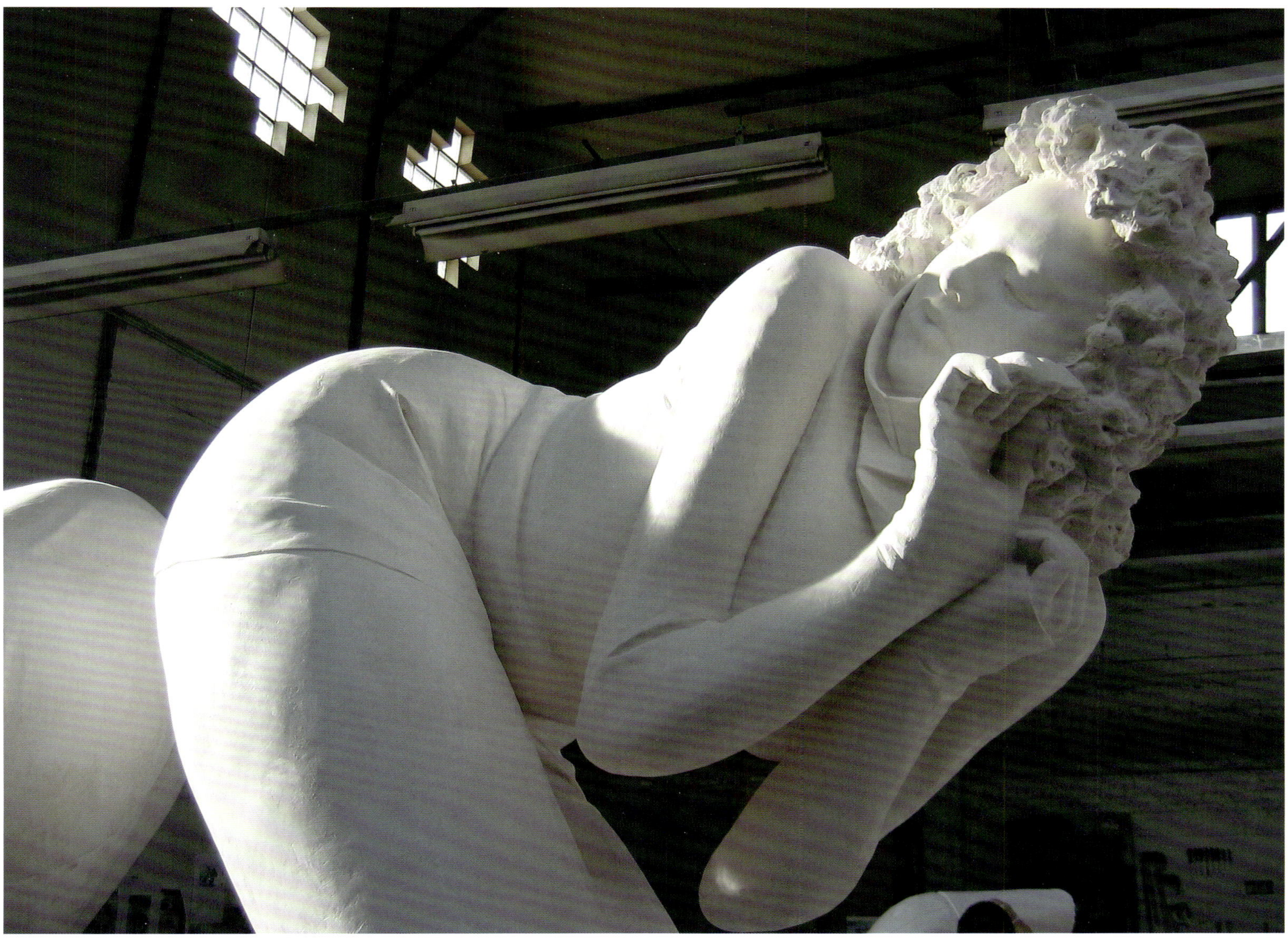

Haut (top) : Vue de l'installation (view of the installation). Exposition (exhibition) *Wang Du Parade #4*, Palais de Tokyo, site de création contemporaine, Paris (2004). Courtesy galerie Baronian-Francey, Bruxelles & galerie Laurent Godin, Paris. **Bas (bottom) :** Vue d'atelier, détail (studio view, detail).

Expositions personnelles
(Solo exhibitions)

2005
Vancouver Art Gallery, Vancouver
Le lieu unique, Nantes

2004
Wang Du Parade #1, La Criée, Rennes
Wang Du Parade #2, Le Rectangle, Lyon
Wang Du Parade #3, les Abattoirs, Toulouse
Wang Du Parade #4, Palais de Tokyo, site de création contemporaine, Paris

2003
Arte all'Arte 8 Project, Parco della Rocca, San Gimignano (Italie)

2002
We're Smoking Them Out!, galerie Baronian-Francey, Bruxelles

2001
Défilé, Contemporary Art Museum of Chicago, Chicago
Luxe populaire, Le Rectangle, Lyon
Réalité jetable, Rodin Gallery, Seoul
No Comment, Transpalette, Bourges
Comment, La Box, Bourges

2000
Défilé, Deitch Projects, New York
Mon kiosque - 15 juillet 2000, FIAC, stand (booth) galerie Art & Public, Paris
Réalité jetable, Le Consortium, Dijon

1999
Il y a des jambes qui en disent long, Art Dealers, stand (booth) galerie Art & Public, Marseille
Stratégie en chambre, Art 30 Basel / Art sculpture, stand (booth)galerie Art & Public, Bâle
Marché aux puces, mise en vente d'informations d'occasion, galerie Art & Public, Genève
La Famille - Les Travaux du corps, galerie Baronian-Francey, Bruxelles

1997
Les Travaux du corps, Gate Foundation, Amsterdam

1994
Relique, galerie Anne de Villepoix, Paris

Expositions collectives
(Group exhibitions)

2004
À l'Ouest du Sud de l'Est / À l'Est du Sud de l'Ouest, Centre régional d'Art contemporain, Sète
À l'Ouest du Sud de l'Est / À l'Est du Sud de l'Ouest, Villa Arson, Nice
Borusan Art Gallery, Istanbul
Tinieblas. Poéticas Artísticas de la Violencia, Espai de'Art Contemporani de Castelló, Castelló
ARCO, Madrid
Art Bruxelles, stand (booth) galerie Baronian-Francey, Bruxelles
Partir, revenir, ne pas revenir, Musée des Beaux-Arts, Metz
Odyssey, Hu Shen Gallery, Shanghai
La Ville en habit rouge, première exposition d'art contemporain français, Jinan (Chine)
Grotesque, burlesque et parodie, Abbaye Saint-André, Centre d'Art contemporain, Meymac
galerie Roger Pailhas, Marseille

2003
ATTACK, Kunsthalle, Vienne
Science Fictions, galerie Earl Lu, Singapour
Biennale de Valence
Biennale de céramique dans l'art contemporain, Savone
FIAC, stand (booth) galerie Art & Public, Genève
Art Bruxelles, stand (booth) galerie Baronian-Francey, Bruxelles
les Abattoirs, Toulouse
Centre d'Art contemporain, Brétigny-sur-Orge

2002
Exposition collective d'ouverture, Palais de Tokyo, site de création contemporaine, Paris
Tuttonormale, Académie de France à Rome, Villa Médicis, Rome
Œil pour œil, Le Rectangle, Lyon
The First Mirage, Suzhou Art Museum, Suzhou (Chine)
Art Grandeur Nature 2002, Parc départemental, La Courneuve
Money and Value/The Last Taboo, Bienne
Hôtel La Louisiane, Paris
FIAC, stand (booth) galerie Baronian-Francey, Paris
Actualités, Le Rectangle, Lyon

2001
Wang Du – Surasi Kusolwong, Fri-Art, Fribourg
Tokyo TV, Palais de Tokyo, site de création contemporaine, Paris
ARS 01, Kiasma, Museum of Contemporary Art, Helsinki
FIAC, stand (booth) galerie Baronian-Francey, Paris

2000
The Sky is the Limit, biennale de Taipei, Taiwan
Négociations, Centre régional d'Art contemporain, Sète
Bruits de fonds, Centre national de la photographie, Paris
Art 31 Basel, stand (booth) galerie Art & Public, Bâle
Paris pour escale, Musée d'Art moderne de la Ville de Paris, Paris

1999
D'APERTutto/APERTO over ALL, biennale de Venise
Cities on the Move 4, Louisiana Museum of Modern Art, Humlebæk
Cities on the Move 5, Hayward Gallery, Londres
Cities on the Move 6, Bangkok
Epander 1.0, galerie Jousse-Seguin / Bloc-notes, Paris
Salon 3, Londres
Dial M for…, Kunstverein, Munich
Festival Atlantico, Lisbonne

1998
Cities on the Move 2, capc Musée, Bordeaux
Cities on the Move 3, PS1 Contemporary Art Center, New York
Gare de l'Est, Casino Luxembourg – Forum d'Art contemporain, Luxembourg
FIAC, stand (booth) galerie Baronian-Francey, Paris
Inside out New Chinese Art, San Francisco Museum of Modern Art, San Francisco & Asia Society Galleries, New York
14e Atelier du Frac des Pays de La Loire, Grand Café, Saint-Nazaire

1997
Uncertain Pleasure, Chinese Artists in the 90's, Art Beatus Gallery, Vancouver
Soap, Museum Voor Volkenkunde, Rotterdam
Cities on the Move, Secession, Vienne

1996
Kulturschmiede, Francfort

1995
L'Art contemporain chinois, Palais Bénédictin, Fécamp & Ville de Levallois

1991
Galerie Jacob, Paris

1989
Chine/Avant-garde, National Museum of Fine Arts, Pékin

1987
Première exposition expérimentale, Canton

1986
Nanfong Shalong, Canton

1981-1985
Exposition annuelle (annual exhibition), Academy of Fine Arts, Canton

1977-1980
Exposition annuelle (annual exhibition), Exhibition Hall, province de Hubei

1976
Wuhan Museum, Wuhan

Bibliographie
(Bibliography)

Ouvrages et catalogues d'exposition
(books and exhibition catalogues)

Wonderful Travel Agency, Borusan Art Gallery, Istanbul, 2004

Modernités chinoises, Skira, Paris, 2003

Biennale di ceramica nell'arte contemporanea, Savone & Albisola, 2003

Ideal City: 2nd Valencia Biennial, Edizioni Charta, Milan, 2003

Attack! - Kunst und Krieg in den Zeiten der Medien, Kunsthalle Wien, Vienne 2003

Tutto normale, Académie de France à Rome - Villa Médicis, Rome, 2002

Œil pour œil - figures de l'art contemporain, Editions du Regard, Paris & Le Rectangle, Lyon, 2002

Money and Value/The Last Taboo : Geld und Wert/Das letzte Tabu, Edition Oehrli GmbH, Zurich, 2002

Wang Du Magazine, Label Design Mental, Paris & Le Rectangle, Lyon , 2001

Ars01, Kiasma Museum of Contemporary Art, Helsinki, 2001

Paris pour Escale, ARC Musée d'Art Moderne de la Ville de Paris, Paris, 2000

Dial M For..., Kunstverein, Munich, 1999

D'APERTutto/ APERTO over ALL, biennale de Venise, Venise, 1999

Cream..., Phaïdon Press, Londres, 1999

Gare de l'Est, Casino Luxembourg, Forum d'art contemporain, Luxembourg, 1998

Cities on the Move..., capc Musée, Bordeaux, 1997

Uncertain Pleasure..., Art Beatus, Vancouver, 1997

A History of Modern Art in China, Hunan Art Publishing House, Changsha, 1992

Articles (sélection)
(selected articles)

2004
Catherine Bédarida, « Les images sans attaches de Wang Du », *Le Monde*, 31 juillet (July)
Harry Bellet & Martine Silber, « L'Arco, fête et électrochoc pour l'art espagnol », *Le Monde*, n° 18370, 17 février (February)
Jean-Pierre Frimbois, « Le coup d'état de Wang Du ! », *Art Actuel*, n° 31, mars-avril (March-April)
Richard Leydier, « Wang Du Parade », *Art press*, n° 299, mars (March)
Claire Moulène, « Sculpteur d'actu », *Les Inrockuptibles*, n° 446, 16-22 juin (June)
Annick Rivoire, « Wang Du, art-tactique », *Libération*, n° 7120, 2 avril (April)

2003
« Die grosse Schlacht der Bilder », *Kurier* (Sonderausgabe), 22 mai (May)

2002
Harry Bellet, « Les Chinois bousculent l'art contemporain à la FIAC », *Le Monde*, 27-28 octobre (October)
Geneviève Breerette, « L'art contemporain dans le déglingué chic des bords de Seine », *Le Monde*, 26 janvier (January)
France Huser et Bernard Géniès, « Génération », *Le Nouvel Observateur*, n° 1941, 17-23 janvier (January)
Christine Vuegen, « Wang Du », *Kunstbeeld*, n° 24, juin (June)
« No smoke without fire », *Art Review*, juin (June)
« L'artiste décodeur d'images politiques », *La Libre Belgique*, 22 mai (May)
« Wang Du et Super-héros », *Le Vif / L'Express*, 7-13 juin (June)

2001
Marie-José Ballista, « Des jets d'infos/Déchets d'infos », *Le Berry*, 6 octobre (October)
Pascal Beausse, « Wang Du Luxe populaire », *Flash Art*, n° 220, octobre (October)
Jean-Max Colard, « Plan média », *Les Inrockuptibles*, n° 293, 5-11 juin (June)
France Huser et Bernard Géniès, « La nouvelle garde chinoise », *Le Nouvel Observateur*, 18-24 janvier (January)
Pascale Le Thorel, « Pop art en compagnie », *Art press*, n° 266, mars (March)
Guitemie Maldonado, « High tech chic et tics toc », *Télérama hors série* (« La folie des années pop »)
Michel Nuridsany, « Une excellente Fiac sur fond de guerre », *Le Figaro*, 10 octobre (October)
Annick Rivoire, « Wang Du, média tueur », *Libération*, 7 septembre (September)
Nicolas Thély, « Wang Du », *Les Inrockuptibles*, juin (June)
David S.Tran, « Self-media-man », *Le Progrès*, 26 juin (June)
Siss Vik, « L'artiste comme média », *Moorgenbladet*, 26 octobre (October)

2000
Pascal Beausse, « Wang Du Self-média », *Art press*, n° 255, mars (March)
Harry Kampianne, « Wang Du, artualités», *Art Actuel*, n° 11
Jade Lindgaard, « Arrêt sur images », *Les Inrockuptibles*, n° 230, 16-22 février (February)
Michel Nuridsany, « Médiatique », *Le Figaro*, n° 17484, 27 octobre (October)
Éric Troncy, « La bande dessinée », *Numéro*, n° 12, avril (April)
Bradley Winterton, « Crossing the Mind's Borders », *Asiaweek*, n° 44, 10 novembre (November)
« Artiste du mois - Wang Du », *Beaux Arts magazine*, n°192, mai (May)
« Wang Du », *Beaux Arts magazine*, n° 197 (spécial FIAC), octobre (October)
« Wang Du », *Connaissance des Arts* , n° 577 (FIAC 2000), octobre (October)
« Wang Du », *NY Arts*, n°11
« Wang Du - Artist of the month », *New York Contemporary Art Report*, n° 7

1999
Pierre Bal-Blanc et Pascal Beausse (entretien avec / interview with), *Blocnotes*, n° 17, octobre-novembre (October-November)
Pascal Beausse, « Wang Du Media Hooha Vulgarity », *Flash Art*, n° 207, juillet-août (July-August)
Fabrice Bousteau, « Surprenant », *Beaux Arts magazine*, n° 183, août (August)
Catherine Francblin, « M.Farrell, Wang Du, D. Blaise », *Art press*, n°246, mai (May)
Jade Lindgaard, « Guerre au Kosovo, conflit idéal par Wang Du », *Les Inrockuptibles*
Pierre Mérite, « Gare de l'est », *Art press*, n° 243, fevrier (February)
Kim Seung-Duk, « I want to be Another Media », *Wolgan Misool*, septembre (September)
Robert Storr (entretien avec / talks with Harald Szeemann), « Prince of Tides », *Artforum*, mai (May)
« Wang Du », *Art Actuel*, n°5, novembre-décembre (November-December)
« Qu'est-ce que l'art ? », *Beaux Arts magazine* (numéro spécial / special issue)

1998
Didier Arnaudet, « Cities on the move 2 », *Art press*, n° 238, septembre (September)

1996
Nina Simone Bakker, « Mass Culture according to Wang Du », *Has Newsletter*, n° 14

1994
Hou Hanru, « Wang Du », *Purple Prose*, n° 7, hiver (winter)

Liste des œuvres
(List of works)

***Relique*, 1994**

Installation de dix-huit sculptures
(installation of 18 sculptures)
Plâtre et gouache (plaster and gouache)
Dimensions variables (variable dimensions)
Collections privées (private collections)

Composée de (composed of) :
- *Alain Gautier*
- *Berthier Corinne*
- *Christine Elliot*
- *Danielle G… dite Dany*
- *David Ashby et Sylvana*
- *Frida et Martin*
- *Gina Lollobrigida*
- *Ivy Lindsay et Matthew Hersey*
- *Johan Kerecz*
- *John Wayne Bobbit*
- *Richard Braunstein et sa mère*
- *Richie Daniels*
- *Rory Galway*
- *Shaul ou Piersen*
- *Sonia*
- *Veronica Bland*
- *Wilson*
- *Zhang Wen Long*

***La Famille*, 1997**

Installation de cinq sculptures de taille humaine
(installation of 5 life-size sculptures)
Plâtre polyester et gouache
(polyester plaster and gouache)
Dimensions variables (variable dimensions)
Collection privée (private collection)

Composée de (composed of) :
- *Le Père*
- *La Mère*
- *Le Fils*
- *La Fille*
- *Le Chien*

***Les Travaux du corps*, 1997**

Installation de deux sculptures
(installation of 2 sculptures)
Plâtre polyester et gouache
(polyester plaster and gouache)
Dimensions variables (variable dimensions)

Composée de (composed of) :
- *L'Homme-sein* (173 x 130 x 120 cm)
Collection MuKHA, Anvers
- *L'Homme-armure* (130 x 110 x 80 cm)
Collection Annie Wong Art Foundation, Hong Kong

***Paysage international*, 1997-1998**

Installation de dix sculptures de taille humaine
et de tours sonores (installation of 10 life-size
sculptures and sound towers)
Plâtre polyester, gouache, bois, briques
et son (polyester plaster, gouache, wood, bricks
and sound)
Dimensions variables (variable dimensions)
Collections privées (private collections)

Composée de (composed of) :
- *Helen Duval*
- *Tours sonores*

***Le Temps du monde, les trois niches de Bouddha*, 1998**

Installation de deux sculptures
(installation of 2 sculptures)
Plâtre et gouache (plaster and gouache)
Dimensions variables (variable dimensions)
Sculptures : 230 x 170 x 50 cm
Collection privée (private collection)

Composée de (composed of) :
- *Chef d'orchestre*
- *Shun Tom*

***La Peau du Casino*, 1998**

Installation
Vêtements récupérés et cousus
(secondhand and sewn clothes)
Superficie (surface) : 150 m²
Collection de l'artiste (collection of the artist)

***Marché aux puces, mise en vente d'informations d'occasion*, 1998-1999**

Installation de onze sculptures sur table
(installation of 11 sculptures on table)
Plâtre, gouache et bois
(plaster, gouache and wood)
Table (longueur / length : 1 000 cm),
sculptures (hauteur / height : 70 - 175 cm)
Collection privée (private collection)

Composée de (composed of) :
- *Des Airbus pour le goulag chinois*
- *Drame*
- *Flic et sans papiers*
- *La France compterait 100 000 séropositifs*
- *La mode des restos à voir et à manger*
- *Les nouveaux barbares prennent l'avion*
- *Monica Lewinsky*
- *Nous sommes tous des Indonésiens chinois*
- *Si Rabin n'ose pas…*
- *Yasser Arafat*
- *Zhou Nan et Jiang En Zhu*

***Stratégie en chambre*, 1999**

Installation de trois sculptures
(installation of 3 sculptures)
Plâtre, gouache, papier journal et jouets
(plaster, gouache, newspaper and toys)
Dimensions variables (variable dimensions)
Collection privée (private collection)

Composée de (composed of) :
- *Clinton et Eltsine*
- *Enfant serbe*
- *The Other Side*

***Il y a des jambes qui en disent long*, 1999**

Résine polyester et acrylique
(polyester resin and acrylic)
Hauteur (height) : 265 cm
Collections privées (private collections)

***Réalité jetable*, 1999-2000**

Installation de onze sculptures
(installation of 11 sculptures)
Plâtre et gouache (plaster and gouache)
Dimensions variables (variable dimensions)
Sculptures (hauteur / height : 70 - 250 cm)
Collection de l'artiste (collection of the artist)

Composée de (composed of) :
- *Bienvenus dans le cybersexe*
- *Buggy-Shoes*
- *Duel of the Shadow Puppets*
- *Elle règne en secret sur l'Himalaya*
- *French Peace Drive EU in Disarray*
- *J'ai mis K.O. mon cancer*
- *Les écoles ont dispatché des milliers d'officiers de police armés sur les campus*
- *Les tribulations de Jiang*
- *Spécial minceur*
- *5990F*
- *90F Lancez-vous !*

***Mon Kiosque - 15 juillet 2000*, 2000**

Installation de cinq sculptures et de panneaux
(installation of 5 sculptures and panels)
Sculptures : résine polyester et acrylique
(polyester resin and acrylic), panneaux (panels) :
journaux et métal (newspaper and metal)
Dimensions variables (variable dimensions)
Sculptures : 44-69 x 56-118 cm, panneaux (panels) :
320 x 200 cm
Collections privées (private collections)
& collection de l'artiste (collection of the artist)

Composée de (composed of) :
- *À Tom Cruise, rien d'impossible !*
- *La patrouille de France*
- *Les libérations d'otages contre rançon ont commencé* (69 x 80 x 56 cm)
- *Les ministres s'attachent à la caravane* (68 x 118 x 124 cm)
- *L'Europe ouvre la voie* (44 x 91 x 95 cm)
- *Putin accede a iniciar negociaciones con los oligarcas* (53 x 59 x 59 cm)

***Promener mon chien*, 2000**

Sculpture et performance
Résine polyester, gouache et jouet télécommandé (polyester resin, gouache and remote control toy)
Sculpture : 40 cm
Collection de l'artiste (collection of the artist)

***Défilé*, 2000**

Installation de treize sculptures sur socle (installation of 13 sculptures on pedestal)
Résine polyester et acrylique (polyester resin and acrylic)
Socle (pedestal) : 1200 x 200 x 300 cm, sculptures (hauteur / height : 100 - 180 cm)
Collection de l'artiste (collection of the artist)

Composée de (composed of) :
- *Bombardier 1* & *Bombardier 2*
- *Canon-Tank*
- *Femme soldat*
- *Fusée*
- *Général*
- *Hélicoptère*
- *Lance missile*
- *Lanceur*
- *Marin*
- *Petits soldats*
- *Sous-marin*

***No Comment*, 2001**

Journaux, téléviseurs, ordinateurs et acier inoxydable (newspapers, TV sets, computers and stainless steel)
350 x 300 x 230 cm
Collection privée (private collection)

***Luxe populaire*, 2001**

Installation de quatre sculptures (installation of 4 sculptures)
Journaux, résine polyester et acrylique (newspapers, polyester resin and acrylic)
Dimensions variables (variable dimensions)
Collections privées (private collections) & collection de l'artiste (collection of the artist)

Composée de (composed of) :
- *Fax publicitaire NOOS* (160 x 220 x 140 cm)
- *Le Monde* (135 x 240 x 185 cm)
Collection Frac Rhône-Alpes, Villeurbanne
- *Newsweek* (110 x 260 x 230 cm)
- *Publicité site Internet* (220 x 230 x 230 cm)

***Mon Lit*, 2002**

Tissu et image impression numérique (fabric and digital print image)
200 x 160 x 140 cm
Collection de l'artiste (collection of the artist)

***Le Monstre*, 2002**

Aluminium (aluminum)
180 x 130 x 110 cm
Collection privée (private collection)

***Vous avez du feu…*, 2002**

Résine et acrylique (resin and acrylic)
180 x 130 x 110 cm
Collections privées (private collections)

***La Folie*, 2002**

Journaux (newspapers)
Superficie (surface) : 28 m²

***Le Tapis du piéton*, 2002**

Image impression numérique et acier inoxydable (digital print image and stainless steel)
1200 x 700 x 60 cm
Collection privée (private collection)

***We're Smoking Them Out!*, 2002**

Installation de sept sculptures (installation of 7 sculptures)
Résine et acrylique (resin and acrylic)
Dimensions variables (variable dimensions)
Sculptures (hauteur / height : 12 – 220 cm)
Collection Frac Midi-Pyrénées, Toulouse & collections privées (private collections)

***Tapis volant*, 2002-2003**

Tapis volant – Time
Laine de Nouvelle-Zélande tissée à la main (hand-weaven wood of New-Zealand)
Grand tapis (large carpet) : 102 m², petit tapis (small carpet) : 330 x 242 cm
Collection de l'artiste (collection of the artist)

Tapis volant – Psychology Today
Laine de Nouvelle-Zélande tissée à la main (hand-weaven wood of New-Zealand)
330 x 242 cm
Collection de l'artiste (collection of the artist)

Tapis volant – X Dimensions
Laine de Nouvelle-Zélande tissée à la main (hand-weaven wood of New-Zealand)
330 x 242 cm
Collection de l'artiste (collection of the artist)

Tapis volant – Largest Selection of Adult Pic Messages
Laine de Nouvelle-Zélande tissée à la main (hand-weaven wood of New-Zealand)
330 x 242 cm
Collection de l'artiste (collection of the artist)

***Image céramique*, 2002-2003**

Céramique (ceramic)
160 x 130 x 25 cm
Collection de l'artiste (collection of the artist)

***Mamma Mia !*, 2003**

Installation in situ (in situ installation)
« Arte all'Arte 8 Project », Parco della Rocca, San Gimignano (Italie)

***The Business*, 2003**

Résine et acrylique (resin and acrylic)
118 x 168 x 150 cm
Collections privées (private collections)

***Self Souvenir*, 2003**

Journaux, fruits et légumes (newspapers, fruits and vegetables)
250 x 100 x 175 cm

***Le Monde est partout*, 2004**

Résine et acrylique (resin and acrylic)
250 x 200 x 90 cm
Collection Musée des Beaux-Arts de Metz

***World Markets*, 2004**

Acier inoxydable (stainless steel)
520 x 900 x 500 cm
Collection de l'artiste (collection of the artist)

***Je suis la réalité*, 2004**

Installation in situ (in situ installation)
400 x 300 cm

***Le Tunnel d'espace-temps*, 2004**

Acier, journaux et téléviseurs (steel, newspapers and TV sets)
Longueur (length) : 3 000 cm, diamètre (diameter) : 260 cm
Collection de l'artiste (collection of the artist)

***Enter!*, 2004**

Installation de huit sculptures (installation of 8 sculptures)
Résine, acrylique et image impression numérique (resin, acrylic and digital print image)
Dimensions variables, sculptures (hauteur / height : 260 cm)
Collection de l'artiste (collection of the artist)

Remerciements
(Acknowledgements)

Cet ouvrage est le fruit de rencontres importantes et d'amitiés sincères. Wang Du tient à remercier tout particulièrement
(The present book is the result of important encounters over the years
and a number of sincere friendships.
Wang Du would like to thank in particular)

- pour leur soutien et leur amitié (for their support and friendship) :

Jérôme Sans, Nicolas Bourriaud, Laurent Godin, Larys Frogier, Pascal Pique, Marc Sanchez, Claude Allemand-Cosneau, Jennifer Allen, Pierre Bal-Blanc, Albert Baronian, Pascal Beausse, Harry Bellet, Gilles Blanckaert, Bernard Blistène, Gabrielle Boyon, Jean Brolly, Yung Che Lee, Pierre Cornette de Saint Cyr, Mario Cristiani, Valérie Cueto, Jeffrey Deitch, Peter Doroshenko, Xavier Douroux, Lorenzo Fiaschi, Edmond Francey, Gilles Fuchs, Antoine de Galbert, Franck Gautherot, Frédéric Grossi, Hou Hanru, Pierre Huber, HH Lim, Alain Lombard, Jean-Louis Maubant, Francine Meoule, Marie Messina, Jean-Pierre Michaud, Robert Millin, Hans Ulrich Obrist, Yan Pei Ming, Olivier Poivre d'Arvor, Alain Reinaudo, Rudy Ricciotti, Maurizio Rigillo, Élodie Royer, Dirk Snauwaert, Éric Troncy, Pierre Vacef, Mathilde Villeneuve, Aurélie Voltz.

- pour la (for the) *Wang Du Parade* :

les Abattoirs, centre d'art contemporain, Toulouse ; La Criée, centre d'art contemporain, Rennes ; Le Palais de Tokyo, site de création contemporaine, Paris ; Le Rectangle, centre d'art de la ville de Lyon ; C.o Linqu DaZhongyuanyi Sculpture - Ma Zongheng, Ma Chunbao, Zhang Dianzeng, Gao Yan ; C.o Yan Tai Huanhaihaiyun - Li Xiaolin.

- ainsi que le (as well as the) Wang Du Studio :

Ma mère (my mother) Yin Chunying, An Xiaotong, Cai Wei, Ji Zhou, Hu Zhiliang, Xue Wenwen, Zhang Jin, Wei Xuebing, Lei Lin, Mathieu Siffier, Fabrice Korner, Serge Da Costa, Eric Pourcel, Li Xinjian, Sun Jinggang, Liu Yu, Hei Qiang, Hai Tao, Wang Hui, Guo Ran, Wu Zhenhua.

Les éditeurs remercient tout particulièrement pour les illustrations
(The publishers' special thanks for the illustrations go to)

Rudy Ricciotti, Bandol ; Annie Wong Art Foundation, Hong Kong ; Art Beatus Gallery, Vancouver ; Associazione Arte Continua, San Gimignano ; capc Musée, Bordeaux ; Casino Luxembourg – Forum d'art contemporain, Luxembourg ; Conseil général de la Seine-Saint-Denis, Direction de la culture, de la jeunesse et du sport, Bobigny ; CRAC Languedoc-Roussillon, Sète ; FRAC Pays de Loire, Carquefou ; Fri-Art, Fribourg (Friburg) ; Hayward Gallery, Londres (London) ; Kiasma, Museum of Contemporary Art, Helsinki ; MuKHA, Anvers (Antwerpen) ; Museum of Contemporary Art, Chicago ; Taipei Fine Arts Museum, Taipei ; Villa Arson, Nice ; La ville de Toulouse ; galerie Art & Public, Genève (Geneva) ; galerie Baronian-Francey, Bruxelles (Brussels) ; Deitch Projects, New York ; galerie Laurent Godin, Paris ; galerie Roger Pailhas, Marseille.

L'artiste et les éditeurs remercient pour la photogravure et le traitement numérique des images
(The artist's and publishers' thank for the photo-engraving and the digital processing of the images)

Les arts graphiques du centre à Saint-Avertin

Cet ouvrage est publié à l'occasion
des expositions (This book is published
on the occasion of the exhibitions)

- ***Wang Du Parade #1***, La Criée, centre d'art contemporain de Rennes (16/01–28/02 2004)
- ***Wang Du Parade #2***, Le Rectangle, centre d'art de la ville de Lyon (25/03-9/05 2004)
- ***Wang Du Parade #3***, les Abattoirs, Toulouse (25/06-5/09 2004)
- ***Wang Du Parade #4***, Palais de Tokyo, site de création contemporaine, Paris (17/09 2004-2/01 2005)
- ***Wang Du***, Le lieu unique, scène nationale de Nantes (1/07-5/09 2005)
- ***Wang Du***, Vancouver Art Gallery, Vancouver (28/05-11/09 2005)

LVMH/Moët Hennessy. Louis Vuitton
est partenaire de la *Wang Du Parade #4*
(is the sponsor of the *Wang Du Parade #4*)

La *Wang Du Parade #1* reçoit le soutien de
(The *Wang Du Parade #1* benefits from the support of)
l'**Association française d'action artistique** dans
le cadre de la convention AFAA/Ville de Rennes

La *Wang Du Parade #4* reçoit le soutien de
(The *Wang Du Parade #4* benefits from the support of)
- **TPS L**, pour l'œuvre (for the work)
Le Tunnel d'espace-temps
- **FIP**, partenaire média (media partner)

La *Wang Du Parade* reçoit le soutien des
(The *Wang Du Parade* has been supported by)
Années France-Chine

L'Année de la Chine en France (2003-2004)
est organisée (is organized)
- en Chine (in China) : par le Comité d'organisation chinois des (by the Chinese Organizing Committee of the)
Années croisées Chine-France & le Ministère de la Culture (the Ministry of Culture)
- en France (in France) : par le Commissariat général français des (by the French General Commission of the)
Années croisées France-Chine, le Ministère des Affaires étrangères (the Ministry of Foreign Affairs),
le Ministère de la Culture et de la communication (the Ministry of Culture and Communication)
& l'Association française d'action artistique

L'exposition *Wang Du* à Vancouver reçoit le soutien de (The exhibition Wang Du in Vancouver is supported by) l'**Association française d'action artistique (AFAA)/Ministère des affaires étrangères** (Ministry of Foreign Affairs) & le **Consulat général de France à Vancouver** (the Consulate General of France in Vancouver).

Direction éditoriale (General Editors)
Jérôme Sans ; Frédéric Grossi,
assistés de (assisted by) Mathilde Villeneuve

Conception graphique (Graphic Design)
Sophie Toporkoff

Traductions (Translations)
Patrick Hersant (de l'anglais / from English) ;
Yu Hong (du chinois / from Chinese) ;
John O'Toole (du français / from French)

Régie et fabrication (Production Management)
Bernard Champeau

Relecture (Proofreading)
Sylvie Poignet

Photogravure (Photoengraving)
Arts Graphiques du Centre, Saint-Avertin

Crédits photographiques
(Photo credits)

Claudio Abate
p. 116-117

Ela Bialkowska
p. 136, bas (bottom) ; p. 143

Philippe De Gobert
p. 19 ; p. 22 ; p. 25 ; p. 125

Marc Domage / Tutti
p. 79, haut à droite (top bottom) ; p. 88 ; p.90

Dominique Gaessler
p. 108, bas (bottom) ; p. 109 bas (bottom) ; p. 110 ;
p. 111

André Morin
p. 65, haut et bas à gauche (top and bottom left) ;
p. 69, haut à droite et bas (top right and bottom) ;
p. 70-71 ; p. 94 ; p. 96-97 ; p. 98, haut (top) ; p. 99 ;
p. 124-125 ; p. 128 ; p. 133, haut (top)

Christian Mosar
p. 18, haut (top) ; p. 36 ; p. 37

Daniel Moulinet
p. 58 : p. 130-131 ; p. 162 ; p. 166, bas (bottom) ;
p. 167 ; p. 169 ; p. 186 ; p. 180 ; p. 181 ; p. 182 ; p. 183 ;
p. 184 ; p. 187, haut (top) ; p. 188 ; p. 189 ; p. 190 ;
p. 191 ; p. 192 ; p. 193

Morten Salling
p. 108, haut (top)

ISBN. 2 7022 0746 4

Achevé d'imprimer le troisième trimestre deux mille quatre sur les presses de l'imprimerie ContiTipocolor à Florence, Italie